소셜미디어와 공익
가짜뉴스 시대의 미디어 정책

Social Media and the Public Interest:
Media Regulation in the Disinformation Age

소셜미디어와 공익
가짜뉴스 시대의 미디어 정책

필립 M. 나폴리 지음
백영민 옮김

소셜미디어와 공익
가짜뉴스 시대의 미디어 정책

2022년 2월 20일 1판 1쇄 박음
2022년 3월 1일 1판 1쇄 펴냄

지은이 | 필립 M. 나폴리
옮긴이 | 백영민
펴낸이 | 한기철

편집 | 우정은, 이은혜
디자인 | 심예진
마케팅 | 조광재, 신현미

펴낸곳 | 한나래출판사
등록 | 1991. 2. 25 제22−80호
주소 | 서울시 마포구 토정로 222 한국출판콘텐츠센터 309호
전화 | 02−738−5637·팩스 | 02−363−5637·e−mail | hannarae91@naver.com
www.hannarae.net

SOCIAL MEDIA AND THE PUBLIC INTEREST
Copyright © 2019 Columbia University Press All rights reserved.
This Korean edition is a complete translation of the U.S. edition, specially authorized
by the original publisher, Columbia University Press.
Korean translation copyright © 2022 by HANNARAE PUBLISHING CO.
Korean translation rights arranged with Columbia University Press through EYA(Eric
Yang Agency).

ISBN 978−89−5566−258−0 93330

* 이 책의 한국어판 저작권은 EYA(Eric Yang Agency)를 통해 Columbia University Press
와 독점 계약한 한나래출판사에 있습니다. 저작권법에 의해 한국 내에서 보호를 받는 저작물이
므로 무단 전재와 무단 복제를 금합니다.

일러두기

1. 이 책의 저자 주는 본문이 끝나는 뒷부분에 미주(endnote)로 넣었으며,
   역자 주는 본문 페이지 아래에 각주(footnote)로 넣었다.
   아래와 같이 각각 다른 기호로 표기해 구분하였다.
   – 저자 주 **1, 2, 3** …
   – 역자 주 ***, ****

2. 저자가 원서에서 이탤릭체로 강조한 부분은 본문에 **굵은 글씨**로 표기하였다.

3. 참고문헌은 원저자의 표기를 기준으로 정리하였으며,
   찾아보기는 원서의 인덱스에서 주제어를 선별해 담았다.

4. 외국어 인명, 지명 등은 외래어 표기법에 근거한 우리말 표기를 원칙으로
   하되, 이미 관례적으로 쓰이는 단어가 있는 경우 그에 따라 표기하였다.

5. 번역어 선정 기준에 대한 설명은 역자 서문을 참조하라.

차례

역자 서문   11
감사의 말   19
한국어판 저자 서문   24

들어가며   29

미디어 진화   30
소셜미디어와 뉴스   32
미디어기업이 스스로 미디어기업이 아니라고 주장하는 이유   35
"우리는 콘텐트를 만들지 않는다"   38
"우리는 컴퓨터과학자들이다"   41
"편집에 사람이 개입하지 않는다"   42
광고수입의 중요성   46
미디어라고 불리기 거부하는 이유   47
소셜미디어와 공익   49
본서의 구성   52

1장 웹공간의 변화와 알고리즘 뉴스의 등장   57

수용자 파편화에서 재합산으로   58
수용자 측면에서의 문제   59
광고주 측면에서의 문제   61
콘텐트 공급자 측면에서의 문제   64
롱테일과 성공으로의 길   66
파편화에 대한 소셜미디어의 해결책   68
알고리즘 개발의 필요성   73
소셜미디어라는 중력   76
수용자 측면의 문제해결   78

광고업자 측면의 문제해결 80
콘텐트 공급자 측면의 문제해결 81
미디어 역사 측면에서 바라본 재합산 83
함의: 풀 미디어에서 푸시 미디어로, 능동적 미디어에서 수동적 미디어로 84
함의: 울타리친 정원의 재등장 92

2장 알고리즘 게이트키핑과 뉴스조직의 변화 99

전통적 게이트키핑 100
현재의 게이트키핑 105
뉴스조직에서의 알고리즘 부작용 117
뉴스사이트의 개인맞춤화 122
트롱크 사례 126
함의: 뉴스의 2단계 흐름을 넘어 129

3장 미헌법 수정조항 1조, 가짜뉴스, 필터버블 135

반론과 수정조항 1조: 가정, 적용, 비판 138
현실의 반론원칙 141
반론원칙에 대한 비판 146
기술적 변화는 어떻게 반론원칙을 잠식하는가? 148
정식뉴스에 투입되는 자원의 감소 149
가짜뉴스 대상 게이트키핑 장벽 감소 151
가짜뉴스 제공자 대상 타깃팅 능력 증대 155
사실 기반 반론에 대한 노출가능성 감소 158
가짜뉴스와 정식뉴스의 구분능력 감소 160
가짜뉴스 유통속도 증대 167

4장 알고리즘 기반 사상의 시장　171

사상의 시장에서 나타난 시장실패의 원인, 지표, 그리고 결과	172
미디어 시장의 고유한 특징	173
미디어 상품의 고유한 특성	175
사상의 시장 평가기준	180
대안적 관점들	182
알고리즘 기반 사상의 시장의 구조적 특성	185
독점과 시장실패	185
파멸적 경쟁과 시장실패	191
알고리즘 기반 사상의 시장 모형	195
시장실패 사례로서의 2016년 미국 대통령 선거	197
함의	200

5장 미디어 거버넌스의 공익원칙: 과거와 미래　203

공익 개념 재논의	205
제도적 필요성으로서의 공익	205
소셜미디어에 대한 제도적 필요성으로서의 공익	207
규제권한으로서의 공익	215
기술적 특수성과 공익	217
소셜미디어에 대한 규제권한으로서의 공익	223
함의	226
소셜미디어에 대한 공익의무?	229
함의	236

6장 공익기준의 부활 241

플랫폼 자율-거버넌스 242
알고리즘 다양성 추구 249
저널리즘 정당성의 재건 255
함의 258
소셜미디어가 수용자 참여로부터 배운 것 259
함의 267
정책 진화 268
법적 규제틀의 재고찰 273
미헌법 수정조항 1조의 재고찰 274
규제동기와 규제논리의 조화 280
함의 282

마무리 287

저자 주 293
주제어 찾아보기 392

역자 서문

본서는 필립 M. 나폴리Philip M. Napoli 교수의 최근 저서인 *Social Media and the Public Interest: Media Regulation in the Disinformation Age*의 완역본이다. 나폴리 교수는 미디어 정책 및 미디어 산업 관련 연구자로 나폴리 교수의 이전 저작들 중 《커뮤니케이션 정책의 기초: 전자 미디어 규제의 원칙과 과정*Foundations of Communication Policy: Principles and Process in the Regulation of Electronic Media*》(배현석 역, 한국문화사), 《수용자 진화: 신기술과 미디어 수용자의 변화*Audience Evolution: New Technologies and the Transformation of Media Audiences*》(백영민·오현경·강남준 역, 나남)는 번역되어 국내에 소개된 바 있다.

본서에서 나폴리 교수는 2016년 미국 대통령 선거는 소셜미디어가 서구식 대의민주주의 체제의 운명을 갈라놓을지도 모른다는 것을 보여준 역사적 이벤트라고 강조한 바 있다. 본서 출간 이후 2020년 미국 대통령 선거에서 나타난 미국 정치의 혼란은 나폴리 교수의 판단을 더욱 더 극명하게 보여준다. 미국의 대통령이 음모론과 루머, 날조된 정보를 자신의 지지자들에게 퍼뜨려 결국 미의회에서 폭력사태가 벌어졌고 소셜미디어 플랫폼 기업들은 미국 대통령의 계정을 폐쇄하거나 심지어 영구정지시키기도 했다. 사람과 사람을 연결한다는 소셜미디어 플랫폼의 애초 동기와 다르게, 소셜미디어를 통한 메시지가 사람들을 분리시키고 서로 증오하게 만든 것이다.

상황은 국내에서도 비슷하다. fake news라는 용어의 국내 번역어인 '가짜뉴스'는 이미 일상 속 한국어에 깊숙이 뿌리내렸다. 아울러 유튜브나 카카오톡 메시지로 전파되는 정체불명의 정보들은, 그것을 믿든지 믿지 않든지, 이미 놀라울 것 없는 일상이 되어버렸다. 꼭 정치의 영역이 아니라도 상관없다. 코로나바이러스의 전 지구적 확산 이후 백신에 대한 음모론적 정보를 믿는 사람을 주변에서 만나는 것은 어렵지 않은 일이 되었다. 정치, 팬데믹과 같은 거시적 이슈만 그런 것이 아니다. 증시, 연예인 관련 루머는 물론이고, 카카오톡이나 에브리타임과 같은 앱에서는 교수에 대한, 심지어 동료 학생들에 대한 정보가 유통되는 경우도 적지 않으며, 이로 인해 말 못할 정신적 고통에 시달리는 일반인들을 어렵지 않게 볼 수 있다. 물론 소셜미디어 플랫폼이 소위 가짜뉴스, 선동, 날조, 유언비어 등의 원인은 아닐지 모른다. 하지만 소셜미디어 플랫폼이 이런 문제들을 확산시킨 촉매제임은 분명하며, 이런 거시적·미시적 문제를 해결하기 위한 어떤 방식의 조치가 필요하다는 데 이견을 갖는 사람은 없을 것 같다.

    이러한 문제의식을 기반으로 나폴리 교수는 소셜미디어 플랫폼에 대한 정책적 규제를 탐색하고 있다. 나폴리 교수는 소셜미디어 플랫폼의 바탕이 된 인터넷의 등장 역사를 미디어의 변천 역사 관점에서 서술하고 있다. TV로 대표되는 전통적 미디어는 수동적 미디어였다. 이제는 과거의 용어가 되어버렸지만 흔히 TV를 '바보상자'라고 불렀던 적이 있다. 즉 TV 화면을 수동적으로 바라보는 TV 시청자의 모습에 대한 경멸의 의미를 담은 표현이 바로 '바보상자'다. 1990년대에 인터넷이 등장하면서 인터넷 이용자는 적극적인 존재로 묘사되었다. 미디어 이용자에 대한 이러한 변화에 대해 나폴리 교수는, 전통적 미디어 환경에서는 콘텐트가 시청자에게 '강요되는푸시, push' 상황이었지만, 초창기 인터넷 공간에서는 시청자가 콘텐트를 '끌어당기는풀, pull' 상황으로 변화했다고 설명한다. 1990년대 인터넷을 둘러싼 찬양과 낙관론들은 대부분 미디어 이용자의 적극성과 주체성을 가정한 것이었다. 그러나 2000년대에 들어오면서 소위 웹2.0 시대가 도래하면서 상황이 바뀌었다. 본서에 나오는 표현은 아니지만, 이른바 '스몸비smombie, 스마트폰 좀비'라는 표현이 등장할 정도로 모바일 기기에 맞추어 만들어진 소셜미디어 플랫폼은 이용자의 일상을 지배하게 되었다. 이제 엄지손가락만 움직이면 웬만한 것들을 해결할 수 있는 '엄지족'이 탄생할 정도로 이용자는 수동적 존재에 더 가까워지고 있다. 이 책의 1장에서는 이처럼 웹1.0 상황을 주도한 적극적 이용자가 웹2.0의 수동적 이용자로 바뀌는 과정, 특히 저널리즘의 결과물인 시민들의 뉴스소비 과정에서의 변화를 중점적으로 다룬다.

2장에서는 소셜미디어 플랫폼 기업들의 핵심 자산인 알고리즘이 어떻게 정보의 생산과정 및 뉴스조직을 변화시키는지를 설명한다. 검색엔진과 소셜미디어 플랫폼의 등장으로 뉴스의 소비행태가 급격하게 변한 것에 대해서는 어느 누구도 부정할 수 없을 것이다. 우리나라도 마찬가지다. 네이버 플랫폼이 등장하면서 소위 전통적 미디어기업들과 소셜미디어 플랫폼 기업들 사이에 크고 작은 분쟁이 발생하였다. 독자들은 본서에서 나폴리 교수가 소개하는 기생저널리즘parasite journalism, 항시적 저널리즘ambient journalism, 낚시기사clickbait 등에 해당되는 국내 사례들을 쉽게 떠올릴 수 있을 것이다.

3장에서는 미국식 미디어 법과 정책에 지대한 영향을 미치는 수정조항 1조the First Amendment가 오늘날의 소셜미디어 플랫폼 환경에 여전히 유효한지에 대한 의문을 던진다. 물론 나폴리 교수가 언론의 자유, 표현의 자유의 중요성을 부정하는 것은 아니다. 그러나 소셜미디어 플랫폼에서 급속하게 유통되고 증폭되는 소위 가짜뉴스 현상을 무조건적인 언론자유라는 관점에서 보호해주어야 하는지에 대해서는 분명 곰곰이 생각해볼 필요가 있다. 수정조항 1조는 지극히 미국적인 법조항이지만, 미국의 미디어 시스템과 법체계가 우리나라를 포함한 전세계에 미치는 영향력을 생각해볼 때 미헌법 수정조항 1조를 둘러싼 나폴리 교수의 논의는 한국 상황에서도 충분한 중요성을 지닌다.

4장에서는 미헌법 수정조항 1조와 연관되어 언제나 등장하는, 자유주의 언론관의 토대가 되는 사상의 시장marketplace of ideas이 소셜미디어 플랫폼의 알고리즘과 만나 어떤 잠재적 문제를 일으키는지 서술한다. '사상의 시장'이라는 은유적 개념이 등장했을 당시의 미국 사회와 미디어 시장구조가, 과연 거대 소수 플랫폼 기업들에 의해 계획되고 주도되는 알고리즘 기반의 미디어 시장구조에도 적용될 수 있을지에 대하여 비판적으로 접근한다.

5장에서는 소셜미디어 플랫폼에서 나타나는 제반 문제들, 특히 허위정보와 소위 가짜뉴스 문제를 해결하기 위해서는 공익public interest에 대한 재해석을 토대로 한 새로운 미디어 거버넌스governance가 필요하다고 역설한다. 이를 위해 미디어 산업에 적용할 규제논리로서의 공익 개념에 대한 과거 사례를 소셜미디어 플랫폼 상황에 대응시켜 비판적으로 검토한다.

6장에서는 공익기반 소셜미디어 플랫폼 규제논리에 대한 나폴리 교수의 제안들을 조심스럽게 제시하고 있다. 수동적 미디어로 변모한 소셜미디어에 대해 과거 전통적 미디어에 적용했던 규제논리를 재해석하여 적용하는 것이 가능하다는 것이 나폴리 교수의 주장이다. 나폴리 교수의 제안에 동의하든 아니면 반대하든, 기존의 규제논리를 새로운 미디어 환경에 맞게 수정하고 재해석하는 것은 미국의 미디어법 및 미디어 규제의 전통이다. 우리나라에서 이러한 미국식 접근이 가능할지는 확실하지 않지만, 소셜미디어 플랫폼의 현실적 문제에 대한 정책적 해결방안을 진지하게 고민하는 사람이라면 나폴리 교수의 제안(조금 추상적이라고 하더라도)을 고려해볼 필요가 있다고 역자는 생각한다.

번역어 선정 및 번역방식과 관련하여 주요 이슈들을 밝히면 다음과 같다.

- 첫째, 본문에서 사용하는 content라는 단어는 '콘텐츠'가 아닌 '콘텐트'라고 번역하였다. 콘텐츠는 contents를 음차音借한 표현으로 한국에서는 대부분 콘텐츠라는 용어를 사용한다. 그러나 적어도 본서의 맥락에서 content는 복수표현이 가능한 특정한 '단위'라기보다 형식에 대비되는 '내용'이라는 추상적 명사로서의 의미가 더 강하다. 이에 content는 '콘텐트'라고 번역하였다.

- 둘째, fake news는 가짜뉴스로, misinformation은 오誤정보로, disinformation은 역逆정보로 번역하였다(제목의 disinformation의 경우에만 '가짜뉴스'로 번역하였다). 본문에도 잠시 언급되지만, 미국은 물론 국내 학계에서는 '가짜뉴스'라는 용어에 대해 매우 큰 거부감을 갖고 있다. 그러나 가짜뉴스라는 번역어가 우리나라 일상어에 이미 정착했다는 점을 감안하여 그대로 사용하였다. 일반적으로 가짜뉴스는 ①특정한 정치적·이념적·경제적 동기를 기반으로, ②검증 가능한 오류를 포함하고 있는, ③기성 뉴스보도 양식을 차용하여 전달되는 정보를 의미하며, 나폴리 교수 역시 비록 가짜뉴스를 정의하지 않았지만 이러한 세 조건을 충족하는 허위정보를 가짜뉴스로 부르고 있는 듯하다. 오정보misinformation와 역정보disinformation는 국내 학자들마다 조금씩 상이하게 허위정보로 번역하기도 하고, 경우에 따라서는 misinformation을 역정보로 혹은 두 가지를 구분하지 않고 모두 '오정보'로 번역하기도 한다. 그러나 역자가 알고 있는 범위에서 대부분의 사회과학자들이 misinformation을 오정보라고 번역하며, 오정보는 정치적·금전적 동기에서 비롯되지는 않았지만 심각한 허위와 오류를 담고 있는 정보를 의미한다. 반면 disinformation은 대부분의 학자들이

역정보로 번역하며, 정치적·금전적 동기를 기반으로 심각한 허위와 오류를 담고 있는 정보를 의미한다.

- 셋째, 영어 특유의 중문重文 표현은 2~3개 문장으로 나누어 제시하였다. 관계대명사와 줄표hyphen가 사용된 복잡한 문장이 여기에 해당된다. 본서에는 미국의 국회의원, FCC 등의 정책당국자, 판사, 법학자 등의 발언이나 주장들이 많이 소개되는데, 어느 나라나 그러하듯 이들의 발언은 모호하고 한정적이며 추상적인 경우가 많다. 이러한 경우에 가급적 의미를 명확하게 전달하기 위해 문장을 구분하고 명확한 표현이 되도록 번역하였으며, 역사적으로 의미 있는 표현, 판결문, 법조문 등의 경우 좀 길더라도 원문을 같이 병기하여 역자가 의도하지 않았던 오해를 불식할 수 있도록 최선을 다했다.

- 넷째, 영어의 대명사, 형용사 표현의 경우 분명한 의미 전달을 위해 의역하였고, 불필요한 부사의 경우 굳이 반영하지 않았다. 이를테면 나폴리 교수는 essentially와 같은 부사를 매우 자주 사용하는데, '본질적으로'라는 부사를 굳이 넣지 않아도 되는 경우에는 반영하지 않았다.

- 다섯째, source의 경우 뉴스와 정보 맥락에서 등장하면 '출처'로 번역하고, source diversity를 의미할 때에는 '정보원다양성'으로 번역하였다.

- 끝으로, the First Amendment는 '미헌법 수정조항 1조' 혹은 '수정조항 1조'로 번역하였다. 한국에서는 이 용어를 흔히 '수정헌법 1조'로 번역하는데, 엄밀하게 말하면 미국헌법은 건국 이래로 수정된 적이 없다 (다시 말해 한국식으로 말하자면 아직도 '제1공화국'인 셈이다). 미국헌법의 수정조항은 총 26개인데, 이는 모두 미헌법American Constitution에 추가된 조항들이다. 보다 자세한 설명은 본서의 저자인 나폴리 교수의 주요 저서 중 하나로 영남대 배현석 교수님이 번역하신 《커뮤니케이션 정책의 기초: 전자미디어 규제의 원칙과 과정》 4쪽을 참조하길 바란다.

번역작업을 마무리하는 지금 국내에서는 소위 '구글갑질방지법'이라고 불리는 '전기통신사업법 개정안'이 통과되면서 구글의 인앱결제를 강제할 수 있는 법적 근거가 마련되었다. 또한 국내의 주요 빅테크 기업인 '카카오'에 대한 국내 이용자들의 비판이 점점 더 거세지고 있다. 카카오는 소위 '골목상권'에서 철수하겠다고 선언했고, 더 이상 '카카오 당하다'라는 표현이 등장하지 않도록 소상공인 등을 지원하는 사회적 가치창출 기업을 만들겠다고 선언하였다. 소위 '공정'이란 시대정신을 배경으로 진행되고 있는 빅테크 기업 혹은 플랫폼 기업들에 대한 비판이 향후 어떻게 진행될지 역자는 솔직히 잘 모르겠다. 특히 이러한 사회적 분위기가 네이버의 뉴스 알고리즘 혹은 카카오톡의 허위정보 유통 등에 어떤 영향을 미치게 될지도 섣불리 예상하기 어렵다. 그러나 역자가 한 가지 확실하게 예상할 수 있는 것은, 본서의 제목처럼 플랫폼 기업 혹은 소셜미디어 기업은 '공익'의 이름으로 많은 압박을 받게 될 것이며, 이들이 향후 생존하기 위해서는 '공익'을 내세울 수밖에 없을 것이라는 사실이다. 만약 이러한 역자의 생각에 동의한다면 본서는 저널리즘 혹은 미디어 산업의 영역을 넘어 다른 분야 연구자에게도 도움이 될 것이라 기대한다.

　번역을 할 때마다 언제나 느끼는 것이지만, 번역은 정말 부담되고 어려운 일이며 학계에서는 거의 인정받지 못하는 일이다. 그렇지만 역자에게 번역은 정말 보람된 일이다. 역자가 나름 꾸준히 번역을 시도하는 이유는 번역을 하는 동안에야말로 진정으로 학문적 대화를 나눌 수 있다는 생각이 들기 때문이다. 논문이든 책이든 눈에 띄는 부분, 이해할 수 있는 부분만 읽고 자신의 글로 엮어내는 것은 어쩌면 그리 어려운 작업이 아닐지도 모른다. 그러나 번역은 저자의 생각을 장시간에 걸쳐 온전하게 다 받아내지 않으면 불가능하고, 이 과정에서 저자의 생각 그리고 저술작업 당시의 학문적·인간적 고뇌가 무엇인지도 (착각일지도 모르지만) 느낄 수 있는 작업이다. '각자도생'이라는 시대정신(?)에 맞게, 동료 연구자나 학생들과 진지한 학문적 대화를 나눌 기회는 점점 더 줄어들고 있는 것 같다. 역자를 포함해서 주변 연구자들은 승진과 실적으로, 학생들은 취업으로, 각자가 처한 삶의 필터버블 속에 갇혀 있다 보니, 주위의 사람들과 하나의 학문적 주제로 오랜 시간 대화를 나눌 기회는 많지 않다. 비록 역자는 나폴리 교수와 몇 차례 전자메일을 주고받은 것뿐이지만, 미디어 산업의 측정치 그리고 소위 가짜뉴스 문제에 대한 해결방안이라는 학문적 관심으로 인해 나폴리 교수의 책을 두 권 번역하면서 그의 연구문제와 고민을 진지하게 나눌 수 있게 된 점이 참 즐겁고 반가웠다. 끝으로 덧붙이면, 번역과정에서 생긴 모든 오류와 문제는 오롯이 역자의 잘못이다. 잘 팔리지 않을 수도 있는 전공서적임에도 선뜻 번역서 출간에 협조해주신 한나래출판사에도 진심으로 감사의 말씀을 드리고 싶다.

2022년 1월
역자 백영민

감사의 말

저자의 이전 책들은 본서와 비교할 때 저자의 개인적인 노력의 산물에 가까웠다. 그러나 본서의 경우 이 자리에서 다양한 사람들과 조직들에 감사의 말을 드리지 않을 수 없다. 이들은 본서가 보다 나은 책이 되도록 만드는 데 큰 도움을 주었고, 이를 통해 본서는 보다 나은 책으로 거듭날 수 있었다.

가장 감사드려야 할 대상은 본서가 세상에 출간되어야만 한다고 저자를 격려해준 콜럼비아대학출판사 필립 레벤탈Philip Leventhal 씨다. 그의 격려와 친절한 북돋움이 없었다면, 저자는 설익은 다른 연구주제들을 헤매며 본서를 마무리 짓지 못하고 있었을 것이다. 저자가 본서를 쓰는 동안 편집과 관련된 레벤탈 씨의 도움은 매우 큰 힘이 되었다. 본서의 주제는 저자가 본서를 쓰기 시작할 때(2016년 미국 대통령 선거 직전) 저자가 생각했던 것보다 더 까다로운 주제인 것으로 드러났다. 저자는 어쩔 수 없이 몇 장章을 다시 작성해야 했고 본서의 출간시점 직전까지 소소한 수정작업들을 진행할 수밖에 없었는데, 이런 과정들을 끈기 있게 기다려준 레벤탈 씨에게 감사드리고 싶다. 이런 점에서 저자는 본서가 최종판이라는 느낌은 들지 않는다. 또한 본서의 최초 제안서와 초고 완성본을 기꺼이 읽고 조언을 주신 익명의 두 심사위원의 피드백에도 감사드린다. 또한 교열작업을 해주신 페기 트롭Peggy Tropp 씨, 출간과정을 관리감독하신 벤 콜스타드Ben Kolstad 씨에게도 감사드린다.

아울러 저자에게 뉴욕 카네기재단의 앤드류 카네기 연구기금 지원은 매우 중요했다. 물론 본서가 뉴욕 카네기재단의 연구기금 지원을 받았지만, 본서의 주장과 견해는 온전히 저자의 책임이다. 저자는 본서에서 제시한 몇몇 아이디어들을 여러 다양한 학술발표회에서 발표하였고, (상당히 많은 반론들과 함께) 매우 많은 가치 있는 피드백들을 받았다. 저자를 초대해준 학술발표회 조직위원들에게도 감사드린다. 본서의 일부는 뉴욕에서 진행된 '2017 선전과 미디어 조작에 대한 데이터와 사회 워크숍2017 Data & Society Workshop on Propaganda and Media Manipulation'(저자를 초대해주고 피드백을 준 데나 보이드danah boyd에게 감사드린다), 버지니아주 알링턴에서 진행된 2016, 2017, 2018년 텔레커뮤니케이션 정책연구 학회TPRC, Telecommunications Policy Research Conferences, 보스턴에서 열린 2018년 전미정치학회American Political Science Association, 2018년 바르샤바에서 개최된 유럽미디어경영학회European Media Management Association Conference, 2018년 뮌헨에서 열린 알고리즘, 자동화, 저널리즘 학회Algorithms, Automation, and Journalism Conference, 2018년 프린스턴 대학교에서 개최한 민주주의 수호 학회Defending Democracy Conference와 집단행동, 소셜미디어, 시스템 위험 학회Collective Behavior, Social Media, and Systemic Risk Conference, 2017년 코펜하겐에서 개최된 북유럽정치학회Nordic Political Science Congress 등에 발표된 바 있다. 특히 TPRC에 참여한 연방커뮤니케이션위원회FCC, Federal Communications Commission 소속 마크 나델Mark Nadel과 북유럽정치학회에 참석한 헬싱키대학교의 카리 카피넨Kari Karppinen의 자세한 의견과 제안은 저자에게 매우 큰 도움을 주었다.

저자는 본서의 주장들을 보다 비공식적 모임에서도 제시할 수 있었다. 텍사스대학교에서 발표할 기회를 준 새론 스트로버Sharon Strover와 그녀의 동료들은 저자의 주장에 대해 유용한 피드백을 제공해주었다. 또한 듀크대학교 샌포드 스쿨의 프릿츠 메이어Fritz Mayer가 이끄는 민주주의 연구소Democracy Lab, 듀크 정치협회Duke Political Union, 더햄 여성유권자연맹Durham League of Women Voters 역시 소속 구성원들에게 본서의 주장들을 발표할 수 있는 기회를 제공해주었다. 샌포드 스쿨에서 매주 진행되는 교수세미나에서 본서의 몇몇 장에 제시된 주장들을 발표할 수 있는 기회를 제공해준 주디스 켈리Judith Kelly 학장님, 그리고 세미나에 참여해준 샌포드 스쿨의 방문교수님들께도 감사드린다. 아울러 본서 출간 직전 최종원고를 읽어달라는 부탁을 너그럽게 받아들여준 아밋 셰저Amit Schejter에게도 감사드린다. 듀크대학교 샌포드 공공정책 스쿨의 동료교수와 학생들은 본서 저술에 매우 큰 힘이 되었다. 특히 '알고리즘, 저널리즘, 공익Algorithms, Journalism, and the Public Interest' 수업에 참여해준 학부생들에게 감사드린다. 2017년에 진행된 이 수업은 본서의 큰 틀을 잡는 데 매우 큰 도움이 되었으며, 본서의 초고들은 2018년에 진행된 수업에 참여한 학생들의 읽기 과제로 배부되기도 했다. 저자는 두 차례 수업에서 진행된 토론의 내용들을 학생들 못지않게 열심히 필기하였다. 샌포드 스쿨의 미디어와 민주주의를 위한 드윗 월러스 센터DeWitt Wallace Center for Media & Democracy 센터장인 빌 아데어Bill Adair에게도 감사드린다. 빌 아데어는 지난 몇 년간 다양한 아이디어를 저자와 공유하였으며, 소셜미디어와 팩트체킹의 관계에 대해 지속적으로 정보를 제공해주었다. 드윗 월러스 센터의 셸리 스톤사이퍼Shelley Stonecipher와 킴 크르지비Kim Krzywy는 본서 작성 과정에서 행정일을 도와주었고, 이는 저자에게 큰 도움이 되었다.

저자는 (현재는 마이크로소프트에서 근무 중인) 페트라 로널드, 피터 안드링커, 제이크 슐먼과 같은 학부 연구조교들에게 매우 큰 도움을 받았다. 본서에 등장한 언론보도를 추적하고, 문헌자료를 정리하는 고달픈 일을 맡아준 그들에게 진심으로 감사의 마음을 전한다.

본서 '들어가며'의 일부 내용은 학술지 〈퍼스트먼데이First Monday〉 22권 5호에 "미디어기업들은 왜 자신이 미디어기업임을 부정하며, 이것은 왜 문제인가?"(2017)라는 제목으로 게재되었다. 그리고 〈인터미디어

Intermedia〉 44권 4호에는 "플랫폼인가, 출판업자인가Publisher?"(2017)라는 제목으로 실렸다. 두 논문은 저자의 박사지도학생인 로빈 카플란Robyn Caplan과 공저한 것이다. 저자가 본서를 작성하는 동안 로빈 카플란은 알고리즘의 설명책무성algorithmic accountability과 내용조정content moderation에 대한 박사학위 논문을 작성하였다. 지난 몇 년간 저자와 로빈 카플란의 토론과 협력은 본서를 저술하는 데 매우 큰 도움이 되었다. 3장의 일부 내용은 〈페더럴커뮤니케이션로저널*Federal Communications Law Journal*〉 70권 1호에 "만약 더 많은 표현이 더 이상 해결책이 될 수 없다면? 가짜뉴스와 필터버블 시대의 미헌법 수정조항 1조What If More Speech Is No Longer the Solution? First Amendment Theory Meets Fake News and the Filter Bubble"(2018)에 게재된 바 있다. 논문으로 게재된 내용의 일부를 본서에서 다시 소개할 수 있도록 허락해준 학술지들에 감사드리고 싶다.

　언제나 그렇듯, 저자의 정리되지 않은 생각들과 계속해서 바뀌는 책 제목을 끈기 있게 들어주고, 본서 저술작업을 포기해야 하나 조바심 내는 저자를 지켜본 아내 앤에게 감사하고 싶다. 앤의 끈기, 너그러움, 통찰력, 지원이 없었다면 저자는 본서를 마무리할 수 없었을 것이다. 또한 본서를 작성하는 매 순간 읽고 쓰고 공부하는 것의 중요함을 일깨워준 부모님께도 감사드린다. 저자의 아들인 도노반은 저자가 보다 넓은 시야를 갖도록 도와주는 방법을 잘 알고 있다. 최근 저자가 도노반에게 커서(도노반은 9살이다) 어떤 일을 하고 싶은지 물어보자, "아빠가 하는 일보다 재미있는 일을 하겠다"라고 깜찍하게 대답하였다. 본서를 도노반에게 헌정하고 싶다.

　끝으로, 이미 언급하였듯 본서의 주제는 정말 매우 빠르게 변하고 있기 때문에 독자가 본서를 읽을 때 몇몇 부분들은 시대에 뒤떨어져 보일 수도 있다. 예를 들어 본서가 출간될 때, 뉴질랜드에서는 총기난사 사건이 실시간으로 중계되고 있었다. 이 사건 직후, 페이스북의 마크 주커버그는 유해 콘텐트, 선거뉴스의 진실성, 프라이버시, 데이터 이동 등과 같은 분야에서 보다 적극적인 정부규제가 필요하다는 컬럼을 발표하기도 했다. 이와 같은 관점의 변화는 방송사업자들이 정부규제를 적극 요청했던 1920년대를 떠올리게 만든다는 점을 강조할 필요가 있다. 또한 최근 소셜미디어 플랫폼은 '가짜계정inauthentic accounts'과 특정 유형의 역逆정보disinformation를 제거하는 데 보다 적극적인 모습을 보이고 있다. 또한 호주, 프랑스, 영국, 인도 등의 정책결정자들은 소셜미디어 플랫폼에 대한 보다 포괄적인 규제모형들을 제안하고 있다. 이러한 변화들은 본서에서 저자가 탐구하고자 했던 보다 공익지향적public-interest-oriented인 미디어 거버넌스 시스템의 등장을 암시하고 있다. 바라건대 본서가 현재와 미래의 시도들에 도움을 제공할 수 있기를 기대한다.

한국어판 저자 서문

《소셜미디어와 공익》을 저술하면서 저자가 가졌던 가장 큰 우려는 출판 시점에 본서가 쓸모없어질지도 모른다는 생각이었다. 다행스럽게 그런 일은 일어나지 않았다. 본서가 출간된 현재 시점에 우리는 미디어 생태계가 어떻게, 그리고 왜, 과거와 유사한 방식으로 진화하고 있으며, 전통적 미디어 규제 역사로부터 유용한 교훈과 지도원칙들을 발견할 수 있는가에 대한 문제들을 더욱 여실히 확인할 수 있고, 이는 미국은 물론 다른 국가들에서도 여전히 유효하다.

저자가 한국어판 서문을 작성하고 있는 현시점에서, 미국 상원에서는 소셜미디어의 위법행위에 대한 또 다른 청문회를 진행하고 있다. 페이스북/인스타그램Facebook/Instagram*은 자신들의 상품이 유아들에게 악영향을 미친다는 내부 연구결과에도 불구하고 유아들을 대상으로 한 서비스를 개발하고자 했다.¹ 소셜미디어에 대해 무엇을 할 것인지에 대한 사실 발견과 심의deliberations는 계속되고 있다.

본서가 현시점에서 더 필요 없지 않다는 것이 슬픈 현실이다. 저자가 올해 초에 쓴 글에서 밝혔듯,² 만약 2021년 1월 6일의 사건이 소셜미디어에 대한 유의미한 규제행동으로 이어졌다면, 아마도 별일이 없었을 것이다. 그러나 미국 내 여러 분야의 정책결정 과정을 마비시키고 약화시키고 있는 정치적 양극화로 인해 본서에서 제안하였던 분석결과와 주

---

* 페이스북은 2021년 10월 28일부로 사명을 '메타'로 바꾸었다. 리브랜딩re-branding 이유가 명확하게 밝혀지지는 않았지만, 페이스북을 둘러싼 사회적 논란을 불식시키고 정치권의 규제압박을 완화하기 위한 전략적 포석이라는 견해도 존재한다.

장들과 같은 정책수립 활동은 거의 벌어지지 않았다.[3]

미국이 아닌 다른 국가들을 살펴보자. 출간 이후 (본서의 내용에 대해서 발표한 초청강연회에서 저자가 받았던 느낌으로는) 본서의 내용이 미국의 독자들보다는 미국 이외 국가의 독자들(특히 유럽지역 독자들)에게 더 호소력을 갖는 듯했다. 또한 고맙게도 본서는 (이 책의 주장이 상대적으로 덜 극단적으로 들리는 지역들인) 미국 이외 국가들에서 더 적절하게 수용되는 것처럼 보였다. 본서의 한국어 번역본의 저자 서문 요청은 저자에게는 가장 최근의 격려였다.

본서가 출간되던 시점에서 저자가 인식하지 못했던 점은 본서가 소셜미디어와 공익이라는 주제를 아주 일부만 다루었다는 것이다. 실제로 본서에서 제시된 여러 가지 주장들은, 비록 몇몇 주장은 도발적일 수도 있지만, 피상적 수준에서 제시된 것이다. 본서 출간 2년이 지난 지금(본서의 저술 시점 기준으로), 저자는 본서의 주장들을 구체화하는 데 많은 시간을 쏟고 있다.

예를 들어, 저자는 학술논문들과 단행본 장들章, chapters을 통해[4] 소셜미디어의 합산된 이용자 데이터를 공공자원public resource으로 간주해야 하는 이유와 정책적 함의를 제기한 바 있다. 아울러 이용자 데이터 합산치를 공공자원으로 분류하는 것을 통해 미국의 지상파 방송에 적용된 규제틀과 유사한 공공수탁자 규제틀public trustee regulatory framework을 정당화할 수 있다는 주장도 제기하였다. (비록 모두가 반기지는 않았지만) 본서 출간 이후 가장 많은 관심을 받았던 저자의 주장은 바로 이것이었다. 또한 이러한 저자의 주장이 뉴스보도, 컬럼, 백서,

정보장애 관련 아스펜 위원회Aspen Commission on Information Disorder[*] 등의 시민단체 활동에서 논의되고 있다는 점에서, 저자는 정책결정자들이 본서의 주장에 관심을 갖기를 여전히 기대하고 있다.

저자가 구체화하고 있는 본서에 소개된 또 다른 주장으로는 소셜미디어 자율규제를 위한 견본template으로 (미국 정부의 권고를 통해) 미국의 수용자 측정치 산업에서 정착된 자율규제틀self-regulatory framework을 고려할 수 있다는 것이다.[5] 본서는 트럼프 행정부 중반 즈음에 완성되었다. 트럼프 행정부 4년은 뉴스와 정치발언과 관련된 분야에 대한 정부의 규제권한을 확장하는 것이 얼마나 위험할 수 있는지 여실히 보여주었다. 그 결과 정책연구자들은 저자의 주장과 비슷한 방식으로, 연방규제와 산업계 자율규제의 혼합 모형을 제안하고 있다.[6]

본서에서 저자는 미국 미디어 규제 역사에서 중요한 부분인, 공정성원칙Fairness Doctrine도 간략하게 소개하였다. 지금은 폐지된 공정성원칙 규제에 따르면 방송사업자들은 뉴스 취재 과정에서 대립하는 견해들을 균등하게 제공해야만 했다. 트럼프 행정부 말기, 공정성원칙은 정책논의에서 중요한 토픽으로 다시 등장했다. 왜냐하면 트럼프 행정부에서 보수적 견해가 억압받고 있다는 우려를 제기하면서 정책결정자, 시민단체, 언론인들 사이에서 공정성원칙에 대한 언급이 급격하게 증가했기 때문이다. 소셜미디어에 전통적 미디어 규제틀을 적용하는 것의 적절성을 검토한다는 본서의 주장과 맥을 같이하여, 저자 역시 공정성원칙과 소셜미디어 규제에 공정성원칙을 적용하는 것이 적절한지 여부에 대한 논

---

[*] '정보장애 관련 아스펜 위원회'는 1949년에 수립된 비영리 국제기구인 아스펜 인문사회 연구소Aspen Institute for Humanistic Studies의 하위 연구위원회다. 정보, 언론, 사상 등과 관련하여 정부, 시민사회, 시장 등에서 나타나는 여러 제약이나 장애에 대한 정보를 수집하고 관련 제안이나 정책을 제시하고 있다.

의에 깊이 뛰어들었다.⁷ 만약 저자가 조금 더 앞을 내다볼 수 있었다면, 본서에 이와 관련된 분석결과를 제시했을 것이다.

끝으로 저자는 디지털 플랫폼과 뉴스미디어의 관계에 대해 본서와 관련된 다음의 내용을 추가하고 싶다. 이 관계는 본서 출간 이후 지금까지 저자가 고민한 주제이기도 하다.⁸ 특히, 저자는 **플랫폼 탐사보도** the platform beat[*]라고 이름 붙인 것의 중요성에 주목해왔다. 플랫폼 출입처라는 용어는 디지털 플랫폼, 디지털 플랫폼이 활용되고 오용되는 방식, 그리고 이에 따른 정치적 결과는 무엇인지에 대한 탐사보도들을 지칭하는 용어다.⁹ 이 글의 앞부분에서 언급했듯, 저자가 이 서문을 쓸 당시 미국 상원에서는 유아와 청소년에 대한 소셜미디어 플랫폼의 잠재적 악영향에 대한 청문회를 시작하였다. 이 청문회가 시작된 계기는 〈월스트리트저널The Wall Street Journal〉의 일련의 탐사보도였다.¹⁰ 미국 민주주의의 근간을 위협하는 역정보disinformation, 혐오발언hate speech, 데이터 프라이버시/보안 위반, 그리고 우리가 알고 있는 다른 유형의 위법행동을 감시하는policing 역할이라는 점에서 뉴스조직들이 플랫폼보다 월등한 능력을 발휘하고 있다는 사실은 2021년 1월 6일 사태 당시는 물론 지금까지 여러 차례 확인되었다. 플랫폼 탐사보도는 현대 저널리즘의 가장 중요하고 결정적인 보도 중 하나가 될 것이며, 따라서 플랫폼과 언론의 관계에 대한 본서의 내용과 연계하여 깊게 살펴볼 가치가 있다.

지금까지 한국어판 서문에서 저자는 본서 출간 이후 저자가 해온 작업에 대해 간략하게 소개하였다. 저자의 이 저술들은 현재 기준에서

---

[*] 흔히 beat는 '출입처'로 번역되고, 적어도 국내 저널리즘 문헌에서 '출입처 보도'라는 용어는 통상적인 보도, 매너리즘에 빠진 보도, 심지어 정보원에 의해 관리·조작되는 보도로 사용되기도 한다. 여기서는 맥락의 의미를 살려 저널리스트가 플랫폼에 출입하면서 수행한 탐사보도라는 의미가 잘 드러나도록 의역하였다.

본서에서 불충분했던 점들을 보충해줄 수 있을 것이다. 한편 본서의 주제와는 다소 어긋나기는 하지만, 본서는 플랫폼 거버넌스governance를 둘러싸고 벌어지는 보다 심오하고 구체적인 논의에도 도움을 줄 수 있을 것이다. 이런 점에서 본서는 소셜미디어 등장 이후의 규제문제에 대한 결론이 아니라 서론에 더 가까울 것이다.

필립 M. 나폴리
더햄, 노스캐롤라이나
2021년 10월

들어가며

2018년 4월, 페이스북 CEO인 마크 주커버그는 미의회에서 약 10시간 가량 증언대에 서야 했다. 주커버그는 청문회장에서 자신이 설립한 페이스북 플랫폼이 어떻게 활용되고 악용되는지에 대한 다양한 우려들에 답해야 했다. 청문회장에서 주커버그는 페이스북이 창립 당시에는 상상하지도 의도하지도 못했던 방식으로 얼마나 다양하게 사용되는지 꾸준하게 언급했다. 주커버그는 자신이 하버드대학교 기숙사에서 소박한 수준으로 페이스북을 만들었던 순간 이후 페이스북 플랫폼이 얼마나 성장하고 변화했는지 자주 언급하였다.[1] 여기서 애초 페이스북이 매력적인 학급친구가 누구인지 확인해보려는 소박한 목적에서 개발되었음을 떠올릴 필요가 있다. 트위터가 개발된 목적도 마찬가지로 소박하다. 트위터라는 단어 자체가 '하찮은' 정보들의 전달을 촉진한다는 트위터 플랫폼의 자그마한 창립목표를 반영한다.[2]

그러나 20년도 지나지 않아 페이스북과 트위터, 유튜브, 인스타그램, 스냅챗, 왓츠앱 등은 독재정권을 타도하는 데 기여했다는 찬양의 대상이 되기도 하고, 정치적 극단주의와 테러리스트 조직의 온상이며 저널리즘을 파괴하고 선거결과를 뒤엎는다는 비난의 대상이 되기도 하는 등 거의 모든 것들의 원인으로 묘사되고 있다.[3] 이들 플랫폼이 가상적 혹은 실증적 효과를 발휘한다는 주장들의 대부분은 이 기업들이 사람들의 뉴스 및 정보 생태계의 핵심적 구성요소로 진화*하고 있다는 점을 구체적으로 보여준다. 애초 목적과 달리 이들 기업은 저널리즘 그리고 저널리즘처럼 보이는 역정보disinformation**의 생산·확산·소비 방식을 결정하는 핵심 플랫폼으로 정착하고 있다. 이러한 소셜미디어의 진화evolution가 바로 본서의 핵심 주제다.

미디어 진화

이처럼 소셜미디어의 애초 의도된 기능과 최종 사용방식 사이에 엄청난 간극이 발생하는 것은 미디어 기술의 역사에서 그리 새로운 현상이라고 보기 어렵다. 미디어 기술의 발명목적과 사용방식이 매우 다르다는 점은 미디어 역사에서 가장 두드러지는 특징 중 하나다. (벨 전화기의 초창기 경쟁 모형을 발명했던) 토마스 에디슨은 사람들이 먼 거리에서 음악콘서트를 듣기 위해 전화기를 사용할 것이라고 기대했다.[4] 라디오는 선박-해안ship-to-shore 사이의 커뮤니케이션을 위하여 개발되었

---

* 나폴리가 사용하는 '진화'는 미디어 산업과 변화하는 환경조건들(기술적, 경제적, 사회문화적 변화 등 제반 조건들을 포괄)에 반응하면서 시간의 진행과 함께 나타나는 적응과정을 의미한다. 따라서 진화evolution를 결코 진보progress로 이해하지 말아야 한다. 동일한 진화과정이라고 하더라도 평가기준에 따라 개선으로 판단될 수도 있고, 동시에 퇴행으로 판단될 수도 있다.

** 본서에서는 disinformation을 역정보로, misinformation을 오정보로, fake news는 가짜뉴스로 번역하였다. 일반적으로 misinformation은 사실관계에 오류가 있는 정보를 의미하며, disinformation은 금전적·정치적 의도가 포함된 사실이 아닌 정보를 의미한다. fake news의 경우 연구자들에 따라 다양하게 정의된다(몇몇 연구자는 fake news, 가짜뉴스라는 용어를 사용하는 것에 거부감을 보이기도 한다). 그러나 일반적으로 fake news는 '뉴스보도처럼 보이는 역정보disinformation'를 의미한다.

다.[5] 케이블TV는 공중파 방송 신호를 개선하려는 목적으로 개발되었다.[6] VCR은 TV 프로그램을 녹화시청할 수 있게 함으로써 시청자가 다른 시간대에도 TV 프로그램을 시청할 수 있도록 개발되었다. 애초 인터넷은 대학의 연구자들과 정부기관 사이의 탈집중화된 커뮤니케이션 및 컴퓨팅 자원에 공동접속을 촉진하려는 시도로 개발되었다.[7]

이 모든 사례들에서 드러나듯, 미디어를 사회적으로 광범위하게 확산되게 만든 기능은 애초에 미디어 개발자가 주목했던 기능과 달랐다. 전화기는 주로 대면 커뮤니케이션 수단으로 자리잡게 되었다. 전화선이 인터넷 사용을 위한 최초 인프라로 등장한 후 불과 몇 년이 지나 전화선은 에디슨이 꿈꾸었던 매스미디어 특성으로 진화했다. 시간이 지나 라디오는 대중오락용 미디어로, 부차적으로는 뉴스정보원으로 자리를 잡게 되었다. 공중파 방송 신호의 '안테나 서비스'로 시작했던 케이블 텔레비전의 애초 기능의 경우, 가정에 프로그램을 전송할 때 공중파를 이용하지 않았음에도 추가적 방송 콘텐트를 제공하는 채널로 자리잡았다. 시간이 지나 케이블TV 시스템은 전화선과 마찬가지로 인터넷 접속을 위한 주요 인프라로 진화하였다. VCR을 다른 시간대 프로그램 시청을 위한 기술로 기억하는 사람은 별로 없다. 대부분의 VCR 구매자들은 VCR로 텔레비전 프로그램을 녹화하는 방법을 배우려는 시도조차 하지 않았다.[8] 그 대신 개인이 할리우드 영화를 대여하거나 구매한다는 전혀 의도하지도 기대하지도 않았던 산업의 등장으로 VCR은 인기를 얻었다.[9] 끝으로, 인터넷의 경우 역시 애초의 협소한 개발목적에서 벗어나 상상할 수 없을 정도의 다양한 방향으로 진화했다는 사실은 굳이 언급할 필요도 없을 것이다.[10]

이러한 변화들이 순탄하게 진행되는 것은 아니다. 미디어 기술과 이를 둘러싼 전체 산업들은 기술개발 당시 예측하지 못했던 미디어 이용자의 욕구에 부응하기 위한 시스템으로 전환하면서 보통 거대한 변화를 겪는다. 라디오 산업 초창기에 라디오 방송국들은 자체적인 저널리즘 기능을 수행할 수 있는 시설이 부족했기 때문에, 라디오 방송을 통해 종이신문을 읽어주는 방식에 의존했다. (당시의 표현을 그대로 사용하자면) 이러한 "뉴스 도둑질news piracy"은 결국 불법으로 판결되었다. 만약 라디오 방송국이 단순히 음악과 오락 제공자에 머무르지 않고 뉴스 및 정보 제공자의 역할까지 맡고자 한다면 자체적인 뉴스조직을 꾸려야만 했다.[11] 마찬가지로 VCR과 VCR의 녹화기능이 도입되자 영화사와 텔레비전 스튜디오는 소송전을 시작하였고, 결국 대법원까지 가게 되었으나 소송에서 지고 말았다(소송시도는 결국 어리석은 일이라는 것으로 드러났다). 얼마 지나지 않아 VCR 분야는 영화사와 텔레비전 스튜디오에 이들 연매출의 약 50%를 가져다줄 정도로 큰 재정적 도움을 주었다.[12] 가정에서 TV에 접속하는 주요 수단으로 케이블TV 산업이 등장한 후, 케이블TV 산업이 '무료 TV(즉, 공중파 방송)'와 지역뉴스를 질식시킬 것이라는 우려는 도리어 방송사업자들의 경제적 이익을 보호하는 다양한 규제정책의 탄생으로 이어졌다.[13] 계속 진화하는 인터넷의 기능들로 인한 파급효과는 여전히 진행 중이며 불확실하다. 인터넷이 전통적인 음악산업과 신문산업을 파괴한다는 주장이 널리 확산되고 있으며, 이로 인해 관련된 여러 법정 소송들이 진행되고 있다.

소셜미디어와 뉴스

앞서 소개한 사례들과 마찬가지로, 인터넷이 어떻게 진화하고 다른 산업들과 갈등을 빚는지 가장 잘 보여주는 사례로 인터넷 등장이 저널리즘의 변화 그리고 양식 있는 시민 육성informed citizenry과 맺고 있는 관계를 꼽을 수 있다. 소셜미디어 플랫폼이 뉴스와 정보 생태계에서 차지하는 중요도 관점에서 독보적인 위치를 차지한다는 점은 두말할 필요가 없다. 온라인 수용자 트래픽 측정 회사인 파슬리Parse.ly에 따르면, 페이스북은 2013년 온라인 뉴스사이트 추천 트래픽referrals[*]의 16%를 차지하는 것으로 나타났으며,[14] 2017년에는 40%로 더 늘어났다.[15] 퓨리서치 센터의 최근 조사에 따르면 미국 성인의 67%가 소셜미디어를 통해 뉴스를 얻는다고 한다.[16] 이 조사에 따르면 페이스북 이용자의 68%가 페이스북을 통해 뉴스를 얻으며(2013년 47%보다 증가), 트위터 이용자의 74%는 트위터에서 뉴스를 얻고(2013년 52%보다 증가),[17] 유튜브 이용자의 32%는 유튜브를 통해 뉴스를 얻는 것으로 나타났다(2013년 20%보다 증가).[18] 컬럼비아대학교의 에밀리 벨Emily Bell이 주장하듯, 이들 소수 회사가 보유한 강력한 게이트키핑 역할은 "과거 어느 때와 비교해보아도 훨씬 더 심한 권력의 집중" 현상을 보여준다.[19] 이러한 기능들은 소셜미디어가 이용자들의 자녀 사진을 업로드하거나 연락이 끊긴 옛날 학교친구나 동료를 찾았던 과거의 모습과 크게 달라졌음을 보여준다.

현재 소셜미디어 플랫폼은 중요한 뉴스정보원 역할을 하고 있다. 바로 이 점이 왜 소셜미디어가 역정보의 전파매체로서 특히 조작과 기만에 취약한지 그 이유를 잘 설명해준다. '가짜뉴스'는 새로운 현상이 아니다.[20] 저널리즘이 존재하는 한, 저널리즘을 위장한 역정보를 제공하려는 모습들은 계속될 것이다. 그러나 소셜미디어에서 가짜뉴스가 어떻게 생산·확산·소비되는지를 둘러싼 대부분의 역학관계는 새로운 것이다. 여기서 특히 중요한 것은 소셜미디어 플랫폼이 기존 뉴스조직에서 확립된 규범, 기준, 행동방식들을 따르지 않은 채 뉴스전달자로서 작동하고

---

[*] 사이트 A와 사이트 B가 하이퍼링크로 연결되어 있다고 가정해보자. 만약 사이트 B를 사이트 A를 경유하여 방문하였다면, 이때 사이트 B를 사이트 A의 추천 트래픽referral이라고 부른다.

있다는 사실이다. 마크 주커버그는 의회 청문회에서 다음과 같이 직설적으로 증언하였다. "우리는 우리의 책임에 대해서 충분히 포괄적으로 생각해보지 못했고, 이것은 큰 실수였습니다."[21]

우리는 다음과 같은 상황에 처해 있다. 즉 뉴스미디어로 자리매김하려는 의도가 전혀 없었던 소셜미디어 플랫폼이 미디어 역사상 전례 없던 도달수준degree of reach과 게이트키핑 권력을 갖는다는 비판 속에서 현재 미디어 역할을 수행하고 있다.[22] 소셜미디어 플랫폼들은 저널리즘 기능을 효과적으로 수행해왔던 기관들로부터 비판에 직면하면서 애초 자신들이 의도했던 플랫폼 모습이 바뀌고 있다는 것을 깨닫기 시작하고, 이제부터 저널리즘 역할을 개선시키려 노력하고 있다. 이런 상황 속에서 미디어 정책 당국자들이 뉴스 및 정보를 게이트키핑하는 주요 기관으로 등장한 소셜미디어 플랫폼에 어떻게 대응해야 하는지 혼란을 느낀다는 사실 또한 그리 놀랍지 않다.

양식 있는 시민 육성과 민주주의의 효과적 운영을 위한 저널리즘 기능의 중요성을 감안할 때, 어떻게 기술적·경제적·인간행동 영역의 원인들이 뉴스 생태계에서 소셜미디어를 주요 정보원으로 만들었는지 이해하는 것은 중요하다. 최종적으로 우리는 이러한 미디어 진화의 과정에서 등장하는 여러 문제들에 대응하는 방법들을 마련해야 한다.

본서는 미디어 역사 맥락에서 최근 벌어지고 있는 발달사항, 문제점, 논란 등과 이러한 문제들을 어떠한 방식으로 해결할 수 있는지 검토해보고자 한다. 디지털미디어 시대에 가장 큰 논란 중 하나는 '미디어(그리고 미디어에 요청되었던 규범과 규제)'에 대한 관점이 뉴스 및 정보가 점점 생산·확산·소비되는 소셜미디어 플랫폼과 그다지 부합하지 않는다는 사실이다. 뉴스공급 의무를 지고 있다고 가정되는 신문, 라디오, TV 등과 달리 소셜미디어, 검색엔진, 콘텐트 어그리게이터content aggregators 등의 플랫폼에서 나타나는 주요 특징 중 하나는 이들 플랫폼은 자신들이 미디어기업이라고 불리는 것을 거부하고 있다는 사실이다. 대신 이들 플랫폼 기업은 자신들을 주로(혹은 완전히) 기술기업이라고 주장한다.[23] 본서에서 저자가 소셜미디어를 분석하기 위해 사용하는 접근방식은 미디어 거버넌스 접근 방법이다. 이를 통해 우리가 왜 소셜미디어를 기술중심technology-centric 관점이 아닌 미디어중심media-centric 관점에서 파악해야 하는지 명확히 밝히고자 한다.

미디어기업이 스스로 미디어기업이 아니라고 주장하는 이유

오늘날 디지털미디어 환경에서 미디어기업들은 스스로 미디어기업, 특히 **뉴스**미디어로 간주되지 않으려고 노력한다.[24] 미디어기업들의 (잘못된) 자기인식은 미디어 영역에서 나타난, MIT의 윌리엄 유리치오William Urrichio의 말을 빌리자면, "알고리즘적 전환algorithmic turn"에 기인하고 있다.[25] 이제는 잘 알려졌으나, 저널리즘 뉴스 생산, 뉴스 편집, 미디어 소비의 전 과정에서의 결정은 점점 더 대규모 엔지니어와 컴퓨터 과학자들이 개발한 복합적인 데이터 기반의 알고리즘에 의해 영향을 받고 있다(알고리즘이 지배한다고 보기는 어렵겠지만).[26] 마이크로소프트 리서치팀의 탈레튼 길레스피Tarleton Gillespie는 알고리즘을 "규정된 계산 방식을 기반으로 입력데이터를 원하는* 형태의 출력물로 전환시키는 인코딩된 절차encoded procedures for transforming input data into a desired output, based on specified calculations"[27]라고 간결하게 정의한 바 있다. 지속적으로 변하는 신新정보 생태계의 작동방식은 전문적·기술적 지식과 이를 기반으로 한 기술시스템이 뉴스가 생산·확산·소비되는 과정과 제도에 관한 거버넌스에 적용되는 방식과 체계화되는 과정을 특정 유형으로 보여준다.

결과적으로 소셜미디어 기업들이 자신들을 미디어, 특히 뉴스미디어라고 파악하지 않으며 자신들의 기술적 특징들을 전면에 내세우는 것을 발견할 수 있다. 이러한 모습은 알고리즘 기반 의사결정 기구 algorithmic decision-making tools 혹은 기술적 인프라가 전통적 행위자 또는 조직을 보완하거나 보충한다는 보다 넓은 사회 및 경제 영역에서의 트렌드를 어느 정도 반영하고 있다.[28] 오늘날의 기술 주도 사업환경에서, 기업은 자신들이 활동하는 사업영역을 구체적으로 내세우기보다 사업영역에 발전된 기술을 적용하는 방식으로 자신들의 정체성을 내세운다. 가장 두드러진 그리고 가장 논란이 되는 사례 중 하나가 우버Uber다. 우버는 항상 자신들을 운송기업이 아니라 기술기업이라고 주장해왔다. 우버 대표자의 말을 빌리자면 다음과 같다. "우버는 상품이나 사람을 운송하지 않습니다. 운송은 우버 파트너들의 역할입니다. 우버는 운송을 촉진할 뿐입니다."[29]

이러한 우버 주장의 수용 여부는 매우 심오한 결과로 이어진다. 만약 규제당국자가 우버를 운송회사로 파악한다면, 우버는 운송산업에 적용되는 규제대상이 된다. 반면 규제당국자가 우버를 기술회사로 파악한다면, 운송산업 관련 규제는 적용될 수 없다. 이를 근거로 우버는 경쟁우위를 누리게 된다.[30] 자신들을 기술회사로 내세우는 모습은 단지

---

* '원하는'이라는 동사의 주체가 분명하게 정의되지 않은 점에 주목할 필요가 있다. 흔히 데이터 기업들은 '이용자가 원하는'이라고 주장하지만, 보다 정확하게는 '이용자가 원할 것으로 알고리즘 개발자가 생각하고 있는'이 맞을 것이다. 이 과정에서 개발자는 물론 사회 전반의 주관적 판단이나 편향 등이 은밀하게 침투하기도 한다.
국내에 소개된 관련된 논의로는 다음의 저작을 참조하라. 《대량살상 수학무기》, 《자동화된 불평등: 첨단기술은 어떻게 가난한 사람들을 분석하고 감시하고 처벌하는가?》, 《보이지 않는 여자들: 편향된 데이터는 어떻게 세계의 절반을 지우는가》.

우버에만 나타나지 않는다. 자동차, 금융, 텔레커뮤니케이션 분야의 다양한 회사들 역시 비슷한 방식으로 자신들을 순수한 기술회사라고 주장한다.[31] 심지어 자동차 회사인 포드Ford조차도 자사가 자동차 제작사가 아닌 기술기업으로 간주되기를 바라는 상황이다.[32]

마찬가지로 소셜미디어 플랫폼의 (보다 넓게 디지털 콘텐트 큐레이터의) 결정적 특징은 일관적으로 자사가 미디어기업이 아닌 순수한 기술기업이라고 주장한다는 점이다.[33] 심지어 미디어 콘텐트 생산영역에 몸담거나 몸담은 적 있는 고커Gawker*나 복스Vox**와 같은 기업들도, 그들 CEO의 주장대로라면 자신들을 미디어기업이 아닌 기술기업이라고 (언제나 그러지는 않았다고 하더라도) 주장했다.[34]

그러나 만약 우리가 페이스북, 트위터, 유튜브 등의 소셜미디어와 뉴스의 관계를 다룬다면, 이들 기업이 기술기업일뿐 미디어기업이 아니라는 주장에는 근본적인 문제가 있다는 것을 인정할 수밖에 없다.

---

* 2002년 12월에 뉴스 블로그로 시작하였으며, 주로 유명인사들과 미디어 산업의 뒷소문과 가십거리들을 다루었다. 현재는 더 이상 운영되지 않는다.
** 설명저널리즘explanatory journalism을 주장하면서 2014년 4월에 창립한 온라인미디어 회사다. 복스는 전통적인 뉴스보도를 넘어, 독자에게 사건의 배경정보를 충분하게 제공하여 맥락을 이해할 수 있도록 도움을 주는 것을 지향한다. 정치적으로는 다소 진보적인 곳으로 인식된다.

"우리는 콘텐트를 만들지 않는다"

디지털미디어 기업들에서 가장 빈번하게 나타나는 주장은 자신들은 콘텐트 원본을 만들지 않으며, 대신 플랫폼 이용자들이 제작한 콘텐트 배포를 촉진하는 역할에 머무른다는 것이다. 구글의 에릭 슈미트Eric Schmidt는 (다른 구글 경영진들도 마찬가지로) 여러 해 동안 이러한 주장을 펼치면서 다음과 같이 선언하곤 했다. "우리는 구글만의 콘텐트를 만들지 않습니다. 우리는 여러분이 다른 누군가의 콘텐트를 더 빨리 찾을 수 있도록 해줍니다."[35] 페이스북 또한 비슷한 주장을 옹호해왔다. 페이스북의 글로벌마케팅솔루션스 부사장의 말을 들어보자. "사실 우리는 스스로를 기술기업이라고 생각합니다. …… 미디어기업은 스스로 콘텐트를 제작하는 기업입니다."[36] 페이스북의 CEO인 마크 주커버그는 여러 해 동안 이러한 주장을 고수하고 있는데,[37] 최근이라고 할 수 있는 2016년 11월까지도 미국 대통령 선거에 페이스북을 경유하여 가짜뉴스가 확산된다는 비판에 대해 이러한 입장을 고수하였다.[38] 딕 코스톨로 Dick Costolo는 트위터의 CEO로 재직하며 다음과 같이 언급했다. "우리는 우리를 기술기업이라고 생각합니다. 왜냐하면 트위터의 미래는 다른 개발자들과 기업들이 트위터와 트위터 이용자들에게 도움을 주는 방식으로 트위터의 가치를 높여줄 수 있는 확장 가능한 플랫폼을 건설할 수 있는가에 달려 있다고 생각하기 때문입니다. 우리는 트위터가 콘텐트 기업이 될 필요가 없다고 생각하며, 그렇게 만들고 싶지도 않습니다."[39] 애플의 스티브 잡스 역시도 아이튠스iTunes를 발표하던 시점에 비슷한 주장을 제시하였다. 잡스는 〈에스콰이어Esquire〉와의 인터뷰에서 애플이 미디어기업이 되어가는 것인지에 대한 언급에 대해 발끈하면서 이렇게 주장했다. "우리는 미디어기업이 아닙니다. 우리에게는 미디어가 없습니다. 우리는 우리만의 음악이 없습니다. 우리는 우리만의 영화나 TV도

없습니다. 우리는 미디어기업이 아닙니다. 애플은 그냥 애플일 뿐입니다."[40] 잡스에게 이 문제는 충분히 민감한 문제였는지, 이 이슈가 등장한 직후 잡스는 인터뷰를 갑작스레 중단해버렸다.

　이러한 주장을 통해 미디어기업이란 무엇을 하는 기업인지에 대해 사람들이 어떻게 생각하고 있는지, 그리고 그 핵심 활동들이 무엇인지에 대해 생각해보자. 전통적으로 미디어 산업 조직이 수행하는 근본적인 활동은 세 가지다(이 활동들이 상호배타적이라고 보기는 어렵다). ①뉴스 제작자나 TV 스튜디오와 같은 콘텐트 제작자로 대표되는 생산production; ②생산자에게서 소비자로 콘텐트를 옮겨주는 과정을 의미하는 배포distribution; ③콘텐트를 수용자에게 직접 제공하는 과정을 뜻하는 전시exhibition.[41]

　디지털화와 미디어 융합에 따라 현재와 같이 콘텐트가 최종 이용자에게 직접 전달된다는 점에서 이 세 가지 활동은 몇몇 사례들에서 통합되어 나타나고 있다. 디지털화와 디지털 환경에서의 콘텐트 배포로 인해 도서나 음반 소매상들과 같은 전통적인 콘텐트 전시업자들이 쇠퇴하는 상황은 이 점을 잘 보여준다. 혹자는 미디어기업이란 영화관, 서점, 음반판매점 등과 같은 전통적 콘텐트 전시기업에 해당된다고 우기고 싶을지도 모른다. 그러나 아마존, 아이튠스, 넷플릭스 등과 같이 대체한 기업들은 전통적 콘텐트 전시기업들과 근본적으로 다르다. 새로운 기업들은 전자미디어 인프라를 활용하여 '순수한 공공재'[42] 형태로 콘텐트를 수용자에게 배포하는데, 이러한 모습은 케이블TV 시스템과 공중파 네트워크와 같은 전통적 콘텐트 큐레이터 및 배포자와 비슷하다. 이러한 모습은 트위터, 유튜브, 페이스북과 같은 소셜미디어 플랫폼과도 많은 면에서 비슷하다. 이 플랫폼들은 (뉴스 제작자들부터 개별 이용자, 내서

널풋볼리그*에 이르는) 다양한 콘텐츠 제작자들에게 핵심 배포수단이며, 그와 동시에 플랫폼을 통해 콘텐츠에 접속하는 최종 이용자들에게는 전시수단이기도 하다. (페이스북 플랫폼을 통해 직접 방송과 즉시 방송이 가능한) 페이스북 라이브Facebook Live와 (뉴스조직이 생산한 콘텐츠를 페이스북이 직접 수집하는 창구인) 페이스북 인스턴트 아티클스Facebook Instant Articles와 같은 서비스의 경우,[43] 생산·배포·전시의 통합 과정이 보다 극명하게 드러난다.

이러한 소셜미디어 진화과정은 콘텐츠 제작은 물론 콘텐츠 배포 역시도 미디어의 결정적 특성임을 보여준다.[44] 미디어로 규제를 받았던 미디어기업이라는 관점에서 볼 때, 콘텐츠 제작/소유 여부가 미디어기업을 결정짓는 특징이었던 적은 없다. 예를 들어, 케이블TV와 위성TV 산업 모두 (적어도 최초에는) 미디어 콘텐츠 배포자 역할을 수행했다는 것을 생각해보라. 콘텐츠 배포를 통제하여 경쟁과 다원성에 대한 우려를 자아냈다는 점에서, 콘텐츠 배포자 역할만 수행한다는 특성 때문에 이들 산업이 연방커뮤니케이션위원회FCC의 규제에서 벗어났던 적은 없다. 또한 디지털 영역에서의 콘텐츠 배포 메커니즘이 전통적 미디어에서 나타난 콘텐츠 배포 메커니즘과 구분된다고 하더라도, 디지털미디어 경영자였던 엘리자베스 스피어스Elizabeth Spiers는 다음과 같이 반문한다. "당신들이 콘텐츠를 디지털 방식으로 배포하는 것 때문에 당신들 회사가 기술회사가 되는 이유를 설명해주실 분 계신가요?"[45] 즉 콘텐츠 제작/소유 여부가 미디어 영역으로부터 이들 '기술'기업을 효과적으로 분리할 수 있다는 주장은 미디어를 유치하게 이해한 것이거나 잘못 이해한

---

* 미국의 미식축구협회다. 미식축구는 미국에서 가장 인기 있는, 무엇보다 가장 큰 수익을 내는 스포츠 종목이다.

것이며, 아니면 사업과 정책 담론에서 미디어기업의 특징을 다르게 정의하려는 의도적이고 전략적인 동기에서 비롯된 시도라고 볼 수 있다.

자사를 기술기업이라고 주장하는 소셜미디어 기업들 중 일부는 콘텐트 제작을 수직통합 하고자 한다. 저자는 바로 이 점을 소셜미디어 기업들이 보여주는 모순이라고 지적하고 싶다. 소셜미디어 기업들의 이 같은 시도는 미디어 역사에서 꽤 예측 가능한 패턴이었다. 미디어 역사를 돌아보면, 콘텐트 배포자는 언제나 콘텐트 제작자를 합병하는 방법으로 전략적이며 경제적인 이득을 추진해오곤 했다.[46] 일례로 2016년 유튜브는 구독서비스를 통해 오리지널 콘텐트 시리즈들을 제작하기 시작했고, 최근 페이스북은 오리지널 영상콘텐트 제작을 시도하고 있다.[47] 따라서, 심지어 콘텐트 배포자가 미디어기업이 아니라는 이들의 주장을 받아들인다 하더라도, 왜 이 회사들이 앞으로도 계속 순수한 콘텐트 배포자에 머무르지 않으려 하는지 저자는 이상할 따름이다.

"우리는 컴퓨터과학자들이다"

소셜미디어 플랫폼 기업과 디지털 콘텐트 큐레이터 기업이 내세우는 주장 중 두 번째로 두드러진 것은 기업근무자의 특성에 관한 것이다. 구체적으로, 소셜미디어 기업 경영자들은 자신과 고용된 노동자들의 교육배경을 소셜미디어 기업이 미디어기업이 아니라 기술기업이라는 주장의 근거로 빈번하게 사용한다. 구글의 에릭 슈미트는 "구글은 세 명의 컴퓨터 과학자들이 운영하는 회사이기 때문에"[48] 구글이 기술회사라고 강조한다. 마찬가지로, 이용자제작 콘텐트 어그리게이터인 치즈버거Cheezburger의 CEO 벤 허Ben Huh도 치즈버거가 기술회사임을 주장할 때, 회사의 고용노동자들 중 개발자의 비중을 강조했다.[49]

이 역시도 논리적 혹은 역사적 근거가 부족한 주장인 것은 마찬가지다. 예를 들어 본서의 도입부에서 밝혔듯, 공중파 방송보다 놀라웠던 기술은 없었다. 공중파 방송은 커뮤니케이션 수단이라는 점에서 엄청난 기술적 도약을 보여준 기술이다. 결과적으로 당시의 다른 커뮤니케이션 방법들, 이를테면 종이신문과 비교할 때 기술적으로 더 복잡했다는 점에서, 방송은 당시 기술자와 엔지니어의 영역이었다. 마찬가지로 기술적 전문성은 RCA나 마르코니컴퍼니와 같은 초창기 라디오 방송기업의 핵심이기도 했다.[50] 케이블TV 산업에서 시도된 위성기술 역시 또 다른 극적인 진보였으며, 마찬가지로 이 사업에서도 높은 수준의 기술적 전문성을 지닌 전문가 집단이 필요했다.

기술적 진보와 이 영역에서의 기술적 전문가들은 최소한 인쇄매체의 등장 이후 미디어 영역의 근간을 형성해왔다. 미디어 연구자인 마크 듀즈Mark Deuze의 말처럼 "미디어 영역에서 기술이 핵심적 역할을 수행했다는 것"[51]을 인식하는 것은 중요하다. 기업의 노동자 혹은 리더가 기술을 지향한다는 사실로 인해 해당 기업이 미디어기업이 아니라고 생각한다는 주장은, 전통적인 다른 미디어의 특성과 비교할 때 특정 미디어를 협소하게 정의하려는 또 다른 전략적 시도일 가능성이 높다.

"편집에 사람이 개입하지 않는다"

이들 디지털미디어 플랫폼 기업들이 제시하는 주장 중 명시적이지는 않지만 분명히 이전의 주장과 관련된 주장은, 바로 서비스에서 '드러난' 콘텐트가 인간이 판단한 결과물이 아니라 정보를 걸러내고 묶어내며 분류하여 이용자가 원하는 정보를 제공하는 알고리즘과 데이터 기반 기술들로 얻어진 결과물이라는 점이다. 구글과 페이스북 같은 플랫폼 기업들은 콘텐트를 제공하는 과정에 인간의 개입이 배제되어 있으며, 인간이 개입하는 경우라도 그것을 최소화한다는 점을 종종 강조한다.[52]

페이스북은 2016년 페이스북이 고용한 인간 편집자가 보수적 뉴스기사들이 페이스북의 트렌딩 뉴스trending news 리스트에 뜨지 않도록 막는다는 주장을 담은 소위 트렌딩 뉴스 논란이 불거지자, 플랫폼의 작동과정에 미치는 인간의 편집개입 역할을 최소화시켰다. 트렌딩 뉴스 논란 이후, 페이스북은 트렌딩 뉴스 모듈을 관리하던 회사 내 저널리스트와 편집자들을 모두 해고하였다.[53]

편집과정에 인간의 개입이 없다는 주장 혹은 인식은 다양한 방식으로 제시되며, 이는 소셜미디어 플랫폼 기업들이 미디어기업이 아니라 기술기업이라고 주장하는 핵심 논리다. 실제로 마이크로소프트 연구소의 탈레튼 길레스피에 따르면, **플랫폼**이라는 용어 자체가 소셜미디어 서비스를 사람들에게 콘텐트 제작과 확산을 촉진시키는 중립적이고 기술주도적인 **촉매**로 인식시키려는 전략적 시도의 일환으로 채택되었다고 한다.[54] 페이스북의 마크 주커버그는 플랫폼이 이용자 자신의 콘텐트 제작과 큐레이션에 참여할 수 있도록 단순히 **제공되는 도구** 역할을 한다는 점을 강조하곤 하였다.[55] 이는 플랫폼의 알고리즘이 콘텐트의 순위를 부여하고 특정 콘텐트를 걸러주는 역할을 하는 것을 이용자들에게 숨기거나 혹은 최소한 잘못 인식시키려는 시도다. 편집에 인간이 직접 개입하지 않는다는 주장은 전통적인 미디어기업의 핵심 특징이라고 알려진 직접적인 (인간이 개입하는) 편집결정 방식과 자신들이 근본적으로 다른 콘텐트 선택 방식을 갖는다는 인식을 심화시키는 것을 그 목적으로 한다.

그러나 단순히 편집결정 메커니즘—즉, **게이트키핑**—이 다르다는 이유로 제도적 정체성이 완전히 다르다고 말할 수는 없다. 소셜미디어 플랫폼 경영자들은 자신들이 이용자들과 상호작용하는 방식이 전통적 미디어에서의 상호작용방식과 근본적으로 다르다고 주장한다. 즉 소셜미디어 이용자는 수신 콘텐트를 훨씬 더 주체적으로 결정한다는 주장이다. 다시 말해 소셜미디어 이용자들은 자신들의 소셜 네트워크와 연계하여 플랫폼을 중립적인 도구로 활용하며, 최종적으로는 자신들이 원하는 콘텐트만 사용한다는 주장이다. 다시 반복하지만, 이러한 주장은 이제 더 이상 타당하지 않다.

정도의 차이가 있을지는 모르지만, 어떤 미디어든 처음 출시되었을 때는 수용자들에게 그들이 원하는 콘텐트를 제공하려 하였다. 이전의 종이신문, 공중파 방송, 디지털 뉴스제작사들 역시 수용자가 원하는 것이 무엇인지를 파악하고 그들이 원하는 것을 정확히 제공하기 위해 최선을 다했다.[56] 이런 점은 페이스북, 트위터, 유튜브 등도 전혀 다르지 않다. 기존 미디어와 디지털미디어 플랫폼이 진정으로 다른 점은 수용자가 원하는 것을 파악하고 그것을 제공하는 방법을 디지털미디어 플랫폼이 훨씬 더 효과적이고 효율적으로 수행한다는 점이다. 즉 소셜미디어 플랫폼은 수집할 수 있는 이용자 데이터의 양, 범위, 수준 등을 증가시키고 새로운 플랫폼과 연동하여 이용자들과의 상호작용을 심화시켰다. 따라서 소셜미디어 플랫폼과 이용자의 관계는 '수용자 이해의 합리화the rationalization of audience understanding'[57]*라는 지속적 과정의 진보된 상태를 보여준다. 수용자 이해의 합리화 과정의 본질은 미디어 조직이 데이터를 기반으로 수용자 이해를 위한 정량적 예측기법들을 점점 더 활용한다는 것이다. 빅데이터와 알고리즘을 통해 더 많은 의사결정 영역에서 보다 체계적이고 집중적으로 정량적 분석방법들을 활용하게 되었고, 심지어 몇몇 분야의 경우 완전히 혹은 거의 완전히 알고리즘 시스템에 전적으로 의사결정을 위임하게 되었다.[58] 현재 수용자 이해의 합

---

* 미디어 산업영역에서 수용자를 어떻게 규정하고 측정하는지에 대한 이해관계자들의 이해방식이 막스 베버가 말하는 합리화 과정에 따라 제도화되는 과정을 의미한다. 보다 자세한 설명에 대해서는 본서 저자인 나폴리의 이전 저작인 《수용자진화》를 참조하라.

리화 과정은 점점 더 심화되고 있다.

그러나 인간이 직접 편집과정에 개입할 때 나타나는 유형의 편향에서 완전히 자유롭게 알고리즘이 중립적·객관적 방식으로 작동한다는 관점은 실질적으로 반박되는 상황이다. 자동화되었다고 하더라도 알고리즘의 본질은 작동시스템에 내재한 가치와 선호, 그리고 이용자의 행동을 기반으로 콘텐트를 분류하고 선별하며 순위를 부여하는 것이다.[59] 더 나아가 엔지니어와 플랫폼 기업의 행위자들은 알고리즘을 기획·발전시키는 단계에서 무수히 많은 의사결정을 내려야만 한다. 이러한 의사결정과 회사 내부의 인간관계를 통해 알고리즘 시스템을 만드는 과정에 주관적 판단과 편향이 개입되며, 이는 결국 알고리즘의 편향성으로 이어진다.[60]

아울러 알고리즘 기반 게이트기핑 메커니즘과 상관없이 페이스북, 유튜브, 트위터와 같은 플랫폼 기업들은 전통적 미디어기업들과 매우 유사한 방식으로 다양한 자체 편집방침을 세워놓고 있다.[61] 이들 플랫폼 기업을 운영하기 위해서는 모욕적·선동적·외설적 콘텐트로부터 이용자를 보호하기 위한 정책들이 필수적이다.[62] 플랫폼 기업의 이러한 모순은 네이팜 폭탄 공격으로부터 달아나는 벌거벗은 베트남 소녀를 촬영한, 유명한 베트남전쟁 사진을 게시한 노르웨이 저널리스트의 글을 검열한 페이스북의 결정[63]을 둘러싼 논란에서 잘 드러난다. 페이스북은 비판에 직면한 후 해당 사진의 역사적 중요성을 언급하면서 검열결정을 재빠르게 번복하였다.[64] 그럼에도 불구하고 베트남전쟁 사진 사례에서 잘 나타나듯, 특히 최초의 편집 관련 결정이 알고리즘에 의해 내려졌다고 하더라도, 전통적 뉴스조직에서 나타났던 편집정책과 편집결정이라는 문제가 소셜미디어 플랫폼에서도 부분적이지만 본질적으로 동일하게 나타난다는 점을 잘 보여준다.

페이스북의 트렌딩 뉴스와 관련된 논란에서 잘 드러나지만, 콘텐트 편집에 대한 인간의 개입이 콘텐트 큐레이션 과정에서 일반적 기대 이상으로 더 중요한 역할을 맡는 일은 빈번하다.[65] 실제로 역정보와 혐오발언에 대한 우려가 증가하고 있다는 점에서, 대부분의 플랫폼 기업들은 콘텐트를 평가하는 데 인간의 개입 수준을 급격하게 증가시키고 있다. 이들 플랫폼 기업이 실행하는 가이드라인은 정확성을 증대시키고 편향을 제한하는 것을 목적으로 하는 수많은 전통적 콘텐트 기업들의 편집지침과 크게 다르지 않다.

정보유통과 관련된 편집과 게이트키핑 결정에 인간이 어느 수준으로 개입한다는 점을 감안할 때, 소셜미디어 기업이 **뉴스조직**과 비슷한 방식으로 작동한다는 사실은 분명하다. 스스로 미디어기업이 아니라는 공개 선언에도 불구하고, 페이스북은 법정에서 자신들이 편집권을 갖는다는 점을 인정한 바 있다. 폐업한 스타트업 기업이 페이스북을 대상으로 업계 경쟁자를 부당하게 퇴출시켰다는 이유로 소송을 걸자, 페이스북의 변호사들은 페이스북이 출판업자로서 어떤 내용을 출간할지 혹은 어떤 내용을 출간하지 않을지에 대한 결정권을 갖고 있다고 변호하였다.[66] 페이스북 변호사들은 다음과 같이 주장했다. "출판업자의 재량권은 기술이 사용되는 방식과 무관하게 수정조항 1조의 보호대상이다. 신문은 웹사이트로 운영되든, 인쇄물 형태든, 뉴스 알림서비스news alerts 형태든, 출판업자의 기능을 수행한다." 즉 페이스북은 자신들이 이전에 했던 수많은 공개 발언들에도 불구하고 법정에서는 자신들을 신문에 비유했던 것이다.

광고수입의 중요성

끝으로 이들 플랫폼 기업의 모든 주장들은 이들의 주요 수입원이 바로 광고라는 사실에 뿌리를 둔다는 점을 언급할 필요가 있다. 미디어기업의 핵심적 특징은 수용자에게 콘텐트를 제공하는 동시에 수용자를 광고주에게 판매하는 사업이라는 점이다.[67] 광고업자들은 전통적 미디어기업들과 비교하여 잠재적 소비자에게 보다 더 잘 접근하기 위해 페이스북, 트위터, 유튜브와 같은 디지털미디어 플랫폼의 장단점들을 살펴보았다. 이들 디지털미디어 플랫폼 기업들은 다른 전통적 미디어기업들이 확보했던 광고수입들을 효과적으로 빨아들이는 중이다.[68] 디지털미디어 플랫폼 기업들이 전통적 미디어기업들의 광고수입을 흡수한다는 점에서, 디지털미디어 플랫폼 기업들이 동일한 사업영역에서 활동하고 있다는 점을 부정하기는 어렵다.

미디어라고 불리기 거부하는 이유

디지털미디어 플랫폼 기업들이 자신들을 미디어기업이 아닌 기술기업이라고 내세우는 데에는 몇 가지 이유가 있다. 탈레튼 길레스피의 말처럼 디지털미디어 기업들은 "현재와 미래의 이익을 추구하기 위해 자신들에게 이익이 될 법률적 보호의 혜택을 누리지만, 이익이 되지 않을 의무는 지지 않는 달콤한 규제 사각지대regulatory sweet spot에 머무르기 위해"[69] 전략적으로 '플랫폼'이라는 용어를 사용하고 있다. 스스로를 기술회사라고 정의하고 미디어기업과 같은 다른 어떤 사업영역으로 분류되길 거부하는 것은 플랫폼 기업의 프레이밍 전략의 핵심이다.

사실 이런 전략이 새로운 것은 아니다. 1981년 로널드 레이건 대통령은 미국 커뮤니케이션 산업을 관리감독하는 주요 규제기관인 연방커뮤니케이션위원회FCC의 의장으로 규제 완화를 강조하는 커뮤니케이션 산업 분야 변호사인 마크 파울러Mark Fowler를 임명하였다. 파울러는 FCC 의장으로 임명된 직후 진행된 인터뷰에서 TV가 "그림이 나오는 토스터toaster with pictures"⁷⁰에 불과하다는 유명한 발언을 한 바 있다. 이 발언의 요점은 토스터와 비교해 TV가 더 큰 사회적·정치적·문화적 중요성을 갖지 않는다는 것이다. TV는 단순한 전자기기에 불과하고, 따라서 정책결정자는 TV에 대해 다른 가정용 전자기기들보다 더 큰 관심을 가지지 말아야 한다. 파울러의 관점에서 소셜미디어 플랫폼 기업을 바라본다면, 과거 TV 규제의 근거였던 다원성이나 양식 있는 시민의 육성에 대한 우려는 아무런 근거가 없다.

　오늘날 미디어기업들이 미디어기업으로 불리길 원치 않는 데는 다른 이유들도 존재한다. 가장 중요한 이유는 기술기업이라는 이름표가 붙어 있는 한 투자자들에게 보다 높은 평가를 받을 수 있다는 사실이다.⁷¹ 일반적으로 투자자들은 미디어 영역의 기업보다 기술영역의 기업이 더 나은 수입을 얻을 것으로 기대한다.⁷² 즉 투자자들은 기술영역과 미디어 영역은 명확하게 구분된다고 생각하며, 미디어기업보다 기술기업의 잠재력이 더 크다고 생각한다. 디지털미디어 플랫폼 기업이 자신을 미디어기업이 아닌 기술기업으로 내세우는 이유는 "바로 그 말이 벤처 투자자들이 듣고 싶어 하는 말"⁷³이기 때문이다. 디지털미디어 경영자 출신 엘리자베스 스피어스의 말을 빌자면 "제도권 투자자는 미디어기업에 투자하지 않는다."⁷⁴

　미디어기업보다 기술기업의 사업 전망이 더 밝다는 인식은 디지털미디어 플랫폼 기업 내부에서 미디어 관련 지식과 기술을 저평가하는 것으로 이어진다. 예를 들어 페이스북에 고용된 콘텐트 편집자나 저널리스트의 역할을 살펴보라. 편집자와 저널리스트는 페이스북 기업 조직에서 낮은 지위를 차지하고 있다. 이들은 페이스북에서 낮은 임금을 받으며 비정규직으로 일하고 있다. 심지어 어떤 경우 편집자와 저널리스트의 주 임무가 결국 이들을 대체하게 될 알고리즘을 훈련시키는 역할에 머무르기도 한다.⁷⁵

'기술기업' 환경에서 저널리스트와 편집자가 이러한 방식으로 소외되는 것은 어쩌면 불가피할지도 모른다. 그러나 미디어기업 관련 지식과 기술을 저평가하는 것이 뉴스와 정보 생태계에 미치는 영향은 매우 크다. 2016년 미국 대통령 선거, 가짜뉴스와 필터버블과 관련된 사람들의 우려 등은 공공의제로 주목받고 있다. 이를 계기로 정책당국자, 학자, 소셜미디어 플랫폼 기업, 뉴스미디어, 시민 모두가 소셜미디어가 어떻게 작동하는지, 그리고 소셜미디어의 작동방식이 민주주의에 도움이 될지, 아니면 민주주의를 파괴할지 진지한 눈으로 바라보고 있다.

소셜미디어와 공익

소셜미디어 플랫폼이 스스로를 뉴스와 정보의 배포자로 인식하기 위해 가장 필요한 것은 '공익'이라는 개념이다. 공익 개념은 미디어와 저널리즘에서 매우 길고 복잡하며 다난한 역사를 거쳐 성립되었으며[76] 저널리스트와 뉴스기업의 전문적·조직적 사명의 핵심으로 남아 있다. 공익 개념은 사회공동체의 정보욕구가 충족되는지, 그리고 뉴스미디어가 시민들에게 정보를 제공하고 민주주의 과정을 촉진시키는 과정에서 적절한 역할을 수행하는지 확인하기 위해, 미디어를 감독하는 규제기관과 정책결정자들이 의지하는 개념이기도 했다.[77]

본서에서 저자는 '기존' 미디어 영역에서 규제와 전문적 규범을 가능하게 했던 공익이라는 개념틀이 거의 존재하지 않았던 조직적·전문가적 규제환경에서 뉴스 및 정보의 게이트키퍼로서 새롭게 등장한 소셜미디어라는 맥락에서 공익 개념이 어떻게 적용될 수 있는지를 탐색해보고자 한다. 저자는 소셜미디어에 대해 보다 공익지향적인 거버넌스 개념틀을 적용할 때의 어려움이 무엇이며, 어떻게 가능할 것인지를 살펴볼 것이다.

몇몇 역사적 맥락들은 소셜미디어를 이해하고자 할 경우에도 매우 유용하다. 1980년대를 예로 들어보자. 케이블TV와 VCR과 같은 새로운 커뮤니케이션 기술들이 등장한 후 당시 사람들은 공익 개념은 타당성을 잃은 것처럼, 아니 최소한 전통적인 방식으로 적용될 수 없다는 생각을 갖게 되었다(혹은 이런 생각이 더 강화되었다). 마크 파울러는 (TV를 그림이 나오는 토스터라고 한 주장과 아울러) "대중의 이익이 …… 공익이다the public's interest …… defines the public interest"[78]라는 생각을 밝히기도 했다. 선택지가 많아진 미디어 환경에서 사람들에게 시장의 작동방식이 과거 공익의 의미를 규정지었던 공공서비스와 사회적 책임이라는 보다 넓은 개념을 대체할 수 있다고 믿도록 만드는 것이 바로 파울러의 발언 의도였다.

현재 미디어 생태계를 바라볼 때 파울러의 이러한 생각이 반복된다는 것을 느낄 수 있을 것이다. 즉 현재의 디지털미디어 플랫폼은 개별 미디어 이용자에게 보다 많은 통제권을 부여하는 도구이며, 따라서 사람들은 스스로 뉴스 및 정보를 제작·전파하며 동시에 보다 많은 뉴스 및 정보원에도 손쉽게 접속할 수 있다. 어떤 사람들은 이러한 미디어의 **민주화**democratization가 (미디어의 민주화가 미디어의 발전방향이라고 노골적으로 찬양하는 사람들의 주장처럼) 효과적인 공익달성방법과 동일하다고 간주한다.[79] 또 어떤 사람들은 공익이라는 개념은 현재의 미디어 환경과 관련성도 호소력도 없다고 주장하기도 한다.[80] 저자는 이러한 생각들에 동의하지 않는다. 본서에서는 어떻게 공익 개념을 소셜미디어에 적용할 수 있는지에 대해 몇 가지 제안을 하고자 한다.

저자는 소셜미디어와 공익에 대해 논의하면서 규제와 정책 영역에만 초점을 맞추지 않는 대신, 보다 넓은 맥락에서 소셜미디어 거버넌스에 대해 논의할 것이다. **미디어 거버넌스**라는 용어는 미디어 시스템의 구조와 행동 그리고 미디어 기술의 사용방식을 조직하는 규칙들을 의미한다.[81] 미디어 거버넌스는 미디어 규제나 미디어 정책에 비해 보다 광의의, 보다 포괄적인 개념이다. 특히 미디어 거버넌스는 미디어 영역의 규칙과 규범들을 설계하는 과정에 참여하는 다양한 이해관계자들을 포괄한다. 미디어 거버넌스 참여자에는 정책결정자, 산업계 종사자, 비정부기구NGO, 시민사회단체, 심지어 미디어 이용자도 포함된다.[82] 미디어 거버넌스란 미디어 관련 법, 규제, 정책에만 국한되지 않으며, 미디어기업의 운영과 관련된 자율규제 조항, 조직 규범과 실천방식, 그리고 이용자들이 이러한 규제와 미디어 조직의 규범과 실천방식을 집합적으로 만들어내고 영향을 미치는 방식들까지도 포함하는 개념이다.[83]

미디어 거버넌스 개념은 (정부의 행위자와 행동에 초점을 맞추는) 미디어 규제라는 보다 협소한 용어와 비교할 때 현재 미디어 생태계의 작동방식을 보다 잘 반영하고 있다. 앞으로 본서에서 제시하듯, 디지털 미디어 생태계의 다양한 핵심 게이트키퍼들은 전통적 규제영역에서 벗어나 있다. 따라서 공익이 보다 잘 달성되기 위해서라면 자체적인 내부 규제방식과 규범적 원칙이 강조되어야 하며, 다양한 이해관계자의 개입이 필요하다. 아울러 디지털미디어 영역에서의 복잡하고 신속한 변화를 고려할 때, 정책결정자가 정책목표를 달성하기에 어느 정도 한계가 존재한다는 점을 인지하는 것이 중요하다. 청문회에서 의원들이 마크 주커버그에게 던졌던 때때로 두서없는 질문들은 바로 이 점을 확실하게 보여준다. 소셜미디어 플랫폼은 본질적으로 로렌스 레식Lawrence Lessig의 유명한 발언, 즉 "코드가 법이다code is law"[84]를 보여준다. 즉 알고리즘 시스템의 작동방식은 그것 자체로 소셜미디어 거버넌스 시스템을 보여준다. 실제로 이전 저술들을 통해 저자는 법, 저널리즘, 정부 등을 전통적 제도로 이해하듯, 알고리즘을 제도로 파악해야 한다고 주장해왔다.[85] 이런 이유로 저자는 소셜미디어 생태계의 진화과정 중 현 단계에서 나타나는 갈등과 어려움을 이해하고자 한다면, 미디어 규제나 미디어 정책에만 집중하는 것보다 보다 넓고 포괄적인 미디어 거버넌스를 지향해야 한다고 주장한다.

본서의 구성

1장에서는 역사적 맥락을 소개하는 데 집중하였다. 웹의 구조와 진화과정이라는 거대한 미디어 진화 패턴을 중심으로 비교적 짧은 인터넷의 역사를 검토하였다. 1장에서 저자는 몇 가지 측면에서 초창기 웹의 구조(웹1.0)는 미디어 경제학 및 미디어 이용방식과 조화되기 어려운 부분이 있었다는 주장을 제시하였다. 1990년대부터 2000년대 중반까지의 웹은 미디어 조직이나 미디어 이용자가 보았을 때 불안정하고 비효율적인 파편화된 수준에 불과했다. 수용자에 도달하고reaching, 수용자를 측정하며measuring, 수용자를 매개로 수익을 창출하는monetizing 미디어 콘텐트를 찾아가는 과정은 아마도 미디어 역사상 과거 어떤 시점보다도 더 어려워 보였다. 따라서 현재 우리가 알고 있는 수많은 (웹2.0으로 널리 알려진) 소셜미디어 시대의 특징들은 본질적으로 웹을 관리하고, 파편화된 수용자들을 다시 묶어주며, 미디어 소비를 '이용자 주도풀, pull'가 아닌 '공급자 주도푸시, push'*로 변환시키고, 초창기 전화선을 기반으로 한 인터넷 접속dial-up Internet access의 특징이었던 '울타리친

---

* 미디어가 이용자의 콘텐트 이용에 큰 영향을 미치는 미디어를 '푸시 미디어push media'라고 부르며, 반대로 이용자가 주도적으로 취사선택하여 이용할 수 있는 미디어를 '풀 미디어pull media'라고 부른다. 두 가지 방식의 미디어가 오늘날 수용자 시장(관심의 시장)에서 어떤 방식으로 이해되고 수용되는지에 대해서는 웹스터의 《관심의 시장》을 참조하라.

정원walled gardens`*`을 재건하려는 시도들이었다. 1장에서는 웹의 진화과정이 과거에는 없었던 많은 선택지와 상호작용을 가능하게 만들면서 발전·진보한다는 일반적 주장과 반대로, '기존' 전통적 미디어의 속성이라고 흔히 언급되는 미디어의 특징들을 수용하는 방식으로 퇴행적regressive인 면을 보이는 점이 자주 간과되고 있음을 강조하였다. 1장에서 저자는 퇴행적인 웹의 진화과정과 알고리즘 기반 의사결정 시스템에 대한 의존성, 두 가지가 어떻게 서로를 강화시키는지 보여줄 것이다.

2장에서는 뉴스의 제작, 배포, 소비에 이르는 거의 모든 단계에서 인간의 의사결정을 보완하거나 어떤 경우 대체하고 있는 알고리즘 기반 의사결정 시스템의 등장에 대해 설명한 후 이를 비판적으로 평가하였다. 2장의 분석은 게이트키핑과 뉴스의 2단계 유통과 같은 뉴스의 생산·확산·소비와 관련된 학계의 이론적 관점을 기반으로 진행하였다. 또한 2장에서는 소셜미디어를 둘러싼 갈등과 이에 대한 몇몇 접근방식을 소개하면서 학계의 이론적 관점들이 수정·보완되어야 한다는 주장을 제시하였다. 그리고 미디어 영역에서 효과를 발휘하고 있는 기술관료주의화 및 합리화 과정이라는 보다 거시적인 변화 속에서 사회적 매개 뉴스socially mediated news가 어떻게 등장하고 있는지 설명한 후, 저널리즘 영역에서 **알고리즘의 부작용**algorithmic creep 개념을 살펴보았다.

1장과 2장을 통해 역사적·기술적 배경을 명확하게 제시한 후, 3장에서는 구체적인 미디어 거버넌스 원칙을 통해 사회적 매개 뉴스에 대해 평가하였다. 여기서 저자는 수정조항 1조의 역할과 이에 대한 해석, 그리고 악한 혹은 허위의 언론에 대한 최선의 대책은 바로 더 많은 언

---

* 누구나 참여할 수 있는 공개된 시장이 아닌, 특정 기업이나 조직이 관리하고 통제하는 시장을 의미한다.

론을 허용하는 것이라는 핵심 사상인 반론counter-speech 개념을 살펴보았다. 보다 구체적으로 3장에서는 소셜미디어의 핵심 특징이 수정조항 1조의 근본 가정을 어떻게 잠식하는지 살펴보았다. 소셜미디어에서 유통되는 허위정보와 가짜뉴스의 등장은 충분히 심각한 우려를 자아내고 있다. 3장에서 살펴보겠지만 뉴스와 정보가 제작·확산·소비되는 기술적 인프라에는 올바른 뉴스가 아닌 가짜뉴스를 체계적으로 선호하게 만드는 여러 내적 특징들이 존재한다. 따라서 기존 미디어 맥락에서 제시된 반론 개념을 소셜미디어 맥락에서 동일하게 적용하기 어렵다.

4장에서는 수정조항 1조 및 반론 개념과 밀접하게 연결된 사상의 시장marketplace-of-ideas 원칙에 대해 논의하였다. 여기서 저자는 사상의 시장이 효과적으로 작동하기 위한 기준들과 이 기준들이 소셜미디어를 통해 형성된 알고리즘적 사상의 시장에서 어떻게 적용될 수 있는지를 중점적으로 설명하였다. 우선 전통적 상품시장의 작동방식에 대한 경제학자들의 분석법, 그리고 경제학적 접근방식이 사상의 시장이라는 (경제적이라기보다) 정치적인 영역에서 어떻게 작동하는지 분석하였다. 특히 4장에서는 시장실패market failure 현상 관련 판단기준 및 결과들을 논의한 후, 최근의 정치적 사건들이 알고리즘적 사상의 시장에서 시장실패를 보여주는 명백한 증거임을 주장하였다. 4장 후반부에서는 이러한 시장실패에 대응하기 위해 미디어 거버넌스를 고려해야 한다는 결론을 제시하였다.

3장과 4장에서 밝힌 위험성들을 토대로, 5장에서는 공익 개념이 무엇이고 미디어 거버넌스에서 공익이 어떤 위치를 차지하는지, 공익 개념이 역사적으로 어떻게 미디어 규제와 정책은 물론 미디어 전문가들의 행동방식의 지도원칙으로 작동했는지 설명하였다. 5장에서 저자는 공익 개념이 비판론자들이 흔히 지적하는 것처럼 모호하거나 형체가 없는 용어가 아니라는 점을 강조하였다. 도리어 역사적 관점에서 볼 때, 공익 개념은 사회적 매개 뉴스로 인해 제기되는 우려들과 직접 관련되는 구체적 기준과 원칙들에 녹아 있었다. 5장에서 언급하겠지만, 안타깝게도 소셜미디어 영역에서 공익이 언급되는 경우는 드물며 공익 개념에 대한 해석도 매우 제한적이다. 아울러 미국에서 실행되고 있는 미디어 규제의 원리들은 소셜미디어(보다 넓게는 디지털미디어)와 공익이 서로 관계없는 것처럼 보이도록 조장하고 있다.

5장의 논의를 바탕으로 6장에서 저자는 소셜미디어를 대상으로 보다 건실한 공익기반 미디어 거버넌스 체제 구축 방안을 제시하였다. 구체적인 실천과 정책보다는 그러한 구체적 조치를 만들어내고 가능하게 할 수 있는 개선된 미디어 거버넌스 체제를 구축해야 한다는 점이 6장의 핵심이다. 소셜미디어를 둘러싸고 제기되는 우려는 광범위하고 다양한 실천방안에 대한 논의를 촉발시켰지만, 이러한 실천방안들이 만들어지고 정당화될 수 있는 법, 자율규제, 행정규제 체제에 관한 평가나 혹은 제안은 극히 드문 상황이다. 6장에서는 이러한 불균형을 바로잡고 기존 미디어와 새로운 미디어 사이의 연속적 요소들에 초점을 맞춘, 보다 넓은 의미의 제도적 틀을 어떻게 만들어낼 수 있을지 논의하였다. 이를 위해 저자는 소셜미디어 플랫폼의 자율규제 방법과 알고리즘 기반의 뉴스 큐레이션에 공익이라는 가치를 통합시킬 수 있는 방법을 제도적 수준에서 제시하였다. 또한 소셜미디어의 특성과 소셜미디어로 인해 야기된 문제점들에 더 잘 대처하기 위해 미디어에 대한 법적·행정적 규제들을 어떻게 수정해야 하는지에 대해서도 논의하였다.

결론에서 저자는 최근의 변화와 이러한 변화가 소셜미디어 플랫폼 거버넌스, 저널리즘, 양식 있는 시민 육성에 어떤 함의를 갖는지를 논의하면서 미디어 생태계의 미래를 조망하였다.

끝으로 본서의 범위에 대해 언급하고자 한다. 본서에서는 정치광고와 혐오발언 등에 대한 우려를 토대로 소셜미디어와 뉴스의 상호작용에 주목했다. 그러나 본서의 핵심은 뉴스 생태계에서 소셜미디어 플랫폼의 역할 및 소셜미디어의 진화과정과 연관되는 미디어 거버넌스 문제와 난관들을 다루는 것이다. 또한 본서는 매우 미국 사례 중심으로 서술되었는데, 그 이유는 저술 당시 저자의 주요 동기 중 하나가 소셜미디어 플랫폼의 진화과정과 다소 특수한 미국식 미디어 규제체제 사이의 연속성과 불연속성을 탐구하는 것이었기 때문이다. 최근 독일과 같은 국가에서는 인터넷에 직접 개입하여 규제를 진행한다는 점을 감안할 때, 인터넷이 국제적으로 사용된다는 특징 때문에 국가 수준의 법·규제체제 적용이 불가능하다는 오래된 생각은 이제는 접어야 할 듯하다. 본서에서는 여러 부분에 걸쳐 미국 외부의 논란이나 사례들을 소개하였다.

1장

웹공간의 변화와 알고리즘 뉴스의 등장

'뉴미디어'라는 용어는 여전히 인터넷과 연결되어 사용되는 것이 보통이다. 그러나 인터넷의 역사는 40여 년에 달한다. 인터넷의 일부를 구성하는 웹은 25년이 넘는 역사를 갖는다. 이 정도의 시간은 온라인미디어의 진화과정이라는 역사적 맥락에서 현재의 미디어 생태계를 분석하기에 충분한 시간이다.

역사를 돌이켜 생각해볼 때, 초창기 웹의 구조(이른바 웹1.0)[1]는 근본적으로 미디어 경제학과 부합되지 않았으며, 다방면에서 사람들의 확립된(어쩌면 변치 않는) 미디어 이용방식과도 어울리지 않았다는 점을 부정할 수 없다. 따라서 인터넷의 진화과정에서 나타난 소셜미디어(웹2.0으로 널리 알려진)에 대해 흔히 우리가 연결 짓는 수많은 특성들은, 소셜미디어의 다양한 이해관계자들이 꺼리던 웹1.0의 근본적 특징들을 없애는 것이었다. 온라인에 콘텐트를 제공하려는 콘텐트 제작자든, 온라인에서 수용자에게 다가가고 싶어 하는 광고업자든, 심지어 뉴스와 정보를 생산·전송·수신하고 싶어 하는 수용자든 상관없이, 웹1.0은 상당 부분 지속 불가능한—최소한 원치 않는—미디어 시스템이었다[2]는 점을 확인할 수 있다.

    웹이 등장하던 초창기를 떠올려보자. 정보검색과 같이 웹이 이용자에게 요구하던 다양한 특징들은 여러 유형의 이해관계자들에게 믿기 어려울 정도로, 심지어 피곤을 느낄 정도로, 비효율적이었다.[3] 웹1.0에서 웹2.0으로 디지털미디어 생태계가 바뀌면서 누구도 부정하기 어려운 수많은 개선사항들이 있었다. 그러나 디지털미디어 생태계에 보다 전통적이고, 관리 가능하며, 수동적인 매스미디어 체제의 속성들이 재정립되었다고 해석될 수 있는 **퇴행성**은 그리 널리 알려지지 않았다.

수용자 파편화에서 재합산으로

웹1.0의 핵심적 특징이 있다면, 콘텐트 및 수용자 관심이 이전의 어떤 미디어와 비교해봐도 심각하게 파편화되었다는 사실이다.[4] 콘텐트와 수용자의 파편화가 나타난 이유는, 초창기 웹이 기존 미디어에 비해 콘텐트 제작 및 배포 장벽이 훨씬 더 낮았으며, 또한 기존 미디어의 특징인 채널이나 공간의 제약이 거의 존재하지 않았기 때문이다. 이와 같은 파편화 현상은 인터넷으로 대표되는 미디어의 핵심적 특징인 '민주성', 즉 상대적으로 소수의 미디어기업들을 소유하거나 운영하는 특권적 소수자들의 통제를 받지 않는 콘텐트가 생산·소비될 수 있다는 점 때문이며, 이 특성은 크게 각광받았다.[5] 이러한 파편화로 인해 적지 않은 사람들이 웹을 거의 모든 영역의 수용자 취향과 선호를 충족할 수 있는 기회를 제공하는 이상적 공간이라고 이해했다. 상대적으로 소수에 불과한 게이트키퍼들(이를테면 공중파TV, 케이블TV, 지역신문 등)이 뉴스 및 정보, 그리고 문화 콘텐트 제작 및 배포에 대해 통제권을 잃게 될 것 같았다. 또한 니치틈새, niche 취향을 충족시키기 위한 콘텐트가 배포되지 못하거나, 니치 취향 수용자를 찾지 못하게 될 일은 없을 것 같았다.

그러나 전례 없는 파편화, 게이트키핑 능력의 감소, 낮아진 시장진입장벽 등의 특징을 갖는 미디어 생태계에서는 상당히 고질적인 여러 문제가 등장하였다. 인터넷 규모가 커지고 상업미디어로서 발전할수록, 이런 문제점들은 더욱더 두드러졌다.

수용자 측면에서의 문제

수용자 측면에서 다른 미디어와 비교할 때, 웹에서는 효과적 탐색을 위해 상당한 노력을 쏟아야 했다. 선택지들의 숫자는 천문학적이었다. 검색엔진과 포털사이트와 같은 도구들은 다행히 큰 도움이 되었다. 그러나 초창기 검색엔진은 구글과 같이 포괄적이고 효율적인 도구가 아니었다. 1990년대 후반에서야 등장한 구글은 경쟁이 꽤 심했던 검색엔진 시장을 결국 평정했다.[6] 1990년대 후반부터 2000년대 초반에 걸쳐 수용자 트래픽 관점에서 상위 10개의 온라인 사이트 중 절반이 검색엔진이나 포털이었다.[7] 저자는 당시 TV 산업 전문가와 나누었던 대화를 아직도 생생하게 기억한다. 이 전문가는 TV 가이드 채널TV Guide Channel*소속으로, 그곳은 당시 시청 가능한 방송과 케이블 네트워크에서 방영되는 모든 프로그램들을 조금씩 보여주던 TV 채널이었다. 그는 상위 10개 온라인 사이트 중 검색엔진과 포털의 비중이 절반이라는 사실이

---

* 전자 프로그램 안내EPG, Electronic Program Guide 서비스를 제공하던 회사다. EPG 서비스는 현재 찾기 힘들 정도로 사장된 서비스다. EPG 서비스에서는 방송 프로그램 편성표를 TV 화면상에 제시하거나, 본문에서 제시되었듯 다른 채널에서 방영 중인 프로그램을 캡처하여 보여주는 방식의 서비스를 제공한다. 비슷한 예를 찾자면 포털에서 기사의 헤드라인을 계속 스크롤링하여 보여주면서 관심 있는 독자의 클릭을 유도하는 서비스가 EPG와 어느 정도 유사한 기능을 한다.

상위 10개의 TV 네트워크 중 6개 TV 네트워크가 차지하는 비중과 비슷하다는 점을 지적했다.[8]

초창기 웹의 경우, 잠재적으로 관심 있는 웹사이트를 조명하고 살펴보는 것만을 목적으로 하는 소비자 잡지가 있을 정도였다. 물론 이용자가 어떤 웹사이트가 가볼 만한 웹사이트인지를 알아보기 위해 종이잡지를 읽는다는 것은 참 놀라울 정도로 시대착오적인 것이기는 하다.

이용자가 자신이 흥미를 가질 만한 웹을 탐색하기 위해서는 어느 정도 기본적인 검색 기술을 배워야 하며 상당한 시간을 투자해야 했다. 웹 1.0의 검색비용을 치르고 싶지 않은 온라인 이용자의 머뭇거림은 초창기 웹 이용자에게서 나타난 채널레퍼토리channel repertoire가 매우 협소했다는 사실에서 잘 드러난다. '채널레퍼토리'라는 용어는 TV 수용자 연구에서 비롯되었다. 채널레퍼토리란 TV 시청자의 행동습관으로, 시청자가 정기적으로 시청하는 한정적 개수의 채널 조합을 의미한다.[9] 여기서 중요한 점은 시청자가 사용할 수 있는 채널의 개수가 증가해도 채널레퍼토리는 미미하게 증가할 뿐 사용 가능한 채널 개수의 증가분과 비례관계를 갖지 않는다는 사실이다. 제공되는 콘텐트의 가짓수와 수용자가 실제로 사용하는 콘텐트 가짓수의 관계라는 점에서 이러한 채널레퍼토리 변화 패턴은 수익감소 과정을 의미한다.

이 같은 분석틀을 초창기 웹 이용자에게 적용해보자. 즉 콘텐트 제공 능력은 기하급수적으로 증가했음에도 불구하고, 개별 이용자의 채널레퍼토리는 (즉 이용자가 정기적으로 방문하는 웹사이트의 개수는) 텔레비전 채널레퍼토리 수보다 많지 않았다.[10] 채널레퍼토리가 사람마다 다르다고 하더라도, 개별 이용자는 온라인에서 제공되는 콘텐트다양성을 향유하기 위해 필요한 탐색 비용을 치르려고 하지는 않는 것이 현실이다. 여러 가지 면에서 이런 양상은 케이블TV가 사람들의 TV 시청 가능성을 엄청나게 확장시켰을 때의 모습을 떠올리게 만든다. 어쩌면 이는 변치 않는 수용자 행동의 특징일지도 모른다. 사람들은 다양한 콘텐트가 주어진다고 해서 그토록 다양한 콘텐트를 모두 다 소비하지는 않는다.

광고주 측면에서의 문제

웹1.0의 파편화로 광고주들은 다른 문제들에 직면하게 되었다. 광고주가 겪은 문제들을 이해하기 위해서는, 무엇보다 전통적 미디어 산업에서 수용자 관심(광고업자들이 원하는 핵심상품)이 어떻게 거래되었는지를 이해해야 한다. 콘텐트 제작자(이를테면 TV 프로그램 제작자, 신문 출판업자, 웹사이트 등)가 제공하는 콘텐트로 수용자를 끌어들이면 (흔히 사용되는 용어인) **수용자상품**audience commodity이 생산된다.[11] 수용자 측정 회사라는 제3자는 소규모 TV 시청자, 라디오 청취자, 종이신문 열독자 표본을 기반으로 수용자 규모, 미디어 소비행동, 인구통계학적 특징 등을 파악한다. 측정 회사의 수용자 표본은 어쩔 수 없이 작은 규모이기 마련이다. 왜냐하면 전통적 수용자 측정과정에서는 표본 참여자를 모집하고 훈련시키는 비용과 아울러 측정기술에 수반되는 비용이 들기 때문이다. 그러나 수용자 표본이 인구집단 전체를 대표한다면 소규모의 미디어 소비자 표본 사용은 받아들일 수 있다. 수용자 측정 회사는 확신을 갖고 자신의 측정치를 전체 인구집단 측정치로 일반화할 수 있다고 주장할 수 있으며, 광고주와 콘텐트 공급자는 수용자 관심 시장에서 이 측정치를 교환화폐currency of exchange처럼 만족스럽게 사용할 수 있다.[12]

웹의 등장은 이렇게 잘 정착된 교환과정에 문제를 발생시켰다. 첫 번째 문제는 수용자 측정이 필요한 웹사이트들이 너무 많았다는 점이다. 이는 대규모의 표본이 요구된다는 것을 의미한다. 상당 규모의 수용자를 확보한 웹사이트조차도, 대규모 표본을 확보하지 않을 경우 기존 규모로 수집된 표본에서 해당 사이트를 방문한 사람을 전혀 찾을 수 없는 경우가 빈번하게 나타났다. 그 결과 엄청난 규모의 수용자 관심이 측정되지 못했고, 이런 수용자 관심은 결국 시장에서 거래되지 못했다.[13] 콘텐트가 더 늘어난다는 것은 더 큰 규모의 수용자 표본이 필요하다는 것을 의미한다.

다행히도 파편화 문제에 대한 해결책이 등장했다. 수용자 표본에 포함된 수용자만 측정하는 대신, 수용자 측정 회사는 웹사이트의 서버 로그server log를 통해 개별 웹사이트의 트래픽을 '관찰'하는 방식으로 얼마나 많은 사람들이 웹사이트를 방문하는지를 계산할 수 있었다. 따라서 전체 온라인 이용자를 대상으로 소규모 표본을 통해 수용자 측정치를 추정하는 대신, 온라인 이용자 모집단을 대상으로 거의 전수조사에 가까운 수용자 측정치를 얻을 수 있게 되었다.

그런데 이 방식에는 한 가지 문제가 있었다. 이 방식으로는 어떤 사이트에 누가 방문했는지를 알 수 없었다. 다시 말해 웹사이트 서버 로그를 분석하여 얻은 수용자 측정 수치들에서는 광고업자가 광고비를 어떻게 배분해야 하는지 결정하기 위해 필요한 수용자의 인구통계학적 정보를 발견할 수 없었다. 웹사이트 방문자가 자발적으로 자신의 인구통계학적 정보를 남기지 않는 한, 서버 로그를 통해 얻은 수용자 측정치로는 얼마나 많은 기기들devices이 해당 웹사이트에 접속했는지를 알 수 있을 뿐이었다.

소개한 두 가지 온라인 수용자 측정방법 각각의 장단점을 고려할 때, 대규모 온라인 표본을 통해 얻은 인구통계학적 정보를 추가로 고려하는 혼합 측정 시스템hybrid measurement system이 광고업계 표준으로 등장한 것은 그리 놀라운 일이 아니다.[14] 그러나 혼합 측정 시스템조차도 앞서 서술한 문제를 완전히 해결하지 못했다.

온라인 수용자 파편화 문제에 대응하기 위해 등장한 또 다른 해결방법은 광고네트워크ad networks였다. 광고네트워크는 광고업자가 개별 웹사이트의 광고업무 처리과정 중 발생하는 시간과 비용을 절약하기 위한 목적에서 1990년대 중후반에 미판매 광고물량을 한데 통합하는 방법으로 등장했다. 웹사이트와 광고업자의 관계를 맺어주는 디지털 중계업자인 광고네트워크는 광고업자가 요구한 주제와 수용자 특성에 맞추어 자신들과 관계를 맺고 있는 네트워크에 광고업자의 광고를 배분해주는 역할을 수행했다. 예를 들어 광고업자는 특정 키워드 기준(이를테면 여성패션, 자동차보험 등)을 충족하는 콘텐트와 함께 광고를 싣거나, 콘텐트 내부에 광고를 게재하겠다고 광고네트워크에 밝힐 수 있다. 또는 특정 온라인 행동(이를테면 아파트를 검색하거나 자동차 구입을 조사하는 행동)을 보이는 개인 혹은 특정 연령, 성별, 지역 기준에 해당되는 개인들을 대상으로 광고를 게재하겠다고 밝힐 수도 있다. 이를 통해 광고네트워크는 광고업자가 개별 웹사이트와 거래하지 않고도 조건에 맞는 수용자들을 효율적으로 대규모 집단으로 모을 수 있도록 함으로써 광고업자의 수용자 재통합 과정을 보조할 수 있다.[15]

광고네트워크는 또 다른 중요한 결과를 낳았다. 광고네트워크는 광고가 제시되는 미디어 콘텐트와 광고를 본질적으로 분리한다. 광고업자는 콘텐트 공급자가 아닌 광고네트워크와 접촉하기 때문에 콘텐트 혹은 수용자를 전달해주는 콘텐트 공급자를 꼭 평가하지 않은 채로 광고네트워크를 통해 수용자를 구매한다. 이러한 경향은 알고리즘을 기반으로 **프로그래밍된 광고**programmatic advertising가 과거 인간이 판단했던 미디어바잉media-buying을 대신하면서 더욱 두드러졌다.[16] 광고네트워크에서는 특정 수용자 특징을 바탕으로 웹사이트 내부에 광고를 배치한다. 따라서 수용자에게 도달하는 방법에 대한 광고업자의 의사결정 관점에서 본다면 수용자에게 전달되는 콘텐트는 본질적으로 이차적secondary―어느 정도는 부차적marginalized―이다.

그러나 개별 웹사이트에 방문하는 수용자의 인구통계학적 데이터를 완전하게 확보하는 것이 어렵다는 점에서, 광고네트워크로는 세부적 인구통계학적 기준을 충족하는 대규모 수용자에 대해 온전히 효과를 발휘하는 타깃팅이 불가능했다. 광고업자가 원했던 것은 이런 것이었다.* 온라인 공간에서 수용자가 대규모로 합산될 수 있는 방법만 존재한다면, 동시에 수용자들이 자발적으로 제공하는 세부적인 인구통계학적(추가로 행동적·심리적) 데이터가 존재한다면…….

콘텐트 공급자 측면에서의 문제

콘텐트 공급자들도 웹1.0에서 어려움을 느꼈다. 앞서 설명하였듯, 웹 초창기에 상대적으로 수용자 규모가 작은 사이트의 콘텐트 공급자들은 광고를 통해 해당 사이트의 수용자를 현금화하고자 했지만, 당시의 수용자 시스템으로는 규모가 작은 사이트의 수용자를 현금화하는 것은 아무리 좋게 과장해도 어려운 일이었다. 대부분의 사이트들은 방문하는 수용자가 어떤 사람인지 확인할 수 없었으며, 대부분의 광고업자들이 원하는 규모의 수용자 혹은 선호하는 인구통계학적 정보를 광고업자들에게 제공해줄 수 없었다.[17]

또한 콘텐트 공급자들은 수용자 관심을 두고 전례 없던 격렬한 경쟁을 벌였다. 콘텐트 공급자들은 수용자를 끌어들여 (이상적으로는) 자신들이 운영하는 사이트를 수용자의 채널레퍼토리에 편입시켜야 했다. 콘텐트 공급자들은 이런 면에서도 기본적으로 어려움을 겪을 수밖에

---

* 원문에는 없는 표현이다. 그러나 뒷 문장의 의미를 명확하게 살리기 위하여 역자가 추가하였다.

없었다. 앞에서 설명하였듯 웹1.0 환경에서 이용자는 검색 및 탐색 비용을 상당히 지불할 수밖에 없었으며, 이에 따라 이용자들은 이미 거대한 규모의 수용자를 확보한 몇몇 웹사이트들로 선택을 제한할 수밖에 없었다. 한정된 분량의 수용자 관심을 둘러싸고 경쟁이 더 격화되자 수용자 관심은 점점 더 희소해질 수밖에 없었고 점점 더 가치 있는 자원이 되었다. 웹이 등장하면서 '관심경제attention economy'에 대한 학계와 세간의 분석들이 폭발적으로 증가했다는 것은 이런 점에서 볼 때 그리 놀라운 일이 아니다.[18]

웹의 성장과 함께, 흔히 수용자 관심을 '최종관문last bottleneck'이라고 파악하곤 한다(그러나 곧 드러나지만, 이런 생각은 근시안적이다). 과거 전통적 미디어 공급자는 정보의 최종관문이라고 여겨지곤 했다. 왜냐하면 적어도 온라인 공간에서의 다양한 미디어 공급자들과 비교해볼 때, 공중파TV나 케이블TV, 라디오방송국, 신문사, 잡지사 등 전통적 미디어 공급자 수는 한정적이었기 때문이다. 이러한 전통적 미디어 공급자라는 최종관문을 지나갈 수 있는 콘텐츠는 오직 소량의 뉴스, 정보, 오락물들뿐이었다. 그러나 웹이 성장하면서 콘텐트 공급의 관문 역할을 하던 제한된 숫자의 미디어 공급자들이 사라지고 엄청난 양의 콘텐트가 공급되었다. 이 상황에서 콘텐트 소비가 이루어지기 전에 남은 단 하나의 실질적인 제한사항(다시 말해 최종관문)은 콘텐트 소비에 사용될 수 있는 사람의 관심이었다. 1990년대 후반 닷컴버블 붕괴를 야기한 요인 중 하나는 수없이 많은 디지털 스타트업 기업이 자신들의 사이트 트래픽을 높여 수용자 관심이라는 최종관문을 넘기 위해 TV, 라디오, 온라인 광고비를 너무 과도하게 지출했다는 점이다.[19] 저자가 말하고 싶은 핵심은 다음과 같다. 매튜 힌드만Mathew Hindman이 자신의 저서 《인터넷이라는 올가미The Internet Trap》에서 설득력 있게 제시하였듯, 온라인 공간에서 수용자 관심을 끌어모으는 것은 매우 어렵다.[20]

사람들의 관심을 유도하고 이를 현금화시키는 방법과 관련된 여러 문제들을 고려할 때, 만약 엄청난 규모로 수용자를 끌어모을 수 있고, 웹사이트 자체적으로 수용자에게 서비스를 제공하며, 해당 사이트의 수용자들이 가족과 친구들에게 이 사이트를 추천하는 어떤 온라인 공간이 있었다면,* 콘텐트 공급자는 이 사이트를 가치 있는 사이트로 인정했을 것이다.

롱테일과 성공으로의 길

앞서 서술한 미디어와 수용자 파편화 시나리오는 '**롱테일**long tail'이라는 개념으로 이어진다. 롱테일은 〈와이어드 Wired〉의 편집장인 크리스 앤더슨 Chris Anderson이 2004년 와이어드와 후속 저작을 기반으로 2004년에 제시한 유명한 개념이다.[21] 롱테일은 인터넷과 디지털화로 인해 미디어의 이용가능성과 소비가 어떻게 변화하는지를 설명하는 용어다. 과거에는 콘텐트 보관과 전시가 제한되어 있었기 때문에 수용자들이 제작된 전체 콘텐트 중에서 상대적으로 일부에만 접근할 수 있었다. 예를 들어 일반적으로 서점 한 곳에서는 13만 권의 책을, 비디오 대여점 한 곳에서는 3,000편의 비디오를, 음반 판매점에서는 약 6만 장의 CD를 보관할 수 있었다. 언뜻 이 숫자가 커 보이지만, 이는 가용한 전체 콘텐트 규모와 비교할 때 상대적으로 매우 작은 분량에 불과하다.

이용 가능한 콘텐트 규모의 한계는 물질의 도매과정 및 생산·이송·보관 비용을 수반하는 콘텐트를 담고 있는 물질(책, 디스트, 테이프 등과 같은)에서 비롯되는 내재적 제약조건(그리고 비용)을 의미한다. 콘텐트에 내

---

* 독자들도 짐작할 수 있듯, 소셜미디어 플랫폼이 바로 여기에 해당된다.

재한 이러한 한계점으로 인해 생산된 콘텐트 중 상대적으로 일부만이 소비자의 소비대상이 될 수 있고, 따라서 수용자의 행동은 상당 수준 제약받게 된다. 이로 인해 수용자 선호를 예측·충족하고자 하는 콘텐트 전시업자 및 판매업자들은 수용자에게 가장 선호될 가능성이 높은 콘텐트들을 혼합하는 방식(본질적으로 자신들이 제공할 수 있는 제한된 콘텐트 선택 범위 속에서 수용자 선호를 충족할 수 있는 콘텐트를 최적화시키는 방식)이 두드러지는 콘텐트 생산·유통·소비 과정으로 나타났다.

보다 많은 콘텐트가 온라인에 등장하고 이후에 콘텐트가 온라인으로 배포되면서 개인이 소비할 수 있는 콘텐트의 범위는 증가했으며 수용자 파편화 경향도 더 강해졌다. (상당히 설득력 있는 사례들로 예증된) 앤더슨의 유명한 롱테일 설명에 따르면, 파편화된 미디어 환경에서 이용할 수 있는 틈새 콘텐트 수용자들을 합산하면 대중 취향의 콘텐트 (이른바 '히트') 수용자보다 규모가 더 커질 수 있다. 즉 롱테일 분포의 꼬리 부분에 위치한 틈새 콘텐트 수용자는 롱테일 분포의 '머리' 부분에 위치한 대중 취향 콘텐트보다 규모가 더 클 수도 있다.

어쩌면 앤더슨이 설명하는 롱테일 개념은 대규모 수용자의 파편화에 대한 어느 정도는 불가피하며 필요했던 반응, 즉 수용자 재합산 reaggregation이었다. 앤더슨은 자신의 책에서 아마존, 넷플릭스, 아이튠스와 같은 서비스가 온라인 수용자 관심을 재합산하는 첫 세대 서비스라고 강조했다. 이들 서비스 플랫폼은 라이선스 협약을 통해 (개별 품목 구매방식à la carte 혹은 구독subscription 방식으로) 소비자가 이용할 수 있는 엄청난 규모의 콘텐트를 수집·관리하였다.[22] (서점, 음반 판매점, 케이블 시스템, 비디오 대여점 등과 같은) 기존 콘텐트 어그리게이터들과 달리, 새로 등장한 플랫폼들은 전체 콘텐트 중 소비자에게 가장 잘 맞을 것 같은 콘텐트의 일부를 제공하려 하지 않았다. 이들이 택한 사업모델은 확보할 수 있는 모든 콘텐트를 수집한 후 소비자가 원하는 콘텐트를 이용할 수 있도록 하는 것이었다. 이 플랫폼들은 기존 업체들이 겪었던 동일한 공간 제약을 받지 않았으며, 조사에서 드러나듯, 잘 알려지지 않은 콘텐트조차도 최소한 일부 수용자의 관심을 끌 정도로 매력적이었다.[23]

비록 모든 콘텐트 합산업체들이 이 전략을 고수한 것은 아니지만(예를 들어 넷플릭스에서 이용할 수 있는 콘텐트 숫자는 점차 감소하고 있다),[24] 이들 플랫폼 사업들은 디지털미디어 환경에서 수용자 합산의 중요성을 잘 보여준다. 또한 이들 플랫폼 사업들은 수용자 합산 과정을 전체 웹공간이 아닌, 특정 범주의 콘텐트로 한정하였다. 소셜미디어 플랫폼은 초창기 콘텐트 합산 플랫폼이 남겨둔 웹공간을 차지했다.

파편화에 대한 소셜미디어의 해결책

소셜미디어 플랫폼은 수용자 재합산 과정을 이어받아 상당히 다른 방식으로 발전시켰다. 소셜미디어 플랫폼은 아마존, 넷플릭스, 아이튠즈와 같은 콘텐트 합산업체들과 구글과 같은 검색엔진이 시도하지 않았던 방식으로 온라인 콘텐트 공급자, 수용자, 광고업자들이 모일 수 있는 거대한 세계vast universe를 만들어냈다. 페이스북과 유튜브와 같은 소셜미디어 플랫폼은 웹수용자를 본질적으로 합산하는 기업으로 볼 수 있다. 아울러 소셜미디어 플랫폼은 사회적 교류를 촉진한다는 보다 명시적인 기능과 함께, 웹1.0 모형과 비교할 때, 콘텐트 생산자와 광고업자가 비용은 적게 들지만 보다 효율적인 방식으로 원하는 수용자를 찾고 합산할 수 있는 장소라는 기능을 수행하고 있다.

물론 이들 소셜미디어 플랫폼이 수용자 합산을 위해 만들어진 것은 아니다. 사실 최근까지도 이들 소셜미디어 플랫폼을 통해 전 지구적 단위로 전례 없던 수준으로 개인들이 연결되는 방식이 강조되면서[25] 수용자 합산이라는 소셜미디어 플랫폼의 중요 측면은 잊혀왔다. 또한 소셜미디어 플랫폼 스스로도 수용자 합산이라는 측면을 실제로 강조하지 않았다.[26] 페이스북의 마크 주커버그는 페이스북의 모든 것은 사람과 사람을 연결하는 것이라고 강조해왔다.[27] 그러나 페이스북, 스냅챗, 유튜브 및 기타 소셜미디어 플랫폼은 사람들이 온라인에서 콘텐트에 접속하는 방식을 효율적으로 바꾸고, 콘텐트 공급자와 광고업자들이 소셜미디어 플랫폼 없이는 파편화된 상태로 존재할 수밖에 없는 수용자에게 도달하기 위한 메커니즘을 제공하고 있다. 이것이 소셜미디어 플랫폼의 애초 창조목적은 아니다. 그러나 이것이 소셜미디어 플랫폼이 실제로 하고 있는 것 중 대부분을 차지한다. 이에 미디어 수용자, 콘텐트 공급자, 광고업자가 서로 만나는 것이 어느 정도 불가능했던 구조의 웹1.0을 탄생시켰던 애초의 생각은 더 이상 유지될 수 없다는 인식이 강화되는 것은 엄연한 사실이다.

또한 콘텐트 공급자와 광고업자들에게는 이와 같은 사회적 연결 기능보다도 수용자 합산이 더 필요하다는 점이 소셜미디어 플랫폼 사업모델의 핵심이라는 것에 주목해야 한다. 소셜미디어 플랫폼 사업모형의 수용자 합산 기능은 소셜미디어의 애초 계획의 일부였던 것도 아닌 듯하다. 예를 들어 트위터는 사업이 성장하고 이용자들이 급속하게 증가할 때도 자신들의 사업모형에 대해서 명확하게 밝히지 않았다.[28] 대부분의 소셜미디어 플랫폼들이 택한 사업방식modus operandi은 먼저 대규모 이용자들을 확보한 다음 사업모형을 구상하는 것이었다.[29] 일단 소셜미디어 플랫폼이 수용자 관심을 대규모로 합산해낸 이후에는, 콘텐트 공급자와 광고업자 모두가 대규모의 수용자 관심 합산의 가치를 인정한다는 점에서 콘텐트 공급자, 광고업자, 수용자를 연결하는 사업모형은 어느 정도 불가피한 일이기도 했다.

넷플릭스와 아이튠스 같은 제1세대 수용자 합산업체와 페이스북과 유튜브 같은 제2세대 합산업체 사이에는 중대한 차이가 있다. 아마존, 넷플릭스, 아이튠스와 달리 소셜미디어 플랫폼은 자신들의 웹사이트를 경유하는 콘텐트를 소유하지도 않고 라이선스를 보유한 것도 아니다. 전통적 의미에서 소셜미디어 플랫폼은 **콘텐트 큐레이션**을 하지 않는다. 다시 말해 소셜미디어 플랫폼은 이용자가 사용할 수 있는 콘텐트에 대한 의사결정을 하지 않고 콘텐트 수집을 위한 협약도 맺지 않는다.

소셜미디어 플랫폼에서는 콘텐트를 거의 가리지 않는다. 이 특징은 소셜미디어 플랫폼이 작동되는 규모와 범위의 부산물by-product of the scale and scope이다. 소셜미디어 플랫폼과 관련하여 미디어 비평가인 제이콥 실버만은 "규모가 소셜미디어 플랫폼의 모든 것을 설명한다scale is everything"[30]라고 주장한 바 있다. 소셜미디어 플랫폼은 폭력, 혐오발언hate speech, 포르노물과 같은 특정 유형의 콘텐트를 배제하기 위한 선별 작업에 대해서는 노력한다.[31] 그러나 소셜미디어 플랫폼의 사업모형에서는 자신들의 플랫폼에서 제공하는 콘텐트가 콘텐트 사용을 위한 라이선스 비용을 충당할 수 있을 정도의 이용자 규모의 임계량critical mass을 달성할 수 있을지 여부에 대해서는 별 관심이 없다. 알고리즘 기반 콘텐트 큐레이션 시스템에서는 이용자 개개인의 활동을 기반으로 수용자의 관심 여부를 결정한다. 그러나 어떤 콘텐트가 소셜미디어 플랫폼에서 유통되기 위한 장벽은 기존의 어떤 미디어 게이트키퍼와 비교해도 훨씬 더 낮다.

소셜미디어 플랫폼은 개별 이용자의 피드feed에서 제공된 구체적 콘텐트에 대한 수용자 관심(일반적으로 **참여**engagement라고 불림)을 극대화시킨다. 알고리즘 기반 콘텐트 큐레이션 및 순위배치 과정은 여기서 개입된다. 그러나 플랫폼에 제공된 모든 콘텐트의 순위를 매기고 선별하는 과정은 어떤 콘텐트를 확보하고 배포할 것인가에 대한 의사결정 과정과 매우 다르다. 이러한 차이점들로 인해 콘텐트 큐레이션 과정의 역동적이고 유의미한 재구성reconfiguration이 나타나며, 본서의 다음 장들에서 본격적으로 논의하게 될 다양한 범위의 파급효과를 낳는다.

대규모이지만 어느 정도는 무차별적인 콘텐트 합산 업체로 기능하는 소셜미디어 플랫폼이 육성된 데에는 정부 법안이 중요한 역할을 했다. 어떻게 그리고 왜 그러한지 이해하기 위해서는, 1996년의 커뮤니케이션 품위법Communications Decency Act으로 대표되는, 엄청난 비난을 받았던 몇 가지 1990년대 법안[32]을 다시 살펴보아야만 한다. 커뮤니케이션 품위법CDA은 1996년 텔레커뮤니케이션법Telecommunications Act of 1996의 하위법이다. 텔레커뮤니케이션법은 향후 커뮤니케이션 영역에서 역사적 법안으로 자리매김하였다.[33] 1996년 텔레커뮤니케이션법은 1934년 커뮤니케이션법Communications Act of 1934을 당시 상황에 맞도록 업데이트한 법이다. 1934년 커뮤니케이션법은 최초 통과 후 60년 이상 미디어와 텔레커뮤니케이션 규제의 기초가 되었던 법으로, 상당히 놀라운 수준의 영향력을 행사하고 있다.

1996년 텔레커뮤니케이션법은 본질적으로 탈규제(예를 들어, 미디어 소유 규제를 완화하고 다른 유형의 기업들이 제공할 수 있는 유형의 재화와 서비스에 대한 미디어기업의 개입 제한을 철폐하는 등)를 지향하고 있었으나, 커뮤니케이션 품위법이 탈규제를 지향하는 법이 아님은 확실하다. 커뮤니케이션 품위법은 온라인 공간에서 외설적 콘텐트를 배포하는 개인과 조직에 대해 가혹한 처벌을, 본질적으로 인터넷에서 ('품위 없는 indecent' 콘텐트를 방송할 경우 FCC가 벌금을 부여하는 방식과 같은) 전통적 방송규제와 매우 유사한 규제모델을 택했다.

그러나 이 과정에서 미국 의회는 빠르게 성장하고 있는 인터넷 서비스 제공 산업이나 이제 막 싹트고 있는 온라인 콘텐트 합산 업체와 큐레이션 산업을 방해할 수 있는 입법활동을 하고 싶지도 않았다. 커뮤니케이션 품위법 230조section 230의 핵심 표현은 다음과 같다. "상호작용 컴퓨터 서비스 공급자 혹은 이용자 어느 누구도 다른 정보 콘텐트 공급자가 제공한 정보의 출판업자 혹은 발언자로 취급될 수 없다(No provider or user of an interactive computer service shall be treated as the publisher or speaker of any information provided by another information content provider)."[34] 그러나 동시에, 서비스 공급자는 '착한 사마리아인 good Samaritans'으로 행동할 수 있는 권위를 부여받았다. 즉 서비스 공급자가 보았을 때 외설적, 폭력적, 혹은 이의를 제기할 만한 유형의 콘텐트라고 여겨질 경우, 서비스 공급자는 해당 콘텐트 배포를 제한할 수 있는 권한을 부여받았다.[35] 본질적으로 커뮤니케이션 품위법 230조는 온라인 플랫폼 기업과 서비스 공급자에게 (텔레커뮤니케이션 회사들과 같은) 중립적 통신사업자common carrier 책무를 면제함과 동시에 출판업자의 편집권한을 부여한 것이다. 전자통신 회사telecom companies와 마찬가지로, (미국 사법부가 소셜미디어 플랫폼을 분류하는 범주인) '상호작용 컴퓨터 서비스' 공급자는 플랫폼에서 유통되는 콘텐트에 대해 거의 어떠한 책임도 지지 않게 되었다. 왜냐하면 커뮤니케이션 품위법 230조에 따르면, 소셜미디어 플랫폼 사업자는 플랫폼 서비스 이용자가 제공한 콘텐트의 출판업자 혹은 발언자로 취급받지 않기 때문이다. 그럼에도 불구하고 소셜미디어 플랫폼 사업자들은 자신들이 보았을 때 이의를 제기할 수 있는 콘텐트 배포에 대해서는 규제할 수 있는 상당히 넓은 권리를 향유하였지만, 이러한 권리 행사가 어떠한 법적 책무나 책임도 수반하지 않았다는 점이 중요했다. 이는 의회와 사업계 모두에 만족스러웠다. 소셜미디어 플랫폼이 법적 보호와 권리 모두를 향유하면서 운영된다는 사실은 의회가 미국 경제의 새로운 강력한 엔진으로 떠오른 사업을 저해할 수 있는 것에 대해 얼마나 우려하였는지 매우 잘 보여준다. 우리는 현재 소셜미디어 플랫폼이 보여주는 유형의 행동들로 판단할 때, 이와 같은 법적 규제 관련 백지위임장carte blanche이 계속 필요할지 여부를 둘러싼 논란에 직면하고 있다. 왜냐하면 소셜미디어 플랫폼들은 1996년 정책입안자들이 예상하지 못했던 기능을 수행하고 사회적 영향력을 발휘하면서 계속 진화하고 있기 때문이다.

알고리즘 개발의 필요성

수용자 관심 합산 기업이 온라인 콘텐트, 수용자, 광고업자들을 대규모로 효과적으로 중개하기 위해 합산 기능의 대부분을 자동화해야 할 필요성imperative이 매우 대두되었다. (서문에서 언급하였듯) 이들 소셜미디어 플랫폼은 기술영역을 기반으로 한 기업이었고, 이들이 알고리즘 기반의 해결책을 추구했던 것은 불가피한 것이었다.

알고리즘적 전환algorithmic turn[36] 과정에 대해서는 다음 장에서 상세하게 설명할 예정이다. 그러나 이번 장에서 주목해야 할 것은 소셜미디어 플랫폼의 기본 특징인 알고리즘을 바탕으로 큐레이션된 뉴스피드news feed는 소셜미디어 플랫폼 초기에는 존재하지 않았다는 사실이다. 2009년까지 페이스북은 사용자들의 알고리즘 기반의 뉴스피드 큐레이션을 시작하지 않았다(일반 이용자가 페이스북에 접속하게 된 시점은 2006년이다). 2009년 이전 페이스북은 뉴스를 최신뉴스 순서로 배치하였다.[37] 페이스북이 애초의 뉴스피드 제시 방식을 버리자, 개별 포스팅 메시지의 인기는 해당 메시지가 개별 이용자의 뉴스피드에 나타날지 여부, 아울러 어디에 나타날지를 판가름하는 최초의 주요 원인이 되었다.[38]

알고리즘 기반 큐레이션 과정은 재빠르게 정교화되었고, 유명한 엣지랭크 알고리즘EdgeRank algorithm의 탄생으로 이어졌다. 상대적으로 간단하게 정의된 초창기 엣지랭크 알고리즘은 다음의 공식으로 표현할 수 있다.

$$\Sigma = U_e \times W_e \times D_e$$

공식에서 U_e는 '이용자 친근성user affinity'으로 이용자와 개별 포스팅 메시지 사이의 관계와 근접성에 대한 평가치를 뜻한다. 예를 들어, 당신과 다른 이용자가 더 많은 친구들을 공유할수록, 공유된 이용자가 포스팅한 메시지가 당신의 뉴스피드에서 더 두드러지게 나타날 가능성이 높다. W_e는 포스팅 메시지에 대해 이용자가 취한 행동을 의미하며, 여기서는 이용자의 포스팅 행위 유형에 따라 다른 가중치가 부여된다(이를테면 비디오와 사진을 포스팅할 경우 단순히 링크를 포스팅한 것에 비해 높은 가중치를, 단순히 텍스트를 포스팅한 것보다는 링크를 포스팅한 것에 높은 가중치를 부여한다). D_e는 페이스북의 용어를 빌자면 '시간 기반 감소 모수 time-based decay parameter'이며, 과거 포스팅 메시지보다 최근 포스팅 메시지를 우위에 둔다는 의미이다. 그러나 2013년 페이스북은 엣지랭크 알고리즘 대신, 이용자 뉴스피드 큐레이션 과정에서 10만 개 이상의 요인을 고려하는 보다 더 정교화된 알고리즘을 채택했다.[39]

다른 소셜미디어 플랫폼들도 비슷한 패턴을 따르고 있다. 트위터는 2006년 트위터 서비스를 시작하고 10년이 지난 2016년에 알고리즘 기반 콘텐트 선별작업을 시작했다.[40] 2010년 서비스를 시작한 인스타그램도 2016년에 최신뉴스를 먼저 배치하는 방식에서 뉴스피드를 큐레이션하는 자체적 선별 알고리즘을 사용하는 방식으로 바꾸었다.[41] 유튜브는 검색어와 개별 채널구독자를 기반으로 한 플랫폼에서 알고리즘을 기반으로 추천영상을 큐레이션하는 플랫폼으로 진화하고 있다. 이러한 변화가 시작된 것은 유튜브가 서비스를 실시한 2005년 이후 7년이 지난 2012년이다.[42] 2017년 유튜브에서 영상을 시청하는 데 소비된 시간의 70% 이상은 알고리즘 기반 추천영상에 의해 발생한 것으로 나타났다.[43]

이미 잊혀버린 듯하지만, 콘텐트 큐레이션 방식을 최근 순서에서 알고리즘 기반 방식으로 바꾸겠다는 소셜미디어 플랫폼 사업자들의 결정에 대해 당시 많은 이용자들이 상당히 저항하였다. 예를 들어, 트위터가 알고리즘 기반의 선별적 뉴스피드 큐레이션 방식을 결정하자 #RIPTwitter*라는 해시태그가 즉각 증가하는 추세를 보이기도 했다.[44] 심지어 몇몇 이용자 집단은 알고리즘 기반의 선별적 뉴스피드 큐레이션 방식으로 전환하겠다는 결정을 내린 해당 소셜미디어 플랫폼에 대하여 조직적 보이코트를 시도하기도 했다.[45] 심지어 인스타그램의 유명인사였던 켄달 제너Kendall Jenner는 인스타그램의 결정에 분노하면서 인스타그램이 "바뀌면 안 되는 것을 바꾸려 한다"[46]는 트윗을 남기기도 했다. 이러한 반발은 콘텐트 큐레이션 알고리즘에 미디어 소비자와 콘텐트 합산 사이의 관계를 반영하려는 것에 대한 소비자 저항운동이 실제로 나타났음을 보여준다. 몇몇 소수의 이용자들의 경우, 콘텐트에 대한 차별적 선별과 순위부여 없이 뉴스피드가 유통되던 애초의 큐레이션 모형을 알고리즘 기반 큐레이션 모형보다 더 선호하기도 했다.

대부분의 소셜미디어 플랫폼 사업자들이 알고리즘 기반 선별 방식을 택하게 되면서, 변화 초기에 나타났던 이용자들의 분노도 급속히 사그라졌다. 몇몇 소셜미디어 플랫폼에서는 이용자에게 알고리즘 기반 큐레이션 방식을 원할 경우 빠져나올 수 있는opting out 선택지를 제시하기도 했다. 트위터는 알고리즘으로 선별된 큐레이션을 먼저 제시한 후, 최신뉴스 순서 방식의 뉴스피드를 다음에 제시하였다. 페이스북의 경우, 기본 설정에서 빠져나올 수 있는 선택지를 찾기 어렵게 만들고 자동적

---

* 의역하자면 '트위터 사망'을 의미한다. 영어권에서 RIP는 rest in peace의 약자로 흔히 망자의 묘비명에 등장하는 표현이다.

으로 알고리즘 기반 선택지로 되돌아가게끔 만들었으며, 기본 설정에서 빠져나오는 선택지를 선택했음에도 불구하고 이용자의 선택을 반영하지 않았던 경우도 종종 있었다.[47]

왜 소셜미디어 플랫폼 기업들은 그토록 강렬하게 알고리즘 기반 선별 방식으로 옮겨가려고 했을까? 소개 사례들에서 소셜미디어 플랫폼 사업자들이 알고리즘 선별 뉴스피드 큐레이션 방식과 알고리즘 기반 영상추천 방식으로 전환한 데는 하나의 주요한 목표가 있었다. 즉 정기적 이용자수를 증가시키고 이용자들이 플랫폼에서 소비하는 시간, 즉 **참여를 늘리는 것**이 바로 그 목표였다.[48] 일부 이용자들의 저항과 불만에도 불구하고, 알고리즘 기반 뉴스피드 큐레이션 방식으로 옮겨가면서 소셜미디어 플랫폼 기업들은 목표했던 효과를 체계적으로 달성하는 것처럼 보였다. 일례로 트위터에 따르면 알고리즘적 전환으로 인해 월별 유효 이용자수, 광고노출량impression, 트위터 이용시간과 같은 핵심적 측정치들이 모두 증가했다.[49] 심지어 트위터 이용자들의 반발 이후, 오직 2%의 이용자만이 최신기사 순서 방식의 뉴스피드를 유지했던 것으로 나타났다.[50] 과거 페이스북 최고기술자CTO, chief technology officer의 언급처럼 "생각할 수 있는 모든 측정치를 살펴보았을 때" 알고리즘 기반 뉴스피드 제시 방법은 "사람들이 언제나 원하지 않는다고 말하지만 실제 행동으로는 원하는 것"[51]이었다.

소셜미디어라는 중력

소셜미디어 플랫폼은 결국 콘텐트 공급자, 광고업자, 수용자에게 거의 중력과도 같은 영향력을 행사하게 되었다. 천체물리학자들은 지속된 빅뱅(우주의 연속적 팽창) 이후에 본질적으로 우주가 수축되고 붕괴하는 것을 의미하는 대함몰빅크런치, Big Crunch이 올 것인지 연구한다.[52] 이러한 천체물리학 이론은 온라인 공간에서 소셜미디어 플랫폼의 진화패턴을 이해하는 하나의 비유가 될 수 있다. 만약 낮은 진입장벽과 거의 지구 모든 곳으로의 도달가능성이라는 웹의 특징이 온라인 공간이라는 세계의 대규모 확장을 뜻한다면, 소셜미디어 플랫폼은 보다 많은 온라인 콘텐트와 수용자 관심이 소셜미디어 플랫폼으로 빨려 들어가는 함몰 과정에 비유될 수 있는 중력 역할을 수행하고 있다. 현재 온라인 공간에서 가장 인기 있는 10개의 웹사이트 중 6개가 소셜미디어 플랫폼이며,[53] 소셜미디어 플랫폼 서비스는 1990년대 후반부터 2000년대 초반 검색엔진과 포털사이트가 차지했던 방식과 동일한 방식으로 상위 사이트를 장악하고 있다.

소셜미디어 플랫폼의 콘텐트 및 수용자 합산은 보다 많은 콘텐트 공급자와 수용자를 확보하는 데 기여한다. 소셜미디어 플랫폼은 콘텐트 공급자가 수용자를 어디에서 어떻게 만나며, 수용자는 어디에서 온라인 콘텐트를 접하고 소비하는지 효율적이고 이용자 친화적user-friendly인 방식으로 평가하고 활용한다. 그 결과 페이스북, 유튜브, 트위터와 같은 플랫폼 사업자들은 개별 이용자들이 서로 어떻게 소통하는지에 (그리고 누가 누구를 주목하는지)* 대한 데이터를 축적함과 동시에 실시간으로 미식축구를 중계하고, 24시간 방송되는 블룸버그 뉴스를 실시간 전송하며, 워싱턴 포스트를 게재한다. 케이블TV 등장 이후 소셜미디어 플랫폼은 가장 왕성하며 영향력 있는 미디어 배포 업체로 등장하고 있다. 그러나 범위라는 측면에서 본다면 소셜미디어 플랫폼 사업자는 케이블TV를 완전히 압도하고 있다. 케이블TV는 지역 수준에서 영향력을 행사하는 반면, 소셜미디어 플랫폼은 전 지구적 배포 시스템으로 운영되

---

* 원문의 단어는 surveil이다.

기 때문이다.

　소셜미디어 플랫폼은 자신들이 제도화시킨 재합산 과정을 통해 콘텐트 공급자, 광고업자, 수용자에게 중력과도 같은 영향력을 행사하면서 초창기 웹의 고질적인 문제들 중 일부를 해결하였다.

수용자 측면의 문제해결

앞서 설명하였듯, 수용자 측면에서 볼 때 웹을 탐색하는 것은 다른 미디어에 비해 상당히 많은 노력이 필요한 일이었다. 웹 이용자는 가장 적절한 혹은 가장 만족스러운 콘텐트를 찾기 위해 시간과 노력을 투입하거나, 아니면 상당히 제한된 숫자의 '채널레퍼토리'에 관습적으로 의존하는 방법을 택할 수밖에 없었다. 그러나 이제는 (좋아요, 팔로우, 공유하기 등과 같이) 이용자가 표출한 관심과 선호를 기반으로 작동하는 소셜미디어 플랫폼의 알고리즘 기반 큐레이션 및 선별 시스템을 이용하여, 개별 이용자가 자신에게 적절하고 흥미로운 뉴스와 정보를 웹공간에서 찾는 일은 단순화되고 거의 자동화되었다.

　이러한 유형의 온라인 콘텐트 합산은 수용자에게 유용했다. 야후와 같은 초창기 포털사이트들은 직접 웹을 검색하고 이용자가 접속하는 웹사이트들의 하이퍼링크 리스트들을 확인하기 위해 문자 그대로 사람의 힘에 의존하였다. 말할 필요도 없는 일이지만, 이러한 초창기 시도는 온라인 공간에서 사용 가능한 광대한 콘텐트 범위와 전혀 맞지 않았다. 검색엔진은 초창기 포털사이트에 비해 보다 정교하고 통합적이며 개인화된 방식으로 수용자가 원하는 기능을 수행하였다. 그러나 소셜미디어 플랫폼은 콘텐트 합산 방법에서 검색엔진과 본질적으로 다른 접근을 취했다. 검색엔진이 사용자가 입력한 검색어에 대한 콘텐트 합산 결과를 제시하는 것과 달리, 소셜미디어 플랫폼은 개별 이용자에게 큐레이션되고 특화된 콘텐츠 합산 결과를 지속적으로 제공해주었다.

소셜미디어 플랫폼이 수용자에게 제공하는 서비스를 보다 잘 이해하기 위해 1장 앞부분에서 언급한 TV 가이드 채널 사례로 돌아가보자. 상호작용 기반의 전자 프로그램 안내 서비스가 확산되었고, TV 환경이 더 이상 선형적이지 않으며 프로그램 편성이 수요를 기반으로 진행되는 오늘날의 관점에서 TV 가이드 채널과 같은 서비스를 상상하기란 매우 어렵다. 그러나 TV 가이드 채널 등장 당시는 케이블TV 시스템을 통해 사용할 수 있는 채널이 확장되고 '500개 채널 세계500-channel universe'가 현실화되었다. 당시 TV에서 벌어졌던 파편화 과정이 온라인 공간에서 벌어지는 파편화 과정과 유사하게 벌어졌다는(보다 극단적이지는 않더라도) 점에서[54] TV 가이드 채널은 당시 수용자에게 필요한 서비스였다.

이후 TV에서 벌어진 일을 떠올려보자. TV 시청의 필수적 (그리고 널리 애용된) 보조장치인 디지털 영상저장장치DVR, digital video recorder는 당시의 TV 시청자들에게 오늘날 소셜미디어 플랫폼이 인터넷 이용자들에게 제공하는 비슷한 기능들을 제공하였다. DVR이 개별 시청자의 프로그램 선호를 완전하게 파악할 경우 DVR에는 시청자가 좋아할 만한 콘텐츠가 녹화되었고, 이를 통해 개별 시청자는 짜증 날 정도로 늘어만 가는 채널들을 실제로 탐색해볼 필요가 없어졌으며, 심지어 어떤 채널이 어떤 프로그램을 제공하는지조차 알 필요가 없어졌다.[55] 티보TiVo와 같은 더 발전된 형태의 DVR은 시청자의 취향을 더욱 강력하게 학습할 수 있었고, 시청자들이 시청행동으로 보여준 관심에 부합하는 프로그램들을 적극적으로 녹화해두었다.[56] 이러한 모습은 소셜미디어 플랫폼이 이용자의 행동으로 드러난 취향을 기반으로 온라인에서 제공되는 엄청난 분량의 콘텐츠를 큐레이션하는 뉴스피드를 통해, 이용자들이 자신이 원하는 콘텐츠를 파악하고 탐색하고 확인하면서 발생하는 검색비용을 지불하는 것에서 벗어나게 된 것과 다르다고 보기 어렵다.

광고업자 측면의 문제해결

광고업자 관점에서 살펴보자. 소셜미디어와 소셜미디어에서 제공하는 수용자 합산 덕분에 광고업자들은 더 이상 엄청난 영역의 온라인 콘텐트를 가로지르며 수용자들을 쫓아다닐 필요가 없어졌다. 유튜브와 페이스북과 같이 온라인 콘텐트와 수용자 관심을 합산하는 플랫폼의 등장으로 인터넷 공간은 광고업자들이 일거에 대규모로 (그리고 보다 쉽게 측정 가능한) 합산된 수용자를 구매할 수 있었던 TV와 신문처럼 전통적 매스미디어와 비슷한 공간으로 변모했다. 그러나 제3자로서 수용자 측정치를 산출하는 기업이 수용자 데이터를 제공했던 웹1.0 상황과 달리, 소셜미디어 공간에서는 수용자 관심의 공급자가 수용자 데이터의 공급자이기도 했다. 이는 아마도 수용자 시장에서 예전에 등장한 적이 없었던 수직적 통합 형태다.

　소셜미디어 플랫폼 사업자들은 이러한 대규모 합산을 통해 특정한 수용자 집단을 타깃팅하는 부가가치를 창출하기도 한다. 앞에서 설명하였듯 웹1.0시대에는 측정과정의 문제로 인해 수용자 타깃팅이 불가능했지만, 소셜미디어 플랫폼에서는 일정 부분 수용자 타깃팅이 가능해졌다. 왜냐하면 소셜미디어 플랫폼 이용자들은 매일매일 플랫폼을 사용하면서 자신과 관련된 엄청난 양의 인구통계학적, 행동적, 심리적 데이터를 주저 없이 자발적으로 제공하고 있기 때문이다. 아마도 바로 이 점이 광고업자들이 수용자 관심의 제공자와 수용자 데이터를 수직통합하는 것을 받아들이는 이유이기도 할 것이다. 이를 통해 소셜미디어 플랫폼은 누구도 거부할 수 없는 광고비 유통채널이 되고 있다.

　소셜미디어 플랫폼을 통해 유통되는 수용자는 미디어 역사상 가장 완전하게 측정된 수용자이기도 하다. 이 점은 최근 2016년 미국 대통령 선거 캠페인에서 나타났던 유권자에 대한 마이크로타깃팅microtargeting

의 수준에서 잘 드러났다. 2016년 선거가 시작될 때, 트럼프 캠페인 진영에서는 캠브리지애널리티카Cambridge Analytica라는 회사를 통해 소셜미디어(그리고 기타 온라인 채널들)를 통해 수집된 개별 유권자의 행동적, 인구통계학적, 심리적 데이터를 기반으로 자신들이 타깃팅하는 유권자를 파악한 후 이들을 타깃으로 하는 개별화된 메시지를 전달하였다.[57]

즉 전통적 매스미디어를 통해 합산된 대규모 수용자를 구매할 때의 효율성과 낮은 거래비용, 그리고 온라인 공간의 두드러진 특징으로 알려진 인구통계학적이며 행동적인 타깃팅, 두 가지가 서로 만나게 되었다. 이는 온라인 광고업자에게는 거부할 수 없는 조합이었다. 이와 같은 방식으로 효율성이 낮았던 웹1.0 공간의 광고도구는 소셜미디어라는 훨씬 더 효율적인 광고도구로 변화하였다.

콘텐트 공급자 측면의 문제해결

끝으로 콘텐트 공급자 측면을 살펴보자. 소셜미디어 플랫폼에서는 콘텐트 공급자가 수용자에게 도달하기 위해 단순히 자신의 콘텐트를 온라인에 포스팅하고, 광고하며, 검색엔진에 최적화되게끔 한 후, 수용자가 방문하기를 기다리는 것 이상의 기회를 제공하였다. 소셜미디어 플랫폼은 다른 온라인 공간에서는 찾을 수 없는 수용자 관심을 합산한 후, 콘텐트 공급자에게 이들 수용자에게 접근할 수 있는 기회를 제공하였다.

온라인 콘텐트 공급자가 소셜미디어 플랫폼에 진입하는 것은 많은 부분에서 악마와의 거래Faustian bargain이기도 하다.[58] 소셜미디어 플랫폼은 대규모의 합산 수용자를 콘텐트 공급자에게 전달하지만, 이 과정에서 상당량의 광고수익을 가져간다. TV 가이드 채널에 대한 비유로 다시 돌아가보자. 비유컨대 광고업자들은 TV 가이드 채널에 제시된 방송사가 아닌 TV 가이드 채널에 광고를 제공하는 것이다. 2017년 소셜미디어 플랫폼은 전세계 디지털 광고비용의 35%가량을 차지했다(이는 2013년의 23%보다 증가한 것이다). 소셜미디어 플랫폼들 중 페이스북이 가장 강했다. 페이스북은 소셜미디어의 전체 광고비용 중 약 2/3를 차지했다.⁵⁹

뉴스조직이 소셜미디어 플랫폼을 뉴스배포 메커니즘으로 택하는 속도는 어떤 측면에서 1990년대 초창기 인터넷 붐이 일어났을 때를 떠올리게 한다. 인터넷 접속률이 급격하게 증가하면서 뉴스공급자들은 온라인 웹사이트를 만들었고, 일반적으로 온라인 뉴스 콘텐트는 무료로 제공되었다.⁶⁰ 이들 뉴스공급자들은 모든 업체가 온라인 웹사이트를 만들고 있었기 때문에 자기들도 온라인 웹사이트를 만들 필요가 있다는 단순한 (어쩌면 결국에는 자기파괴적인) 필요성으로 온라인에 뉴스 콘텐트를 무료로 배포하였다.⁶¹

인터넷이 저널리즘 사업모형에 끼친 파괴적 악영향은 어쩌면 피할 수 없는 것이었을지 모른다. 그럼에도 불구하고 신문사들이 온라인 공간에 무작정 뛰어들면서 자신들을 파멸시킬 씨앗을 스스로 뿌린 것은 아닌지 되돌아볼 필요는 있다. 미디어 연구자인 잭 셰이퍼Jack Shafer는 다음과 같은 질문을 던졌다. "지난 20년 동안 편집된 뉴스 콘텐트를 용도변경하여repurpose* 웹에 게시하는 미친 경쟁mad dash 상황에서, 만약 뉴스편집자와 출판업자가 어리석기 짝이 없는 거대한 사업적 실수를 저지르지 않았다면 어떻게 되었을까?"⁶² 이 질문은 디지털 방식을 위해 인쇄 방식을 경쟁적으로 포기하던 상황에서 신문사가 본질적으로 보다 장기적인 수익성을 갖는 인쇄 플랫폼을 포기하고 있다는 연구⁶³에 대

---

* 특정 방식으로 제작된 콘텐트를 다른 방식의 콘텐트로 제작하는 것을 의미한다. 여기서는 종이신문에 맞추어 제작된 신문기사를 온라인용으로 바꾸어 웹공간에 올리는 것을 의미한다.

한 회상이다. 이런 점에서 본다면, 과연 뉴스공급자들이 디지털 관련 과거 자신들의 역사로부터 중요한 교훈을 얻었는지 의문이며, 도리어 소셜 미디어 플랫폼에 신속하고 무비판적으로 끌려들어 가는 방식으로 과거 역사를 그대로 반복하는 것은 아닌지 물어보는 것이 합당해 보인다.[64]

미디어 역사 측면에서 바라본 재합산

1장을 아우르는 핵심 주장은 온라인 파편화로 인해 수용자 재합산이 필요했다는 것이다. 수용자 재합산은 여러 핵심 이해당사자들의 필요에 부응하였으며, 인터넷 도입으로 인해 수용자 시장에 발생한 다루기 어려운 일부 문제점들을 해결하는 데 도움을 주었다.

재합산 과정이 전혀 새로운 것이 아니었다는 점에 주목하자. 케이블TV가 등장했던 1980~1990년대를 회상해보자. 당대를 풍미했던 주장 중 하나는 엄청나게 폭발적으로 늘었던 채널들로 인해 3대 지상파 네트워크ABC, NBC, CBS가 네트워크 전성기에 통제하고 있었던 대규모 수용자들이 해체될 것이라는 주장이었다.[65] 그러나 상대적으로 주목받지 못했던 주장은 3대 지상파 네트워크의 모기업들이 여러 케이블TV 네크워크를 출범하거나 합병하는 방식으로 향후 나타나게 될 수용자 해체 과정에 어느 정도 대응함으로써 과거에 비해 감소한 수용자 규모를 벌충할 수 있을 것이라는 주장이었다. 예를 들어 NBC 방송 네트워크의 수용자 규모는 감소하였으나, NBC 네트워크 계열사들(MSNBC, CNBC, 브라보Bravo, 사이파이SyFy, NBC 스포츠 등)의 수용자로 NBC가 과거 보유했던 수용자 손실분을 보충할 수 있었다.

소유집중을 통한 수용자 재합산 과정을 통해 공중파 네트워크는 수용자 감소 문제에 어느 정도 대처할 수 있었다.[66] 또한 수용자 재합산은 TV 수용자의 파편화와 관련하여 광고업자가 처한 몇 가지 문제점들을 해결하는 데도 도움을 주었다. 예를 들어 어느 미디어 대기업* CEO 의 유명한 발언에서 나타나듯, 상이한 개별 인구집단을 타깃팅하는 여러 TV 네트워크들을 소유함으로써 수용자에게 "요람에서 무덤까지 cradle-to-grave" 접속할 수 있는 다양한 콘텐트를 제공할 수도 있다.[67] 오늘날의 소셜미디어 플랫폼은 콘텐트와 수용자를 재합산하는 과정을 비약적으로 발전시키고 있으며, 재합산 과정을 추동하는 요인은 본질적으로 과거의 추동요인과 동일하다.

함의: 풀 미디어에서 푸시 미디어로, 능동적 미디어에서 수동적 미디어로

지금까지 서술했던 내용들은 온라인 공간의 진화의 중요한 역학관계, 즉 많은 풀 미디어들이 많은 푸시 미디어로 변환되는 과정을 보여준다. 푸시 미디어와 풀 미디어라는 용어는 특정 미디어와 해당 미디어의 사용방식의 특징을 서술하기 위해 종종 사용되어왔다.[68] 일반적으로 푸시 미디어는 이용자가 이용자를 대상으로 직접 방송되는 여러 콘텐트들을 접한 후, 이들 중에서 자신이 원하는 콘텐트를 선택하는 미디어 환경에서 주로 언급된다. 예를 들어 전통적 형태의 TV에는 시청자의 TV에 직접적으로 푸시되는 증가 일로의 다양한 채널들이 존재하며, 이용자가 선택하면 즉각적으로 접속 가능한 콘텐트들 목록을 제공한다는 점에서 푸시 미디어로 인식된다. 이와 관련하여 전통적 TV 콘텐트를 탐색하는 과정은 단순하고 제한적이기 때문에, 어떤 견실한 검색 기능이 필요하지 않다(소셜미디어 플랫폼 이용자가 뉴스피드를 스크롤하는 것과 비슷하게

---

* 구체적으로 CBS/Viacom이다.

시청자들은 채널들을 이리저리 돌려볼 수 있다).

    TV의 진화는 푸시 미디어와 풀 미디어의 차이를 이해하는 데 도움이 된다. (넷플릭스와 같이 케이블코드가 필요 없는 디지털 스트리밍 TV 서비스와 같이) 수요기반 시청방식을 기본으로 하는 TV는 풀 미디어에 보다 가깝다. TV의 진화맥락에서 볼 때 검색, 브라우징, 추천 과정을 통해 시청자가 선택한 프로그램은 원격서버에 저장되어 있다. 이러한 시청맥락에서 콘텐트 추천 과정은 (콘텐트 탐색의 필요성을 감소시켰다는 점에서) 어느 정도는 푸시 모형을 다시금 반영시킨 것으로, 이는 온라인 미디어가 풀 미디어에서 푸시 미디어로 전환된 것에 비교된다.

    웹이 처음으로 탄생했을 때, 웹은 풀 미디어의 전형적 모습이었다. 미디어는 대부분의 전통적 미디어의 모습인 푸시 미디어에서 웹의 등장으로 나타난 풀 미디어로 진화하였는데, 이러한 진화는 미디어 환경의 변화를 보여주는 핵심적 측면 중 하나로 널리 받아들여졌다. 미디어 미래학자인 니콜라스 네그로폰테Nicholas Negroponte는 1995년 자신의 책 《디지털이다Being Digital》에서 다음과 같은 유명한 말을 남겼다. "디지털화는 사람들에게 정보를 강요하는push 과정에서 사람들이 (혹은 사람들이 사용하는 컴퓨터가) 정보를 끌어들이는pull 과정으로 매스미디어의 모습을 바꿀 것이다. 이는 혁명적 변화다."[69]

    몇몇 예외를 제외하고 '과거old' 미디어는 푸시 모델로 작동하는 경향이 있는 반면 '새로운new' 미디어는 풀 모델로 작동한다는 것이 일반적 상식이다. 이러한 이분법은 쇼파에 앉아 몸을 기대어 수동적으로leaning back TV를 시청하고, (노트북과 가정 내 와이파이가 널리 보급되기 이전에) 책상에 앉아 고개를 앞으로 숙이며 능동적으로leaning* forward 웹을

---

* 원문에는 learning으로 표기되어 있다. 오타인 듯하다.

사용했던 과거의 구체적이고 독특한 맥락에서 발생한 관점으로, 이제는 시대착오적인 것이다.

이러한 '앞으로 숙여서 시청leaning forward' 대對 '뒤로 기대어 시청leaning back'이라는 용어는 미디어 역사 속으로 어느 정도 사라져버린 것처럼 여겨졌다. 그러나 이 용어는 2017년 6월 페이스북이 자신들이 새롭게 선보이는 비디오 프로그램에 대한 계획을 발표하면서 최근 다시금 부활하였다. 페이스북이 새로 선보이는 비디오 프로그램은 광고업자들에게 '이동 중 감상on-the-go', '뒤로 기대어 감상lean-back', '앞으로 숙여서 감상lean-forward'이라는 세 가지 범주 중 한 가지 형태로 제시된다.[70] 과거의 미디어 관련 유행어가 죽지 않고 다시금 재활용되었다는 것은 명확하다. 페이스북이 자신들의 서비스를 '뒤로 기대어 감상'과 '앞으로 숙여서 감상'으로 구분한다고 주장한다는 점에서, 전반적으로 소셜미디어 플랫폼이 인터넷을 퇴행시키고 있으며 사람들은 소셜미디어 플랫폼을 전통적 텔레비전 맥락에서 보다 수동적인 미디어로 사용한다는 것이 1장에서 저자가 제시하는 주장이다.

저자의 주장을 이해하기 위해서는, 추가로 한 가지 이분법 용어를 더 고려할 필요가 있다. '푸시 미디어 대 풀 미디어' 그리고 '뒤로 기대어 사용하는 미디어 대 앞으로 숙여서 즐기는 미디어'라는 용어는 미디어 기술과 수용자에 대한 학술 문헌 및 **능동적** 수용자와 **수동적** 수용자를 구분하는 여러 연구에서 정착된 용어다.[71] 이러한 구분의 핵심적 측면은 이용자가 탐색과 검색에 적극적으로 참여하는지(즉 이용자가 앞으로 숙여서 콘텐트를 끌어들이는pull 경우), 아니면 '프로그래밍된programmed to' 상태인지(즉 이용자가 편하게 기대어 자신에게 제공되는 콘텐트를 제공받는push 경우) 구분하는 것이다.[72]

다양한 측면에서, 우리의 온라인 경험은 풀 미디어보다는 푸시 미디어로, 앞으로 숙여 이용하는 미디어보다는 뒤로 기대어 즐기는 미디어로, 그리고 결국 적극적 수용자보다는 수동적 사용자로 변화하는 모습으로 진화하고 있다. 인터넷 접속방식이 PC와 노트북에서 태블릿 PC와 모바일 기기로 지속적으로 전환되는 것은 온라인 경험 진화를 보여주는 한 가지 사례다. 모바일 기기가 차지하는 온라인 트래픽의 비중은 2013년 16%에서 2018년 52%로 점점 증가하는 추세다.[73] 전체 인터넷 트래픽 중 모바일 기기의 비중은 앞으로 계속 더 급증할 가능성이 높다. 이러한 패턴은 온라인 콘텐트 공급자와 플랫폼이 모바일 기기를 기반으로 한 접속 및 사용 방식(그리고 모바일 기기의 제한사항들)에 맞도록 점점 더 자신들의 상품과 서비스를 계획할 것임을 의미한다(비록 모바일 기기에만 배타적으로 적용되게 하지는 않겠지만). 다시 말해 인터넷은 실제로 보다 수동적이고 뒤로 기대는 방식의 온라인 활동에 맞추어(이에 따라 어느 정도는 이용자에게 이러한 활동을 요청하는 방식으로) 진화된다는 의미다.

저자가 다른 곳에서 주장했던 것처럼,[74] 모바일 기기로의 전환은 수동적 수용자, 푸시 미디어 모습의 콘텐트 공급자, 뒤로 기대어 즐기게 하는 콘텐트 공급자의 관계를 제도화시키고 있다. 모바일 기기 그 자체는 이용자 제작 콘텐트처럼 수용자의 적극성 측면에 그리 부합하지 않는다. 예를 들어 선행연구에 따르면 위키피디아 이용자들이 노트북이나 PC에서 모바일 기기나 태블릿 PC로 전환할 경우, 위키피디아에 게시하는 콘텐트 분량이 대폭 감소하는 것으로 나타났다.[75] 심지어 스티브 잡스는 아이패드iPad는 "컴퓨터보다는 아이팟iPod에 가깝다"[76]고 말한 바 있다. 언급한 연속성 속에서 본다면 확실히 모바일 기기는 아이팟에 보다 더 가깝다.

PC와 노트북과 비교해 태블릿 PC와 모바일 기기가 주로 콘텐트 소비용 기기에 가깝다는 선행연구 결과를 통해 우리는 다양한 범주의 콘텐트들에서 (읽기, 시청하기, 듣기와 같은) 콘텐트 소비 활동이 콘텐트 제작 활동보다 훨씬 더 뚜렷한 부분을 점유할 것이라는 것을 알 수 있다.[77] 정보추구 역시도 모바일 환경에서는 감소할 것이다. 온라인 검색 빈도, 검색하는 정보의 복잡성과 완전성, 그리고 검색시간 등 모든 측면에서 태블릿 PC와 모바일 기기가 PC와 노트북 기기에 비해 낮은 수치를 보였다.[78] 저자는 이러한 변화를 미디어 수용자의 **귀환**歸還, repassification이라고 부른다. 왜냐하면 온라인 행동이 이러한 방식으로 진화하면서, 오랜 기간 전통적 매스미디어와 연관시켰던 특징들(한동안 인터넷과 갈등하는 것처럼 보였던 특징들)이 더 많이 나타나기 때문이다.

소셜미디어를 기반으로 한 알고리즘을 통해 큐레이션된 온라인 뉴스 소비가 수동적 수용자가 푸시 미디어를 통해 뒤로 기대어 콘텐트를 즐기는 퇴행적 모습으로 변하고 있다는 저자의 핵심 주장에 대한 배경이, 바로 계속되는 모바일 기기로의 전환과 수용자 귀환이다. 이와 같은 웹2.0의 퇴행성이 바로 소셜미디어 플랫폼이 인기를 얻게 된 진정한 이유다. 이를 보여주는 사례로, (초창기 페이스북과 함께) 마이스페이스 같은 초기 소셜미디어 플랫폼은 단지 개별 웹페이지를 합산하는 데 머물렀다는 것을 떠올릴 필요가 있다. 이런 점에서 초창기 소셜미디어 플랫폼은 웹공간에 존재하는 개인과 조직이 운영하는 홈페이지들을 단순하게 합산할 뿐이었다. 당시에는 만약 자신의 친구에게 어떤 일이 일어났는지 알고 싶은 이용자라면, 그 친구의 마이스페이스/홈페이지 페이지를 찾아보거나 탐색해보아야 했다. 이런 과정은 개인의 웹페이지를 살펴보는 것과 그다지 큰 차이가 없었다.[79]

(소셜미디어 플랫폼의 베타맥스*라고 할 수 있는) 소셜미디어 선구

---

* 초창기 비디오 영상 녹화기술 중 하나다. 1970~1980년대 비디오 테이프가 보급되면서 시장에서는 베타맥스 기술과 VHS 방식이 서로 경쟁했다. 베타맥스 기술이 기술적으로는 더 우수했지만, 최종적으로는 VHS 방식이 비디오 테이프 표준으로 정착하면서 역사의 뒤안길로 사라졌다.

업체인 마이스페이스에 대해 페이스북이 최종 승리를 거둘 수 있게 만든 변화는, 당시 상당히 큰 이용자 저항을 불러오기도 했지만,[80] 페이스북이 2006년에 선보인 뉴스피드News Feed였다.[81] 현재 페이스북에서 이용자의 사회적 네트워크를 구성하는 사람들의 페이지에서 만들어지는 뉴스와 정보는 이용자가 적극적으로 탐색한 것이라기보다 이용자에게 제공된 것이다. 마이스페이스는 2008년이 되어서야 뉴스피드 서비스를 채택했는데,[82] 이때는 이미 늦은 상황이었다. 또한 페이스북에 뉴스피드 선별 알고리즘이 도입되었을 때도, 처음에는 일부의 이용자들이 이 변화에 대해 저항했다. 당시 기술분야 잡지인 〈테크크런치TechCrunch〉는 "페이스북 이용자들의 반란Facebook Users Revolt"이라는 극적인 헤드라인을 달면서 페이스북 이용자들에게 널리 퍼진 보이코팅, 탄원, 변화가 시작되었을 당시 등장했던 항의용 웹사이트들을 자세히 소개했다. 이런 사례는 최소 소셜미디어 플랫폼 이용자 중 일부는 자신들이 플랫폼에 참여하면서 더 많은 자율성을 확보하기 위해 저항했다는 것을 보여준다.[83] 물론 오늘날 우리는 스크롤링 뉴스피드 구조가 거의 모든 소셜미디어 플랫폼에 제시되는 것을 당연하게 생각한다. 그러나 이는 페이스북과 마이스페이스와 같은 소셜미디어 플랫폼의 애초 운영방식이 아니다. 당시의 소셜미디어 플랫폼은 오늘날의 소셜미디어 플랫폼과 비교할 때 더 적극적이고 앞으로 숙여서 이용하는 미디어를 지향하고 있었다.

분명히 소셜미디어 플랫폼의 애초 모습은 이용자와 연결된 모든 사람들의 행동이 소셜미디어 플랫폼 시작 페이지에 하루 동안 쉽게 스크롤해서 볼 수 있는 뉴스피드 형태로 유통되는 오늘날의 소셜미디어 플랫폼과 비교해볼 때, 풀 미디어에 더 가까웠다. 이제 콘텐트는 소셜미디어를 통해 콘텐트에 관심—풀 미디어 특성의 마지막 잔재인 좋아요/팔로우를 통해 이용자가 표현한—을 표현한 사람들에게 소셜미디어를 통해 푸시된다. 심지어 콘텐트 공급자 측면에서 더 유용한 것은 개별 콘텐트 수용자가 콘텐트를 보다 더 멀리까지 푸시할 수 있다는 점이다. 콘텐트 접속이 풀 미디어 모형에서 푸시 미디어 모형으로 변하면서 앞서 서술하였듯 최종적으로는 어마어마한 규모로 콘텐트, 수용자, 광고비용이 재합산되었다. 제임스 웹스터James Webster가 주장하듯, 순수한 풀 미디어 형태를 지향하는 매체 환경에서 비롯된 더 많은 콘텐트와 이용자의 권한 강화는 "역설적으로 전환ironic twist"되었다. 사용 가능한 콘텐트가 더 많아질수록 "푸시 미디어의 특성을 재도입하는"[84] 도구에 대한 의존이 더 심해진 것이다.

소셜미디어 플랫폼의 이러한 변화가 뉴스 관련 영역에서 갖는 함의를 생각해보는 것은 특히 중요하다. 소셜미디어 플랫폼은 과거와 비교할 때 훨씬 더 강력한 푸시 미디어 형태의 온라인 행동을 제도화하고 있다. 이는 뉴스가 언제 어디서든 쉽게 접속 가능한 배경잡음 같은 역할을 하는 "항시적恒時的 저널리즘ambient journalism"[85] 경향을 촉진한다는 점이다. 항시적 저널리즘 개념에서 파악한다면 뉴스소비자는 정보를 얻기 위해 더 이상 직접적 노력을 하지 않아도 된다는 점에서 일정 부분 **수동적** passified 존재가 되었다.

아마 현재의 소셜미디어 기반 뉴스소비의 특징과 관련하여 "그토록 중요한 뉴스라면, 뉴스가 나를 찾아올 것이다"[86]라는 표현보다 더 강렬하게 항시적 저널리즘의 특징을 설명해주는 것은 없을 것이다. 몇몇 연구자들이 "저널리즘이 끝났다"[87]라고 한탄하게 만든 이 표현은 2008년 시장조사 포커스 그룹 인터뷰에 참여했던 대학생의 말이었다.[88] 일반적으로 소셜미디어 플랫폼 이용자들 사이의 공유가 뉴스배포 과정에서 놀라울 정도의 역할을 수행하는 환경을 설명할 때 이 발언이 언급된다. 그러나 이 발언과 관련하여 흔히 논의되지 않는 점은 이 발언에 반영되어 있는 수동적 뉴스소비 경향이다.

소셜미디어 플랫폼으로 인해 뉴스소비 방식은 전통적 매스미디어 만큼이나―어쩌면 그보다 더 심하게―수동적이 되었다. 최소한 전통적 매스미디어 환경의 경우, 뉴스소비는 길을 걷다가 종이신문을 구매한다거나 방송뉴스를 송출하는 라디오에 주파수를 맞추는 정도의 행동을 필요로 했다. 이제 소셜미디어 뉴스피드를 스크롤링하는―종종 뉴스를 소비할 의도조차도 없게 되어버린―방법이 개인에게 정보를 제공하는 가장 전형적인 방법 중 하나가 되었다.[89] 정보소비 과정은 가족이나 친구의 소식을 듣거나, 고양이가 나오는 영상[*]을 보거나, 과거 애인을 스토킹하는 과정과 완벽하게 통합되었다. 이 모든 것은 소셜미디어 플랫폼이 과거 풀 미디어였던 웹을 어느 정도 수준으로 푸시 미디어처럼 변화시켰는지를 보여준다.

이러한 결과는 소셜미디어로는 양식 있는 시민 육성이 어렵다는 것을 보여준다. 소셜미디어 기반 뉴스소비에 대한 최근 연구에 따르면, 소셜미디어 뉴스소비자는 종이신문이나 TV 뉴스소비자에 비해 소셜미디어에서 우연히라도 뉴스를 접하는 시간이 상대적으로 훨씬 더 짧은 것으로 나타났다. 그 결과 뉴스는 소셜미디어 플랫폼에서 이용 가능한 콘텐트 소비량이라는 위계 속에서 높은 위치를 점유하지 못하고 있으며, 이로 인해 뉴스소비자는 자신이 소비하는 뉴스기사의 맥락을 제대로 파악하지 못하고 있다.[90]

인터넷이 변혁을 가져올 것이라는 초창기 주장들을 되돌아보고, 그런 주장들이 오늘날 얼마나 타당한지 물어보는 것이 타당할 것이다. 미디어 학자인 소니아 리빙스톤Sonia Livingstone은 2003년 인터넷이 "수동적인 방관자에서 가상공간의 적극적 참여자"[91]로의 수용자 변화를 촉

---

[*] 애완동물 혹은 아이가 나오는 이용자 제작 동영상을 의미하며, 정치적·사회적 의미를 찾기 어려운 콘텐트를 의미한다.

진시킬 것이라는 주장을 제기하였고, 적어도 당시에 이 주장은 부정하기 어려운 것처럼 보였다. 그러나 현재 그러한 주장은 거의 설득력이 없다. 현재 소셜미디어 플랫폼의 인터넷 이용자들은 수동적 방관자의 특징들을 보이고 있기 때문이다.

함의: 울타리친 정원의 재등장

재합산 과정이 초창기 웹의 역동성에서 퇴행하는 모습을 보여주는 또 다른 중요한 방식을 살펴보자. 구체적으로 우리는 초기 상업용 인터넷 접속방식의 특징이었던 **울타리친 정원** 전략이 다시 등장하는 것을 목도하고 있다. 울타리친 정원이라는 용어는 한때 인터넷 유망기업이었던 아메리카온라인AOL, America Online과 관련하여 매우 자주 언급되었다. 울타리친 정원의 특성을 이해하기 위해서는 AOL의 기원을 다시 돌이켜보는 것이 중요하다. 오늘날 대부분의 미국인들은 AOL을 1990년대 전화선을 기반으로 인터넷 접속 서비스를 제공했던 주요 기업으로, 그리고 2000년 엄청난 문제를 일으킨 AOL–타임워너 합병을 주도한 기업으로 기억할 것이다. 그러나 AOL은 1980년대 온라인게시판 서비스 BBS, bulletin board service를 시작했던 기업이기도 하다. 인터넷 서비스 제공업체ISP와 달리, BBS는 인터넷 접속 서비스를 제공하지 않았다. BBS 구독자들이 모뎀을 이용하여 전화를 걸면, 컴퓨터는 인터넷에 연결되는 것이 아니라 AOL이 제공하며 AOL 서버에 저장된 AOL 소유의 콘텐트와 서비스에 접속되었다. AOL 서비스에는 채팅 앱, 게임, 뉴스, 정보 등이 포함되어 있었다.

웹의 발전으로 AOL과 같은 전화선을 통한 BBS 서비스는 구독자들에게 인터넷 접속 서비스도 (결과적으로는 웹 접속 서비스도) 제공하였다. 물론 경제적 관점에서 이들 구독자들은 웹공간을 탐색하는 것보다는 AOL 소유의 콘텐트와 서비스를 가능한 한 더 많이 소비하였다. 회사 소유의 콘텐트와 서비스에 만족하는 이용자들의 경제적 가치는 더 높았다. 왜냐하면 이들에게 추가적 상품과 서비스를 판매함으로써, 또한 이들의 관심을 광고업자에게 판매함으로써 보다 나은 수익을 창출할 수 있었기 때문이다.

결국 ISP들이 구독자들에게 웹접근 서비스를 제공하지만, 이들 구독자들을 ISP가 제공하는 일련의 콘텐트와 서비스에 머물도록 유도하는 방식, 즉 울타리친 정원 전략이 등장했다. 당시 울타리친 정원 전략은 성공적이었다. 수많은 AOL 구독자들은 온라인에 머무르는 대부분의 시간을 실제로 웹이 아닌 울타리친 정원에서 보냈다.[92] 많은 이용자들은 웹공간과 울타리친 정원의 차이를 알지 못했다.

실패로 끝난 AOL과 타임워너의 합병은 어느 정도는 바로 이 울타리친 정원 전략에서 비롯된 것이다. 당시 합병을 지지했던 사람들은 AOL-타임워너 합병을 '구미디어'이며 '콘텐트' 기업인 타임워너와 '신미디어'이며 '채널conduit' 기업인 AOL의 결혼식이라고 불렀다.[93] AOL-타임워너 합병은 보다 효과적이고 매력적인 울타리친 정원을 만들기 위한 목적에서 비롯된 것이다. 즉 만약 AOL 소유의 콘텐트에 타임워너가 보유한 엄청난 양의 출판물, 음악, TV 프로그램, 영화 등 고품질 콘텐트가 포함된다면, AOL은 구독자들을 자신의 울타리친 정원 내부에 보다 잘 묶어둘 수 있을 것이며 또한 구독자들의 규모를 키워서 이를 수익화할 수 있을 것으로 생각했다.[94] 그러나 웹이 성장하고 이용자들에게 더욱더 많은 콘텐트를 제공함에 따라 울타리친 공원 모형은 점점 더 유지하기 어려워졌고, AOL-타임워너 합병 실패로 AOL의 힘은 점점 더 약해졌다. 결국 AOL-타임워너 합병은 인터넷 역사에서 무엇을 주의해야 하는지를 보여주는 교훈적 일화라는 각주 이상의 의미를 주지 못하는 사례로 끝났다.[95]

페이스북, 트위터, 스냅챗과 같은 소셜미디어 플랫폼 서비스가 현재 작동하는 과정을 살펴볼 때, 모습이 다소 다를지 몰라도 울타리친 정원 전략이 부활하고 있음을 알 수 있다.[96] 이용자들이 웹에 접속하지 못하도록 하는 것이 과거 AOL의 울타리친 정원 전략이었던 반면, 새로운 울타리친 정원 전략은 웹 혹은 모바일앱을 기반으로 전개되고 있다. 현재 벌어지는 울타리친 정원 전략은 이용자를 특정 플랫폼 내부에 가두는 것으로, 플랫폼은 가급적이면 다양한 욕구와 관심들을 한 번에 구매할 수 있는 one-stop shop 서비스 공간이 되고 있다. 이들 소셜미디어 플랫폼이 관리하는 울타리친 정원의 콘텐트는 이들 플랫폼으로만 배타적으로 한정되지 않는다. 그러나 콘텐트가 배치·허가·소유·접속되는 방식이 소셜미디어 플랫폼을 경유해야 하는 한, 그 효과는 본질적으로 동일하다. 즉 소셜미디어 플랫폼의 목표는 가능한 한 더 많은 이익을 뽑아내기 위해 이용자를 해당 플랫폼에 가급적 잡아두는 것이다.

예를 들어보자. 트위터가 블룸버그 뉴스나 NFL 미식축구 게임과 같은 콘텐트를 전송하기로 계약하였을 경우[97]나 스냅챗이 CNN이나 바이스Vice의 뉴스프로그램에 대한 라이선스 협약을 맺었을 경우[98]는 플랫폼을 통해 고부가 콘텐트에 독점 접속하기 위한 것이다. 따라서 이용자들은 다른 곳에서는 이러한 콘텐트에 접속할 필요가 없다. 최근 페이스북이 오리지널 비디오 프로그램을 송출하려는 모습도 자신들이 관리하는 울타리친 정원의 영역(그리고 수용자 보유력)을 증강시키려는 시도라고 볼 수 있다. 유튜브와 넷플릭스와 같은 온라인 비디오 합산업체들이 온라인 공간에서 발생하는 수용자 관심의 대부분을 차지한다는 점에서, 페이스북이 페이스북 내부의 수용자 관심을 외부에 뺏기지 않기 위해 오리지널 비디오 프로그램으로 관심을 돌리고 있다는 사실은 그리 놀랍지 않다.

페이스북의 울타리친 정원 전략을 이해하기 위해서는 인스턴트아티클스Instant Articles 서비스를 살펴보는 것이 유용하다.⁹⁹ 페이스북은 2015년 5월에 도입된 인스턴트아티클스 서비스를 통해 미디어 공급업체의 홈페이지 링크가 포함된 포스팅 메시지를 제시하는 대신 미디어 공급자가 업로드한 콘텐츠를 직접 제시한다.¹⁰⁰ 이러한 협약은 페이스북과 미디어 공급자 사이의 제한적 수익공유 모델에 따른 것이다. 즉 페이스북이 미디어 공급자들에게 광고판매권을 제공하고, 페이스북은 수익을 챙기거나 자신들이 보유하고 있는 타깃팅 광고상품인 오디언스네트워크Audience Network를 미디어 공급자들에게 사용하게 하는 것이 이 협약의 골자다.¹⁰¹

겉으로 볼 때, 인스턴트아티클스 서비스가 내세우는 매력과 호소력은 (특히 모바일 기기에서) 로딩시간을 감축시킨다는 점이다.¹⁰² 그러나 인스턴트아티클스 서비스가 도입된 시점은 또 다른 가능성을 제기하고 있다. 2015년 6월 페이스북이 인스턴트아티클스 프로그램을 발표한 지 1개월 후, 페이스북은 페이스북 포스팅 메시지 속에 포함된 링크에서 보다 긴 시간을 보낼 경우 더 큰 가중치를 부여하도록 뉴스피드 알고리즘을 수정하겠다고 발표했다.¹⁰³ 즉 이용자의 보다 적극적 참여(이용시간으로 측정된)가 나타난 콘텐츠는 이용자의 뉴스피드에서 우선순위에 배치된다. 뉴스피드 알고리즘을 조정한 이유는 이용자가 콘텐츠를 이용한 시간이 길수록 해당 콘텐츠가 포함된 포스팅 메시지가 더 많은 '좋아요'를 받았다는 2014년 시작된 페이스북 내부 연구¹⁰⁴에 따른 것이다. 즉 어떤 이용자가 페이스북에 포스팅된 링크를 방문하고 30초 이내로 그 링크에서 페이스북으로 다시 돌아왔다면, 해당 이용자가 3분간 머물렀던 링크가 포함된 포스팅보다 더 낮은 평가를 받게 된다. 페이스북은 이 연구결과를 토대로 알고리즘 조정에 대해 발표하면서 다음과 같이 언급했다. "사람들이 자신이 살펴본 대부분의 메시지들보다 뉴스피드에 포함된 어느 특정 메시지에 보다 더 많은 시간을 쏟았다면, 바로 이 콘텐트가 이용자에게 적합하다는 것을 보여주는 신호라는 것을 발견하였습니다."[105]

이런 결과들은 소셜미디어 플랫폼이 처한 역설이 무엇인지를 흥미롭게 보여준다. 플랫폼에 대한 이용자의 만족은 이 플랫폼을 벗어나 다른 곳에서 관리하는 콘텐트를 소비한 시간과 밀접하게 연관되어 있다. 대부분의 소셜미디어 플랫폼 사업모델은 이용자가 플랫폼에서 얼마나 많은 시간을 체류하는가(다시 말해 플랫폼에 대한 참여)에 달려 있는데, 왜냐하면 체류시간이 길다는 것은 광고노출이 더 많다는 것, 즉 광고수익이 더 많다는 의미이기 때문이다. 그러나 이용자가 높이 평가하는 웹 경험을 제공하려면 이용자들이 보다 긴 시간 동안 소셜미디어 플랫폼을 떠나서 다른 콘텐트를 사용하도록 해야 한다. 이러한 역설에 대한 확실한 해결책은 바로 소셜미디어 플랫폼이 이용자에게 고품질 콘텐트를 직접 제공하는 것이다.

페이스북의 인스턴스아티클스 서비스 논리는 네트워크 중립성(혹은 망중립성) 개념에 익숙한 사람이라면 재빠르게 떠올릴 널리 알려진 우려를 자아낸다. **네트워크 중립성**은 ISP는 네트워크를 지나가는 어떠한 콘텐트에 대해서도 (접속이나 다운로드 스피드 등에서) 차별을 두면 안 된다는 개념이다. 네트워크 중립성을 옹호하는 사람들은 ISP가 콘텐트 공급자를 소유한 기업에, 혹은 인터넷 공간의 '추월차선fast lane'으로 진입하기 위해 추가비용을 내는 공급자에게 특혜를 주는 것에 대해 우려해 왔다. 과거 오랜 기간 동안 네트워크 중립성에 위배되는 행위와 이로 인한 부정적 여파를 보여주는 증거는 충분히 수집된 바 있다. 즉 네트워크 중립성은 유지될 필요가 있다.[106] 오바마 행정부 당시 FCC가 ISP를 대상으로 네트워크 중립성 의무를 부과한 것은 바로 이 때문이다(비록 이후 트럼프 행정부의 FCC에서는 이 의무를 삭제하였지만).[107]

페이스북의 인스턴트아티클스와 같은 프로그램은 네트워크 중립성 개념과 어떤 관련이 있을까? 현재 인스턴트아티클스에서도 비슷한 모습이 나타나고 있다. 어쩌면 인스턴트아티클스 프로그램에 참여하는 콘텐트 공급자들은 이를 통해 일종의 '추월차선'을 활용하고 있는 것으로 볼 수 있다(즉, 짧은 로딩시간). 페이스북이 콘텐트 공급자에게 인스턴트아티클스 프로그램에 참여하기를 원하는 만큼(아울러 앞에서 설명한 울타리친 정원 전략에서 페이스북이 이 전략을 원할 충분한 이유가 있다는 것을 보여주었듯), 어쩌면 인스턴트아티클스 시스템 외부에 존재하는 콘텐트들의 경우 로딩시간을 느리게 만들어 인스턴트아티클스 프로그램에 참여한 콘텐트 공급자와 그러지 않은 콘텐트 공급자 사이에 로딩시간 격차가 발생하게 된다고 간주하는 것이 비합리적이지는 않을지도 모른다. 소셜미디어 중립성(혹은 보다 포괄적으로 플랫폼 중립성)이 향후 네트워크 중립성 논쟁의 핵심 개념이 될 것이라고 예측할 수 있다. 그러나 1장의 핵심 주장은 이것이다. 소셜미디어 플랫폼은 초기 인터넷 등장에서 나타났던 울타리친 정원 전략을 재구성하기 위한 다양한 기법들을 구사한다.

2장
알고리즘 게이트키핑과 뉴스조직의 변화

알고리즘으로 통제되는 미디어 플랫폼이 어떻게 작동하고 그 효과가 무엇인지를 완전하게 이해하는 것은 본질적으로 제한적이다. 뉴스의 생산·확산·소비 과정을 점점 더 통제하고 있는 알고리즘 시스템이 '블랙박스'[1]라는 표현은 지난 10년간 너무도 흔하게 언급되었던 상투적 표현 중 하나이기도 하다. **블랙박스**라는 용어는 시스템 내부의 작동원리가 이용자에게 명확하게 제시되지 않는다는 것을 의미한다. 알고리즘 맥락에서 알고리즘이 출력한 의사결정은 일반적으로, 계속해서 변해가는 기준과 입력값들의 복잡한 산물이다. 아울러 여러 가지 이유에서, 이를테면 기업의 경쟁력과 제3자에 의해 알고리즘 시스템이 '사냥당할gamed' 가능성을 줄이기 위한 필요성과 같은 이유에서,[2] 알고리즘 작동과정의 자세한 사항은 기업의 자산이다.

뉴스라는 구체적 맥락과 관련하여 논란이 발생하는 핵심 이유는 어떤 유형의 뉴스를 생산, 배포, 소비할 것인가에 대한 의사결정이 알고리즘 기반 의사결정 시스템에 어느 정도 위임되어 있다는 사실로 인해 발생하는 불확실성과 우려 때문이다. 뉴스와 관련된 대부분의 이해관계자들은 알고리즘 시스템의 내부 작동원리를 알지 못한다. 아울러 알고리즘이 어떻게 작동하는지 알고리즘의 작동방식이 갖는 함의가 무엇인지 연구하는 것도 쉽지 않은 일이다.[3]

그러나 지난 몇 년간 뉴스 알고리즘이 어떻게 작동하며, 뉴스 알고리즘의 작동방식이 뉴스조직, 그리고 뉴스조직과 상호작용하는 뉴스소비자에게 어떤 영향을 미치는가에 대해 꽤 많은 지식이 축적되었다.[4] 뉴스 알고리즘 시스템은 진공 상태에서 작동하지 않는다. 개별 뉴스소비자들은 알고리즘의 작동방식에서 핵심적 역할을 수행한다. 마찬가지로 인간 편집자와 의사결정권자들 역시 알고리즘 작동과정에서 여전히 중요한 역할을 담당하며, 알고리즘 시스템은 보완적 역할 혹은 조언적 역할에 머무르는 것이 보통이다(비록 종종 인간 의사결정권자들의 역할이 불명확하거나 의도적으로 감추어졌다고 하더라도).

2장에서 저자는 게이트키핑 과정, 즉 뉴스조직이 뉴스소비자에게 어떤 뉴스기사를 제공할 것인지를 결정하는 과정에서 벌어지는 변화를 집중적으로 살펴볼 것이다. 그러나 현재의 알고리즘 게이트키핑을 이해하기 위해서는 전통적 미디어 맥락에서 게이트키핑이 어떻게 작동했는지 살펴볼 필요가 있다.

전통적 게이트키핑

저널리즘 맥락에서 게이트키핑은 발생한 사건 혹은 논란이 되는 이슈들 중 어떤 것을 보도할 것인가와 관련하여 뉴스조직이 의사결정을 내리는 과정을 뜻한다. 역사적으로 게이트키핑 과정은 매우 큰 영향력을 끼치는 것으로 증명되었다. 특정 이슈의 뉴스미디어 보도량은 뉴스소비자가 해당 이슈에 부여하는 중요도와 매우 강한 상관관계를 갖는다는 사실은 여러 연구에서 누차 발견되었다.[5] 보다 최근 연구들에 따르면, 보다 복잡하고 상호의존적인 의제설정 과정이 전통적 미디어와 소셜미디어 모두에 걸쳐 발생한다는 점에서 전통적 뉴스미디어의 의제설정 효과는 감소하고 있다고 하는데,[6] 사실 이 발견은 놀라운 것은 아니다.

게이트키핑의 핵심 문제는 이것이다. 어떤 요인으로 인해 보도가 뉴스가치를 갖는가? 이 관점에서 초창기 게이트키핑 연구 중 하나인 1950년 미국 중서부 신문사의 뉴스통신 편집자인 '게이츠 씨Mr. Gates'에 대한 데이비드 매닝 와이트David Manning White의 사례연구[7]를 다시 살펴볼 필요가 있다. 게이츠 씨는 실제로 현재의 뉴스 콘텐트 어그리게이터인 페이스북과 비슷한 방식으로(비록 업무의 규모는 명백히 훨씬 더 작았지만) 뉴스통신 편집일을 수행했다. 게이츠 씨의 일은 타인들(여기서는 3개의 주요 뉴스통신사)이 생산한 수많은 뉴스기사 중 어떤 기사를 일간신문에 포함시킬지 결정하는 것이었다. 게이츠 씨가 하는 일의 본질은 자신이 일하는 신문사 독자들을 위해 제3자가 생산한 콘텐트를 큐레이션하는 것이었다.[8]

현재 우리가 어떤 뉴스기사가 뉴스피드에 등장할지 결정하는 요인이 무엇인지 궁금해하는 것과 마찬가지로, 1950년 데이비드 매닝 와이트는 몇몇 뉴스통신 서비스를 통해 공급된 기사들 중 어떤 기사가 실리고 어떤 기사가 실리지 않는지를 결정짓는 요인을 탐구하였다. 이러한 연구문제에 답하기 위해 와이트는 게이츠 씨의 책상을 거쳐 간 모든 뉴스통신 기사들의 목록을 확보한 후, 개별 뉴스기사가 일간신문에 포함된 혹은 배제된 이유가 무엇인지 기록하였다.

와이트는 게이츠 씨가 매우 까다로운 게이트키퍼였다는 사실을 발견했다. 게이츠 씨의 책상을 거쳐 간 뉴스통신 기사 중 약 90%는 일간신문에 게재되지 못했다.[9] 여기서 보다 중요한 사실은 게이츠 씨의 개인적 취향이 종종 어떤 뉴스통신 기사를 일간신문에 게재할 것인가를 결정짓는 중요 요인이었다는 발견이다. 예를 들어 게이츠 씨는 자살 관련 뉴스기사를 "좋아하지 않았"는데, 이로 인해 자살 관련 뉴스통신 기사를 일간신문에 싣지 않는 것이 보통이었다. 또한 게이츠 씨는 특정 정치 뉴스를 선호하였으며(단호한 보수주의적 성향을 보였다), 선정적 기사도 전반적으로 좋아하지 않았다.[10]

게이츠 씨에 대한 연구(그리고 이후 진행된 게이트키핑 초창기의 다른 연구들)[11]는 전반적으로 거의 알려지지 않았던 미디어의 의사결정 과정을 보다 투명하게 이해하는 데 도움을 주었다. 개인적 특성과 일반적인 뉴스가치가 뒤섞여 게이트키핑을 결정짓는다는 와이트의 연구는 이후 게이트키핑 연구의 효시가 되었다.

반면 기념비적인 와이트의 연구와 관련하여 25년이 넘는 시간이 지난 후 와이트 연구의 원 데이터를 재분석한 사회학자 폴 허쉬Paul Hirsch의 연구[12]는 거의 언급되지 않는 상황이다. 허쉬의 재분석 결과에 따르면, 게이트키핑 과정을 거쳐 일간신문에 실린 기사의 여러 유형들이 뉴스통신 서비스에서 제공받은 빈도에 정비례하는 것으로 나타났다. 예를 들어, 뉴스통신 서비스를 통해 전달받은 기사 중 정치뉴스 기사가 30%라면, 게이츠 씨가 일간신문에 게재한 기사의 30%도 정치뉴스 기사였다. 즉 어떤 측면에서는 게이츠 씨의 자율성을 발견할 수 있었지만, 데이터를 좀 더 자세히 들여다보면 게이트키퍼 상위수준에서 정착된 조건하에서(혹은 어느 정도는 조건을 준수하면서) 게이츠 씨가 의사결정을 했다는 것이 드러났다. 게이트키핑이 발생하는 수준들 사이의 상호작용은 게이트키퍼의 층위layer가 확장되고 있는 미디어 생태계의 현재 진화과정을 고려할 때 특히 중요하다.

따라서 게이트키핑 과정에서는 복합적인 개인적·조직적·제도적 요인들을 전체적으로 고려해야 한다.[13] 그러나 게이트키핑 과정의 모든 수준에 대한 분석에서 가장 중요한 것은 뉴스가치news value 관점(의사결정에 영향을 미치는 뉴스다움newsworthiness의 결정기준)이다. 뉴스가치는 개인, 조직, 제도, 문화에 따라 상이할 수 있다. 뉴스가치는 시간에 따라 변하며 기술적·경제적·정치적 상황에 따라서도 달라질 수 있다. 뉴스가치가 단일하고 보편적이며 반드시 안정적인 특성을 갖지 않는다는 것은 명확하다. 그럼에도 불구하고 뉴스가치는 왜 어떤 뉴스기사는 게이트키핑 과정을 통과하고, 왜 어떤 뉴스는 통과하지 못하는가를 이해하기 위한 유용한 개념이다.

일반적으로 지목되는 뉴스가치는 의외성the unexpected(어떤 면에서 놀라운 기사), 권력엘리트power elite(유력한 개인, 조직, 제도 등에 대해 초점을 맞춘 기사), 적실성timeliness(최근에 벌어진 일에 대한 기사), 갈등conflict(서로 대립하는 개인이나 세력들에 관한 기사), 근접성proximity(뉴스 수용자와 지리적으로 가까운 일을 다룬 기사) 등이다.[14] 보다 최근의 연구에 따르면 유명세celebrity와 오락성entertainment도 중요한 뉴스가치다. 뉴스가치의 변화는 여러 뉴스조직들이 경제적·경쟁적 압력으로 인해 충실성은 떨어지지만 선정성이 높은 방향의 뉴스가치를 택하는 경향을 반영한다.[15]

뉴스가치는 뉴스조직이 보았을 때 수용자가 알아야 한다고 생각하는 것과 수용자가 매력을 느낄 것이라고 믿는 것이 어느 정도씩 합쳐진 것이라고 보는 것이 합당하다. 뉴스가치를 바라보는 두 가지 상이한 관점의 충돌수준은 저널리즘 제도 내부에서의 긴장수준을 결정짓는 중요 요인 중 하나다. 저널리즘 제도 내부의 긴장은 뉴스조직이 수용자가 필요로 하는 것을 주어야 하는지, 아니면 수용자가 원하는 것을 주어야 하는지로 이해할 수 있다. 이를 보다 추상적으로 표현하면 뉴스조직이 수용자를 시민으로 파악하는지, 아니면 소비자로 파악하는지에 따라 뉴스가치는 달라진다.[16] 물론 이러한 이분법은 어느 정도는 오류다. 왜냐하면 시민과 소비자라는 양면을 지닌 존재로 수용자를 간주할 때, 뉴스가치들이 중첩되는 영역이 존재할 수밖에 없기 때문이다.[17] 그럼에도 불구하고 두 가지가 완전하게 합치되지 않는다는 점에서, 두 개념을 대척점을 갖는 하나의 연속성상에서 생각하는 것은 뉴스조직 운영의 핵심이 되는 재정적이며 동시에 시민적인 의무에 내재한 갈등을 이해하는 데 유용하다.

최근의 기술개발로 수용자에게 필요한 것과 수용자가 원하는 것 사이의 갈등과정이 바뀌었다. 상당히 최근까지 뉴스조직이 정말로 수용자가 원하는 것이 무엇인지 상세하게 파악하기란 쉽지 않았다. 종이신문 보도나 방송뉴스는 분류된 뉴스기사들을 패키지 형태로 모아서 배포된 것이라는 점에서 **묶음형** 상품bundled product[18]이었다. 뉴스조직은 상호작용 기능이 거의 없는 미디어를 통해 이와 같은 묶음형 상품을 배포하였고, 수용자의 반응을 커뮤니케이션하기 위한 별도의 채널은 존재하지 않았다. 이러한 특성들로 인해 뉴스조직은 수용자가 어떤 개별기사 혹은 특정 유형의 기사에 상대적으로 호감을 갖는지에 대한 직접적 정보를 획득할 수 없었다.

물론 수용자들은 뉴스편집자에게 전화와 편지를 보내는 방식으로 개별 기사에 대한 피드백을 보내주기도 했다.[19] 그러나 이러한 피드백은 매우 일부의 수용자 견해를 대표할 가능성이 높았고, 따라서 의사결정 자료로서는 한정된 가치를 지닐 뿐이었다.[20] 추가적으로 뉴스조직들은 시장조사와 초점집단인터뷰 등을 실시하기도 했다.[21] 그러나 얼마나 많은 사람이 특정 뉴스기사를 온라인에서 읽거나 시청했는지, 얼마나 긴 시간 동안 특정 뉴스기사를 소비하였는지, 뉴스기사를 어떻게 평가하는지, 뉴스기사를 공유하였는지, 뉴스기사에 의견을 남겼는지 등등과 관련된 상세한 데이터가 지속적으로 유입되는[22] 오늘날의 미디어 환경과 비교할 때, 상대적으로 소규모의 뉴스소비자 표본을 대상으로 이들이 소비하는(혹은 소비하고자 하는) 몇 가지 유형의 뉴스기사에 대한 자기응답 방식의 평가조사 결과로는 수용자 중심의 뉴스가치를 형성하기 위한 강력한 혹은 믿을 만한 자료로 활용할 수 없었다.

결국 디지털 이전 시대의 뉴스조직은 오늘날과 비교해서 수용자의 뉴스선호에 대해서 그다지 알지 못했다. 바로 이러한 특징 때문에 수용자의 선호와 행동이 뉴스가치에 미치는 직접적인 영향은 제한적일 수밖에 없었다. 이로 인해 뉴스조직이 자체적으로 생성한 뉴스가치나, 뉴스조직 관점에서 수용자들이 갖고 있을 것으로 짐작되는 뉴스가치, 혹은 순간순간의 수용자 인상을 토대로 형성한 뉴스가치가 뉴스제작 관련 의사결정에 더 큰 영향을 끼쳤다.[23]

현재의 게이트키핑

이제 알고리즘을 기반으로 개별 맞춤화된 게이트키핑이 저널리스트와 뉴스편집자가 장악했던 뉴스제작과정을 뒤바꾸고 있는 오늘날의 뉴스환경에 눈을 돌려보자.[24] 소셜미디어로 대표되는 현재의 뉴스환경에서는 개별 이용자들이 점점 더 게이트키퍼의 역할을 수행하고 있다.[25] 뉴스조직들이 자신들이 제작한 뉴스기사가 소셜미디어를 통해 보다 더 널리 공유되길 갈구하는 데서 잘 드러나듯(이에 대해서는 나중에 보다 자세히 논의할 것이다),[26] 개별 이용자들은 합산과정을 거치면서 점점 더 중요한 게이트키핑 기능을 수행하고 있다. 실제로 트위터 연구에 따르면, 뉴스기사 접속방문에서 더 많은 비중을 차지하는 것은 이용자의 뉴스피드를 통한 직접접속이 아닌 소셜미디어에서의 뉴스공유였다.[27] 이러한 뉴스공유 행동은 다른 뉴스 관련 소비 및 참여와 관련된 행동과 마찬가지로, 알고리즘 시스템에서 개별 이용자들의 뉴스피드 큐레이션에서 배제될 뉴스와 앞부분에 배치될 뉴스를 결정짓는 중요한 기준이 된다. 이러한 방식으로 개별 이용자들의 게이트키핑 활동은 이들이 활동하는 플랫폼 전체의 알고리즘 시스템에 통합된다.[28]

게이트키핑 과정에서의 알고리즘 시스템의 역할은 인터넷에 대한 세간의 여러 가지 기대들과 어긋난다. 인터넷이 **중개업자들을 없앨 것**이라는 주장이 널리 퍼졌던 시기가 있었다.[29] 1990년대와 2000년대 초반 인터넷이 음반회사와 신문사와 같은 전통적 중개업자를 없앨 것이라는 주장이 널리 퍼지면서, 중개업자들은 조만간 과거의 유물로 전락할 것이라는 관점이 대세를 이루었다. 그러나 1장에서 살펴보았듯, 디지털 전환으로 새로운 유형의 중개업자에 대한 필요와 욕구가 등장했으며 전례 없는 규모와 범위의 중개업자가 등장했다. 소셜미디어와 검색엔진과 같은 현재의 미디어 플랫폼의 운영방식은 알고리즘 기반 의사결정 시스템으로 인해 형성되고 강화된 것이다.

또한 저널리즘 생산과 배포 기능이 전례 없이 이원화되는 모습을 목도하고 있다. 역사적으로 뉴스조직은 뉴스 제작과 배포가 수직적으로 통합된 조직이었다. 신문은 전통적으로 배달용 트럭들, 가정 배달망, 신문배급소 등과 같은 자신만의 배포시스템(이제는 퇴락했지만)을 보유하고 있었다. 이렇게 수직적으로 통합된 배포시스템은 신문가판대, 청과물 가게, 서점 등과 같이 뉴스조직과 관계없는 콘텐트 전시업체와는 별도로 운영되었다. 뉴스조직과 무관한 콘텐트 전시업체는 특정 신문 혹은 신문 전체를 취급하지 않을 수도 있었다. 그러나 이들 콘텐트 전시업체들은 독점적 혹은 과점적 역할을 수행하지 않았으며, 이를 통해 특정 콘텐트를 널리 배포할 때 발생할 수 있는 위험을 최소화하였다. 또한 콘텐트 큐레이션 의사결정은 개별 상점 단위에서 내려진 것도 아니었고, 단지 개별 출판물 수준에서 이루어졌을 뿐이었다.

TV와 라디오 방송국도 뉴스를 직접 제작하고 공중파를 통해 시청자나 청취자에게 뉴스를 직접 전달했다는 점에서, 비슷하게 수직적으로 통합되었다. 전국단위 TV나 라디오 네트워크는 콘텐트 배포를 위해 지역단위 계열방송국에 의지할 수밖에 없었고, 지역단위 계열방송국들은 전국단위 프로그램을 우선매수preemption할 수도 있었지만, 전국단위-지역단위 네트워크 계열관계 협약조항에는 프로그램 우선매수에 대해 강력한 경제적 제약사항들이 포함되었다. 따라서 만약 프로그램 우선매수가 발생한다고 하더라도, 우선매수 대상 프로그램은 오락물이었지 뉴스가 아니었다.[30]

그러나 인터넷이 등장한 이후 뉴스 생산과 배포의 관계는 극적으로 변하기 시작했다. 일반적으로 인터넷 인프라는 통신사업자common carrier, 즉 중립적이고 비차별적이며 수동적인 배포 플랫폼으로 운영되었기 때문에,[31] 인터넷은 그 자체로 콘텐트 생산과 배포를 실질적으로 분리시킨 것은 아니었다. 인터넷 이용자들은 어떠한 중개절차를 거치지 않고서도 뉴스제작자의 웹사이트에서 직접적으로 뉴스를 접속할 수 있었다. 뉴스 제작과 배포가 본격적으로 분리되기 시작한 시점은 뉴스 어그리게이터, 검색엔진, 소셜미디어와 같은 인터넷 공간의 앱과 플랫폼들이 등장한 이후다. 뉴스의 제작과 배포가 수직적으로 통합되는 것은 여러 측면에서 자유로운 언론사 운영에 필수적이다. 뉴스배포 과정에 언론사와 무관한 중개업자가 개입되면서, 제작자에서 소비자로 뉴스가 전달되는 과정에서 특정 뉴스가 걸러지고 억눌리는 상황이 발생하고 있다. 1970~1980년대 케이블TV의 등장은 이 점을 잘 보여주며, 현재 우리가 겪고 있는 몇 가지 문제점을 어느 정도 미리 보여준 것이기도 하다. 지역 케이블TV 시스템이 지역방송국과 가정용TV의 중개시스템으로 등장하자 지역TV 방송국의 전파 송출과 케이블TV 시스템의 권리와 의무를 둘러싸고 논란이 벌어졌다.[32] 케이블TV 시스템은 자신들의 시스템에서 지역방송국을 배제시킬 수 있었고(때때로 이를 실행에 옮기기도 했다), 이를 통해 케이블TV 구독자들은 지역방송국 프로그램을 이용할 수 없었다. 이 논란의 최종 결말은 FCC가 의무 지운 '의무재전송must carry' 원칙, 즉 지역 케이블TV 시스템은 반드시 지역방송국의 프로그램을 전송해야 한다는 원칙이었다.[33] 수용자가 (당시 케이블TV 시스템이 제작하지 못했던 콘텐트인) 지역뉴스에 대한 접근권을 계속 가질 수 있도록 보장해야 한다는 것이 의무재전송 원칙의 부여 이유였다.[34] 즉 뉴스가 실질적으로 수용자에게 전파되도록 보장하기 위한 목적에 따라 새로이 등장한 중개업자의 행동은 규제를 받았다.

동시에 몇몇 이해관계자들은 케이블TV 시스템이 지역방송국 프로그램을 재전송하지 않는다는 사실이 지역방송국의 콘텐트를 전혀 사용할 수 없다는 의미가 아니라고 주장했다. 왜냐하면 일반 가정에서는 케이블TV가 등장하기 이전에도 공중파 수신을 위한 안테나 시스템을 통해서 지역방송국 콘텐트에 접근할 수 있었기 때문이다. 그러나 FCC는 케이블TV의 광범위한 보급은 (수신방식 개선을 통해) 충분히 우월한 배포 능력을 나타내는 것이며, 이는 공중파 방송으로만 배포되는 경우와 동일하게 간주될 수 없다는 결론을 내렸다. 일반적으로 방송국 콘텐트를 케이블TV로 수신하는 경우는 공중파를 통해 수신하는 것보다 훨씬 더 화질이 좋았다. 즉 공중파로만 콘텐트를 배포하는 방송국은 수용자 도달률audience reach이라는 점에서 중대하게 불리한 상황에 처하게 된다는 것이 FCC의 결론이었다.

또한 FCC는 케이블TV가 TV 시청의 표준으로 자리잡게 된 시대에 시청자들이 케이블과 공중파를 왔다갔다하면서 이용할 것이라고 기대하는 것이 불합리하다는 결정을 내렸다. 독자들 중 몇몇은 1970~1980년대 TV 수상기 뒷면에 소비자가 케이블과 공중파 입력 중 하나를 선택할 수 있도록 한 A/B 형태의 스위치를 기억할지도 모르겠다. 이러한 시스템에서는 공중파 안테나를 통해서만 시청할 수 있는 지역방송국들이 본질적으로 어려움에 처할 수밖에 없다는 것이 바로

FCC의 판단이었던 것이다.[35]

　여기서 소개한 FCC의 두 가지 관점은 오늘날 뉴스조직과 소셜미디어 플랫폼의 관계와 비슷하다. FCC의 첫 번째 관점과 관련하여 생각해보자. 현재 소셜미디어는 온라인 뉴스 콘텐트에 접속할 수 있는 다른 어떤 수단들에 비해 월등하게 우월한 배포시스템이다. 이를테면 언론사 홈페이지를 방문하거나 뉴스조직들이 자체 개발한 모바일앱을 설치하는 것처럼 뉴스소비자가 뉴스조직으로부터 직접적으로 뉴스에 접속하는 사례도 분명히 존재한다. 그러나 소셜미디어와 (1장에서 설명한) 소셜미디어의 '푸시' 메커니즘을 기반으로 한 뉴스피드는 수용자에게 도달하는 다른 뉴스접속 수단들에 비해 월등하게 더 편리한 방식이다.

　FCC의 두 번째 관점을 살펴보자. (1장에서 설명하였듯) 소셜미디어 플랫폼이 뉴스소비자에게 편의성을 제시하는 동시에 수동적 뉴스소비를 부추긴다는 점을 고려할 때, 뉴스소비자들이 소셜미디어 플랫폼과 뉴스어그리게이터가 아닌 다른 방식으로 온라인 뉴스에 접속하게 될 것이라고 기대할지도 모르겠다. 그러나 (2장 후반부에서 논의하겠지만) 최근의 경향을 살펴볼 때 뉴스중개업자로서 소셜미디어의 역할은 이미 정점에 도달한 듯하다.

　그럼에도 불구하고 오늘날 뉴스제작자와 뉴스소비자 사이를 중개하는 소셜미디어 플랫폼과 뉴스어그리게이터의 핵심적 위치는, 역사적인 기준에서 볼 때, 케이블TV 시스템이 도입되었을 때와 비교해서 훨씬 더 극단적인 상황이다. 일반적으로 뉴스조직들은 소셜미디어 플랫폼을 기반으로 한 배포시스템에 대한 소유권을 갖고 있지 않다(즉 제작과 배포의 수직적 통합은 존재하지 않는다). 또한 소비자에게 뉴스조직이 생산한 뉴스에 접근할 수 있도록 보장하는 어떤 형태의 의무재전송 규제도 존재하지 않는다. 대신 소셜미디어 플랫폼은 소셜미디어 플랫폼의 자체적 기준에 따라 소셜미디어 플랫폼을 경유하는 콘텐트를 선별할 권리를 명시적으로 보장한 (1996년 텔레커뮤니케이션법 230조라는) 면책조항 속에서 운영되고 있다.

이제 개별 뉴스기사는 뉴스어그리게이터, 검색엔진, 소셜미디어 플랫폼에서의 콘텐트 배포 및 큐레이션을 시행하는 알고리즘 시스템을 통해 더 많이 배포되어야 하는 기사 자체로 독립된 존재가 되었다. 이러한 전환에 따라 뉴스소비는 전례를 찾아보기 어려울 정도로 훨씬 더 복잡하고 불투명하게 되었다. 이에 따라 뉴스를 배포하는 새로운 중개업자들은 뉴스소비에 영향력을 끼치고 있다.

그러나 뉴스소비 과정의 비밀을 풀기 위한 연구가 시작되었다. 페이스북 뉴스피드 알고리즘 시스템에 대한 연구는 이런 연구의 출발점이다. 뉴스피드 알고리즘 시스템은 긴 기간을 거쳐 이용자의 뉴스피드 큐레이션에 어떤 포스팅 메시지가 배치될지를 결정하기 위해 수천 개의 요인을 고려하는 방식으로 진화하고 있다.[36] 뉴스피드 알고리즘 시스템은 지적재산이기 때문에, 연구자들은 다양한 간접적 접근방식을 통해 뉴스피드 알고리즘 시스템에 영향을 미치는 요인들을 모아 통합하는 방식으로 소셜미디어 플랫폼의 뉴스소비 과정을 이해하고자 했다. 예를 들어 한 연구에서는 페이스북 뉴스피드 FYI 블로그와 같이 공개된 문서들을 분석하였다.[37] 이 연구에 따르면, 순위계산을 위해 사용되는 입력값들은 다음과 같은 6개의 주요 범주로 묶일 수 있다고 한다.[38]

① **콘텐트** content : 뉴스기사의 속성, 이를테면 사진이나 비디오, 기사와 연관된 좋아요나 의견 개수 등
② **정보원** source : 뉴스기사를 포스팅한 이용자나 페이지의 속성, 이를테면 가족이나 친구, 조직, 혹은 보다 구체적으로 정보원이 제시한 헤드라인이 얼마나 낚시성 clickbait 을 띠는지
③ **수용자** audience : 소비 관련 속성, 이를테면 비디오 시청빈도, 감추기

hide 기능을 사용하는 빈도와 사용맥락 등

④ 행동action : 특정 뉴스기사에 대한 개인의 행위, 이를테면 좋아요나 공유하기를 눌렀는지, 뉴스기사를 보거나 읽는 데 어느 정도 시간을 소비했는지 등

⑤ 관계relationship : 개별 이용자들 혹은 개별 웹페이지들 사이의 관계, 이를테면 이들 사이의 상호작용 빈도와 특징 등

⑥ 가능성likelihood : 이용자가 특정한 미래 행동(이를테면 뉴스기사에 대해 좋아요를 누른다든지 의견을 붙인다든지 하는)을 취하게 될 가능성

페이스북의 특허, 언론보도자료, 증권거래위원회SEC 자료 등을 분석한 다른 연구에서는 페이스북 뉴스피드 알고리즘 작동과 관련된 주요 입력값 요인으로 9개를 언급하고 있다.[39] 가장 중요한 입력값 요인은 다름 아닌 친구관계였다. 다른 주요 입력값 요인으로는 업데이트된 페이스북에 대하여 텍스트마이닝을 통해 나타난 이용자의 관심, 메시지 포스팅 시간(새로운 포스팅에 대해 우선권이 부여됨), 그리고 포스팅 메시지로 인해서 생긴 좋아요, 의견, 공유하기 등의 숫자 등이었다. 이 분석결과에서 주목할 점은 확인된 주요 입력값 요인들 중에서 콘텐츠 특징의 영향력이 가장 작았다는 사실이다.[40]

물론 어떤 재료를 사용했는지를 아는 것만으로는 요리법을 알 수 없다. 입력값이 어떤 비율로 투입되는지를 알 필요도 있다. 마찬가지로 소셜미디어 알고리즘의 기준을 아는 것은 퍼즐 한 조각을 갖고 있는 것과 다르지 않다. 알고리즘의 기준이 알고리즘 산출물에 미치는 상대적 영향력을 아는 것은 중요하지만, 이렇게 알아낸 정보가 맞는지 확인하는 것은 훨씬 더 어려운 일이다.

페이스북 뉴스피드 알고리즘과 관련된 다양한 순위 기준변수들은 여러 전통적 뉴스가치와 아주 미미하게 연결될 뿐이다. 몇 가지 연결되

는 것들로는 새로운 기사를 우선시하는 것(즉 참신성)과 이용자의 현지 기사를 우선시하는 것(즉 근접성)을 들 수 있다. 이것을 빼면 기준변수와 전통적 뉴스가치는 기껏해야 간접적으로 연결될 수 있을 뿐이다. 예를 들어 개별 이용자의 사회적 네트워크에서 좋아요, 의견달기, 공유하기 등을 뉴스가치와 연결시켜 생각해볼 수 있을 정도다. 미디어 기술 연구자인 마이클 드비토Michael DeVito의 언급처럼 페이스북 뉴스피드 알고리즘의 뉴스가치와 전통적으로 뉴스조직 운영에 사용된 뉴스가치에는 중요한 차이점이 있다. 즉 전통적 뉴스조직의 뉴스가치에서는 **사회적 의미**가 강조되는 반면, 페이스북의 뉴스피드 알고리즘의 뉴스가치는 이용자의 **개인적 의미**가 강조된다.[41]

마찬가지로 소셜미디어 기업의 근간이 되는 전문적 규범과 가치들은 전통적인 뉴스조직의 가치들과 꽤 거리가 멀다.[42] 저널리즘 가치를 어떻게 자신의 업무에 반영하는지에 대한 질문을 받은 어떤 뉴스앱 디자이너는 다음과 같이 말한다. "이곳 사람들이 …… 저널리즘 종사자들과 비슷한 생각을 한다고는 생각하지 않아요. …… 여기 사람들은 저널리즘의 가치를 중요하게 생각하지 않으며, 자신들이 추구해야 할 이상理想 따위는 없다고 생각해요."[43]

저널리즘 연구자인 프랭크 마이클 러셀Frank Michael Russell은 구글, 페이스북, 트위터와 같은 실리콘밸리 기업의 중역들과 인터뷰한 경험이 있다. 러셀은 알고리즘 기반 게이트키핑 시스템의 설계와 실행의 토대가 되는 저널리즘 규범과 가치를 전달하려 할 때마다 언제나 실패했다. 실리콘밸리 기업의 중역들에게서 두드러지게 발견되는 것은 파괴와 혁신과 관련된 규범들이었다.[44] 미디어 전문가들에 대한 엔지니어들의 우위는 다른 인터뷰들에서도 다른 방식으로 반복적으로 확인된 바 있다. 최종적으로 러셀은 실리콘밸리 기업가들이 "사회적 문제에 대한 기술적 해결책에 대하여 믿음과 같은 제도적 가치"[45]를 기반으로 기업을 운영한다고 결론지었다.

이런 이유들을 고려할 때, 뉴스조직이 제시하는 뉴스의제와 페이스북과 같은 소셜미디어 플랫폼의 알고리즘을 기반으로 큐레이션되는 뉴스의제가 다르다는 사실은 놀랍지 않다. 한 연구에서는 스웨덴 뉴스기업들이 자사 페이스북에 올린 다양한 유형의 뉴스 빈도와 개별 뉴스기사의 공유량을 비교해보았는데, 두 가지가 유의미하게 다르다는 연구결과를 얻었다.[46] 알고리즘 기반으로 큐레이션된 페이스북 뉴스피드와 (연구 당시 기준으로) 최신기사 순으로 큐레이션된 트위터 뉴스피드를 비교분석한 결과에 따르면, 알고리즘 기반으로 큐레이션된 페이스북 뉴스피드에서는 이용자가 연구 당시 시점에서 중요한 뉴스(미주리주 퍼거슨에서 발생한 소요사태*)를 선택하지 못하는 것으로 나타난 반면, 트위터 뉴스피드에서는 당시 시점의 사건보도와 이에 대한 논평 등이 더 주목받은 것으로 나타났다.[47] 이러한 패턴은 다른 연구에서도 나타났다. 6개 소셜미디어 플랫폼의 뉴스피드[48] 중에서 (연구 당시 시점 기준으로) 알고리즘 기반으로 큐레이션되지 않고 최신기사 순서대로 큐레이션된 트위터 뉴스피드에서만 이용자의 뉴스기사 공유와 리트윗 활동이 〈가디언〉과 〈뉴욕타임즈〉의 뉴스보도 기사 분포와 통계적으로 유의미한 상관관계를 보이는 것으로 나타났다.[49] 소개한 두 연구에서 나타나듯, 소셜미디어의 뉴스피드가 알고리즘 기반으로 큐레이션되지 않은 경우에 뉴스조직의 뉴스의제가 소셜미디어에서 그대로 재현될 가능성이 높았다. 즉 소셜미디어 이용자들이 알고리즘 큐레이션 환경이 아닌 조건에서 뉴스를 공유할 때는 뉴스조직의 게이트키핑 결정에서 신호를 받으

---

* 18세의 흑인 소년인 마이클 브라운이 백인 경찰관인 대런 윌슨의 총에 맞아 사망한 사건 이후, 2014년 8월 10일에 미주리주 퍼거슨시에서 일어난 시민들의 시위 혹은 폭동이다.

며, 마치 앞서 소개한 게이츠 씨와 비슷한 모습을 보였던 것이다.

이러한 연구결과의 해석에는 다음과 같은 문제점이 있다. 일반적으로 이러한 연구들은 해당 이용자의 뉴스피드에 어떤 특징의 기사를 보여줄지와 관련된 공유행동 이전의 알고리즘 기반 의사결정을 분리할 수 없거나, 혹은 해당 이용자가 공유한 뉴스기사가 다른 곳이 아닌 소셜미디어에서 최초로 접하게 된 기사인지 여부를 확실히 알 수 없다. 게이트키핑 기능이 뉴스통신 서비스의 기사에 대한 의사결정의 함수였다는 것을 보여주었던 게이츠 씨와 마찬가지로, 개별 소셜미디어 이용자들의 공유행동은 소셜미디어 플랫폼에 내재된 알고리즘 기반 시스템의 뉴스기사 큐레이션과 어느 정도 관련되어 있다는 것이다. 이러한 뉴스기사 큐레이션 결정은 소셜미디어 이용자의 이전 공유행동의 결과물임과 동시에, 이용자의 공유행동은 알고리즘 기반 큐레이션 시스템을 성립시키는 원인이기도 하다.

또한 공유행동의 기원에 대해서 우리가 별로 아는 것이 없다는 점이 사태를 더 복잡하게 만든다. 이용자가 소셜미디어에서 공유하는 뉴스기사가 과연 그 이용자가 소셜미디어 공간에서 최초로 접한 기사일 가능성은 어느 정도인가? 이용자는 웹공간에서 뉴스기사를 접한 후 소셜미디어를 통해 해당 뉴스기사를 공유하는가? 이 질문에 대한 답이 무엇인지에 따라 플랫폼의 큐레이션 방식이 소셜미디어 공간에서 개별 이용자의 뉴스공유 행동에 얼마나 영향을 미치는지에 대한 우리의 지식이 달라질 수 있다. 소셜미디어에서 공유되는 뉴스기사의 대부분은 소셜미디어를 통해 확산되는 뉴스기사일 것이라고 기대하는 것이 타당할 것이다. 실제로 소셜미디어 플랫폼이 아닌 다른 곳에서 접하게 된 뉴스기사를 정기적으로 링크공유하는 소셜미디어 소비자는 6%에 불과한 것으로 나타났다.[50] 이러한 결과는 소셜미디어에서 공유되는 뉴스의 대부분이 뉴스공급자가 소셜미디어 플랫폼에 공유하는 뉴스기사로만 주로 제한될 것이라는 점을 암시한다.

이번 장의 핵심 내용은 소셜미디어 플랫폼의 알고리즘 시스템에 내포된 게이트키핑 패턴과 뉴스가치가 무엇인지를 밝히는 것이다. 그러나 소셜미디어 플랫폼에서는 보다 전통적인, 인간 주도의 뉴스편집 의사결정이 종종 개입되기도 한다. 페이스북이 페이스북 이용자의 페이지 오른쪽 상단을 차지하는 트렌딩 뉴스피드의 콘텐트를 결정하는 인간 편집자를 고용했었다는 사실이 2016년 중반에 공개되었다. 이 사실은 폭로 형태로 공개되었다. 과거 페이스북에 근무했던 한 인간 편집자는 소셜미디어 이용자의 행동량 증가로 인해 트렌딩 뉴스 리스트에 포함될 수도 있는 보수적 뉴스기사가 트렌딩 뉴스 상위 순위에 오르는 것을 억누르기 위해 페이스북 직원들이 정기적으로 트렌딩 뉴스에 개입했다고 주장하였다.[51]

이 폭로는 분노를 야기했다(특히 의회 내의 보수성향 의원들이 팔을 걷어붙였다).[52] 이후 약 여섯 달 후에는 페이스북의 알고리즘 기반 큐레이션 시스템이 가짜뉴스 확산을 파악하지도 못하고 막지도 못했다는 사실에 대한 분노가 뒤를 이었다.[53] 이러한 사회적 분노를 되돌아볼 때, 소셜미디어 플랫폼 기업들이 게이트키핑 역할을 수행하는 상황에 해결하기 어려운 갈등이 내재한다는 것을 알 수 있다. 즉 소셜미디어 플랫폼은 알고리즘에 개입을 해도 욕을 먹고, 개입을 하지 않아도 욕을 먹는 상황에 처해 있다.

이러한 갈등은 다음과 같은 사실에서 더 명확하게 드러난다. 보수적 뉴스를 억제한다는 공격에 대해, 페이스북은 트렌딩 뉴스 리스트에 대한 큐레이션 알고리즘에 더욱 의존하는 전략을 취했다(역설적이게도, 이는 트렌딩 뉴스 리스트에 가짜뉴스 기사가 더 많이 등장하는 결과로 이어졌고, 결국 트렌딩 뉴스 기능은 폐지되었다).[54] 그러나 2016년도 미국 대통령 선거 이후, 페이스북이 가장 공들인 노력 중 하나는 페이스북 플랫폼에 포스팅된 콘텐트를 점검하기 위한 직원들을 더 많이 고용한 것이다.⁵⁵ 향후 페이스북은 인간과 알고리즘, 두 가지 큐레이션 방식을 조합한 뉴스피드를 선보일 것이 확실해 보인다.

여기에 소개된 연구들과 사례들은 유용한 통찰력을 제시해준다. 그러나 우리는 소셜미디어 플랫폼이라는 새로운 수준의 게이트키퍼를 매우 초보적으로 이해하는 수준에 머물러 있다는 것을 인식해야만 한다. 지난 수십 년간의 사회학적 미디어 연구들을 통해 우리는 전통적 뉴스조직의 내부 작동방식, 개인적·조직적·제도적 제약, 인센티브 등이 뉴스의 특징에 미치는 영향을 어느 정도 파악할 수 있었다.⁵⁶ 그러나 이런 연구로 얻은 지식으로는 현재 뉴스환경에서 벌어지는 게이트키핑을 아주 부분적으로 이해할 수 있을 뿐이다. 방대한 사회학적 미디어 연구에서 다루었던 유형의 조직들(이를테면 〈뉴욕타임즈〉나 공중파 네트워크 뉴스)은 여전히 존재한다. 그러나 오늘날까지 존재하는 이들 뉴스조직은 매우 다른 환경에서 운영되고 있기에, 기존 사회학적 미디어 연구결과를 액면 그대로 받아들이지 않아야 한다.

현재의 게이트키핑 과정을 탄탄하게 이해하기 위해서는 다음의 세 가지 사항을 면밀하게 조사하고 이해해야 한다. ⓐ소셜미디어 플랫폼, 뉴스어그리게이터, 아울러 전통적인 뉴스조직의 뉴스 큐레이션 활동에 미치는 일반적으로 공개되지 않은 알고리즘 시스템의 영향; ⓑ알고리즘 시스템과 플랫폼을 생성·관리·운영·적용하는 개인과 조직이 갖고 있는 전망, 가치, 우선순위; ⓒ직접적인 게이트키핑 활동에 참여할 뿐만 아니라 알고리즘 게이트키핑 시스템에 공급되는 대부분의 데이터를 생성하는 알고리즘 시스템 이용자의 우선순위, 선호, 행동. 이들 모두의 행동은 상호작용하면서 서로서로 영향을 미치며, 보다 더 복잡한 현재의 게이트키핑 과정으로 나타나고 있다.⁵⁷

뉴스조직에서의 알고리즘 부작용

지금까지 알고리즘 게이트키핑 플랫폼에 의한 뉴스소비 변화를 주로 살펴보았다. 그러나 새로운 게이트키퍼인 소셜미디어 플랫폼(그리고 이들이 사용하는 알고리즘이라는 도구)의 존재가 뉴스조직의 행동에 얼마나 영향을 미치는지도 마찬가지로 중요하다. 뉴스조직들은 자신들이 제작한 뉴스를 확산시키기 위해 새롭게 등장한 게이트키퍼에 점점 더 의지하며, 이 과정에서 기술 연구자인 탈레튼 길레스피가 **알고리즘적 인정가능성** algorithmic recognizability[58]이라고 이름 붙인 것을 달성하기 위해 노력한다. 앞서 언급하였듯 뉴스조직은 개별 이용자에 대한 개별 뉴스기사의 적절성relevance(본질적으로 개별화된 수백만 개의 게이트키핑 결정들)과 관련하여 뉴스확산을 가능하게 하는 복잡한 알고리즘 시스템을 다루어야 한다. 결과적으로 뉴스조직은 소셜미디어 플랫폼이 사용하는, 빈번하게 바뀌고 전반적으로 불확실한, 알고리즘 기반 큐레이션 시스템을 대상으로 자신의 업무를 전략적으로 조정해야만 한다. 이와 관련 '비디오로의 전환pivot to video' 전략은 잘 알려진 사례다. 비디오로의 전환은 페이스북 알고리즘이 비디오 콘텐트(특히 실시간 중계 비디오 콘텐트)에 우선권을 부여하도록 수정된 후[59] 수많은 뉴스조직들이 사용하고 있는 전략이다. 페이스북은 비디오 콘텐트에 대한 이용자의 참여수준이 높다는 데이터 분석결과를 기반으로 이러한 알고리즘 변환을 시도하였으며, 이후 수많은 뉴스조직들은 전략을 바꾸어 페이스북 알고리즘에 맞게 자신들의 자원을 재배치하였다. 여기에는 역설이 존재한다. 비디오 콘텐트에 우선권을 부여하게 된 페이스북 측정치의 경우, 이용자의 비디오 소비를 거의 60~80%가량 과도하게 추정했다는 오류가 발견되었다.[60] 이러한 상황은 수용자 관심의 정량화 결과인 수용자 데이터 공급자가 수직적으로 통합되는 것이 과연 적절한가에 대한 여러 우려를 야기했다.

말할 나위도 없지만, 인터넷이 등장한 이후 뉴스조직은 뉴스배포 과정의 변화를 강요받았다. 즉 뉴스배포 과정의 변화는 소셜미디어 등장으로 처음 겪은 일이 아니었다. 검색엔진이 웹공간을 탐색하는 주요 도구로 등장했을 때, 저널리즘에서는 검색엔진최적화SEO, search engine optimization 전략을 채택하였다. 뉴스조직들은 다양한 방식으로 검색결과에서 자신들의 가시성을 높이려는, 이를테면 뉴스의 헤드라인이나 머리말에 일반적으로 잘 검색되는 단어를 배치하고 기사의 하이퍼링크 활동을 수정하는 등의 전략을 시도했다.[61] 이 모든 행동은 구글 검색 알고리즘의 기준을 반영한 것들이었다.

알고리즘이 저널리즘에 미친 영향력의 가장 극단적인 예로는 뉴스조직이 이용자 검색활동의 지배를 받아 만들어진 뉴스기사를 언급할 수 있다. 허핑턴포스트와 같이 디지털에 기반한 뉴스조직과 "콘텐트 농장content farm"들의 핵심적 운영방식이 여기에 속한다.[62] 이러한 사업모형을 추구하는 뉴스조직은 뉴스기사에 대한 현재 수요의 지표로서 검색데이터를 수집한 후, 이러한 수요에 맞는 뉴스기사를 작성했다. 검색 트렌드와 지속적으로 변하는 구글 검색 알고리즘의 변화에 대응하는 것이 디지털 뉴스조직의 사명이 되었다. 왜냐하면 검색결과가 뉴스소비자가 뉴스기사를 접하게 되는 가장 중요한 창구 중 하나이기 때문이다.[63]

소셜미디어를 통한 배포방식은 SEO와 비슷한 방식으로 저널리즘 결과물을 재수정하게 만들었다. 이와 관련된 〈뉴욕타임즈〉의 사례는 흥미롭다. 〈뉴욕타임즈〉는 하루에 약 300여 개의 뉴스기사를 내보낸다. 소셜미디어에서의 존재감을 효과적이고 전략적으로 관리하기 위해(아울러 자신들의 콘텐트로 팔로워들의 뉴스피드를 도배해버리는 것을 막기 위해), 〈뉴욕타임즈〉는 매일매일 자신들의 페이스북 메인 페이지에 전체 기사 중 상대적으로 일부에 해당되는 기사들을 포스팅했다.[64] 여기서 문제는 바로 이것이다. 매일 생산되는 뉴스기사들 중 어떤 기사를 〈뉴욕타임즈〉의 페이스북 페이지에 포함시켜야 좋을까? 소셜미디어가 언론사 뉴스사이트 방문객들의 관문 역할을 수행하는 경향이 농후해진다는 점에서, 이는 중요한 문제다. 일단 방문객이 웹사이트에 머무는 한, 웹사이트는 방문객의 관심을 끌 수 있는 다른 기사들을 추천하는 방식과 같이 온갖 기법을 동원해 방문객들이 그 웹사이트에 더 머물도록 만들 수 있다는 희망을 품을 수 있기 때문이다.

페이스북 포스팅의 효과를 극대화하기 위해 〈뉴욕타임즈〉는 블로섬Blossom이라는 이름의 자체개발 봇bot을 활용하는 전략을 취했다. 블로섬은 "신문기사나 블로그 포스팅 메시지가 소셜미디어에서 어떤 성과를 보일지 예측"하며 그에 맞도록 기사를 추천해주는 봇이다.[65] 블로섬의 알고리즘은 "뉴스기사 콘텐트 및 페이스북 포스팅 메시지에 대한 이용자 참여와 같은 성과 측정치 관련 정보를 포함한 엄청난 분량의 데이터"[66]를 분석한다. 〈뉴욕타임즈〉의 전략은 애초의 목표를 달성하는 것처럼 보였다. 〈뉴욕타임즈〉가 공개한 데이터에 따르면 "평균적으로 블로섬이 추천한 페이스북 포스팅은 블로섬 도움 없이 게시된 포스팅에 비해 120% 이상 많은 클릭을 유도하였으며, 블로섬이 추천한 포스팅 메시지 중위값, 즉 '전형적'인 포스팅 메시지는 블로섬 도움 없이 게시된 전형적 포스팅 메시지에 비해 약 380% 이상의 클릭을 유도하였다."[67]

이러한 시나리오는 앞으로 다음과 같은 의문을 자아낼 것이다. 높은 성과를 보이는 소셜미디어 포스팅 메시지의 특징은 근본적 뉴스가치에서 벗어나는 형태를 띠며, 결국 뉴스조직 내부의 저널리즘 자원과 게이트키핑 결정을 배분하는 데 영향을 끼칠 것인가. 최근 연구에서는 뉴스조직이 소셜미디어 플랫폼에 게시하는 뉴스기사가 사회적 의미와 근접성처럼 이미 정착된 형태의 뉴스가치를 보여준다는 것을 발견하였는데,[68] 이는 매우 고무적인 결과다. 비슷하게 고무적인 연구가 듀크대학교 연구팀에 의해 진행되었다. 이 연구에서는 〈뉴욕타임즈〉가 생산한 제1면 뉴스, 홈페이지 뉴스, 페이스북 페이지 뉴스를 비교하였다. 그 결과 〈뉴욕타임즈〉의 홈페이지와 페이스북 페이지에서 나타난 경성뉴스 기사는 서로 엇비슷했고(두 경우 모두 전체 기사의 약 75%가량을 경성뉴스가 차지), 제1면 뉴스에서 나타난 경성뉴스 기사의 비중과 비교할 때 아주 근소하게 낮은 수준에 불과했다(약 81% 차지).[69] 물론 어느 누구도 〈뉴욕타임즈〉에서 나타난 결과를 저널리즘 전반으로 일반화할 수는 없다.

〈뉴욕타임즈〉 사례에서 잘 나타나듯, 상대적으로 성공적인 대규모 뉴스조직의 경우 스스로 노력하면 알고리즘 시스템에서 어느 정도 혜택을 입을 수 있으며, 페이스북, 트위터, 구글과 같은 주요 플랫폼에서 주도권을 쥘 수도 있다.[70] 이 경우 수용자를 끌어들이고 유지하는 방식으로 자사 홈페이지의 중요성은 점점 더 낮아질 것이다.[71] 이러한 점에서 허핑턴포스트, 버즈피드, 업워시와 같은 디지털 기반 뉴스조직들은 선두를 달리고 있다(전통적 뉴스조직들은 이들을 모방하고 있다). 몇몇 기업의 경우 소셜미디어 플랫폼의 콘텐트 배포 및 큐레이션 기준에 맞추어 최적화시키는 방식으로 전체적 사업모형을 구상하고 있다.[72] 그러나 소셜미디어의 콘텐트 큐레이션 기준이 (소셜미디어 알고리즘 그 자체를 포함하여) 끊임없이 변한다는 점에서, 이 사업모형은 기껏해야 불안한 사업모형일 뿐이다.[73]

온라인 수용자 합산 영역에서 페이스북이 압도적 위치를 점유함에 따라 콘텐트 공급자들은 수시로 변하면서 콘텐트의 공급대상인 수용자에게 신속하고 심대하게 영향을 미치는 페이스북 알고리즘의 처분을 기다리는 존재로 전락해버렸다.[74] 2016년 중반, 페이스북은 자사의 뉴스피드 알고리즘을 조정했다. 이로 인해 뉴스조직이 포스팅한 메시지보다 이용자의 친구나 가족이 포스팅한 메시지가 뉴스피드에서 더 큰 우선순위에 배치되었다.[75] 이러한 변화는 당시의 페이스북이 처한 상황, 즉 보수적 뉴스가 앞 순위에 오지 못하도록 억제하고 있다는, 그리고 페이스북이 가짜뉴스의 온상이 된다는, 논란에 대한 페이스북 나름의 대응이었다. 페이스북은 이용자의 뉴스피드에 보다 많은 뉴스조직 콘텐트를 배치하려 했던 수정계획을 다시 예전으로 되돌린 것이다.[76] 이러한 수정으로 인해 콘텐트를 수용자에게 전달하기 위해 페이스북에 의존했던 수많은 콘텐트 공급자들에 대한 수용자 접속량이 갑자기, 그리고 유의미하게 감소하였다.[77]

    2018년 1월 페이스북은 "공개된 콘텐트public content"보다 가족이나 친구의 포스팅 메시지를 더 선호하는 방식으로 또다시 자사 알고리즘을 바꾸었다. 추가적으로 페이스북은 "사람들 사이의 상호작용을 의미 있게 촉진하는"[78] 모든 유형의 포스팅 메시지에 대해 보다 큰 가중치를 부여하겠다고 선언하였다. 주커버그는 이러한 변화를 선언하면서 다음과 같은 말을 남겼다. "오늘날 비디오 시청, 뉴스기사 읽기, 웹페이지 업데이트하기 등은 그저 수동적인 경험이 되어버리고 있습니다. …… 수동적으로 기사를 읽고 비디오를 보는 것은, 비록 그것으로 인해 정보를 얻고 즐거운 것이라고 하더라도 '우리들의 복지에는' 좋지 않을 수 있습니다."[79] 뉴스피드의 메시지에 의견을 달거나 공유함으로써 수동적 이용자에서 능동적 이용자로 변모하여 보다 양식 있는 시민의식을 갖게 될지는 의문이다. 그러나 페이스북의 알고리즘 수정은 뉴스조직이 더 많은 의견이 달릴 수 있는 유형의 뉴스기사가 무엇인지, 그리고 어떤 뉴스기사를 더 많이 생산할지에 대한 유인으로 작동한다. 여러 사례를 통해 확인된 사실은 페이스북을 경유한 뉴스사이트 트래픽의 극적인 감소가 알고리즘 수정의 순효과net effect였다는 점이다.[80] 온라인 뉴스사이트인 슬레이트Slate는 페이스북 알고리즘 수정 이후의 페이스북 경유 유입 알고리즘은 수정 이전 유입 트래픽의 고작 20%에 불과했다고 밝히면서, 페이스북 알고리즘 수정의 효과를 "페이스북발發 대폭락The

Great Facebook Crash"이라고 불렀다.[81]

　소셜미디어를 통한 뉴스배포는 여러 뉴스조직들에게 점점 더 어려워지는 경제적·기술적 환경 속에서 언론사 유지의 생명줄이 되어가고 있다.[82] 뉴스조직에게 소셜미디어는 언제나 양날의 칼이었다. 소셜미디어는 뉴스의 수용자 도달률을 높여줄 수 있지만, 동시에 온라인 광고비를 받아가며 뉴스조직에 대해서는 불투명하고 항상 변화하는 알고리즘을 강요해왔기 때문이다.[83]

　그러나 가족과 친구를 강조하는 페이스북 알고리즘의 변화에도 장점이 있다(페이스북이 이런 방향을 계속 유지한다고 가정한다면). 페이스북의 알고리즘 변화는 소셜미디어 사용과 뉴스소비를 분리시킬 수도 있다. 저자가 앞에서 주장했듯, 뉴스의 생산과 배포가 수직적으로 통합될 때 자유언론의 기능이 향상된다. 뉴스의 생산과 배포가 수직적으로 통합된 모형에서는 콘텐트 배포 조직의 우선순위와 뉴스가치가 뉴스조직의 게이트키핑 결정에 영향을 미칠 수 없기 때문이다. 이런 점에서 볼 때, 소셜미디어를 통한 중개과정의 감소는 저널리즘의 자율성과 권위를 회복하는 데 유익하다. 미국 뉴스기업의 한 편집자는 페이스북의 알고리즘 변화 발표가 "독자와 의미 있고 진정성 있는 관계를 수립"[84]하는 자극제가 되었다고 밝히면서, 동시에 다음과 같은 말을 남겼다. "이제 클릭수와 좋아요 개수에만 몰두하는 뉴스제작 방식에 종지부를 찍읍시다."[85]

뉴스사이트의 개인맞춤화

소셜미디어 플랫폼의 알고리즘 콘텐트 큐레이션에 내재된 개인맞춤화 personalization는 소셜미디어의 범위를 넘어 뉴스조직으로도 확산되었다. 　1990년 중반 니콜라스 네그로폰테는 데일리미Daily Me(개별 이용자에게 개인맞춤화된 뉴스)[86]가 불가피하다는(아울러 바람직하다는) 의견을 제시하면서 디지털미디어에서의 개인맞춤화가 등장한다는 논의를 제시하였다. 네그로폰테는 상호작용 미디어가 우리들 개개인에게 자신에게 맞는 뉴스를 구성해줄 것이라고 예측했다. 그러나 네그로폰테는 자체적으로 운영되는 콘텐트 배포 플랫폼이 직접적이고 개인맞춤화된 뉴스상품으로의 중개과정에 개입하게 되리라는 것을 예측하지는 못했다. 2014년 페이스북 플랫폼은, 마크 주커버그의 말을 옮기자면, (네그로폰테의 말과 비슷하게) "세상의 모든 사람들에게 완벽하게 개인맞춤화된 신문"[87]으로 등장했다. 소셜미디어 플랫폼으로 인해 일정 수준의 개인맞춤화는 뉴스 생태계에 지속적으로 정착하게 되었다.

뉴스제시 방법으로 개인맞춤화를 시도하면서 뉴스조직은 소셜미디어 플랫폼과 같은 개인맞춤화 중개업체의 틀을 따랐다. 이런 방식은 미디어 진화과정에서 잘 알려진 '모방mimicking' 전략이다. 모방 전략을 통해 기존 미디어는 새로운 미디어의 특성을 받아들이고 새로운 미디어가 제공하는 기능의 일부도 수용자들에게 제공한다. 그러나 기존 미디어는 새로운 미디어의 기능을 완전하게 제공하는 데에 있어서 근본적 한계에 봉착하는 것이 보통이다.[88] 뉴스조직은 소셜미디어를 경유하는 콘텐트의 엄청난 양과 다양성을 확보하지 못하였고, 개인맞춤화 과정에 필요한 이용자의 행동 및 콘텐트 데이터도 결여된 상태였다. 이런 상황에서 뉴스조직이 보유한 콘텐트로 개인맞춤화를 제아무리 효과적으로 시도한다고 하더라도, 뉴스조직은 뉴스어그리게이터와 소셜미디어 플랫폼과 같은 중개업체의 경쟁상대가 되지 못했다. 그럼에도 불구하고 뉴스조직은 자신들이 원하는 수용자의 참여를 보다 더 많이 끌어내기 위해 노력할 수밖에 없는 상황이었다.

예를 들어, 뉴스소비자가 〈뉴욕타임즈〉 웹사이트를 방문하면 〈뉴욕타임즈〉의 추천 알고리즘 시스템이 작동한다. 수많은 온라인 뉴스 정보원들과 마찬가지로 〈뉴욕타임즈〉에도 추천 뉴스기사 리스트를 보여주는 별도의 섹션이 있다. 〈뉴욕타임즈〉가 선보인 첫 번째 뉴스기사 추천 엔진은 콘텐트 기반으로 작동하는 시스템이었는데, 여기서는 뉴스기사 관련 키워드가 뉴스 추천 알고리즘의 주요 기준이었다.[89] 예를 들어 만약 독자가 읽은 기사 중 '의료서비스health care'라는 키워드가 붙은 기사가 많았다면, '의료서비스' 키워드가 붙은 다른 뉴스기사를 독자에게 추천해주는 방식이었다.

시간이 지나 〈뉴욕타임즈〉는 **협업필터링**collaborative filtering 알고리즘을 채택하였다.[90] 협업필터링 알고리즘은 비슷한 이용자의 뉴스구독 내역을 고려하는 알고리즘이다. 만약 여러분과 비슷한 뉴스구독 패턴을 보인 이용자들이 특정한 뉴스기사로 몰리게 된다면, 이 기사가 여러분에게 추천된다. 〈뉴욕타임즈〉의 경우, 이용자의 뉴스소비 패턴을 기반으로 한 협업필터링 알고리즘이 주로 작동하지만, 협업필터링 알고리즘에는 지역, 인구통계학적 배경, 상품구매기록, 소셜미디어 반응 및 행동 등과 같은 다양한 요인들을 고려할 수 있다. 콘텐트와 이용자행동 기반 입력값을 알고리즘에 통합시킨 협력토픽모델링collaborative topic modeling[91]에서는 콘텐트를 대상으로 모형을 추정한 후, 독자의 시청방식에서 오는 신호를 여기에 포함시키는 방식으로 모형을 수정하고, 독자의 선호를 추정한다. 이후 독자의 선호와 콘텐트 사이의 유사성에 기반하여 콘텐트를 추천한다.[92]

2017년 〈뉴욕타임즈〉는 개인맞춤화된 기사 선택이 가능한 기존의 개인맞춤형 추천시스템에서 진화된 시스템을 자사의 홈페이지에서 실험적으로 시도해보겠다고 발표했다.[93] 이는 이용자들에게서 나타난 선호, 특성, 관심 등을 기반으로 개별 이용자가 접하는 〈뉴욕타임즈〉 홈페이지의 섹션 구성이 이용자들마다 달라진다는 것을 의미한다. 이용자의 지리적 조건 혹은 과거 읽었던 기사들을 바탕으로 〈뉴욕타임즈〉 이용자의 홈페이지를 개인맞춤형으로 제시한다는 것이었다.[94] 〈뉴욕타임즈〉가 고려한 다른 전략은 이용자가 마지막 방문 이후 놓치고 있었던 콘텐트를 전면에 배치하는 방식으로, 이용자의 마지막 방문 이후 흘러간 시간을 바탕으로 홈페이지를 수정하는 것이었다.[95] 그 결과 현재 〈뉴욕타임즈〉 홈페이지는 모든 방문자들이 본 기사들, 그리고 개별 이용자의 선호에 따라 알고리즘이 큐레이션한 기사들이 섞여서 구성된 방식으로 제시된다.[96]

알고리즘을 바탕으로 한 개인맞춤화 전략이 새로운 소비자를 끌어들이고, 유지하며, 참여하도록 하는 핵심이 되고 있다는 점에서 〈뉴욕타임즈〉의 이런 노력들은 저널리즘 영역에서 보다 거대한 전환을 반영하고 있다. 현재 〈월스트리트저널〉 모바일앱의 경우, 표준화된 뉴스피드와 함께 완전하게 개인맞춤화된 마이WSJ피드My WSJ feed를 제시하고 있다.[97] 〈워싱턴포스트〉는 개인맞춤형 뉴스레터와 뉴스기사 추천 알고리즘은 물론,[98] 뉴스기사의 인기몰이virality 수준을 예측하는 것부터 뉴스기사 텍스트를 토대로 헤드라인과 이미지의 최적 조합을 결정하고 실행하는 것에 이르는 다양한 알고리즘 도구들을 제공하고 있다.[99]

일반적으로 이러한 정책들의 목적은 이용자들이 웹사이트나 모바일앱에서 보다 많은 시간을 보내도록 만드는 것이며, 이 목적은 달성된 듯하다.[100] 일례로 〈워싱턴포스트〉에 따르면 개인맞춤형 뉴스레터의 경우 평균 약 3배 더 많은 클릭을 이끌어냈으며 〈워싱턴포스트〉 뉴스레터를 열어본 비율은 전반적으로 약 2배 더 높아졌다.[101] 〈월스트리트저널〉도 개인맞춤형 콘텐트가 표준화된 콘텐트 소비를 감소시키지 않은 반면, 표준화된 콘텐트에 덧붙여 소비시간을 증가시키는 효과가 있는 것으로 나타났다.[102]

트롱크 사례

몇몇 뉴스조직들은 데이터와 알고리즘 기반 의사결정 시스템 통합을 통해 완전히 스스로를 탈바꿈하였다. 심지어 최근 BBC마저도 "마케팅 및 수용자 선호에 대한 통찰력을 얻기 위해 알고리즘과 이용자 데이터"[103]를 활용하겠다는 계획을 발표하였다. 아마도 가장 주목을 끈(아울러 가장 많이 비판받은)[104] 변화는 2016년 트롱크tronc라고 브랜드 이름을 바꾼 트리뷴출판Tribune Publishing일 것이다(tronc는 tribune online content의 앞 자를 딴 것이다). 트리뷴출판은 갑작스러운 기자회견과 경영진의 비디오 발표를 통해 브랜드 이름을 트롱크로 바꾸었다(결국 바뀐 이름은 오래가지 못했고, 트리뷴출판 기자회견은 여러 미디어에서 조롱당했다).[105] 당시 트리뷴출판은 현대 기술기업 발표회를 모방하면서 인공지능과 기계학습의 장점을 활용하는 데 초점을 맞추었다. 발표된 비디오에서 트롱크 경영진은 새로이 창설된 "최적화 부서가 …… 지역 저널리즘의 권한을 강화하고, 이를 통해 가장 거대한 규모의 전세계 수용자에게까지 우리의 기사를 전달할 것"이라고 소개했다. 이런 설명은 몇 개의 트롱크 관련 뉴스기사들(여기에는 시카고트리뷴, 올랜도센티넬, 볼티모어선이 포함되었다)에 대한 시각화를 통해 제시되었다. 여기서 이 모든 것들은 ('트롱크'라는 라벨이 붙어 있는) 거대한 태양계 내에서 공전하는 다양한 크기의 행성과 '콘텐트 최적화'라는 라벨이 붙은 태양에서 여러 행성으로 햇빛과 같은 화살이 뻗어 나오는 것으로 그려졌다.

이 비디오는 HBO의 〈라스트 위크 투나잇 위드 존 올리버Last Week Tonight with John Oliver〉라는 주간 풍자 프로그램에서는 지역 저널리즘의 위태로운 상황을 보여주는 주요 사례로 언급되기도 했다.[106] 〈워싱턴포스트〉에서는 트롱크로 이름을 바꾼 기자회견[107]을 "저널리즘 역사상 가장 최악의 기자회견"이며 "디지털 출판 분야에서 지금까지 나왔던 유행어들을 마구잡이로 모아놓은 것"¹⁰⁸이라고 묘사했다.

더구나 발표 직후의 기자회견에서는 "트롱크는 나스닥에 상장할 것이며, 선두 기술기업으로 나아갈 것입니다"¹⁰⁹라는 발표를 하였다. 여러 기술기업들이 미디어기업으로 진화하고 있다는 지적을 거부하듯, 미디어기업은 스스로를 기술기업으로 진화하고 있다고 자리매김하고 있다. 심지어 〈뉴욕타임즈〉조차도 최근의 구직공고에서 자신들을 "세계에서 가장 믿을 만한 그리고 가장 양질의 저널리즘 활동을 하는 데 헌신하는 기술기업"¹¹⁰이라고 소개하기도 했다. 이제 어떤 기업도 미디어기업이 되고 싶어 하지 않는 것처럼 보인다. 이런 점은 전통 저널리즘의 뉴스가치가 본질적으로 유령처럼 버림받고 있다는 것을 보여준다.

트리뷴출판에서 트롱크로 바뀌는 변환과정에서 나타난 커뮤니케이션은 다소 볼썽사나운 모습이었으나, 수많은 다른 거대 뉴스조직에서도 이 모습이 나타나고 있다(어쩌면 보다 효과적으로 나타나는지도 모른다).¹¹¹ 그러나 트롱크 사례는 변화의 근본적 측면이 저널리즘의 사명이나 실천과 원천적으로 단절된 방식으로 표면화된 것이다. 미디어 경영자이자 컨설턴트인 그렉 사텔Greg Satell은 〈하버드비지니스리뷰Harvard Business Review〉에 통렬한 비판을 게재한 바 있는데, 이는 길게 인용할 가치가 있는 내용이다.

> 내가 그 비디오에 대해서 가장 불쾌했던 부분은 유행어를 남발했던 점이 아니라, 그 회사가 다음과 같은 자신이 처한 근본적 문제를 어떻게 다룰까에 대해 언급하지 않았다는 점이었다: 디지털미디어 환경에서 신문사업의 역할은 무엇인가? 어떻게 해야 저널리스트들이 보다 효과적으로 협업할 수 있도록 그리고 언론사의 편집목표를 달성할 수 있도록 기술을 사용할 수 있는가? 훌륭한 출판업자의 역할이란 독자가 읽기를 원하는 것이 무엇인지 예측하는 것이 아니라, 독자들이 강

하고 권위 있는 저널리즘을 통해 의견을 형성할 수 있도록 돕는 것이다. 알고리즘을 이용하여 독자들을 쫓아다니는 방식이 아니라 양질의 기사로 독자들을 끌어들여 시장에서 승리해야 한다. 위대한 저널리즘은 자동화될 수 없다. 왜냐하면 위대한 저널리즘은 인간의 노력에서 탄생하는 것이기 때문이다.[112]

저널리즘에 대한 알고리즘의 부작용과 관련된 우려의 본질이 무엇인지 인용한 비판에 잘 드러나 있다. 이러한 변환과정의 함의와 관련하여, 보통 알고리즘에 의한 인간의 의사결정 대체 혹은 대부분의 시스템 작동과정의 불투명성 등과 같은 점을 생각하기 쉽다. 하지만 어쩌면 이런 변환과정의 가장 근본적인 함의는 저널리즘 의사결정에서 새로운 소비자들의 선호의 역할이 어떠해야 하는가를 둘러싸고 벌어지는 해묵은 갈등이 종결된다는 것을 보여준다는 점이다.[113] 현재의 디지털미디어 플랫폼환경은 저널리즘 경제를 약화시키고 뉴스조직에서 뉴스편집과 경제적 우선순위 사이에 '정교분리church-state separation'* 원칙을 무너뜨리고 있다. 뉴스조직들은 발전된 분석도구와 수용자 데이터의 유입을 통해 전례 없던 위력으로 뉴스조직 편집과 경제적 수입을 나누는 장벽을 신속하게 붕괴시키고 있다.[114] 최종적으로 수용자 중심적인 새로운 저널리즘 규범이 거대한 파도로 다가오고 있다.[115]

---

* 서구 정치사에서 소위 '세속국가' 등장의 토대가 되는 개념이다. 즉 세속국가는 특정 종교와 무관하다는 것을 의미한다. 저자는 전통적인 언론사에서 나타난 보도 관련 부서와 영업 관련 부서의 구분을 상징하기 위해 이 용어를 사용하였다.

함의: 뉴스의 2단계 흐름을 넘어

미디어 효과에 대한 근본 이론들 중 하나인 뉴스의 2단계 흐름 이론을 다시 살펴보고 수정하는 것은 게이트키핑에서의 변화를 가늠하기 위한 유용한 방법이다. 본서의 목적에 맞도록 여기서는 미디어 효과의 기원과 효과의 크기에 대한 것이 아니라 콘텐트 흐름의 역학관계에 초점을 맞추었다.

뉴스의 2단계 흐름 이론은 1940년 미국 대통령 선거를 연구하는 과정에서 사회학자인 폴 라자스펠트Paul Lazarsfeld와 동료들의 연구에서 최초로 제기되었고,[116] 향후 라자스펠트와 엘리후 카츠Elihu Katz의 기념비적인 저작인 《퍼스널인플루언스Personal Influence》를 통해 이론적으로 정리되었다.[117] 뉴스의 2단계 흐름 이론에 따르면 대부분의 사람들에게 미디어 효과는 대인 간 접촉을 통해 선별된다. 즉 사상ideas과 뉴스는, 다시 말해 영향력influence은 미디어를 통해 ('의견지도자'로 불리는) 선별된 집단a select group을 거쳐 개인들에게 전달된다. 즉 미디어에 주목하고 미디어에서 제공되는 뉴스를 통해 영향을 받는 사람들은 일부다. 이러한 개인들은 대인 간 커뮤니케이션을 통해 자신들의 사회적 네트워크에 속한 다른 사람들에게 미디어 소비를 통해서 접하게 된 뉴스, 사상, 관점 등을 전달한다. 이런 과정에서 미디어를 통해 확산된 뉴스는 의견지도자의 해석과 관점을 반영하면서 어느 정도 변경된다.

뉴스의 2단계 흐름 이론을 현재의 미디어 생태계에 적용해보는 것은 흥미로울 수 있으나 적절하지는 않다.[118] 우선 1940~1950년대에 존재했던 '대인 간 커뮤니케이션'과 '매스 커뮤니케이션'을 나누었던 명확한 구분선은 오늘날 상당 부분 지워진 상태다.[119] 1945년과 비교해 볼 때, 오늘날 개인의 사회적 네트워크는 훨씬 더 미디어 의존적으로 변했다.[120] 과거 전통적인 대인 간 커뮤니케이션에 크게 의존했던 커뮤니케이션 캠페인(본질적으로 2단계 흐름을 기반으로 하던)은 작동방식은 비슷하지만 규모가 더 확대된 소셜미디어 기반 커뮤니케이션에 크게 의존하고 있다. 예를 들어, 저자는 학부생 시절 영화산업계와 연계된 홍보 public relations 업체에서 인턴 생활을 해본 적이 있다. 당시 주요 업무 중 하나는 개봉예정 영화의 시사회에 참여할 수 있는 사람들을 모집하는 것, 즉 사회적 네트워크에서 긍정적 입소문을 잘 내어줄 수 있는 개인들을 모집하는 것이었다(당시 영화스튜디오에서는 정말로 잘 만든 영화에 대해서만 시사회를 열었다). 이를 위해 우리는 택시운전사, 헤어스타일리스트, 접수담당자receptionist와 같이 매일 많은 사람들과 대화를 나누는 직업에 종사하는 사람들을 모집하였다. 물론 이런 일은 이미 옛날 방식이며, 현재 관점에서는 별 효과가 없을지도 모른다. 이런 일을 오늘날 실시한다면 택시운전사, 헤어스타일리스트, 접수담당자보다 훨씬 더 많은 사람들과 접촉할 수 있는 소셜미디어의 인플루언서들을 타깃팅할 것이다.

여러 연구자들은 뉴스의 2단계 흐름 이론으로 소셜미디어를 적절하게 설명할 수 있거나 혹은 소셜미디어가 2단계 흐름 이론을 확장시킨다고 주장한다.[121] 즉 상대적으로 온라인 이용자들 중 일부가 엄청난 영향력을 행사하는, 사회적으로 매개된 소셜미디어 맥락에서 의견지도력 개념이 여전히 설명력을 갖는다는 주장이다.[122]

그러나 소셜미디어 플랫폼은 단지 뉴스의 2단계 흐름 과정을 촉진시킨 것 이상의 역할을 수행하고 있다고 저자는 생각한다. 물론 여전히 의견지도자인 개인들이 존재하고, 사람들은 의견지도자를 통해 미디어에서 다루는 이슈와 주제가 무엇인지를 배운다. 그러나 소셜미디어 환경에 적용하고자 한다면, 뉴스의 2단계 흐름 이론을 보다 확장하고 개선해야 할 필요가 있다.

[그림 2-1]의 상단은 전통적 뉴스의 2단계 흐름 모형을 보여준다. 그

전통적 뉴스의 2단계 흐름(traditional two-step flow)

| 뉴스조직 | 뉴스 | 직접 뉴스소비자 | 뉴스 | 간접 뉴스소비자 |

사회적 매개 뉴스의 5단계 흐름(social-mediated five-step flow)

| 뉴스조직 | 뉴스 | 뉴스조직 알고리즘 | 뉴스 | 소셜미디어 알고리즘 | 뉴스 |
| 직접 뉴스소비자 | 뉴스 | 소셜미디어 알고리즘 | 뉴스 | 간접 뉴스소비자 |

[그림 2-1] 뉴스의 2단계 흐름 모형과 그 확장

림에서 잘 나타나듯, 뉴스는 뉴스조직을 시작으로 (본서에서 뉴스의 직접소비자라고 부르는) 의견지도자에게 전달되고, 이들 뉴스 직접소비자를 거쳐 (대인 간 접촉을 통해) 뉴스 간접소비자에게로 확산된다. 알고리즘 기반 미디어 플랫폼 맥락에서 전통적 뉴스의 2단계 흐름 모형에는 단점이 존재한다. 전통적 뉴스의 2단계 흐름 모형으로는 뉴스가 뉴스조직에서 뉴스 간접소비자로 전파되고 재확산되는 과정에서 나타나는 다양한 맥락을 설명할 수 없다. 구체적으로 뉴스생산자와 뉴스소비자의 관계를 중개하는 다양한 알고리즘 기반 뉴스 전달과정들이 모형에서는 생략된 상태다.

[그림 2-1]의 하단에는 현재의 뉴스 흐름을 보다 정확하게 보여주는 모형을 제시하였다. 여기에는 소셜미디어와 알고리즘 기반 게이트키핑이 포함되어 있다. 즉 전통적인 뉴스의 2단계 흐름 관점은 훨씬 더 복잡해졌다. 먼저 뉴스는 뉴스에 대한 편집권한을 행사하는 뉴스조직에서 시작한다. 그러나 사회적으로 매개되는 맥락을 거치면서 뉴스가 뉴스소비자에게 직접 전달되지 않는다는 점을 인식할 필요가 있다. 대신 〈뉴욕타임즈〉와 블라섬 사례에서 언급하였듯, 소셜미디어에 가장 적합한

뉴스기사들을 선별하는 알고리즘 기반 추천시스템과 연동되는 소셜미디어를 통해 매일매일의 뉴스기사들 중 일부만이 전달된다. 이후 소셜미디어에서 〈뉴욕타임즈〉를 팔로우하는 뉴스소비자는 개별 뉴스기사가 개별 이용자에 맞게 큐레이션된 뉴스피드에 실리기 적합한지를 개별적으로 결정짓는 소셜미디어 플랫폼의 뉴스피드 알고리즘에서 큐레이션된 뉴스피드를 접하게 된다. 일단 소셜미디어에 포스팅된 뉴스기사는 알고리즘 기반 선별과정 및 큐레이션 과정을 거치며 뉴스 직접소비자에게 도달된다. 결국 뉴스조직에서 뉴스 직접소비자라고 불리는 의견지도자에게 뉴스가 전달되는 과정에서 두 차례의 알고리즘 기반 중개과정이 개입된다. 알고리즘 기반 뉴스 큐레이션의 두 가지 단계를 거친다는 점을 고려할 때, **뉴스 직접소비자**라는 용어는 다소 정확하지 않은 표현일 수 있다.

다음으로 뉴스 직접소비자와 간접소비자의 관계를 살펴보자. 어떤 소셜미디어 이용자가 뉴스조직이 포스팅한 뉴스기사를 자신의 소셜미디어의 뉴스피드에서 접한 후 이를 자신의 사회적 네트워크에 연결된 다른 이용자와 공유하고자 하는 결정을 내리는 과정에 주목해보자. 바로 이 부분은 전통적인 뉴스의 2단계 흐름 관점에서 말하는 의견지도자 역할과 유사하다. 물론 뉴스 직접소비자의 뉴스공유 행동이 뉴스 간접소비자의 뉴스피드에 등장하는지(혹은 어떤 순위로 등장하는지)에 따라 뉴스 직접소비자와 간접소비자의 관계 역시 알고리즘을 통해 매개된다. 이런 점에서 뉴스 간접소비자는 큐레이션된 뉴스 직접소비자의 뉴스공유 행위를 접하게 된다. 종합하자면 알고리즘 기반 중개의 모든 과정을 고려할 때, 뉴스의 2단계 흐름은 5단계 흐름, 즉 기존 게이트키핑 과정에 다양한 영역의 게이트키핑을 추가하는 방식으로 확장된다.

뉴스조직은 게이트키퍼로서 더욱 유력하게 등장하고 있는 소셜미디어 플랫폼에 대응하기 위해 스스로 탈바꿈하고 있는데, 여기서 커다란 역설이 발생한다. 최근 경향에 따르면 소셜미디어 플랫폼은 뉴스소비 관문 역할에서 점점 더 감소하는 모습이다. 예를 들어 온라인 수용자 측정업체인 차트비트Chartbeat가 발표한 2018년 후반 모바일 기기를 통한 뉴스소비 분석에 따르면, 페이스북 경유 뉴스사이트 유입 트래픽은 2017년과 비교하여 약 40% 감소하였다. 차트비트 분석에 따르면 페이스북 경유 뉴스사이트 유입 트래픽 감소분은 검색엔진과 웹 혹은 모바일앱을 통한 직접방문으로 대체되었다고 한다.[123] 아울러 설문조사 결과에서도 소셜미디어 플랫폼을 통해 뉴스를 이용한다고 자기응답한 self-reported 사람들의 비율은 더 이상 증가하지 않았다. 2018년 퓨 리서치 센터Pew Research Center 조사에 따르면, 소셜미디어를 통해 최소 몇 차례at least some 뉴스를 소비했다고 응답한 미국인 비율은 2017년과 2018년 모두 68%였다.[124] 다른 국가들에서 실시된 국제조사에서도 비슷한 수치를 보였으며, 몇몇 국가에서는 심지어 감소하는 모습이 나타나기도 했다.[125]

이러한 경향이 소셜미디어 플랫폼을 둘러싼 다양한 논란과 우려로 인해 단기간 주춤하는 것인지, 아니면 뉴스 생태계에서 소셜미디어의 위상이 장기적으로 후퇴하는 단계에 들어선 것인지는 두고 보아야 할 일이다. 두 가지 중 어느 것에 해당되든, 현재의 뉴스 생태계에서의 소셜미디어 플랫폼의 위상은 가변적이다. 결과적으로 뉴스 생태계에서 이들 플랫폼의 영향력을 어떻게 이해할 것인지, 구체적으로 수정조항 1조, 사상의 시장, 공익 등과 같은 커뮤니케이션 정책의 원칙들을 어떻게 바라볼 것인지가 중요하다. 이후 제시될 세 장에서는 이 이슈를 다룰 것이다.

3장

미헌법 수정조항 1조, 가짜뉴스, 필터버블

새로운 커뮤니케이션 기술이 등장하면, 커뮤니케이션 법 및 정책 담당자들의 반응은 보통 양극단으로 나뉜다. 한편에서는 새로운 기술을 혁명적이고 전례 없는 기술로 간주하며, 새로운 법과 규제 패러다임이 필요하다고 주장한다. 예를 들어 라디오 방송이 등장했을 때, 미국 의회는 라디오 기술이 이전의 커뮤니케이션 기술들과 근본적으로 다른(즉 보다 영향력이 큰) 기술이라고 판단했고, 라디오의 언론자유free speech에 대해 전례 없던 규제와 제약조건들을 부과하는 법과 규제 제도를 마련하였다. 이를 통해 연방정부는 라디오 방송사에 대한 면허시스템을 도입하였고, 방송내용 품위 규제indecency regulations, 방송사들이 다양한 방식의 콘텐트들(이를테면 뉴스와 공공이슈 프로그램)을 반드시 내보내도록 하는 공익의무를 부과하였다.[1] 라디오에 대한 정부의 규제는 인쇄매체에 대해 정부가 간섭하지 않는 것과는 매우 다른 모습이었다.[2]

다른 한편에서는 새로운 기술을 기존 기술이 확장된 것으로 파악하여 기존 기술에 대한 법과 규제 제도를 새로운 기술에 적용하는 반응을 보인다. 예를 들어, TV가 등장하자 라디오에 대해서 적용되었던 법과 규제 제도 전반이 거의 그대로 TV에 적용되었다.

라디오와 TV가 아닌 다른 기술들은 이 양극단의 중간 어딘가에 존재한다. 예를 들어 케이블TV의 경우, 일정 부분 TV 방송과 유사한 규제를 받았으나 대부분의 방송내용 관련 규제는 받지 않았다. 인터넷의 경우 확산 초기에 상당 기간 동안 적절한 법 적용과 규제가 가능할지에 대한 의문이 계속되었다. 초창기 인터넷은 규제대상이 아니었다. 1990년대 중반 미국의회는 인터넷을 방송과 비슷한 방식으로 규제하려 시도했다(하지만 실패했다). 최근에는 네트워크 중립성 기반 규제를 부과하다가 반대로 철회하는 등 왔다갔다하는 모습을 보이고 있다. 이런 상황에서 인터넷에 대해 법과 규제 제도를 부여하려는 시도는 종잡을 수 없는 모습을 보이고 있다. 소셜미디어가 등장하면서 상황은 더 복잡해졌다. 소셜미디어 공간의 가짜뉴스와 역정보에 대한 우려가 등장하면서 적절한 법과 규제에 대한 새로운 논의가 촉발되고 있는 상황이다.

커뮤니케이션 기술에 대해 정부정책 당국이 어떤 모습을 취해야 하는가를 결정짓는 가장 결정적 요인은 미헌법 수정조항 1조다. 앞으로 논의하겠지만, 동일한 수정조항 1조를 근거로 각각의 커뮤니케이션 기술과 서비스들은 상이한 방식에 따라 규제되었다. 또한 이번 장과 다음 장에서 계속하여 논의하겠지만, 커뮤니케이션 기술과 서비스 규제에서 수정조항 1조의 역할과 기능은 상이하게 (때로는 모순되게) 해석되었다.

이런 이유로 인해 소셜미디어와 수정조항 1조의 관계에 대한 논의로 3장의 논의를 시작할 것이다. 수정조항 1조의 핵심 기능 중 하나가 양식 있는 시민 육성을 촉진하는 것이기 때문에, 이번 장에서는 가짜뉴스, 필터버블, 수정조항 1조의 관계에 대해 특히 주목할 것이다. 아마도 필터버블과 가짜뉴스는 소셜미디어 플랫폼과 알고리즘 기반 뉴스큐레이션이 미디어 생태계에 어떠한 문제점과 악영향을 일으키는지를 잘 보여주는 실례일 것이다.[3] 이런 현상들은 현재의 뉴스 및 정보의 흐름이 민주주의의 효과적인 작동과정과 어떤 연관성을 갖고 있는지에 대한 중대한 우려를 자아낸다.[4] 이런 이유로 정책당국자들은 소셜미디어를 주시하고 있다.[5] 특히 독일과 같은 국가는 매우 적극적 모습을 보이고 있다.[6] 반면 미국의 경우 수차례의 의회 청문회와 보고서에도 불구하고,[7] 보다 구체적인 정책을 마련하는 모습을 보이지 않고 있다. (다양한 정책적 개입에 대해서는 6장에서 보다 자세히 논의할 예정이다.)

다른 나라에 비해 미국이 움직이지 않는 이유는, 최소한 부분적이라고 하더라도, **반론** 관점을 중요하게 생각하는 수정조항 1조 때문이다. 수정조항 1조를 구성하는 핵심 이론은 보다 많은 언론이 허위언론의 확산과 소비를 방지하는 효과적인 수단이라는 것이다.[8] 이러한 반론원칙counter-speech doctrine이 최초로 공식화된 것은 1927년 루이스 브랜다이스 판사Justice Louis Brandeis*의 위트니 대 캘리포니아Whitney v. California 판결이다.[9] 이 판결 이후, 반론원칙은 효과적으로 작동하는 '사상의 시장marketplace of ideas'을 구성하는 핵심 요소로 자리잡았다. 사상의 시장은 언론에 대한 정부의 직접규제가 최소화되며 사상이 자유롭게 소통되는 개방적이며 경쟁적인 언론환경이다. 사상의 시장에서는 진실한 언론은 본질적으로 허위언론을 극복할 수 있는 능력이 있다고 가정된다.[10]

그러나 필터버블과 가짜뉴스의 시대에서는 반론원칙을 되돌아볼 필요가 있다. 3장에서 저자는 소셜미디어 맥락에서는 수정조항 1조의

---

* 루이스 D. 브랜다이스 판사(1856~1941)는 민족자결주의로 익숙한 우드로 윌슨 대통령이 지명한 미국 최초의 유태인 출신 연방대법관이다. 미국 사회에서 소수자였던 개인배경으로 인한 것인지 모르지만, 연방대법관들 중에서도 소수파에 속했으며 사회적 약자 및 개인의 권리를 옹호하는 판결을 주도하였다. 무엇보다 판결에 사회과학 개념과 연구 결과들을 적극 활용한 것으로도 유명하다. 사생활권, 언론의 자유, 뉴딜정책 등을 옹호하는 판결로 1920~1930년대 미국 사회의 변화에 큰 영향을 끼쳤다.

작동원리와 관련된 근본적 가정들에 대해 의문을 제기할 필요가 있다고 주장하고자 한다.

반론원칙에서 바라보는 뉴스의 생산·확산·소비 과정에 대한 가정들을 먼저 분석해보자. 만약 현재의 미디어 생태계의 진화구조와 작동 방식에서 이러한 가정들이 더 이상 작동하지 않는다면, 현재의 미디어 법과 정책을 다시 생각해볼 필요가 있다. 구체적으로 저자가 주장하는 바는 다음과 같다. 뉴스미디어의 구조적·경제적 변화, 파편화와 개인맞춤화 증가, 알고리즘에 의해 지배당하는 콘텐트 확산과 소비 등은 뉴스와 정보의 생산과 흐름에 영향을 미치며, 이러한 변화는 정당한 뉴스가 근본적으로 오정보를 몰아낼 수 있을 것이라고 가정하기 어렵게 만든다. 이를테면 (머스킷과 플린트락 방식의 총기 시대에 만들어진) 무기소지권을 보장한 수정조항 2조가 오늘날의 고성능 자동 공격용 총기 시대에도 적용될 수 있는가에 대해 생각해보자.[11] 주로 대인 간 접촉과 인쇄 미디어를 매개로 뉴스가 유통되던 시기에 등장한 수정조항 1조 관련 반론원칙의 핵심 가정이 과연 당시와 비교하여 근본적으로 달라진 오늘날의 미디어 환경에 적용될 수 있는지 생각해보자.[12]

반론과 수정조항 1조: 가정, 적용, 비판

위트니 대 캘리포니아 판결에서[13] 브랜다이스 판사는 다음과 같이 밝혔다. "토론을 통해 허위와 오류를 폭로할 때, 악을 막기 위해 적용할 수 있는 대응책은 더 많은 언론이지 침묵을 강요하는 것이 아니다(If there be time to expose through discussion the falsehood and fallacies, to avert the evil by the processes of education, the remedy to be applied is more speech, not enforced silence)."[14] 브랜다이스 판사의 생각은 다

양한 방식으로 해석되는 "사상의 시장"[15]이라는 은유로 발전하였고, 사상의 시장은 커뮤니케이션 법과 정책의 핵심 원칙이 되었지만,[16] 향후 심대한 비판을 받기도 했다.[17] 올리버 웬델 홈즈Oliver Wendell Holmes[*]는 사상의 시장 은유에 대해 다음과 같은 유명한 발언을 남겼다. "우리가 원하는 가장 최종적인 형태의 선善은 사상의 자유로운 거래를 통해 보다 잘 달성될 수 있다. 진리를 판가름하는 최선의 방법은 시장의 경쟁을 통해 받아들여진 생각을 진리로 받아들이는 것이다(The ultimate good desired is better reached by free trade in ideas—that the best test of truth is the power of the thought to get itself accepted in the competition of the market)"[18] 이러한 주장을 통해 사상의 시장은 본질적으로 진리와 허위를 구분 지을 수 있는 원리가 되었다. 즉 경쟁을 통해 거짓 정보를 배척하고 참된 정보를 받아들여 이에 따라 행동한다는 것이다. 이러한 과정은 원활하게 잘 작동하는 민주주의well-functioning democracy의 근본이 되었으며, 수정조항 1조는 다양한 법적 해석을 통해 사상의 자유를 보호하는 데 사용되었다.[19] 현재 관점에서 홈즈의 주장을 생각해보자. 아마도 홈즈의 발언에서 진화 중인 미디어 생태계에 대해 보다 낙관적 태도를 보여주는 몇몇 관점들, 이를테면 "군중의 지혜wisdom of crowds"[20] 혹은 "네트워크로 인한 부wealth of networks"[21]와 같은 보다 현대적인

---

[*] 올리버 웬델 홈즈 주니어Oliver Wendell Holmes Jr., 1841~1935는 시어도어 루즈벨트가 지명한 연방대법관이다. 소위 법현실주의legal realism, 즉 자연법과 같은 자명한 진리보다는 인간의 삶과 경험 속에서 법이 갖는 의미와 실용적 역할에 주목한 판사로 유명하다. 특히 언론의 자유, 표현의 자유에 영향을 끼친 유명한 판결들을 내렸다. 본서에서 중요하게 다루는 사상의 시장marketplace of ideas를 옹호하였지만, 동시에 "허위로 극장에서 '불이야'를 외쳐서 혼란을 유발하는 행위는 언론자유로 보호되지 못한다"는 표현이나 "명백하고 현존하는 위험clear and present danger" 등과 같은 표현으로 언론의 자유를 무차별적으로 옹호하지 않은 것으로도 유명하다.

관점들을 떠올릴 수 있을 것이다.

시장이 진리와 허위를 효과적으로 구분할 것이라는 (홈즈가 명시적으로 밝힌) 사상의 시장이라는 은유의 가정을 받아들인다면,[22] 가능한 한 더 많은 발언이 가능하도록 촉진하는 언론환경은 진리가 허위를 압도하고 악한 사상보다 선한 사상이 힘을 얻도록 하는 효과적인 방법일 것이다. 따라서 '보다 많은 언론more speech'(즉 반론)은 시민들이 민주주의 의사결정 과정에서 양식 있는 시민이 되기 위해 필요한 지식을 얻도록 보장해주는 효과적이며, 수정조항 1조 친화적인 접근일 것이다. 좋든 나쁘든 전통적으로 사상의 시장 은유가 뉴스, 정보, 사실은 물론 의견과 사상과 같이 확증하기 어려운 개념들에도 포괄적으로 적용되었다는 사실이 중요하다. 이런 점에서 사상의 시장 개념은 사실에서 의견/사상에 이르는 전체의 저널리즘 영역을 포괄하고 있다.

여기에는 다양한 가정들이 내재되어 있다. 첫째, 개인이 정보가 진실인지 허위인지, 사상이 좋은지 나쁜지를 구분할 수 있는 능력을 지니고 있다고 당연하게 가정된다.[23] 마치 전통적 상품시장 참여자들이 고품질 상품과 저품질 상품을 구분할 능력이 충분하듯, 사상의 시장 참여자들 역시 뉴스와 정보가 진실인지 허위인지, 사상이 선한지 악한지 전반적으로 구분할 수 있다는 논리가 여기에 깔려 있다. 둘째, 첫 번째 가정과 관련하여, 사상의 시장 참여자들은 허위보다는 진실인 정보와 뉴스에, 악한 사상보다는 선한 사상에 더 높은 가치를 부여한다. 두 번째 가정은 시장이 실제로 부여하는 가치의 핵심을 다룬다.[24] 세 번째 가정은 최근 대법원 판사로 임용된 안토닌 스캘리아Antonin Scalia의 발언을 빌자면 "민주주의 원칙에서, 과도하게 많은 언론이라는 것은 존재하지 않는다(Given the premises of democracy, there is no such thing as too much speech)"이다.[25] 세 번째 가정에 따르면, 시장은 어떠한 정보처리 혹은 정보과잉 문제도 해결할 수 있다. 넷째, 반론원칙에서는 허위정보 혹은 악한 사상에 노출된 사람들의 대다수는 반대편에 존재하는 참된 정보나 선한 사상에도 노출될 것이라고 가정하고 있다. 물론 이러한 가정들이 사실이라면, 참되고 선한 정보에 대한 노출은 양식 있는 시민 육성이라는 바람직한 효과를 가져올 것이다. 그러나 이러한 가정들 각각에는 논란의 여지가 있으며 다양한 관점에서 비판받을 소지가 있다.[26] 미디어 생태계에서의 경제적·기술적 변화는 언급한 가정들 대부분을 뒤흔드는 원인이다.[27]

현실의 반론원칙

다양한 미디어 법과 정책에 대해 반론원칙은 널리 적용되고 있다.[28] 특히 현재의 소셜미디어의 구조와 작동방식, 그리고 잘 작동하는 민주주의와 관련된 몇 가지 적용방식의 경우 특별히 언급할 가치가 있다.

잘 알려진 (어떤 이들은 '악명 높은'이라고 부를 수도 있는) 공정성원칙Fairness Doctrine은 반론원칙이 정부규제를 정당화할 때 사용되는 아주 드문 사례다.[29] 공정성원칙에 따라 면허를 부여받은 방송사업자들은 공적으로 중요하며 논란이 되는 이슈에 대한 뉴스보도를 해야 하며,[30] 또한 뉴스보도를 할 때 해당 이슈를 둘러싸고 경쟁하는 관점들을 보도해야 한다. 예를 들어 방송뉴스에서 흡연과 암발생의 관계에 대한 새로운 연구결과를 보도할 때, 흡연과 암발생 사이의 인과적 관계가 아직 확증되지 않았다는 담배회사 관점의 주장에 대해서도 방송시간을 할애해야 한다. 중요한 것은 최초 방송보도의 수용자에 버금가는 일정 규모의 시청자에게 전달될 수 있도록 하루 동안 이슈에 대해 경쟁하는 관점이 방송되어야 한다는 점이다.

공정성원칙이 다른, 대개는 반대되는 발언을 방송하도록 강요한다는 점에서 공정성원칙은 반론원칙을 포함하고 있으며, '더 많은 언론' 원칙을 충실히 따른다. 역설적 사실은 공정성원칙으로 인해 방송사업자들이 논란이 되는 이슈들에 대한 보도를 '위축되게chilled' 만들어[31] 결과적으로는 더 많은 언론이 아닌 더 적은 언론을 초래한다는 이유로 공정성원칙이 1980년대 후반 폐지되었다는 사실이다. 예를 들어 흡연이 암을 초래한다는 새로운 연구결과를 보도하기보다(공정성원칙에 따라 보도 후에 담배회사의 반론을 다루려는 것보다), 방송사들은 골칫거리를 피하기 위해 애초에 보도를 하지 않으려 한다. 닉슨 행정부 당시 백악관에서는 행정부의 베트남전쟁 정책에 대한 부정적 보도에 대응하기 위해 공정성원칙을 적극적으로 활용하기도 했다.[32]

공정성원칙에서는 반론이 언론규제를 위한 근거로 사용되었다. 대개의 경우 반론은 언론규제를 금지하는 용도로 사용되었다. 예를 들어 정치캠페인 광고 영역의 경우, 허위정보 확산 금지 임무를 부과하기 위한 시도들이 지속적으로 전개되었다.[33] 일례로 워싱턴주의 경우, 주정부 기구에 캠페인에서 나온 발언의 진위를 판별하고 허위 진술문일 때는 캠페인 진영에 벌금을 부여할 수 있는 규제권한을 부여하고자 하였다. 그러나 워싱턴 주법원에서는 다양한 이유를 들어 이러한 규제를 기각하였다.[34] 워싱턴 주법원에서는 선거의 진실성을 보장하려는 워싱턴주의 시도가 정부의 관심사를 현실적으로 강요할 수 있다고 보고 이를 기각하였다.[35] 주법원에서는 "선거를 보호하기 위해 선거후보자에 대한 허위라고 여겨지나 명예훼손에 해당되지 않는 발언들"을 금지시키는 것은 "수정조항 1조라는 근본적 원칙들과 어긋난다"고 판시하였다.[36] 또한 워싱턴 주법원에서는 반론이 정치캠페인 커뮤니케이션에서 허위에 대응하는 보다 적절한 방법이라는 점을 명시적으로 밝혔다. "우리 헌법의 선거시스템에서는 이미 RCW 42.17.530(1)(a) 법안으로 대응하고자 하는 이 문제에 대한 해결책을 밝히고 있다. …… 정치캠페인에서 후보자의 사실 관련 실수는 실수를 범한 후보자의 정치적 반대자의 의식활동에서 그리고 수정시도에서 벗어날 가능성이 매우 낮다. 따라서 '침묵의 강요가 아닌 보다 많은 언론'이라는 보다 선호되는 수정조항 1조가 여기에 특히 부합한다."[37] 워싱턴 주법원은 다음과 같은 결론을 내렸다. "다시 말해 …… 허위발언 혹은 무례한 발언에 대한 최선의 해결책은, 더 많은 언론이지 더 적은 언론이 아니다."[38]

언급한 사례들은 수정조항 1조가 가짜뉴스와 허위정보 확산에 일정 수준의 영향을 미칠 수 있음을 보여준다. 그러나 다양한 사상과 관점은 매우 중요하기 때문에 어느 정도의 허위는 감수되어야만must be tolerated 한다. 허위 감수는 견실한 언론환경을 통해 진실하며 정확한 뉴스와 정보가 허위를 능가할 수 있다는 확신이 있기 때문이다. 이런 입장은 '거츠 대 로버트 웰치사社, Geertz v. Robert Welch, Inc.'에서의 대법원 판결에도 잘 반영되어 있다. 여기서는 수정조항 1조가 "중요한 언론을 보호하기 위해 어느 정도의 허위는"[39] 보호되어야 한다고 판결하였다.

수정조항 1조는 상업적 발언과 같이 비교적 보호받지 못하는 유형의 언론과 비교했을 때 정치적 허위발언에 대해 보호한다는 점이 매우 두드러진다.[40] (수정조항 1조의 "언론사의of the press"라는 표현으로 인해) 저널리즘 산출물의 정치적 함의와 잠재적 영향력을 고려할 때 저널리즘 영역은 가장 명시적으로 보호받는 언론 유형이다.[41] 뉴스조직이 허위에 대한 법적 책임을 지는 경우는 대부분 특정 개인이나 조직의 명예reputation에 해를 끼칠 목적으로 해당 개인이나 조직을 대상으로 의도적이고 악의적인 허위 보도를 했을 때로 제한된다.[42] 이는 "사실에 대한 허위 진술은, 아무리 설득력 있고 효과적인 **반론**으로도 쉽사리 복구 불가능한 개인의 명예에 해를 끼칠 수 있어야 한다"[43]는 대법원의 입장을 반영한다. 방대한 영역의 정치적 이슈 및 논란들에 대해 미디어 조직을 통해 생산되고 확산된 허위에 대해서는 어떤 법적 책임을 물리지 않는다. 이에 따라 언론사와 "억제되지 않고, 견실하며, 넓게 공개된"[44] 정치적 토론을 유지하기 위한 언론사의 역할에 대해서는 광범위한 법적보호가 가능해졌다. 여기에는 후천성 면역결핍증AIDS 관련 음모론이나 홀로코스트 대학살에 대한 부인과 같은 과거 사례들이 포함되며,[45] 보다 최근 사례로는 기후변화를 둘러싼 과학적 증거 부인도 포함된다.

저널리스트들이 개인이나 조직의 명예를 해치는 것이 아닌 강화시키는 허위사실을 공표하는 것도 완전하게 보호받는다. 따라서 어떤 유력 정치인이 워싱턴 DC의 피자가게 응접실에서 아동대상 성행위를 한다고 암시하는 내용의 뉴스기사*를 내보내는 언론보도의 경우, 원칙적으로 해당 언론사는 명예훼손 소송에 놓일 수 있다(비록 해당 정치인의 승소는 어렵더라도). 그러나 사실을 알면서도 어떤 후보자의 실제가치나 기부의도를 허위로 미화한(즉 유권자에게 이 후보자의 위상을 높이는) 언론보도의 경우, 비록 나중에 허위임을 알고 이러한 정보를 출간했다는 것이 밝혀져도 허위정보로 인해 후보자의 위상이나 명예가 손해를 입지 않았다는 이유에서 해당 언론사는 수정조항 1조의 분명한 보호를 받게 된다.

결론은 다음과 같다. 명예훼손만 아니라면 수정조항 1조를 저널리스트의 보도에 적용할 때 "진실 여부에 대한 어떠한 검증"도 기각된다.[46] 연방대법원에 따르면 "사실 관련 오류는 오류가 없어야만 자유로울 수 있는 언론을 억압하는 근거가 될 수 없다."[47] 따라서 허위에 대응하는 것은 얼마나 반론을 제시하는가에 달려 있다. 이런 관점에서 볼 때, 가짜뉴스에 대한 수정조항 1조에 따른 일반적 해결방법은 더 많은 뉴스라고 가정할 수 있다.

---

* 2016년도 미국 대통령 선거 당시 힐러리 클린턴 후보에 대해 퍼졌던 '루머' 혹은 '가짜뉴스' 내용이다. 이를 믿은 보수성향 유권자가 피자가게를 습격하면서 소위 '가짜뉴스'가 사회적 문제로 대두되었다. 흔히 피자게이트pizza-gate라고 알려져 있다.

여기서 중요한 것은 소셜미디어 플랫폼은 반론 개념을 자신들의 운영철학에 포함시키고 있다는 사실이다. 예를 들어 페이스북은 2015년 여러 다른 국가들을 대상으로 자신들의 플랫폼에서 벌어지는 논란이 되는 다양한 이슈들에서 반론의 역할이 중요하다는 것을 강조하는 일련의 연구들을 지원하였다.[48] 또한 2016년에는 '온라인 시빌 커리지 이니셔티브Online Civil Courage Initiative'를 시작했다. 페이스북의 '온라인 시빌 커리지 이니셔티브'의 목적은 "온라인 공간에서 귀중한 반론 행동을 수행하는 조직들과 풀뿌리 활동가들이 보여주는 시민의 용기civil courage를 촉진"[49]하는 것이었다. 반론에 대한 페이스북의 열정은 '온라인 시빌 커리지 이니셔티브'의 문구에 다음과 같이 드러나 있다: "우리는 편견에 찬 편협한 의견과 목소리를 바꾸는 데 참여가 검열보다 더 강력하다고 믿습니다. 이에 우리는 긍정적 대화와 토론을 북돋는 캠페인에 헌신하려 합니다."[50] 즉 페이스북은 자신들의 플랫폼이 편견에 물든 편협한 의견과 목소리에 대응할 수 있는 반론을 증진(혹은 '증폭amplifying')시킬 수 있다고 주장하고 있다. 비슷한 방식으로 트위터 역시도 참여자들이 소셜미디어를 통해 반론을 제기하고 확산할 수 있는 전략을 논의할 수 있도록 온라인 포럼을 조직하였다.[51] 구글의 경우 2017년 상원 청문회장에서 구글 플랫폼에서 나타나는 극단주의적 콘텐트와 역정보에 대응하기 위한 계획을 밝혔다. 여기서 구글은 "구글 플랫폼에서 반론을 촉진시킬 수 있는 새로운 프로그램을 창조"하고 있다는 점을 강조하였다.[52] 유튜브 역시 콘텐트 제작자들이 혐오발언, 외국인 혐오, 극단주의 등과 관련된 콘텐트에 대해 목소리를 낼 것을 권장하고 있다.[53] 이러한 소셜미디어 프로그램들에서는 극단주의적 선전을 접하는 소비자들을 해당 주장에 대한 반대 콘텐트로 재인도하려는 노력을 펼치고 있다.

반론원칙에 대한 비판

반론원칙에 대한 비판은 과도한 사상의 시장 은유에 대한 비판과 상당 부분 겹친다. 사실과 올바른 뉴스보다 가짜뉴스와 허위정보를 믿으려는 인간의 본성과 심리적 경향을 강조하는 비판자들에게서 이런 모습이 특히 두드러진다. 2016년 미국 대통령 선거를 시작으로 가짜뉴스의 잠재적 영향력에 대한 우려가 주목받으면서 언론학, 인지심리학, 행동경제학 등 다양한 학문영역에 걸쳐 선택적 노출selective exposure, 확증편향confirmation bias, 정보과잉information overload에 대처하는 추단법heuristics, 특정 방향으로 동기화된 추론motivated reasoning 등과 같은 잘 알려진 행동패턴들[54]로 인해 어떻게 사람들이 가짜뉴스와 허위정보를 받아들이는지 설명하는 다양한 문헌들이 쏟아지고 반론원칙에 대한 비판이 다시금 주목받았다. 법학자인 프레드릭 샤우어Frederick Schauer는 다음과 같이 말한다: "사람들이 거짓을 믿는다는 것은 놀라운 일이 아니다. 진리를 접했음에도 불구하고 거짓을 믿는 사람들의 숫자가 엄청나다는 것 역시 숨겨진 비밀이라 보기 어렵다."[55] 핵심은 다음과 같다. 수정조항 1조 이론에서 가정하고 있는 '합리적 수용자', 즉 다양한 정보원을 접하고 언론의 진리성, 품질, 신뢰성을 효과적으로 그리고 합리적으로 평가할 수 있는 관점은 경험적 현실이라기보다는 이념형에 훨씬 더 가깝다.[56] 그러나 오늘날 달라진 것이 있다면 우리의 미디어 시스템이 전례 없는 수준으로 이러한 인간의 나쁜 경향성을 악화시키고 있다는 사실이다.

반론원칙에 대해 다른 비판가들은 반론원칙이 효과를 발휘하지 못하는 구체적인 언론맥락들을 언급한다. 이들은 논란이 되는 언론특성과 연관된 다양한 범위의 환경에 따라 반론의 효과가 달라진다고 주장한다.[57] 예를 들어 혐오발언의 경우, 반론의 효과가 유독 나타나지 않는 영역이다.[58] 혐오발언은 잠재적 발언자들을 침묵시키는 효과를 가져오기 쉽고, 이로 인해 반론 참여 능력을 억제하거나 다른 의견을 표출하는 사람에게 부당한 혹은 위험한 부담을 강요하기도 한다.[59] 아울러 소수자 집단을 대상으로 하는 혐오발언의 경우, 소수자 집단들은 최초의 혐오발언에 노출된 다른 모든 사회구성원들에게 자신의 반론을 전달할 수 있는 채널과 자원을 갖기 어렵다.[60] 트위터 공간에서 나타난 혐오발언에 대한 연구에 따르면, 백인 발언자의 반론은 인종주의적 혐오발언을 억제하는 반면 흑인 발언자가 동일한 반론을 제기했을 경우에는 혐오발언량에 전혀 변화가 없었다.[61] 이 연구결과는 혐오발언의 대상자나 대상집단이 반론을 활용해도 반론원칙이 효과를 발휘하지 못한다는 것을 암시한다.

반론원칙을 비판하는 연구들, 심지어 넓은 의미에서 사상의 시장 은유를 사용하는 연구들 역시도 미디어와 정보 환경의 기술적·구조적 변화가 사실을 바탕으로 한 언론이 허위언론을 극복할 수 있는 가능성에 어떤 영향을 미치는지 구체적으로 고려하지 못하고 있다고 지적한다.[62] 버즈피드의 나비하 사에드Nabiha Syed는 다음과 같이 말한 바 있다: "너무도 자주 우리는, 정보 경제의 체계적 특징에 대한 고려 없이, 개별 사례들에 초점을 맞추는 방식으로 가짜뉴스 문제를 분석하려 한다."[63] 이런 점을 감안하여 다음과 같은 질문을 던져보자. 뉴스 생태계에 영향을 미치는 기술적 변화는 반론원칙의 온전한 사용에 어떠한 영향을 미치는가? 여기서 저자는 소셜미디어 플랫폼이 진실의 그리고 고품질의 뉴스 및 정보가 허위이며 저품질인 뉴스 및 정보를 극복할 수 있는 가능성(비록 그 가능성은 이미 매우 약해지고 있지만)을 잠식시키는 방식으로 뉴스 생태계에 영향을 미친다는 점을 제시하고자 한다.

기술적 변화는 어떻게 반론원칙을 잠식하는가?

필터버블과 가짜뉴스가 소셜미디어에 미친 효과는 [그림 3-1]에 제시되어 있다. [그림 3-1]에는 정식뉴스legitimate news의 상대적 중요성을 감소시키거나 가짜뉴스의 중요성을 증가시키는 6가지 기본적 변화가 제시되어 있다.

저자의 분석은 '진짜' 뉴스와 '가짜' 뉴스를 타당하게 구분할 수 있다는 가정에서 시작했다. 혹자는 **가짜뉴스**라는 널리 퍼진 (아울러 잘못 사용되는) 용어에서 아무런 의미를 찾을 수 없다고 주장하기도 한다.[64] 분명히 언론 구분과 관련된 용어는 모든 영역에서(이를테면 상업적 대 비상업적 언론, 명예훼손적 대 비명예훼손적 언론) 모호하고 합의를 얻지 못하는 경우가 대부분이다. 그러나 이 때문에 용어의 모호성과 합의불가능성 구분을 유지하는 것의 타당성, 합법성, 중요성이 불가능하다는 것을 의미하지는 않는다.[65]

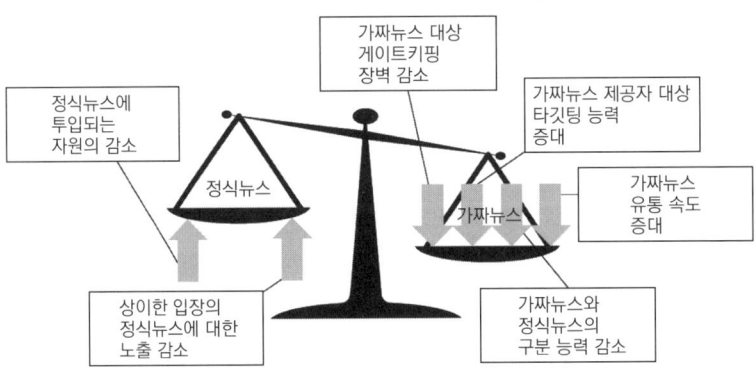

[그림 3-1] 미디어 생태계의 변화가 정식뉴스와 가짜뉴스의 상대적 우위 및 반론의 효과성에 미치는 영향력

정식뉴스에 투입되는 자원의 감소

지난 20년 동안 우리의 뉴스 생태계에 영향을 끼친 변화요인들을 생각해볼 때, 뉴스생산 과정의 변화에서 시작하는 것이 타당할 것이다. 뉴스 생태계를 변화시킨 기술적·경제적 변화는 가짜뉴스의 생산을 감소시키는 효과를 초래하지 않은 채, 정식뉴스의 생산을 잠식시키는 다양한 효과들을 초래했다.[66] 이러한 관계는 정식뉴스 생산을 감소시키는 효과로 [그림 3-1]에 반영되었다.

저널리즘 영역에서 지속적인 경제적 위기는 매우 잘 알려져 있다.[67] 이러한 위기의 핵심적 여파는 미국 전역에서 신문사의 수 감소, TV 뉴스룸의 규모 축소, 전문적 저널리즘 직종 감소로 나타났다.[68] 몇몇 연구자들은 다양한 온라인 뉴스 기업들이 등장하고 기술적 변화가 가져온 새로운 기회로 "시민 저널리즘citizen journalism"이 육성되면서, 전통적 저널리즘의 감소를 상쇄하는 새로운 힘으로 등장했다고 주장했다.[69] 하지만 현실은 그렇지 않다. 이러한 새로운 발전으로는 전통적 미디어에 영향을 미친 경제적 쇠퇴로 인해 감소한 저널리즘 종사자들을 완전히 대체할 수 없었다.[70] 여기서 골치 아픈 역설이 나타난다. 미디어 조직과 채널은 증가하는데, 온전한 저널리즘 생산은 감소하는 것이다.

온라인 뉴스는 분명히 풍성해졌으나 정식뉴스가 감소하는 역설을 해결하는 것은 쉽지 않다. 그러나 거의 논의되지 않으며 (현 단계에서) 충분하게 연구되지는 않았지만, 아마도 **기생저널리즘**parasitic journalism이라고 부르는 것이 가장 적절한 디지털저널리즘 영역을 고려한다면 이 역설을 더 잘 이해할 수 있을 것이다.[71] 기생저널리즘은 다른 미디어기업에서 생산한 뉴스보도를 마치 자신들이 취재한 것처럼 작성한 뉴스기사를 의미한다. 만약 이러한 분석틀을 통해서 디지털미디어 기업들이 생산한 뉴스기사를 살펴본다면, 정식저널리즘이라고 분류될 수 있는 온라인 뉴스보도의 비중은 급격하게 감소할 것이다. 실제로 이런 유형의 (종종 '흡혈귀 웹 페이지vampire web pages'라고 불리기도 하는) 기생저널리즘은 벌이가 좋은 사업모형으로 등장하고 있다. 어떤 경우 기생저널리즘 기업은 다른 곳에서 생산된 뉴스기사들의 링크들을 주로 모아놓은 뉴스사이트 형태에 불과한 경우도 있다(매우 일반적인 온라인 사업모형이기도 하다). 그러나 기생저널리즘은 여기서 한발 더 나아가, 소셜미디어를 활용해 인기 있는 뉴스기사가 무엇인지를 확인하기 위한 온라인 분석 소프트웨어를 활용하기도 한다. 이렇게 수집된 뉴스기사들은 다운로드된 후 일반적으로 제목과 표현을 약간 바꾸지만 원래 기사의 사진과 그래픽은 동일하게 활용하여 다시 포스팅된다. 이렇게 재활용된 뉴스기사들은 결국 최초에 뉴스기사를 생산한 뉴스기업들에 가야 할 수용자를 끌어들인다(그리고 수익을 낸다).[72]

TV 채널수의 폭증으로 프로그램 재방송 및 용도변경되어 위장된 형태로 프로그램 다양성이 과장되게 급증했다는 인식이 생겼다. 마찬가지로 온라인 뉴스기사의 폭증이라는 현상은 원천뉴스 보도를 할 수 없는 (혹은 할 의향이 없는) 가난한 뉴스기업들이 원천뉴스 보도를 재활용한 후 유통시키는 뉴스 생태계다.[73] 여러 면에서 이는 온라인 에코챔버online echo chamber, 반향실反響室[74]다. 온라인 에코챔버에서는 뉴스기업이 서로서로 동일한 뉴스를 만들어내며, 원천뉴스 보도는 종종 왜곡되거나 원천 보도에 대해 의견이나 해석을 덧붙이는 방식으로 형태가 바뀌고 재요약되기도 한다. 여전히 상대적으로 소수에 불과한 미디어기업들이 뉴스의 대부분을 생산하고 있지만, 뉴스를 생산할 수 있는 경제적 능력이 있는 이들 소수의 미디어기업들은 지속적으로 쇠락하고 있다.

원천뉴스 보도에는 비용이 발생하며, 저널리즘 경제가 쇠퇴하면 결국 생산되는 뉴스품질도 쇠퇴하기 마련이다. 반면 가짜뉴스는 생산비용이 훨씬 더 낮다. 가짜뉴스를 만드는 데는 진지한 조사가 필요 없고, 확인 절차도 필요 없고, 전문적 훈련을 받은 저널리스트도 필요 없다. 바로 이 점이 가짜뉴스가 왜 오랜 역사를 가졌는지—가짜뉴스는 인터넷과 소셜미디어 시대 이전까지 거슬러 올라간다[75]—설명해준다. 커뮤니케이션 기술이 변화하면서 가짜뉴스의 생산·확산·소비 과정이 변하고 있다.[76] 이에 따라 오늘날 마케도니아 10대 청소년들은 자기 방에서 가짜뉴스를 손쉽게 그리고 효과적으로 생산하고 (아울러 수익을 내고) 있다.[77] 미디어 생태계의 진화는 과거 어느 때보다 가짜 뉴스와 정보의 생산을 용이하게 만들고 있다. 그 결과 반론원칙의 효과성이 떨어진다. 가짜뉴스 및 허위정보에 비해 정식뉴스 및 사실에 기반한 정보는 과거에 비해 찾아보기 어려울 정도로 적게 생산되고 있다.

가짜뉴스 대상 게이트키핑 장벽 감소

가짜 뉴스 및 정보 대비 정식 뉴스와 정보의 상대적 중요성의 변화는 전통적으로 가짜뉴스를 걸러내주던 (따라서 가짜뉴스 제작 의도를 감소시켰던) 게이트키핑 장벽이 급격하게 낮아진다는 사실을 반영하기도 한다. 매스미디어 시대의 경우, 언론사의 자유freedom of the press는 게이트키핑 병목점으로 정의되는 "언론사를 소유한 존재들에게만 보장되었다."[78] 뉴스와 정보의 실질적 배포 권한은 방송국, 케이블TV 시스템, 신문사, 잡지사와 같은 기업들에 한정되었으며, 이들은 기술적·경제적 근거에서 상대적으로 희소한 커뮤니케이션 자원을 소유했던 기업들이었다. 즉 이들은 뉴스와 정보의 병목점에서 강력한 게이트키핑 권한을 휘두를 수 있는 기업들이었다.

인터넷과 소셜미디어는 매스미디어라는 게이트키퍼를 우회할 수 있는 기회를 제공했다. 앞서 언급하였듯 정식뉴스 기사를 생산하려는 경제적 유인이 약해졌고, 역설적이게도 정식뉴스의 배포 기회는 증가했지만 배포 비용이 증가하는 결과로 나타났다. 그러나 가짜뉴스를 만들어 내는 비용이 낮아진 상황에서 이를 걸러낼 게이트키핑 장벽과 가짜뉴스 배포 비용이 감소하는 반면, 가짜뉴스 생산을 위한 경제적 유인은 증가하는 모습을 보인다.[79]

심지어 광고비 전달 방식도 온라인 가짜뉴스 생산자들에게 좋은 기회를 제공해주는 방식으로 변하고 있다. 오늘날 광고 물량은 엄청나게 많아졌으며, 온라인 광고 비용은 점점 더 알고리즘 기반 광고배치 네트워크ad-placement networks를 통해 처리되고 있다.[80] 더구나 광고업자들은 자신들의 광고가 어떤 곳에 배치되는지 알지 못하는 (어쩌면 알고 싶어 하지도 않는) 경우가 대부분이다.[81] 본서 1장에서 저자는 현재의 디지털미디어 생태계의 핵심 특징으로 콘텐트와 광고가 분리된다는 것을 논의한 바 있다. 이런 특징은 광고가 언제 어디에 배치될지 상식적으로 예상할 수 있었던 매스미디어 시대와 매우 다르다. 오늘날 온라인 광고 배치 알고리즘을 결정짓는 기준들에 따르자면, 가짜뉴스 사이트는 자동화된 미디어 구매 시스템을 통해 유통되는 광고비를 끌어들이려는 온라인 콘텐트 공급자들과 거의 비슷한 위치를 점유하고 있다.

2016년 미국 대통령 선거 이후 구글과 페이스북 같은 기업들은 이 문제를 해결하기 위해 여러 가지 방법을 제시하였고, 심지어 자신들의 광고네트워크에서 알려진 가짜뉴스 업체들을 금지하겠다고 발표했다. 페이스북은 자신들의 목적이 "가짜뉴스를 만들어내려는 경제적 유인을 없애는"[82] 것이라고 발표한 바 있다. 이와 같은 노력들의 효과 여부에 대해서는 이후 연구들에서 의문이 제기되었다.[83] 조금 후에 자세히 언급하겠지만, 가짜뉴스를 제작하는 목적이 반드시 광고수익 때문만은 아니다.

과거 소수의 게이트키퍼들이 가짜뉴스의 배포(그리고 이를 통한 수익 실현)를 방지하였다. 게이트키퍼의 수가 제한되어 있었기 때문에, 게이트키퍼들은 가짜뉴스 확산을 막으려는 경제적 유인과 기회 모두를 보유하고 있었다. 먼저 경제적 유인은 거의 파편화되지 않은 미디어 환경에서 가능한 한 최대 규모의 수용자를 끌어들이고 보유하기 위해서는 뉴스보도가 중립적이고 공정하게 (이로 인해 허위일 확률이 거의 없게) 이루어져야 한다[84]는 점에서 찾을 수 있다. 또한 경제적 기회는 이러한 뉴스기업들이 뉴스기사 작성을 위해 조사하고 검증할 충분한 경제적 자원들을 보유했다는 점에서 찾을 수 있다. 점차 파편화되는 미디어 환경으로 경제적 악영향이 발생하기 이전에는 이런 경제적 자원들이 이들 뉴스기업의 경제적 건전성에 기여하였다.

병목점과 게이트키퍼의 감소로 가짜뉴스의 생산과 확산 기회는 엄청나게 증가했다. 잘 알려져 있듯, 2016년 미국 대통령 선거 이후에도 수많은 사람들이 어떤 이념적 동기ideological motivation가 아닌 순수하게 경제적 기회를 노리고 가짜뉴스 생산과 배포에 개입했다.[85] 가짜뉴스 생산 경제가 매력적이었다는 점에서, 가짜뉴스 생산의 경제적 유인은 과거부터 언제나 존재해왔다. 그러나 인터넷 덕분에 가짜뉴스 생산에 대한 진입장벽이 현격하게 낮아지면서 (즉 제도적 게이트키핑 기능이 약화되면서) 가짜뉴스의 경제적 유인 효과가 증폭되었다.

지난 몇 년간 소셜미디어가 뉴스배포의 중심으로 떠오르면서, 그리고 1장에서 소개하였듯 미디어 소비모형이 '풀'이 아닌 '푸시' 방식으로 퇴행하게 되면서, 가짜뉴스 생산과 배포의 경제적 동기는 훨씬 더 강력해졌다. 소셜미디어는 이전에 존재한 적 없었던 낮은 정보배포 비용과 대규모의 수용자 합산 기능을 제공함으로써, 인터넷 공간에서의 게이트키핑 장벽을 보다 더 효과적으로 낮추고 있다. 연구에 따르면 소셜미디어 추천은 정식뉴스 사이트가 아닌 극단적 정파hyperpartisan 사이트와 가짜뉴스 사이트에서 나온 뉴스기사를 더 많이 배포하게 만든 핵심 요인이었다.[86] 왜냐하면 가짜뉴스 기사들은 보다 많이 공유되기 위한 목적에서 작성되었고, 가짜뉴스 제작자들은 어느 상황에서라도 입소문을 타기 쉬운 유형의 뉴스기사를 만들어내기 위해 언제나 노력했기 때문이다. 물론 정식뉴스 기사들도 입소문을 타기 위해 노력했지만, 현재 벌어지는 사건의 실상에 부합하는 기사를 써야 한다는 제약을 받았다. 가짜뉴스와 정식뉴스의 차이에 관한 연구에 따르면, 가짜뉴스 트래픽의 30%가량이 페이스북에서 입소문을 탄 반면, 입소문을 탄 정식뉴스 트래픽은 8%에 불과했다.[87]

일반적으로 이런 주장을 펴는 연구자들은 가짜뉴스가 전통적인 중립성과 객관성에 충실한 저널리즘 출처보다 정파적 성향의 뉴스와 정보 출처에서 탄생한다고 생각한다. 이들은 가짜뉴스 제작 및 배포 동기가 순수하게 경제적이든, 과도하게 정치적이든, 아니면 사실 기반 저널리즘 보도에 보다 정파적으로 접근하면서 나타난 비의도적 결과든 상관없이 나타나는 결과라고 생각한다. 논란의 여지가 있지만, 이들의 주장은 설득력 있는 경험적 증거에 기반하고 있다.[88] 이를테면 총기난사 mass shooting와 관련된 음모론이 트위터에서 확산된 이유를 분석한 케이트 스타버드Kate Starbird에 따르면, 극단적 정파성향을 보이는 '대안적alternative'* 뉴스사이트들은 총기난사와 관련된 음모론을 확산시키려는 경향이 보다 강한 것으로 나타났다.[89]

---

* 극단적 좌파/우파가 주류 좌파/우파의 생각에 반대하면서 스스로의 성격을 부여하기 위해 사용하는 단어다. 적어도 서유럽과 북미 지역에서는 극우주의 세력이 스스로를 '대안적 우파alternative right, alt-right'라고 부른다. 주류 우파가 경제적 자유시장질서에 대한 정부개입을 막는 데 주력하는 반면, 대안적 우파 진영에서는 이민 반대, 전통적 서구사상(이를테면 기독교) 수호 등을 전면에 내세우는 데 주력한다.

'더 많은 언론'의 가치를 강조하는 반론원칙에 대한 저자의 주장을 요약하자면 다음과 같다. 현대 뉴스 생태계의 반론원칙에서 말하는 '더 많은 언론'은 허위언론일 가능성이 높다.

가짜뉴스 제공자 대상 타깃팅 능력 증대

뉴스배포 맥락에서 뉴스배포 과정의 변화는 중요한 고려사항이다. 우리는 가짜뉴스에 영향을 받을 가능성이 높거나, 실제로 가짜뉴스에 영향을 받아 민주주의 의사결정 과정에 중대한 결과를 초래할 수 있는 개별 이용자들에게 가짜뉴스의 배포방식이 특히나 효과적으로 타깃팅된다는 점을 고려해야 한다. 2장에서 제시하였듯, 웹의 상호작용성은 엄청난 양의 수용자 데이터를 제공하고 있으며 이로 인해 전례 없던 규모의 수용자 타깃팅이 가능해졌다.

반론원칙 맥락 관점에서 볼 때, 이러한 변화는 콘텐트 생산자가 가장 원하는 대상에게 콘텐트를 전달한다는 점에서 가짜뉴스 배포에 경제적 혹은 정치적 관심을 갖고 있는 사람들이 과거에 비해 현재 훨씬 더 좋은 조건을 갖게 되었음을 뜻한다. 소셜미디어 활동이 측정되면서 개인의 정치적 성향에 대한 신뢰도 높은 측정치들을 얻을 수 있게 되면서, 우파성향 혹은 좌파성향의 뉴스소비자(혹은 보다 근본주의적인 이념성향을 갖는 집단)에게만 타깃팅하는 것이 과거에 비해 매우 쉬워졌다.[90] 이러한 방식으로 가짜뉴스가 만들어낼 수 있는 (브랜다이스 판사의 용어를 빌자면) "악evil"의 강도가 증폭되었다.

2018년에 널리 알려졌듯, 트럼프 선거진영에서는 캠브리지애널리티카Cambridge Analytica라는 컨설팅 기업을 고용했다. 캠브리지애널리티카는 대규모의 소셜미디어 데이터를 활용하여 개인투표자에 대한 심리적, 인구통계학적, 지리적 정보를 자세히 수집한 후, 이 데이터를 활용하여 페이스북과 같은 소셜미디어 플랫폼을 통해 개인투표자에게 마이크로타깃팅된 정치메시지를 전달하였다.[91] 내부폭로자인 마크 와일리Mark Wylie에 따르면, 이러한 정치메시지들의 대부분은 수신자들의 정치적 피해망상과 인종적 편견을 일깨우고 촉발시키는 내용이었다.[92] 캠브리지 애널리티카가 부적절한 방식으로 개인투표자 정보를 얻었다는 폭로로 인해, 정책당국자들의 관심은 가짜뉴스 이슈가 아닌 이용자의 프라이버시 이슈라는 미국인에게 보다 친숙한 주제로 초점이 바뀌었다. 실제로 캠브리지애널리티카가 개인정보를 활용하여 선거메시지에 명백한 가짜뉴스와 허위주장을 배포하였는지 여부(비록 이런 모습이 기존 정치광고에서도 흔히 나타나기는 했지만)에 대한 논란은 거의 없었다. 그러나 이 사례에서 저자가 주목하는 점은 사람들의 개별 특성을 기반으로 만들어진 맞춤형 메시지나 정보를 활용하여 사람들을 타깃팅하는 기술적 능력이 기존 커뮤니케이션 채널을 활용해서 가능했던 수준을 훨씬 더 뛰어넘어 새롭게 도약하고 있다는 사실이다.[93] 러시아에 기반을 둔 수백 개의 페이스북 계정 역시 2016년 미국 대통령 선거기간 동안 마이크로타깃팅된 정치광고를 구매하고 배포하는 데 사용되었는데, 이 역시 마이크로타깃팅을 위한 전례 없는 기술력을 보여주는 사례다. 최근 미의회에서는 이들이 사용한 광고의 내용, 타깃팅하였던 수용자 집단과 범위 등에 대한 자료를 공개하였는데,[94] 이를 통해서 현재의 소셜미디어 기반 수용자 타깃팅 전략이 어떤 과정으로 진행되는가를 훨씬 더 자세하게 이해할 수 있다.

 미국 상원의 조사에 따르면, 가짜뉴스라는 관점에서 천여 개의 러시아 트롤trolls[*]이 위스콘신, 미시간, 펜실베이니아 등의 경합주swing states에 거주하는 개인투표자들에게 특화된 가짜뉴스 기사들을 퍼트린 것으로 나타났다.[95] 이 과정에서 개인투표자의 거주지역 정보를 파악하기 위해 소셜미디어 데이터가 활용되었다. 이와 같이 선거에서 활용되는 타깃팅 활동에 대한 최근 연구에 따르면, 선거일 이전 10일간 11개 경합주에 거주하는 투표자들은 신뢰할 만한 전문 저널리스트의 뉴스보다 "거짓이며, 쓰레기에 가까운, 극단적 당파성을 띤" 정보를 더 많이 접했던 것으로 나타났다.[96]

아울러 사이버안보 전문가인 클린트 와츠Clint Watts의 증언에 따르면, 이들 가짜뉴스 업체 중 일부는 명백하게 도널드 트럼프를 타깃팅하였다. 선거기간 동안에는 해당 가짜뉴스에 트럼프가 쉽게 설득당하게 하기 위해 트럼프가 트위터 계정에 접속한 시점에 맞추어 가짜뉴스 기사들을 그의 트위터 계정으로 직접 발송했던 것으로 나타났다.[97] 이는 가짜뉴스 공급자가 자신의 가짜뉴스에 영향받을 것 같은 사람에게 도달하기 위해 극도로 개인맞춤화된 미디어 환경을 어떻게 활용하는지를 보여준 극단적 사례다.

가짜뉴스 현상에 대한 최근 분석결과에 따르면, 선거 관련 가짜뉴스 기사의 도달률, 노출빈도 등은 상대적으로 제한적인 것으로 나타났다.[98] 이런 맥락에서, 누군가는 가짜뉴스가 실질적으로 효과가 없었다고 주장할지도 모르겠다. 그러나 일반적인 보통선거에서 지지 후보자를 결정하지 못한 혹은 반대편 후보자로 '마음을 바꿀flip' 가능성이 있는 투표자들은 상대적으로 매우 작은 비율에 불과하다. 또한 선거의 승자와 패자를 구분하는 득표 차이는 매우 작은 경우가 보통이다. 이런 점에서 볼 때 중요한 것은 도달률이 아니라, 이렇게 작은 집단을 어느 정도나 정

---

* 트롤은 온라인 공간에서 욕설이나 공격적 표현 등을 올리는 사람을 의미한다. 우리나라 용어로 굳이 해석하자면 '관종' 혹은 '어그로' 등으로 번역할 수도 있다. 그러나 본서에서 언급하는 트롤은 특정 조직의 전략적 목표 달성을 위한 가짜 계정 혹은 가짜 사이트라는 점에서 일반적으로 인터넷에서 언급되는 속어인 트롤과는 다소 거리가 있다. 이런 점에서 본서에서 말하는 트롤에 대응하는 국내 용어는 '온라인 작전세력' 정도가 적절할 수도 있다.

확하게 타깃팅할 수 있는지 여부다. 비록 2016년 미국 대통령 선거에서 투표자 타깃팅이 엄청난 정확도를 보이지 않았다고 하더라도, 경험이 축적되고 앞으로 틀림없이 발전하게 될 도구와 기술을 활용한다면 정확도가 개선될 것으로 쉽게 예상할 수 있다.

혹자는 이러한 역학관계가 정식뉴스가 필요한, 혹은 가짜뉴스에 가장 취약한 뉴스소비자에게 정확한 뉴스기사를 전달하는 목적으로 사용될 가능성이 충분하다고 반론할 수도 있다. 그러나 정식뉴스를 보도하는 기업들은 가짜뉴스에 가장 취약한, 혹은 가짜뉴스에 영향을 받았을 때 선거판도를 바꿀 수 있는 사람들에게 접근하려는 목적에서 공격적으로 타깃팅된 뉴스를 소셜미디어를 통해 확산시키려 하지 않는 것이 보통이다. 또한 가짜뉴스든 정식뉴스든 동일한 기회를 얻을 수 있다는 주장은, 현재의 개인맞춤형 과정에서는 사람들이 소비한 가짜뉴스와 반대되는 내용을 담은 반론에 대한 노출가능성이 감소한다는 점(여기에 대해서는 다음 섹션에서 논의할 것이다)을 고려할 때 훨씬 더 설득력을 잃게 된다.

사실 기반 반론에 대한 노출가능성 감소

법학자 빈센트 블라시Vincent Blasi가 강조하였듯, 반론의 효과에 영향을 미치는 핵심 조건 중 하나는 "애초 사상에 의해 영향을 받았던 모든 사람들이 반대-메시지에 주목하는"[99] 수준이다. 현재 미디어 환경은 일정 수준에서 이러한 유형의 반론 노출을 명시적으로 가로막고 있다. 이것이 바로 필터버블 현상의 핵심이다. 필터버블 속에서는 소셜미디어와 기타 뉴스 어그리게이션 플랫폼에서 알고리즘 기반으로 맞춤화된 콘텐트가 개인의 성향과 결합되어[100] 이용자는 자신의 기존 콘텐트 선호와 정치적 성향에 부합하지 않는 뉴스 기사와 콘텐트를 접하지 못하게[101] 된다. 필터버블에서 나타난 반론에 대한 노출 차단 과정은 다양한 방식으로 나타난다. 개인의 필터버블은 기존에 소비한 정식뉴스와 맞지 않는 가짜뉴스를 막는 역할을 할 수도 있지만, 반대로 기존에 소비했던 가짜뉴스와 맞지 않는 정식뉴스를 차단할 수도 있다.

필터버블이 정파적 성향과 어떤 관련을 맺는지를 보여주는 다른 연구를 살펴보자. 정파성이 강한 사람일수록 허위내용을 더 접하기 쉽다는 것이 경험적으로 확인되었으며,[102] 아울러 개인의 필터버블이 더 강한 정파적 성향을 띨수록 가짜뉴스가 개인의 필터버블에 스며들 가능성은 올라가고[103] 가짜뉴스를 반박하는 정식뉴스를 소비할 가능성은 감소하는 것으로 나타났다.[104] 강한 정파적 성향을 지닌 사람들이 가짜뉴스 기사를 더 빈번하게 공유한다는 연구결과[105]는 이런 패턴을 더 강하게 지지해준다.

아마도 **정파성의 소용돌이**spiral of partisanship[106]는 현재 상황을 묘사하는 가장 좋은 용어일 것이다. 케이블TV의 발전으로 1980년대부터 시작된 미디어 파편화와 개인맞춤화가 강하게 나타나고, 1990년대와 2000년대 인터넷과 소셜미디어의 등장을 통해 미디어 파편화와 개인맞춤화는 더욱 가속화되었다(1장을 참조하라). 이 과정에서 보다 강한 정파적 뉴스조직과 더욱 강한 정파적 뉴스에 대한 수용자의 선택적 노출 사이의 상호의존 현상이 강화되었다. 이 상호의존 관계 속에서 정파적 뉴스조직들은 자신들이 살아남기 위해 정파적 수용자를 필요로 했고, 수용자의 정파적 뉴스소비는 보다 정파적인 뉴스조직을 필요로 했다. 미디어 환경이 점점 더 파편화되면서, 정파성을 심어주고 만족시키는 데 필요한 미디어 역량은 더 증폭되었다.[107] 1980년대부터 자기보고 방식으로 측정한 정파성이 갑자기 증가했다는 설문조사 결과와, 미디어 파편화가 본격적으로 시작되었다는 결과가 동시에 나타났던 것을 우연의 일치라고 보기는 어렵다.[108] 또한 정파적 뉴스소비자가 가짜뉴스를 소비할 가능성이 증가할 뿐만 아니라(이에 대해서는 이미 설명하였다), 가짜뉴스를 수정할 수 있는 반론에 대한 저항성도 증가시킨다는 사실 또한 연구를 통해 밝혀졌다.[109] 최근 연구에 따르면 "가짜뉴스에 대한 팩트체크 뉴스는 절대로 가짜뉴스 소비자에게 도달되지 못한다."[110] 또다시 반복하지만 현재의 미디어 생태계는 필터버블 이전 시대에는 존재하지 않았던 방식으로 가짜뉴스 소비 쪽으로 기울어져 있다.

이러한 역학관계 속에서 전통적 방식의 반론원칙을 적용하는 것은 바람직하지 않다. 전통적 관점에서 바라본 반론원칙은 공중파 방송시대broadcast-era의 미디어 배포 모형에서 작동하던 원칙이었다. 반론원칙을 기반으로 만들어진 공정성원칙에 따르면, 반론은 동일한 플랫폼에서 제공되어야 하며 동시에 애초의 정보와 어느 정도 동일한 노출량을 가져야 했다. 이런 시기에 성립된 반론원칙의 가정을 알고리즘으로 선별된 콘텐트가 개인 성향과 서로 얽힌 오늘날의 미디어 환경에 적용하는 것은, 아무리 좋게 봐준다고 해도 괴상한 가정이라고 말할 수밖에 없다. 이런 점에서 뉴스 생태계에 영향을 끼친 기술적 변화로 인해 반론에 노출될 필요가 있는 사람에게 반론이 도달될 가능성이 감소하였다고 결론 내리는 것은 합당할 것이다.

가짜뉴스와 정식뉴스의 구분능력 감소

또한 기술적 변화가 정식뉴스와 가짜뉴스를 구별하는 시민들의 능력을 잠식하는 모습도 관측되고 있다. 이 점을 파악하기 위해 우리는 뉴스평가에 관련된 독특한 문제점을 살펴볼 필요가 있다. 일반적으로 경제학자들은 상품을 다음의 세 가지 범주로 구분한다. ①검색재/검수재search/inspection goods : 그 품질이 어떤지에 대한 검수가 이미 완료된 상품이다. ②경험재experience goods : 일정 시간 동안 사용을 한 후에야 그

품질이 어떤지 알 수 있는 상품이다. ③ 신용재credence goods : 품질에 대해 확신하는 것이 어렵기 때문에 품질에 대한 신뢰를 바탕으로 소비되는 상품이다.[111]

저널리즘 상품의 경우 두 번째 범주로 분류되기도 한다(예를 들어, 어떤 지역신문에서 내일 비가 내릴 것이라고 보도했는데, 실제로는 눈이 대신 내린 것으로 끝난 경우). 그러나 저널리즘 상품은 뉴스소비 이후 향후의 의사결정에 활용되는 반면, 이 과정에서 뉴스의 진실성이나 품질에 대한 사후평가를 가능하게 만들 수 있는 관측 가능한 피드백은 존재하지 않는다는 점에서 종종 세 번째 범주에 포함되기도 한다.

어떤 유형의 재화에 대해 평가할 때, **제한적 합리성**bounded rationality을 적용하는 것이 보통이다.[112] 개인은 합리적 의사결정을 내리지만, 의사결정을 내리는 데 도움을 주는, 개인이 처리할 수 있는 정보의 한도 내에서만 합리적이라는 것이 제한된 합리성이다. 즉 개인은 완전히 합리적이지만, 만약 최적의 의사결정을 내리기 위해 필요한 모든 정보를 접하지 못할 경우 그 의사결정은 잘못될 수 있다.

뉴스가 상품이라는 이전의 설명에서 명확하게 나타나듯, 뉴스소비자는 자신이 소비하는 상품의 품질이 어떠한지 판단하기 위해 완벽하게 확신할 수 있는 필수정보를 다 얻지 못하는 것이 보통이다. 뉴스의 이러한 특징은 "뉴스는, 뉴스의 정의상, 대중들이 알지 못하는 것이다"[113]라는 말에 잘 반영되어 있다. 따라서 가짜뉴스 소비는 (앞서 설명했던 다양한 인지적 편향과 상호작용하는) 부절적한 정보 상황과 일정 부분 연관되어 있다고 이야기할 수 있다. 가짜뉴스 소비자는 가짜뉴스가 진실이라는 착각 속에서 가짜뉴스를 소비한다. 온라인에서 얻을 수 있는 뉴스와 정보의 출처가 엄청나게 증가한 상황에서[114] 뉴스소비자는 정보처리에 대한 부담을 더 크게 느끼고 있으며, 이로 인해 정식뉴스와 가짜뉴스를 정확하게 구분하는 것은 더 어려워졌다.

이와 같이 정보를 제대로 얻지 못하는 상황에 대처하기 위한 전통적 메커니즘이 기술변화로 인해 점점 약화된다는 사실은 특히나 더 중요하다. 예를 들어, 오랜 시간 동안 뉴스소비자들은 뉴스조직의 평판을 통해 정식뉴스와 가짜뉴스를 구분해왔다.[115] 평판은 경험재와 신용재 시장이 효율적으로 작동하기 위한 (불완전하다는 것은 분명하지만) 중요한 요인이다.[116] 진실성과 사실성이라는 측면에서 〈뉴욕타임즈〉의 평판은 〈내셔널인콰이어러National Inquirer〉의 평판보다 전반적으로 더 높다.

그러나 평판이라는 중요한 추단법은 뉴스소비가 소셜미디어 플랫폼으로 옮겨감에 따라 그 영향력이 감소하고 있다. 이 점은 소셜미디어 뉴스소비자가 자신이 소비한 뉴스의 실제 출처에 대해 알고 있는 경우가 얼마나 드문지 보여주는 연구를 통해서 매우 잘 드러난다. 퓨리서치센터의 연구보고서에 따르면, 소셜미디어를 경유하여 뉴스를 소비하는 사람들은 자신이 소비하는 뉴스의 약 절반가량에 대해서만 해당 뉴스기사의 출처를 확인하는 것으로 나타났다.[117]

뉴스기사가 진실일 가능성을 가늠하기 위한 전통적 평판 기반 추단법은 소셜미디어에서 뉴스를 공유해준 사람의 진실성이라는 새로운 추단법으로 대체되었다.[118] 즉 개인의 사회적 네트워크상에서 신뢰할 수 있는 사람이 공유해준, 하지만 정작 본인은 뉴스의 출처가 무엇인지 전혀 알지 못하는 기사가, 평판이 좋은 뉴스조직에 의해 생산된 기사이지만 사회적 네트워크에서 자신이 신뢰하지 않는 사람이 공유해준 기사에 비해 더 믿을 만한 기사라고 평가받게 되고 따라서 더 많이 소비된다.[119] 이러한 후광효과halo effect는 뉴스브랜드 전반으로 확장된다. 즉 개인들은 자신과 사회적으로 연결되어 있는 사람, 자신이 신뢰하는 사람이 추천해준 뉴스조직의 뉴스를 접할 가능성이 더 높다.[120] 이러한 경향은 트위터에서 공유된 뉴스기사들 대부분이 공유되기 이전에는 클릭되지(즉, 읽히지) 않다가 왜 공유된 이후에야 클릭되는지를 잘 설명해준다.[121] 앞서 설명하였듯 필터버블이 수많은 개인들의 사회적 네트워크에서 확인된 이념적 동류화ideological homogeneity의 결과물이라는 점을 감안할 때,[122] 우리는 점점 더 주요 뉴스소비 창구가 되어가는 소셜미디어 맥락에서 반론에 노출될 가능성이 감소할 것이라는 점을 다시 한 번 확인할 수 있다.

자신의 이념적 성향과 부합하는 뉴스조직에 대해 뉴스소비자가 부여하는 신뢰에 비해 주류 뉴스조직에 대한 신뢰가 훨씬 더 낮다는 최근의 연구결과[123]는 이러한 역학관계를 반영한 것이다. 뉴스조직에 대한 신뢰 양상은 정식뉴스에 비해 가짜뉴스를 소비하고 받아들이는 방식에 따라 본질적으로 변하고 있으며, 이로 인해 반론원칙의 효과가 발휘되기를 기대하기 어려워지고 있다. 결국 뉴스소비자는 뉴스기사의 출처가 진실인지 아니면 허위인지 점점 더 정확하게 판단하지 못하고 있으며, 따라서 (반론과 같은) 더 많은 언론more speech 원칙으로는 허위에 대한 진리의 우위, 그리고 양식 있는 시민들에 의한 민주주의적 의사결정을 보장할 수 없다.[124]

이 모든 것들에 덧붙여, 우리는 뉴스출처의 의도적 왜곡도 고려해야 한다. 선전연구에서 잘 알려져 있듯, 선전효과를 증대시키기 위한 핵심 도구는 정보의 출처를 은폐하는 것이다.[125] 저널리즘의 탈을 쓰고 제시되는 선전물은 특히 더 효과적이다.[126] 오늘날에는 선전물을 정식뉴스로 보이게끔 효과적으로 은폐하는 방법들이 엄청나게 많아졌다.[127] 이렇게 된 이유는 소셜미디어의 배포 능력이 강화된 점, 소셜미디어 이용자가 뉴스출처를 확인하지 않는다는 점과 맞물려 가짜뉴스의 진입장벽과 제도적 게이트키핑 능력이 감소하였기 때문이다. 정식뉴스와 가짜뉴스가 소셜미디어 플랫폼에서 나란히 존재하는 환경에서는 선전물이 뉴스기사처럼 위장될 가능성이 더욱더 높아진다.[128] 이 사실은 2016년 미국 대통령 선거기간에 천여 개의 러시아 트롤 사이트들이 소셜미디어를 통해 가짜뉴스를 생산·배포하는 데 개입했다는 의회보고서에 매우 잘 드러나 있다.[129] 보고서에는 러시아 트롤 사이트들이 뉴스조직으로 위장된 수많은 온라인 정보원들을 활용하여 온라인 선전활동을 종종 시행했다는 사실이 강조되어 있다.[130] 러시아의 인터넷연구기관IRA, Internet Research Agency은 심지어 트위터에 '간첩sleeper'[*] 역할을 하는 지역뉴스 정보원을 심어두기까지 했다. 이러한 소셜미디어 계정들은 마치 지역신문사처럼 보이는 이름(밀워키보이스MilwaukeeVoice, 시애틀_포스트Seattle_Post 등)을 만들어 사용했고, 한때 실존했지만 1978년 파산한 시카고의 지역신문(〈시카고데일리뉴스Chicago Daily News〉) 이름을 사용하기도 했다. 이러한 트위터 계정들은 몇 년 동안 지역에 대한 정식뉴스를 배포하다가 (이를 통해 수용자의 신뢰를 얻었고) 2016년 미국 대통령 선거가 다가오면서 다양한 유형의 가짜뉴스를 퍼뜨리기 위해 '본색을 드러내activated'었다.[131] (극적인 상황은 벌어지지 않았지만) 비슷한 맥락에서, 극단적 정파성을 띤 지역신문 사이트들이 소유권, 기자의 신원, 재정적 지원출처 등을 밝히지 않은 채 "정파성이 없는 출판물처럼 보이도록 설계된 이름과 레이아웃을 띤 형태로" 전국에 퍼지기도 했다.[132] 한 연구자에 따르면, 이런 사이트들은 "저널리즘 규범을 따르지 않으면서 저널리즘의 형태를 취하려" 시도하는 가짜뉴스 조직의 사례였으며, 이를 통해 "시민들이 …… 적절한 정보를 검색하기 어렵게 만들었다."[133]

---

[*] sleeper는 평상시에는 자고 있다가 특정한 암시를 받으면 마치 최면에서 깨어나듯 의식적 활동을 수행한다는 의미다.

뉴스출처를 왜곡하는 것은 반론의 효과를 직접적으로 감소시킨다. 2012년 정치자금이 정치캠페인에 미치는 영향에 대한 TV 인터뷰에서, 인터뷰를 진행한 저널리스트는 보수성향 대법관으로 임명된 (아울러 반론을 열렬하게 옹호하는) 안토닌 스캘리아Antonin Scalia에게 토머스 제퍼슨Thomas Jefferson이 현재의 정치 커뮤니케이션 환경을 어떻게 바라볼 것인지 물어보았다. 당시 스캘리아의 답변은 이러했다. "내 생각에 토머스 제퍼슨은 '언론이 더 많으면 많을수록 더 좋다'라고 답할 것 같다. 바로 이것이 수정조항 1조의 모든 것이기도 하다(I think Thomas Jefferson would have said 'the more speech the better.' That's what the First Amendment is all about)."[134] 그러나 스캘리아는 더 중요한 함의를 갖는 발언을 덧붙였다: "그 언론의 출처가 어디인지 알고 있는 한(So long as the people know where the speech is coming from)."[135] 다시 말해, 수정조항 1조를 전통주의적 관점에서 해석하더라도 반론원칙은 절대적인 것이 아니며, 뉴스 혹은 정보의 진짜 출처가 확인될 수 없는 상황이라면 반론원칙은 특히 더 위험하다.

심지어 주류 언론조직도 정식뉴스와 가짜뉴스를 구분하지 못하며, 따라서 주류 언론조직도 가짜뉴스 확산에 기여한다는 사실에도 주목해야 한다.[136] 앞서 설명하였듯, 기생저널리즘은 점점 더 뉴스 생태계에서 중요한 위치를 차지하고 있으며, 이에 따라 정식뉴스 조직들은 뉴스보도를 위한 자원과 다른 뉴스조직들의 뉴스보도를 진지하게 검증하는 데 필요한 자원이 줄어드는 상황에 처하고 있다. 이런 상황에서 정식뉴스 조직들이 가짜뉴스를 더 확산시킬 가능성이 증가하고 있으며, 이에 따라 정식뉴스 조직의 뉴스소비자들에게 가짜뉴스를 정식뉴스인 것처럼 인식시킬 수 있다. 이런 점에서 극단적인 우파성향 뉴스사이트에서 나온 가짜뉴스 기사들이 주류 뉴스미디어의 의제 설정에 영향을 미칠 수 있다는 연구결과는 그리 놀라운 것이 아니다.[137] 한 연구에 따르면 러시아의 IRA와 연계된 트위터 계정에서 나온 트윗 내용이 해당 연구에서 다루었던 33개 주류 미디어 조직 중 32개 조직에서 보도한 뉴스기사에서 언급되었다고 한다. 이 연구자들은 자신들의 연구결과를 "뉴스미디어에 IRA의 콘텐트가 얼마나 깊이 침투했는지를 보여주는"[138] 증거로 제시하였다. 반론원칙 관점에서, 이 결과는 (반론원칙에 따르자면) 가짜뉴스를 극복할 의지가 있는 정식뉴스의 핵심적 공급자들조차도 가짜뉴스에 대항할 능력이 충분하지 않으며, 가짜뉴스를 확산시키는 데 연루되기도 한다는 사실을 의미한다.

여기서 다음과 같은 질문을 던질 수 있다. 새로운 뉴스배포 업체들(즉, 소셜미디어 플랫폼)은 정식뉴스와 가짜뉴스를 얼마나 잘 구분할 수 있는가? 현재 소셜미디어 플랫폼 기업들은 정식뉴스와 가짜뉴스를 구분하는 것이 실제로 자신들에게 중요하다고 결론 내린 것처럼 보인다. 2016년 미국 대통령 선거 이후, 소셜미디어 플랫폼 기업들은 가짜뉴스 기사를 확인하고 이를 방지하기 위한 노력을 조금씩 증가시키고 있다(여기에 대해서는 6장에서 보다 자세하게 논의할 예정이다).[139] 2018년 미국 중간선거가 시작되기 전, 소셜미디어 플랫폼 기업들은 2016년도에 나타났던 문제들이 재발하는 것을 막기 위한 노력의 일환으로 '가짜'계정을 폐쇄하였다. 페이스북은 2018년도 1분기에만 5억 8,300만 개의 가짜계정을 폐쇄하였는데,[140] 이는 2018년도 선거와 관련한 가짜뉴스와 허위정보를 배포하기 위한 목적의 가짜계정들이었다고 한다.[141] 트위터 역시도 몇천만 개에 달하는 가짜계정을 트위터에서 없앴는데, 이들 중 대다수는 선거와 관련된 가짜뉴스를 퍼뜨리기 위해 마련된 계정들이었다.[142] 트위터는 일주일에 평균 900만 개 이상의 계정을 삭제하였는데, 여기에는 공화당 의원으로 위장한 트위터 계정도 있었다.[143] 허위계정이 무엇인지 확인하는 소셜미디어 플랫폼 기업들의 기술은 진보하고 있으며, 소셜미디어 플랫폼 기업들이 실제로 허위계정을 없애는 행동을 실천할 의지가 충분하다는 것도 확실하다.

그러나 이러한 소셜미디어 플랫폼 기업들의 노력이 성공할 것인지에 대해서는 논란이 있다.[144] 오늘날의 소셜미디어 플랫폼 기업들을 과거의 콘텐트 배포 기업들(케이블TV 시스템, 공중파 네트워크, 도서판매업자 등)과 비교해볼 때, 소셜미디어 플랫폼 기업들은 과거의 콘텐트 배포 기업들에 비해 (자신들이 다루는 콘텐트의 규모가 어마어마하다는 점에서) 자신들이 배포하는 정보의 출처와 콘텐트가 무엇인지 잘 알지 못하는 것이 사실이다.[145] 이런 점에서 소셜미디어 플랫폼 기업들은 뉴스소비자들과 마찬가지로 정식뉴스와 가짜뉴스를 구별하는 능력에 한계가 있다(즉 제한된 합리성을 가진다).

가짜뉴스 유통속도 증대

끝으로 미디어 기술의 변화가 가짜뉴스의 유통속도를 어떻게 바꾸는지 살펴보자. 반론원칙을 최초로 공식화한 브랜다이스 판사는 "시간만 있다면(if there be time)"[146] 반론을 통해 허위언론에 대한 적절한 교정 방법을 찾을 수 있을 것이라고 주장했다. 시간은 뉴스가 갑작스레 "인기를 얻는go viral"[147] 오늘날 뉴스 생태계에서 고려해보아야 할 중요한 특성이다.

미디어 기술의 진보로 인해 "뉴스 주기news cycle"가 압축되고 있으며 뉴스는 더욱더 신속하게 전달되고 있다.[148] 뉴스 전달 과정에서 오늘날 소셜미디어는 뉴스기사의 배포 속도를 가속시키는 역할을 한다.[149] "디지털 산불digital wildfires"에 대한 최근 연구들에서는 가짜뉴스가 유통되는 속도, 그리고 가짜뉴스 유통속도에 영향을 미치는 요인들이 무엇인지 살펴보고 있다.[150] 확산속도는 (브랜다이스 판사가 고려할 수도 없었던 것임에 틀림 없는) 봇bot과 같은 기술적 진보에 의해 가속화되고 있으며, 이는 규모나 속도 면에서 인간이 가짜뉴스를 퍼뜨리는 속도와 비교 불가능하다.[151] 2016년 미국 대통령 선거에 영향을 미치기 위해 가짜뉴스를 급속하게 배포시키고자 러시아가 채택했던 시도를 구성한 중요한 기술적 요인이 바로 봇의 사용이었다.[152]

짐작하건대, 브랜다이스 판사 시절과 동일하게 오늘날 정식뉴스 역시도 가짜뉴스와 비슷한 유통속도를 갖고 있을 것이다. 그러나 잠재적인 기술능력이 동일하다고 하더라도, 소셜미디어의 신속한 뉴스배포 능력은 정식뉴스보다는 가짜뉴스 쪽에 더 큰 힘을 실어줄 가능성이 높다는 것이 안타까운 현실이다. 연구에 따르면, 가짜뉴스 기사는 정식뉴스 기사보다 공유될 가능성이—그래서 더 빠르고 (더 멀리) 확산될 가능성이—더 높다고 한다.[153] 이러한 차이를 만들어내는 원인은 바로 이용자의 정파성이다. 정파성이 강한 이용자는 정파적인 뉴스기사를 공유할 가능성이 높은데,[154] 정파성이 강한 뉴스기사는 가짜뉴스 기사일 가능성이 더 높다. 소셜미디어는 정식뉴스보다 가짜뉴스를 불균등하게 더 선호한다는 핵심적 함의를 여기서 또 발견할 수 있다.

예전에 비해 오늘날 뉴스가 더 빠르게, 더 멀리 퍼져 나갈 수 있다는 점에서 브랜다이스 판사가 살았던 시기에 비해 오늘날에는 가짜뉴스에 맞서기 위해 반론에 의지할 "시간만 있다면"이 작동할 가능성이 희박하다는 결론을 내리는 것이 합당하다. 특히 가짜뉴스에 대응하기 위해 반론이 당면한 다른 여러 기술적 도전들을 고려할 때, 과거 어느 시기와 비교해도 오늘날에는 반론에 의지할 시간이 별로 없는 것이 사실이다.

최종 결론은 다음과 같다. 오늘날 뉴스 생태계에서는 전통적 미디어 생태계에는 존재하지 않았던 방식으로 가짜뉴스의 생산·확산·소비를 중

가시키고 촉진하는 여러 조건들이 조합된 방식으로 존재하고 있다. 수정조항 1조라는 관점에서, 이러한 현실은 수정조항 1조가 의도하고 있는 그 효과를 위한 핵심 요인인 반론의 힘이 점점 약해진다는 것을 보여준다. 4장에서는 이러한 상황 속에서 사상의 시장이 효과적으로 작동하는지를 살펴보도록 하자.

4장

알고리즘 기반 사상의 시장

3장에서 저자는 소셜미디어 맥락에서 반론원칙으로서의 수정조항 1조를 이해할 때 사상의 시장이 양식 있는 시민 육성이라는 목적 달성에 실패할 수 있음을 보여주었다. 반론원칙 실패 가능성의 상당 부분은 미디어 생태계에 영향을 미치는 기술적·경제적 변화 때문이다. 또한 반론원칙의 실패는 소셜미디어 플랫폼의 과거와 현재 작동방식에서 비롯된 역학관계에서 나타난 특수한 결과다. 이런 점에서 우리는 소셜미디어 플랫폼을 상당히 독특한 모습을 갖는 사상의 시장이라고 간주할 수 있다.

사상의 시장은 근본적으로 경제학적 은유economic metaphor다. 만약 우리가 이 은유를 좀 더 확장시킨다면, 사상의 시장에서 나타날 수 있는 잠재적 문제점은 자유시장에 대한 분석의 핵심 이슈, 즉 시장실패market failure 가능성을 떠올리게 만든다. 시장실패 가능성을 염두에 둔 상태에서, 4장에서 저자는 알고리즘 기반 사상의 시장에 대한 구조적 분석에 초점을 맞추고자 하였다. 이를 통해 전통적 상품시장에 대한 경제학자의 분석방법을 기반으로 하되, 동시에 어느 정도 거리를 둔 분석틀을 제시하였다. 말할 나위도 없지만, 시장의 작동방식, 시장에서 생산된 상품의 유형, 시장에 대해 기대하는 것 등에서 사상의 시장은 전통적 상품시장과 동일하지 않다. 그러나 이러한 차이점들로 인해 우리는 알고리즘 기반 사상의 시장을 어떻게 평가해야 할지에 대한 기회를 얻을 수 있다. 사상의 시장에서 시장 참여자들은 사실과 의견/분석을 소비하고 공유하면서 서로에게 영향을 미친다. 앞과 마찬가지로 여기서도 저자는 저널리즘 산물을 핵심 입력값으로 취급하였다.

시장실패의 원인은 무엇이며, 시장실패 개념을 알고리즘 기반 사상의 시장에 적용할 수 있는가? 알고리즘 기반 사상의 시장에서 나타나는 시장실패는 어떤 형태인가? 우리는 알고리즘 기반 사상의 시장에서의 시장실패를 이미 목도하였는가? 이러한 연구문제들에 대해 답하기 위해 저자는 2016년 미국 대통령 선거에서 나타난 현상들을 토대로 알고리즘 기반 사상의 시장에 대한 구조분석을 실시할 것이다. 즉 3장에서 사회적으로 매개되는 가짜뉴스와 허위정보 이슈들에 대한 법학적 관점을 살펴보았다면, 4장에서는 보다 경제학적 접근을 택하였다. 상품시장 분석에서 사용하는 개념과 기준을 사상의 시장에 적용하는 것이 4장의 목표다.

사상의 시장에서 나타난 시장실패의 원인, 지표, 그리고 결과

분석에 필요한 필수적 기초작업으로 첫 번째로 다루어야 할 중요 내용은 시장실패를 야기하는 중요 원인과 시장실패를 보여주는 지표가 무엇인지 살펴본 후, 사상의 시장 맥락에 맞게 시장실패의 원인과 지표를 어떻게 수정해야 할지 살펴보는 것이다. 전통적 상품시장의 경우, 시장은 경제적 효율성, 아울러 소비자 복지, 생산성, 경쟁 등과 같은 내재적 기준들에 따라 시장이 효과적으로 작동하는지 결정된다. 만약 상품과 서비스의 할당allocation이 효율적이지 않을 경우 시장실패가 나타난다.

본질적으로 시장실패란 시장에서 시장 참여자들의 이익 합산이 최선인 방식으로 작동하지 않는 상황을 의미한다. 경제학자들은 다양한 상품 시장에서 발생하는 시장실패의 원인, 지표, 결과에 대해 상세한 연구를 축적하였으며, 저자는 이러한 연구결과들을 활용하였다.

그러나 경제학자들은 사상의 시장, 그리고 사상의 시장에서 나타나는 시장실패의 원인, 지표, 결과에 대해서는 그다지 큰 관심을 보이지 않았다.[1] 상품시장과 사상의 시장에 대한 제도적 규제를 비교한 경제학자 로널드 코즈Ronald Coase의 고전적 연구에서, 코즈는 사상의 시장에 대해 "내가 가급적 언급하고 싶지 않은 거대 주제"라고 평가하면서도 미국의 정치시스템으로 달성되는 결과를 볼 때, 사상의 시장에서 시장실패가 상당히 많이 나타난다고 짧게 언급한 바 있다.[2] 안타깝게도 코즈의 연구 이후 45년간 사상의 시장에서 나타나는 시장실패 가능성을 연구한 학자들은 거의 없다. 그러나 미디어 생태계에 영향을 끼친 최근의 극적인 변화를 감안할 때, 시급하게 이 분야를 탐색해야 하는 시기다.

먼저 살펴볼 것은 사상의 시장은 전통적 상품시장과 본질적으로 다른 몇 가지 특징을 갖는다는 점이다. 사상의 시장에서의 시장실패를 평가하기 위한 분석틀을 개발할 때 고려해야 할 몇 가지 중요한 점 중 하나는 미디어 시장과 상품 역시 전통적 시장과 상품과 그 성격이 다르다는 사실이다. 이러한 차이를 이해하기 위해 미디어 경제학의 고유한 특징을 간단하게 살펴보자.

미디어 시장의 고유한 특징

저널리즘 제도의 작동방식에서 나타나는 사상의 시장에서 가장 전형적으로 나타나는 특징은 바로 **이중상품 시장**dual-product marketplace이다.[3] 이중상품 시장은 두 개의 상호연관된 상품이 동시에 판매된다는 의미다. 대부분의 미디어 조직들은 수용자에게 콘텐트를 판매(혹은 제공)하며(이것을 1번 상품시장이라고 부르자), 동시에 광고업자에게 수용자를 판매한다(이것을 2번 상품시장이라고 부르자). 1번 상품시장의 소비자인 수용자는 실질적으로 2번 상품시장의 상품이라는 점에서 두 가지 상품시장은 연결되어 있다.[4] 따라서 한 시장의 실패 혹은 성공은 다른 시장의 실패 혹은 성공과 연관되어 있다. 어떤 콘텐트가 보다 큰 규모의 (혹은 보다 큰 가치를 갖는) 수용자에게 소비될 경우 수용자 시장은 큰 성공을 거두게 된다. 보다 큰 가치를 갖는 수용자를 콘텐트에 끌어들이는 데 성공하면 보다 더 매력적인 콘텐트를 창출하기 위한 수익을 얻을 수 있다. 이것이 바로 이중상품 시장의 핵심이다.

여러 미디어 조직과 미디어 산업 영역에서는 이중상품 시장을 상이한 방식으로 다루고 있다. 예를 들어 (수많은 온라인 뉴스기업들과 같은) 몇몇 미디어 조직들은 콘텐트에 대해 요금을 부과하기보다 콘텐트를 무료로 배포하여 더 큰 규모의 수용자들을 끌어모은 후, 이들 수용자를 광고업자에게 판매하는 방식으로 더 큰 수익을 얻으려 한다. 오랫동안 페이스북은 자신들의 서비스가 무료이며 "앞으로도 언제나 무료일 것"[5]이라고 밝혀왔다. 페이스북은 1년에 1달러의 명목상 구독료만 부과해도 (현재의 모든 페이스북 이용자가 구독료를 낼 것으로 가정할 때) 1년 수익이 잠정적으로 거의 20억 달러에 이르는 상황이지만, 광고 수익에 절대적으로 의존하는 사업모형을 채택하였다.

캠브리지애널리티카 스캔들이 터지고 난 후,[6] 그리고 페이스북의 이용자 데이터 기반 사업모형에 대한 비판들이 제기된 후에야, 페이스북 경영진에서는 페이스북 플랫폼 무료 버전과 함께 구독 버전을 추가할 가능성을 고려하기 시작했다.[7] 구독료 모형을 채택하면 페이스북 광고 수입 극대화의 핵심이었던 이용자 데이터의 수집과 분석에 대한 의존도와 아울러 페이스북이 이용자들을 가능한 페이스북에 잡아두려는 (이를 통해 광고수입을 극대화하려는) 유인도 감소할 것이다.

넷플릭스와 같은 다른 기업들의 경우 수용자에게 콘텐트 사용요금을 부과하는 방식으로 광고업자에게 수용자를 판매하지 않는다. 물론 몇몇 미디어 조직들(수많은 케이블TV 네트워크, 신문사, 몇몇 온라인 뉴스사이트)은 수용자에게 콘텐트 사용요금을 물리며 동시에 광고업자에게 수용자를 판매한다.

여기서 저자는 미디어 산업 영역의 이중상품 시장에 대한 수많은 전략적 접근방식이 존재한다는 사실을 명확하게 밝히고 싶다. 종종 특정 조직의 (혹은 특정 산업의) 전략은 시간이 흐르면서 진화한다. 예를 들어 〈뉴욕타임즈〉의 경우, 온라인판의 유료화에 대해 요구결정과 취소 결정을 번갈아 취하면서 여러 차례 유료화 방식을 조정해왔다.[8] 현재의 알고리즘 기반 사상의 시장의 작동방식을 고려할 때, 미디어 산업에서 나타나는 이중상품 시장의 역동적 변화 과정은 매우 중요한 요소이다.

미디어 상품의 고유한 특성

미디어 시장 다음으로 상품시장을 살펴보자. 미디어 상품과 관련된 고유한 특성에 대해 살펴볼 때 가장 먼저 봐야 할 것은 콘텐트다. 경제학자는 미디어 콘텐트를 **공공재**public good라고 부른다. 공공재라는 용어는 일정 부분 오해를 부르는 용어인데, 왜냐하면 공공재가 원천적으로 대중에게 도움이 되는 상품(물론 고품질 저널리즘 상품은 분명 여기에 해당된다)이라는 의미가 아니기 때문이다. 공공재란 소비한다고 해서 효용성이 사라지는 상품이 아닌 상품을 의미한다. 다시 말해 어떤 사람이 상품을 소비한다고 해서 다른 사람에게 해당 상품의 효용성이 감소하지 않는다. 경제학적으로 표현하자면 공공재는 **비배제성**nonexcludable과 **비고갈성**nondepletable을 띤다.[9]

예를 들어 TV 프로그램 방영분episode을 생각해보자. 일단 이 방영분이 생산된 다음에는 50만 명이 시청하든 2,000만 명이 시청하든, 해당 방영분을 만들고 배포하는 비용은 변하지 않는다. TV 프로그램 방영분을 (사적 재화의 고전적 사례인) 자동차와 같은 전통적 상품과 비교해보자. 특정 모형의 자동차를 50만 명이 구매하길 원하는지 아니면 2,000만 명이 구매하길 원하는지는 상당히 중요한 문제다. 왜냐하면 생산해야 할 자동차 대수가 50만일지 아니면 2,000만일지에 따라 자동차를 생산하는 데 소요되는 비용이 달라지기 때문이다. 또한 어떤 소비자가 일단 자동차를 구매했다면, 다른 소비자는 이 자동차를 사용할 수 없다. 다른 소비자에게 자동차를 팔기 위해서는 추가적으로 자동차를 더 생산해야 한다. 이 역시 TV 프로그램 방영분과 성격이 다르다.

실제로 모든 미디어 콘텐트는 공공재다. 콘텐트가 일단 만들어지고 나면, 이 콘텐트는 종종 장기간에 걸쳐 여러 차례 반복해서 팔릴 수 있으며 다양한 방식으로 용도변경이 될 수도 있다.[10] 예를 들어 녹음된 지 몇십 년이 지난 후에도 여전히 애청자를 보유하고 있는 고전적 팝송을 생각해보자. 이러한 팝송들은 라디오 방송과 음반판매를 통해 반복적으로 판매될 뿐 아니라 TV 프로그램, 광고, 영화, 심지어 비디오 게임 등으로 라이선싱되면서 다른 방식으로 용도변경된다. 저널리즘 역시도 공공재의 고전적 사례다. 뉴스조직들은 뉴스기사를 생산하기 위해 상당한 자원을 투자한다. 그러나 일단 뉴스가 만들어진 후에는, 이런 뉴스기사들은 다양한 방식으로 소비된다. 물론 뉴스기사들은 히트송, 클래식 영화, 혹은 심슨가족 만화와 같이 장기간에 걸쳐 가치를 창출하는 콘텐트가 아니다. 이런 점에서 저널리즘은 다른 미디어 영역처럼 공공재의 주요 장점 중 하나인 다양한 방식으로 반복판매되는 콘텐트가 아니다.

여러 사례들에서, (공공재인) 콘텐트는 원활한 배포를 위해 사적 상품private good에 포함된다는 점에 주목해야 한다. 예를 들어, 전통적으로 책, 영화, 음악, 뉴스 등은 '물질 형태의 사본하드카피, hard copy' 형태로 만들어졌다. 그러나 (공공재인) 콘텐츠 생산비용과 비교해볼 때 (사적 상품인) 물질적 형태의 생산비용은 무시할 수 있을 정도로 저렴했다. 종이와 디스크는 배우, 감독, 작가, 음악가, 저널리스트의 인건비에 비하면 매우 저렴하다. 현재 확산 일로에 있는 디지털미디어 생태계를 결정짓는 특징들 중 하나는 콘텐츠와 사적 상품의 결합수준이 급격하게 약해진다는 점이다. 즉 책, 음악, 영화, 저널리즘 등이 하드카피 형태에서 온라인으로 접속 가능한 디지털 형태로 바뀌고 있다(음반가게, 서점, 비디오대여점, 종이신문 등은 사라지고 있다). 미디어 배포라는 점에서 이런 변화는 순수한 공공재 모형으로의 전환을 의미한다.

저널리즘과 같은 공공재 시장이 유독 시장실패에 취약하다는 사실이 잘 드러나고 있다는 점에서 공공재의 경제학에 대한 기초지식은 필요하다.[11] 공공재 시장이 시장실패에 더 취약하다는 사실은 공공재가 필요 수준에 비해 보다 적게 생산되는 경향이 있다는 점에서 일부 원인을 찾을 수 있다. 왜냐하면 공공재는 굳이 값을 지불하지 않아도 쉽게 공유할 수 있거나 소비할 수 있기 때문이다.[12] 이는 상품에 대해 값을 지불하는 사람보다 상품을 소비하려는 사람이 더 많은 '무임승차자free rider' 문제로 불리기도 한다. 그 결과 공공재를 생산하려는 경제적 유인(그리고 자원)은 실제의 수요수준을 반영하지 못한다. 왜냐하면 공공재인 콘텐츠를 무료로 사용할 수 있는 사람들 중 일부만이 해당 공공재에 대해 비용을 지불하기 때문이다. 종이신문 기사가 몇 차례에 걸쳐 '전달되는지passed along', 뉴스사이트의 뉴스기사를 복제하여 다른 곳에 포스팅하는 것이 얼마나 쉬운지, 유료구독 뉴스사이트의 비밀번호 공유가 어떤 상황인지 떠올려보자. 그렇다면 공공재 생산자가 어떤 경제적 난관에 처해 있는지를 이해할 수 있을 것이다. 이런 문제들은 3장에서 설명했던 기생저널리즘의 대두 현상과도 맞물려 있다. 본질적으로 기생저널리즘은 다른 뉴스조직의 기사를 용도변경하는 (아울러 콘텐트 제작에 대한 실질적 투자에 '무임승차하는') 뉴스조직이다. 분명 이런 문제들은 디지털 공간에서 운영되는 이중상품시장에서 수용자 상품 측면에 보다 더 의존하는 뉴스조직이 처한 문제다.

문제는 더 복잡하다. 저널리즘은 대부분의 경우에서 뉴스조직과 뉴스소비자, 혹은 뉴스조직과 광고업자들 사이의 경제적 거래로만 포착되기 어려운 사회 전체를 위한 가치를 창출하기 때문이다.[13] 앞서 밝혔듯, 뉴스소비자에게 뉴스는 무료로 제공되며 뉴스 콘텐트 제작비용의 대부분은 광고업자들이 부담하는 것이 보통이다. 양식 있는 시민 육성이라는 사회적 편익은 광고업자가 뉴스수용자에게 지불하는 가격에 반영되지 않을 가능성이 높다. 경제학에서는 경제적 거래 과정에서 지불되지 않는, 가격에 반영되지 않는 편익을 **긍정적 외부효과**positive externality라고 부른다.

여기서 설명한 상황은 저널리즘 상품이 필요보다 적게 생산되는 시장의 비효율성을 보여준다.[14] 왜냐하면 소비자들은 자신이 지불해야 하는 비용보다 실제로 더 낮은 비용을 지불하며(뉴스를 무료로 소비하는 것이 일반적이라는 점에서), 또한 뉴스소비자와 뉴스소비자에게 도달하고자 하는 광고업자가 지불하는 비용은 양식 있는 시민 육성과 관련된 보다 넓은 사회적·정치적·경제적 가치를 전혀 고려하지 않고 있기 때문이다. 3장에서 설명했던 저널리즘이 당면한 경제적으로 어려운 환경으로 인해 상황은 점점 악화되고 있다. 이런 관점에서 저널리즘 시장은 내재적으로 시장실패에 취약하다.

상품으로서의 수용자로 눈을 돌려보자. 수용자를 구매한다는 것은 본질적으로 사람들의 관심(관심은 분명 개인의 고유한 상품unique product이다)을 구매하는 것이라는 점을 먼저 인식해야 한다. 최근 **관심의 시장**[15] 혹은 **관심경제**[16] 등으로 불리는 시장 과정을 분석한 연구들이 진행되고 있다. 본 연구맥락에서 몇 가지를 살펴보자. 무엇보다 수용자의 가치는 참여 수준, 즉 수용자가 콘텐트를 소비하는 데 사용한 시간(더 많은 시간을 쏟았다는 것은 광고노출시간이 더 길다는 것과 동일하다)과 수용자와 콘텐트의 상호작용 수준(이를테면 좋아요, 공유하기, 포스팅 횟수 등)으로[17] 정의된다. 수용자와 콘텐트의 상호작용은 수용자를 더 잘 끌어들이고 유지하는 데 필요한 데이터를 제공해주며 효과가 더 크다고 알려진 메시지에 대한 타깃팅을 촉진함으로써 광고업자에게서 더 큰 평가를 받기 위한 기준이 될 수 있는 데이터를 제공해준다.

수용자 타깃팅 기법과 가치평가를 위해 데이터를 기반으로 한 접근방식을 점점 더 활용하면서 몇 가지 문제들이 발생한다는 점에 주목할 필요가 있다. 예를 들어 2017년 페이스북에서는 자신들의 광고 플랫폼에서 광고업자들이 '유태인 혐오자Jew Hater'와 같은 기준으로 특정 수용자를 타깃팅할 수 있으며, 주거와 고용 관련 광고의 경우 특정 소수인종 이용자들이 접속하지 못하게 할 수 있는 것으로 나타났는데[18](주거와 고용 관련 광고에서 이런 차별을 실시하는 것은 연방법 위반이다), 이에 대해 엄청난 비판을 받았다. 이런 유형의 타깃팅은 이용자와 소셜미디어 플랫폼의 상호작용을 통해 개인이 플랫폼에 제공한 상세한 데이터를 통해서 강화되고 있다. 비록 페이스북이 자신들의 광고 타깃팅 시스템을 점검하는 과정에서 이런 점들이 노출된 것이라고 하지만, 2018년에는 대량이민과 인종분리와 같은 행동들로 인해 백인종이 말살될 것이라는 대안우파alt-right와 백인우월주의자가 개입된 주장, 즉 '백인종 말살 음모론white genocide conspiracy theory'[19]에 관심을 갖는 개인을 타깃팅하는 플랫폼으로 페이스북이 사용되었다는 것이 밝혀지기도 했다. 백인종 말살 음모론 타깃팅 범주에는 대략 16만 8,000명의 페이스북 이용자가 포함되었다.

이는 소셜미디어 플랫폼이 이전 미디어보다 훨씬 더 발전된 미디어라는 것을 생생하게 보여주는 사례다. TV, 신문, 라디오와 같은 전통적 미디어와 달리, 소셜미디어에서는 이용자가 자신이 상호작용하는 플랫폼에 체계적으로 엄청난 분량의 개인정보를 제공한 덕분에 놀라울 정도로 충분한 정보를 활용하여 개별 이용자에 대한 타깃팅이 가능하다. 인구통계학적 특징들을 기반으로 소규모의 미디어 이용자 표본을 활용해 수용자를 구매하던 기존 미디어 모형은 소셜미디어에 비해 끔찍할 정도로 비효율적이고 효과가 떨어진다.

즉, '수용자 상품' 가치를 극대화하기 위해 소셜미디어 플랫폼이 수용자에게 원하는 것은 ①가능한 한 더 많은 규모의 수용자, ②플랫폼에서 가능한 한 더 많은 시간을 보내는 것, ③플랫폼과 가능한 한 더 많은 상호작용을 하는 것이다. 알고리즘 기반 사상의 시장의 구조와 작동방식을 평가하기 위해서는 수용자 가치를 결정짓는 이들 자원의 특성을 반드시 염두에 두어야 한다.

사상의 시장 평가기준

사상의 시장에 대한 경제학 이론 관점에서, 양식 있는 시민 육성과 효과적인 민주주의적 의사결정 과정은 긍정적 외부효과, 즉 시장이 효과적으로 작동하면서 나타난 부수효과다. 그러나 민주주의라는 관점에서 본다면, 이러한 특성들은 결코 부수적인 것이 아니며 본질적인 것이다. 따라서 기준을 바꿔 양식 있는 시민 육성과 효과적인 민주주의적 의사결정이 부수적인 것이 아니라 핵심적인 것이라고 한다면, 사상의 시장이 효과적으로 작동하는가에 대한 평가방법도 달라진다.

그렇다면 사상의 시장이 효과적으로 작동하여 양식 있는 시민 육성과 효과적인 민주주의적 의사결정에 기여할 수 있는지를 어떻게 평가할 수 있을까? 우선 사상의 시장에서 생산되는 상품의 특성, 상품의 품질을 본질적으로 살펴보는 것이 좋다. 반독점antitrust 관련 전문가인 모리스 스터크Maurice Stucke와 알렌 그룬스Allen Grunes는 사상의 시장에서의 반독점에 대한 분석에서 다음과 같이 주장하였다. "만약 사상의 시장이 미디어의 사익self-interests을 반영하는 허위 혹은 정보누락 등으로 오염되었다면, 이는 시장실패를 보여주는 증거다."[20] 이러한 관점을 구체화해보자. 법학자인 타마라 피에티Tamara Piety에 따르면, 사상의 시장에서의 시장실패는 다음과 같은 특징들로 예증될 수 있다고 한다. "①허위사상의 확산과 수용, ②진실정보의 억압, ③진실정보 생산 실패, ④선택 가능성 제한, 아울러 언급한 네 가지 제한사항 속에서 사람들의 선호의 실현이 특정한 방향으로 움직이는 것."[21]

이러한 수많은 조건들은 앞 장에서 언급했던 문제들을 다시금 떠올리게 한다. 이 모든 것들이 변화하는 우리의 미디어 생태계의 기술적·구조적 특징들의 잠재적 결과인 듯하다. 피에티가 언급한 첫 번째와 두 번째 항목은 점차로 대두되며 가짜뉴스의 잠재적 효과와 정식뉴스에 대한 노출을 억제하는 방식으로 필터버블을 형성시킨다. 세 번째 항목은 정식뉴스 조직의 저널리즘 실천 능력의 감소를 뜻한다. 또한 네 번째 항목은 알고리즘 기반 필터버블의 작동방식은 물론 플랫폼에서 이용자들이 드러낸 선호를 기반으로 선택지들의 범위에 들어가는 뉴스와 정보 소비를 늘리기보다는 제한한다는 것을 의미한다.

이러한 조건들로 인해 가짜뉴스가 더 많이 생산·확산·소비될수록 다른 영역의 경제적 외부효과가 발생한다는 것을 알 수 있다. 즉, 경제학적 관점에서 가짜뉴스는 사상의 시장에서 나타난 일종의 **부정적 외부효과**negative externality라고 볼 수 있다.[22] 부정적 외부효과는 상품시장의 작동방식과 관련된 (종종 비의도적인) 비용을 의미한다. 예를 들어 자동차 제조공장에서 나오는 오염물질은 부정적 외부효과의 일종이다. 또는 미디어 경제학자인 제임스 해밀턴James Hamilton이 설득력 있게 보여주었듯, 젊은 성인 TV 시청자들을 타깃팅하고자 광고업자들이 후원한 광고비로 제작된 폭력적 콘텐트에 유아들이 노출되는 것 또한 일종의 부정적 외부효과다.[23] 여기서 유아들의 폭력 프로그램 노출은 오염물질 배출과 같은 전통적인 부정적 외부효과와 비슷하다.[24]

부정적 외부효과라는 렌즈를 통해 미디어 생태계에서 벌어지는 현상들을 판단한다면, 가짜뉴스 생산과 소비를 알고리즘 기반 사상의 시장의 부정적 외부효과, 즉 소셜미디어 플랫폼이 이중상품 시장을 효과적으로 운영하는 과정에서 나타난 부산물인 사회적 비용으로 간주하는 것이 합리적이다. 광고수익에 전적으로 의지하는 소셜미디어 플랫폼의 전략은 가능한 한 많은 수의 이용자를 끌어들이고, 가능한 한 다양한 콘텐트 공급자들을 불러모으며, 플랫폼 이용자들이 가능한 한 오래 머물면서 플랫폼과 적극적으로 상호작용하도록 하여, 가능한 한 최고의 가치를 갖는 '수용자 상품'을 광고업자들에게 제공하는 것이다.[25] 부정적 외부효과가 시장실패를 보여주는 공인된 지표라는 점을 감안할 때, 언급한 부정적 외부효과의 발생에 특별히 주목할 필요가 있다.[26] 충분한 비용을 치르지 않으면 시장이 만들어내는 편익이 발생하지 않으며, 따라서 시장은 효율적으로 작동하지 않는다.

대안적 관점들

알고리즘 기반 사상의 시장에서의 가짜뉴스 대두와 효과에 대한 대안적 관점들이 존재한다. 예를 들어, 혹자는 가짜뉴스의 생산·확산·소비가 증가하는 이유가 (저자가 3장에서 주장했던 것처럼) 정식뉴스와 가짜뉴스를 정확하게 구별할 수 있는 능력의 감소를 보여주는 것이 아니라, 기술적 변화로 인해 시장이 허위에 대한 소비자들의 수요를 파악하고 대응하는 방식을 보여주기 때문이라고 주장하기도 한다(즉, 사상의 시장은, 진실 여부와 무관하게, 가짜뉴스에 대한 소비자 수요에 보다 효율적으로 대응하는 곳, 아니면 최소한 현존하는 신념들을 확증하는 뉴스와 정보를 제공하는 곳이라는 주장이다).[27]

이 주장이 가능한 주장인지 살펴보자. 가짜뉴스에 대한 소비자 수요가 보다 잘 충족된다는 주장은 냉소적으로 들린다. 왜냐하면 이런 생각은 시민이라는 존재를 우울하게 가정하고 있기 때문이다. 이 관점을 따른다면, 시민은 잘못된 정보를 의식적으로 알고 싶어 하는 욕구를 지닌다고 가정된 존재다. 3장에서 저자는 가짜뉴스와 허위정보를 소비하고 받아들이게 유도하는 다양한 인지적 편향들을 다루는 굉장히 많은 문헌들을 소개한 바 있다. 이들 중 어느 문헌에서도 개인들이 의식적으로 그리고 의도적으로 허위정보를 찾는다고 가정하지 않는다. 대신 이들 문헌에서는 사람들이 인지적 편향으로 인해 원치 않게 가짜뉴스와 허위정보를 진실이라고 착각한다고 가정한다.

시장의 효율성을 약화시키는 제한적 합리성(해당 개념에 대해서는 3장을 참조)이라는 주류 관점을 받아들일 때, 사람들은 진실과 올바른 정보를 원하지만 이미 소개한 여러 이유들로 정식뉴스와 가짜뉴스를 구분하지 못한다는 관점은, 시민에 대해 그리고 사상의 시장이 실제로 어떻게 작동하는지에 대해 냉소적 입장을 취하지 않는다. 또한 이러한 관점은 효과적으로 작동하는 사상의 시장을 통해 양식 있는 민주주의적 의사결정(아마도 허위정보를 기반으로 도달된 의사결정과 양립될 수 없는)이 가능하다는, 훨씬 더 낙관적인 (어쩌면 순진한naive) 규범적 원칙을 나타내는 것이다. 법학자인 라리사 리드스카이Larissa Lidsky는 다음과 같이 주장한다. "시민들이 전반적으로 국가의 운명을 결정할 합리적 선택을 내릴 수 있다고 가정하지 않는다면, 민주주의적 자치self-governance라는 이상은 …… 헛소리에 불과하다. 만약 대다수의 시민들이 거짓, 반쪽진실half-truths, 선전물을 기반으로 어떤 정책결정을 내린다면, 주권을 갖는 주체는 국민이 아니라 허위정보의 전달자가 된다. 만약 이런 상황이라면, 민주주의는 불가능할 뿐만 아니라 바람직한 정치체제로 볼 수도 없다."[28] 이런 입장에서 (어쩌면 순진하며 낙관적으로) 여기서 저자는 뉴스소비자들은 가짜뉴스보다 정식뉴스를 선호한다는 관점을 바탕으로 논의를 진행할 것이다.

이런 점에서 비의도적 가짜뉴스 소비는 뉴스소비자의 제한적 합리성을 반영한다. 3장에서 소개했듯, 뉴스소비자의 제한적 합리성은 소비자가 사용할 수 있는 뉴스정보원의 정확성과 신뢰성을 판단할 충분한 정보가 없기 때문에 발생한다. 특히 가짜뉴스 생산자들이 마치 자신들의 뉴스가 정식뉴스처럼 인식되게끔 사용하는 다양한 형태의 속임수와 허위보도로 인해 이러한 문제는 더욱 두드러진다. 부적절한 정보(흔히 **정보의 비대칭성**information asymmetry이라고 불리기도 하는)는 시장실패를 야기하는 원인으로 알려져 있다.[29] 만약 소비자가 자신들이 선택할 수 있는 상품과 서비스의 상대적 가치가 어떤지 적절한 판단을 내리기에 필요한 정보가 없는 상황이라면, 시장은 효율적으로 작동하지 못한다. 불충분한 정보를 통해 비효율적으로 작동하는 시장에서 소비자는 의도치 않게 결국 나쁜 혹은 저질의 상품(겉으로만 그럴듯한 상품lemons)*을 구매할 수밖에 없다.[30] 사람들이 가짜뉴스를 소비한다는 것은 사상의 시장에서 뉴스소비자에 대한 막대한 행동적, 인구통계학적, 지리적 정보 데이터를 운용하는 판매자에게서 겉으로만 그럴듯한 상품을 구매하는 것과 마찬가지다. 이런 상황이 바로 정보의 비대칭성의 핵심이다.

---

* 중고차 시장에서 흔히 사용되는 용어다. 겉으로 보았을 때는 아무런 문제가 없지만 차내부의 중요 기관에 문제가 있는 중고차를 의미한다. 일반 소비자들은 중고차 내부의 부품 상태를 알지 못한다는 점에서 판매자-소비자 사이의 정보의 비대칭성을 설명할 때 흔히 등장한다.

알고리즘 기반 사상의 시장의 구조적 특성

독점과 시장실패

독점(하나의 공급자가 상품 혹은 서비스를 공급)[31]과 과점(소수의 공급자가 상품 혹은 서비스를 공급)[32]은 역사적으로 시장실패를 보여주는 두 가지 중요한 특징이다. 독점과 과점 상황에 대해 흔히 등장하는 주요 우려는 독점업체 혹은 과점업체들이 높은 가격을 부여하고, 상품과 서비스의 생산량을 감소시키며, 경쟁을 약화시키고, 이를 통해 시장의 작동방식에 심각한 비효율성을 야기한다는 것이다.

그러나 이런 우려를 사상의 시장에 적용할 경우, 상황은 조금 다르다. 우선 (사상의 시장의 주요 상품인) 콘텐트는 (앞서 설명한 이중상품 시장의 작동방식에서 콘텐트 공급자가 선택하는 방식인) 무료제공 방식을 따르는 것이 보통이다. 이런 관점에서 사상의 시장에서 독점 혹은 과점의 위력을 이해하는 데 가격인상이라는 요인은 그다지 의미가 없다. 전통적으로 더 큰 관심사는 사상의 시장에서의 독점적 혹은 과점적 상황이 사상의 시장 은유의 핵심인 '다양하고 서로 의견을 달리하는 정보원들diverse and antagonistic sources'의 접촉가능성에 미치는 영향력의 범위다.[33] 이것이 바로 역사적으로 미국과 전세계 모두에서 미디어 산업의 소유권 집중에 대해 우려했던 이유다.[34] 이런 우려들은 경제적인 우려이면서 동시에 정치적 우려이기도 하다.[35]

미디어 소유권 집중 범위 이슈가 전통적인 경제학적 우려의 범위를 넘어선다는 점은, 미디어를 합병할 때 FCC의 별도 공익평가public-interest assessment를 받아야만 하는 미국 현실에서 잘 드러난다. 공익평가는 법무부나 연방통상위원회FTC, Federal Trade Commission(미국에서 이

두 기관은 미디어 합병과 관련된 사법권을 공유하고 있다)가 분석하는 협소한 경제적 기준들을 넘어서는 영역을 평가하는 것이 목적이다. 5장에서 보다 자세하게 논의할 공익 개념에는 미디어 영역에서의 소유권 집중이 경제적 효과를 저해할 뿐만 아니라 사상의 시장에도 악영향을 끼친다는 우려가 깊숙이 스며들어 있다. 당연한 것이지만, 많은 연구들이 사상의 시장과 관련된 다양한 영역에서의 성과에 대하여 정량화를 시도했다. 소유권 집중은 다양성, 품질, 사회적 책임social responsibility 등과 같은 사상의 시장 평가 영역들과 상당한 연관성을 갖는 것으로 나타났다.[36] 이러한 대부분의 연구결과에 따르면, 소유권 집중도가 높아질수록 미디어 콘텐트의 품질 및 다양성과 같은 사회적으로 가치 있는 영역들의 점수가 낮아지는 것으로 나타났다.[37]

소유권 집중과 관련된 우려는 전통적으로 지역TV 방송국과 신문사의 그룹소유권group ownership 및 교차소유권cross-ownership, 혹은 대규모 멀티미디어 거대기업의 탄생(이를테면 AT&T/타임워너 혹은 컴캐스트)과 같은 맥락에서 제기되어왔다. 그러나 최근 인터넷과 소셜미디어와 같은 보다 새로운 맥락에서도 이런 우려들이 또다시 등장하고 있다.[38] 소셜미디어 플랫폼 산업은 단일 기업이 시장 전체를 지배하는 시장구조가 가장 효율적이기 때문에 독점을 피할 수 없다는, 즉 **자연독점**natural monopolies 형태를 갖는다는 몇몇 연구의 주장은 눈여겨볼 만하다.[39]

온라인 이중상품 시장의 수용자 상품 영역에 대해서는 최소한 과점 구조가 유지되어야 한다는 주장이 경제학적 관점에서 점점 더 설득력을 얻고 있다. 온라인 광고 영역에서 페이스북과 구글은 믿기 어려울 정도의 독점적 지위를 확고히 하고 있다. 최근 통계에 따르면 이들 기업은 미국 내 온라인 광고수익의 63% 이상을 차지한다.[40] 전세계적으로 이들 두 기업은 중국을 제외하고 전체 디지털 광고시장의 84%를 차지하는 것으로 추정된다.[41]

그러나 콘텐트 시장의 상황은 상당히 복잡하다. 주요 플랫폼들은 콘텐트 창조에서 두드러지는 역할을 맡는 것을 매우 꺼리는 모습을 보인다. 이와 관련해서 뉴스를 생산하는 미디어기업들 사이의 소유권 집중과 관련하여 제기되었던 우려와 비슷한 우려가 플랫폼 기업들에 대해 제기된 적은 없다. 여기서 소셜미디어 플랫폼 기업들이 심각한 수준의 콘텐트 배포 병목점이라고 볼 수 있는지, 그리고 이들이 독과점 영향력을 행사할 수 있는지에 대한 질문을 던져볼 수 있다. 만약 그렇다면, 독과점 영향력은 어떤 방식으로 행사되며, 이것이 사상의 시장에 갖는 함의는 무엇인가?

이러한 문제에 답하기 위해서는 뉴스기업이 콘텐트 배포를 위해 페이스북, 유튜브, 트위터 등의 소셜미디어 플랫폼에 의지하지 않고 온라인을 통해 뉴스소비자에게 직접 콘텐트를 공급할 수 있는지 생각해볼 필요가 있다. 전통적 미디어 환경에 비해 온라인 콘텐트 공급자의 진입 장벽은 여전히 낮은 상태다. 그러나 인터넷의 진화과정을 고려해볼 때, 다음과 같은 질문을 제기할 수 있다. 온라인 공간에서 수용자 관심을 이끌어내는 전통적 접근방식(이를테면 콘텐트를 게시한 후, 특정한 방식으로 광고를 실시하고, 하이퍼링크를 달아두고, 검색엔진최적화 기법에 맞도록 웹페이지를 운영한 후 가장 좋은 결과를 기다리는 방식)이 소셜미디어 플랫폼 알고리즘을 기반으로 대규모로 수용자 관심을 합산하는 방식에 대한 합당한 대체물이라고 볼 수 있는가?

이 질문에 대해 '아니오'라고 답하는 상황을 상정해보자.[42] 2017년 기준 페이스북과 구글은 전체 인터넷 유입 트래픽의 75%를 차지하고 있으며,[43] 두 기업이 상당히 우월한 지위를 차지한다고 볼 수 있다. 그렇다면 다음 질문을 던져보자. 뉴스와 정보에 대한 온라인 접근방식에서 주도적 역할을 차지하는 이들 소수 플랫폼 기업들이 수용자가 접하게 되는 뉴스와 정보의 속성nature에 영향을 (혹은 잠재적 영향을) 끼친다면? 다시 말해, 현대 소셜미디어의 독점적/과점적 구조는 알고리즘 기반 사상의 시장에 어떠한 시장실패를 야기하는가?[44] 분명한 것은 확산에 적합한 콘텐트를 큐레이션할 권리가 소셜미디어 플랫폼의 권한이라는 사실이며, 소셜미디어 플랫폼 기업들이 영향력 있는 게이트키퍼로서 행동할 수 있는 잠재력을 확보하고 있다는 사실이다. 이들 플랫폼 기업들이 혐오발언, 폭력, 포르노물의 배포를 막고 있다는 점을 고려할 때, 언제나 이런 우려는 발생할 수 있다.[45]

그러나 이들 플랫폼 기업들은 이러한 보호조치를 뛰어넘는 모습을 종종 보이고 있다. 예를 들어 페이스북은 소셜미디어가 '감정전염 emotional contagion'을 촉발할 수 있다는 가설을 테스트하기 위해 거의 70만 명의 이용자들의 뉴스피드를 의도적으로 조정하기도 했다.[46] 구체적으로 페이스북은 일부 이용자들에게 기분을 보다 즐겁게 만드는 뉴스들이 보다 중앙에 배치된 뉴스피드를 제시한 반면, 다른 일부의 이용자들에게는 기분을 우울하게 만드는 뉴스들을 보다 중앙에 배치한 뉴스피드를 제시하는 방식으로 실험을 실시하였다. 페이스북은 이후 이용자의 뉴스피드에서 나타난 감정음역 emotional tenor의 변화가 각 이용자 집단의 포스팅 활동에 어떠한 영향을 끼쳤는지 확인하는 방식의 분석을 진행하였다(분석결과 이용자들에게서 예상된 효과가 확인되었다). 매우 잘 알려진, 그리고 논란을 일으킨 이 연구로 인해 페이스북이 의도적으로 정치적 영향력을 행사할 수 있는 잠재력을 갖고 있지는 않은지에 대한 보다 큰 의문이 제기되었다.

페이스북, 구글, 트위터 등은 이들 기업의 콘텐트 선별 및 큐레이션 활동을 통해 특정한 정치적 의견, 이슈, 후보자를 선호하거나 혹은 감추려는 의도적이고 직접적인 노력을 하고 있다는 공격을 받아왔다.[47] 콘텐트 기업들의 활동이 선거결과에 영향을 미치기에 충분한 수준의 효과를 발휘할 수 있다는 믿을 만한 증거를 제시한 연구도 몇몇이나마 존재한다.[48] 여기서 저자가 지적하는 것은 만약 우리가 소셜미디어 공간을 독점적 혹은 과점적으로 받아들인다면, 소셜미디어 기업이 사상의 시장에 대한 독점적 혹은 과점적 지위를 행사할 수도 있다는 점이다.

소셜미디어 기업의 잠재력 수준은 2016년 미국 대통령 선거에 러시아가 개입했을 가능성에 대해 살펴본 2017년 10월과 11월의 미의회 청문회를 통해 명백하게 드러났다.[49] 페이스북의 법무자문위원의 증언에서 밝혀졌듯, 러시아에서 만들어진 허위정보에 노출된 페이스북 이용자수는 페이스북이 애초에 추정했던 수치인 1,000만 명을 훌쩍 뛰어넘은 1억 2,600만 명이었다.[50] 해당 사례에서 페이스북은 의도적으로 여론조작에 개입하지는 않았다. 그럼에도 불구하고 알고리즘 기반 콘텐트 배포 능력이 과도하게 집중화될 때, 소수의 핵심적인 알고리즘 큐레이션 시스템에서 어떤 오류, 불완전함, 혹은 의도적이거나 비의도적인 편향으로 발생하는 여파는 끔찍할 정도로 클 수 있다.[51] 이와 같은 페이스북의 실패는 알고리즘 기반 사상의 시장에서의 시장실패로 이어질 수 있다.

소셜미디어 플랫폼의 이러한 힘에서 특히나 더 중요하게 생각해야 하는 점은 정보가 타깃팅되는 방식이다. 반독점 연구자인 아리엘 에즈라치Ariel Ezrachi와 모리스 스터크Maurice Stucke는 자신들의 저서인 《가상경쟁: 알고리즘 기반 경제의 성공 가능성과 위험성Virtual Competition: The Promise and Perils of the Algorithm-Driven Economy》에서 전통적 상품시장에 대한 알고리즘 플랫폼의 위협을 분석한 바 있다. 이들의 분석에 따르면, 플랫폼 기업들은 행동데이터behavioral data를 이용하여 이용자에게 상이한 금액을 부과하는데 이는 특정 집단에 대한 착취로 이어질 수도 있는 행동차별behavioral discrimination로 이어지기도 한다.[52] 예를 들어 이들이 소개한 연구에 따르면, 아시아계 인구가 밀집된 지역거주자들은 소득수준에 상관없이 프린스턴 리뷰가 주관하는 온라인 대학수학능력시험 모의고사 서비스Princeton Review's online college test prep services

를 이용하기 위해서는 1.8배 이상의 이용료를 내야 하는 것으로 나타났다.[53]

알고리즘 기반 사상의 시장 맥락에서 나타나는 이러한 역학관계를 고려할 때, 마찬가지로 소셜미디어 플랫폼의 행동기반 차별이 가짜뉴스와 허위정보에 취약한 사람들을 타깃팅하여 착취할 수도 있고, 이러한 허위에 속아 넘어간 사람들이 엄청난 결과를 초래할 수도 있다는(이를테면 경합주에 거주하는 부동층浮動層 유권자swing voter) 우려를 자아낸다. 자신들의 특정 목적을 달성하기 위하여 소셜미디어 플랫폼을 악용하고자 하는 제3자(이를테면 가짜뉴스 생산자)가 소셜미디어 플랫폼의 독점적/과점적 지위를 착취하는 경우는 사상의 시장 맥락에서 특히 주목해야 할 점이다.

이러한 전망으로 인해 '대마불사大馬不死, too big to fail' 관점이 주목받고 있다. 2000년대 금융위기 이후 유행한 '대마불사' 관점은 페이스북과 페이스북의 위상을 논의하면서 다시금 등장했다.[54] 페이스북은 이미 상당한 이용자 규모를 달성했고, 페이스북 이용자 규모 그 자체만으로도 페이스북의 생명력은 영원할 것이라고 주장하는 사람들이 있다.[55] 다른 수많은 커뮤니케이션 플랫폼들과 마찬가지로 소셜미디어에서도, 이용자 네트워크가 크면 클수록 플랫폼 기업이 제공하는 서비스가 이용자에게 더 큰 가치를 제공해주는 **네트워크 효과**network effect가 나타난다.[56] 즉 페이스북을 이용하는 수많은 이용자들은 이러한 '고착lock-in' 효과에 빠져 있다. 즉 다른 대안적 플랫폼들이 존재해도 사람들이 페이스북에 머물게 되면서, 페이스북은 경쟁할 필요가 없게 된다.

재정위기 맥락에서, 몇몇 재정조직들은 너무도 비대하고 너무도 중요하기 때문에 이들의 실패는 국가에 상상을 초월하는 재앙을 불러올 수 있으며, 이러한 이유로 어떠한 수단을 써서라도 제도의 실패를 막아야 한다는 의미에서 '대마불사'라는 용어가 사용되었다. 마찬가지로, 페이스북의 규모는 페이스북의 실패가 가져올 파급효과가 너무도 광범위하고 중요할 정도이며 그 결과는 재앙 수준일 수 있기 때문에 이러한 실패는 어떤 방식으로든 방지되어야만 한다는 주장이 제기될 수도 있다. 이런 일은 어쩌면 현재도 발생하고 있다. 페이스북은 전례 없는 규모의 뉴스 및 정보 배포 능력을 확보하였으며, 페이스북이 뉴스와 정보를 적절한 방식으로 배포하는 데(이를테면 효과적으로 허위정보를 통제하는 데) 실패할 경우의 파급력은 알고리즘 기반 사상의 시장에 재앙을 불러올 수 있는 수준이다.

파멸적 경쟁과 시장실패

과도하게 경쟁적인 시장구조 상황에서 비롯되는 시장실패는 독점의 반대편 끝단에서도 발견될 수 있다. 경제학자들은 이런 상황을 '**파멸적 경쟁**ruinous competition'[57]이라고 부른다. 파멸적 경쟁 상황이란 시장에 경쟁업체들이 너무 많아서 결국에는 서로가 서로를 파산시키는 것으로 끝나는 상황을 의미한다.[58] 파멸적 경쟁은 해당 산업의 종말 혹은 단일 독점업체의 등장으로 끝나며, 두 가지 모두 시장실패 상황을 의미한다. 파멸적 경쟁 과정에서 기업들은 과도하게 경쟁적인 환경에서 버티면서 경제적 난관에 봉착하며, 이로 인해 양질의 상품에 투자할 수 있는 능력은 저하되고 상품의 품질이 떨어지게 된다.[59] 일반적으로 반독점 규제기관과 법원에서는 파멸적 경쟁 개념에 대해 회의적이다. 왜냐하면 합병, 가격담합, 혹은 반경쟁적이라고 간주되는 기타 활동들에 개입하는 기업들이 종종 내세우는 것이 파멸적 경쟁에 대한 우려이기 때문이다.[60]

사상의 시장 관점에서 볼 때, 산업 자체가 붕괴하거나 혹은 단일 독점업체가 등장한 것이 아니더라도 경쟁은 자기파괴적일 수 있다. 사상의 시장에 대한 참여가 순수하게 경제적 동기로만 유발되는 것은 아니다. 사상의 시장 참여는 종종 정치적 동기 혹은 기타 다른 동기로 유발될 수 있다. 실제로 사람들은 직접적인 금전적 보상이 아닌 다른 이유로 콘텐트를 만들며, 이것이 미디어 시장의 중요 특징이기도 하다.[61] 저널리즘은 특히 그러하다. 초창기 미국 역사에서 신문을 운영한 것은 정당이었고, 신문은 이들 정당의 정파적 견해를 퍼뜨리기 위한 수단으로 활용되었다.[62] 즉 이윤이 우선순위가 아니라 정치적 영향력을 발휘하는 것이 우선순위였다.

보다 최근으로 오면서 저널리즘 경제학은 점점 더 도전받고 있다. 왜냐하면 뉴스조직을 소유하려는 경제적 동기는 상당 부분 감소하고 있으며, 정치적 동기가 보다 중요한 요인으로 등장하고 있기 때문이다. 이런 관점에서, 최근 미국에서의 미디어 조직 인수·합병에 분명한 정치적 측면이 존재한다는 것을 확인할 수 있다. 예를 들어 싱클레어 방송 Sinclair Broadcasting과 트리뷴Tribune의 합병 시도를 생각해보자. 이 합병이 성사되었다면 미국 내 TV 보유 가구 중 80% 이상인, 미국에서 가장 넓은 도달 범위를 갖는 TV 방송국 소유 그룹이 등장하였을 것이다. 여러 군데에서 지적하듯, 이 합병 시도는 지역TV 방송사 범위를 넘어 보다 더 넓은 수용자 도달 범위를 확보하려는, 정치적으로 보수적인 싱클레어 방송 소유주의 욕망이 상당 부분을 차지하고 있다.[63] 싱클레어 방송의 뉴스보도의 경우 중앙에서 제작되며, 싱클레어가 소유한 지역 방송국들에서 제작되고 반드시 배포하도록 계약된 매우 당파적인 (그리고 종종 부정확한) 내용들이 매우 자주 포함된다.[64] 마찬가지로 억만장자이며 보수주의 활동가인 코크Koch 형제의 지원을 통해 잡지사 타임Time, Inc.은 메러디스Meredith Corporation에 인수되었다. 코크 형제의 재정 지원은 이들이 자신들의 투자를 통해 보수주의적 관점을 보다 잘 확산시키기 위해 타임지와 같은 출판물을 활용할 것이라는 의구심을 불러오

기도 했다.[65]

저자가 말하고자 하는 핵심은 바로 이것이다. 저널리즘 활동에 대한 경제적 동기는 감소하지만, 정치적 동기는 여전히 유지되고 있고 상대적으로 더 중요하게 부각되고 있다. 심지어 경제적 이유가 없는 상황에서도 저널리즘 생산은 계속된다. 3장에서 설명했듯, 정파성이 강할수록 정확성이 낮아지는 관계를 고려할 때 이런 과정에서 생산된 저널리즘의 품질과 진실성에 대한 의문이 또다시 제기된다. 따라서 사상의 시장에서 파멸적 경쟁이 발생해도 생산자는 시장에서 탈퇴하지 않는다. 대신 (만약 정파적 저널리즘을 저품질 저널리즘과 같다고 간주한다면) 전반적인 저널리즘 품질은 급속하게 악화된다.

사상의 시장 관점에서 우리가 따져봐야 할 것은 파멸적 경쟁이 심해져 뉴스가 효과적으로 작동하지 못하는 수준까지 전반적인 뉴스품질이 하락할 것인가의 문제다. 파멸적 경쟁 상황에서는 현재 생산되는 상당량의 뉴스와 정보가 시민들의 양식 있는 의사결정을 촉진시킬 정도로 충분한 정확성과 품질을 담보하지 못한다. 몇몇 저널리즘 연구에 따르면, 사상의 시장의 효과적 작동과 밀접하게 연결된 여러 영역들에 걸친 저널리즘 품질이 경쟁 격화에 따라 급속하게 감소하는 것으로 나타났다. 이들 연구에 따르면 경쟁이 격화될수록 선정주의적이고 신변잡기적인 뉴스기사가 증가하는 반면, 뉴스의 다양성과 지역 관련 뉴스 콘텐트의 양은 감소하는 것으로 나타났다.[66]

알고리즘 기반 사상의 시장 맥락을 앞서 언급한 파멸적 경쟁으로 생각해보자. 만약 온라인에서 접속 가능한 수천 개의 뉴스조직이 존재한다면, 이런 시장은 틀림없이 과도하게 경쟁적인 시장일 것이다. 1장에서 설명했듯, 진입장벽이 매우 낮으며 콘텐트 배포를 가로막는 지리적인 방해물이 존재하지 않기 때문에 경쟁은 더욱 격렬해질 것이다. 인터넷 등장 이후 모든 사람들은 본질적으로 다른 모든 사람들과 시장에서 경쟁해야 하는 상황에 놓여 있다.

물론 모든 뉴스조직들이 다른 모든 뉴스조직들과 서로 경쟁하지 않는다고 반론을 제기할 수도 있다. 즉 뉴스조직들은 상이한 상품시장에서 활동한다(이를테면 지역local, 지방regional, 전국, 국제 수준; 스포츠, 정치, 연예 등등). 이런 관점은 미디어 시장의 구분기준을 어떻게 결정해야 하는가에 대한, 오랜 기간 해묵은 그리고 대개 결론에 이르지 못한 미디어 정책 관련 논란을 상기시킨다.[67] 그러나 미디어 시장을 폭넓게 정의하든 협소하게 정의하든 상관없다. 전통적 미디어 시기에 나타났던 경쟁상황과 비교할 때, 오늘날 인터넷 공간에서는 보다 많은 뉴스와 정보 공급자들이 서로서로 직접 경쟁할 수 있는 환경이 두드러지고 있기 때문이다.

그러나 뉴스의 소비와 배포가 소셜미디어 플랫폼으로 옮겨가면서 뉴스조직들 사이의 경쟁이 보다 직접적이고 훨씬 격화되고 있다는 사실을 놓치지 말아야 한다. 과거 '풀' 모형 방식의 인터넷의 경우, 뉴스소비는 어느 정도 자기주도적인 모습이었다. 다시 말해 뉴스소비자는 고유한 관심/필요에 따라 온라인 뉴스와 정보를 찾는 방식을 선택했었다. 만약 어떤 사람이 특정 시점에서 지역뉴스를 필요로 하거나 원했다면, 이 사람의 온라인 검색 행동은 그에 맞게 이루어졌으며 전국 혹은 국제 뉴스조직은 이 사람의 행동에 개입하지 않았다. 반면 오늘날 '푸시' 모형 방식의 소셜미디어의 경우, 모든 유형의 뉴스들이(여기에는 가짜뉴스와 가짜뉴스 제작자들도 포함된다) 이용자의 뉴스피드에서 알고리즘에 따라 더 높은 기사순위와 이용자 관심을 확보하기 위해 경쟁한다. 여기서 수용자 관심은 어떤 뉴스정보원에서 다른 뉴스정보원으로 손쉽게 바뀔 수 있다. 이러한 모습은 이용자의 필요와 의도의 변화에 따라 다른 콘텐트 시장이 매우 강력하게 구분되어 존재하던 전통적 웹1.0 모형과 비교할 때 근본적으로 다른 모습이다. 소셜미디어 뉴스피드가 뉴스소비에서 점점 더 중요한 위치를 차지하게 되면서, 온라인 뉴스기업들은 소셜미디어 등장 이전에 비해 훨씬 더 직접적 방식의 경쟁에 직면하게 되었다.

현재의 뉴스미디어의 성격을 기반으로 판단할 때, 이러한 파멸적 (혹은 파멸에 근접한) 경쟁의 최종 결과가 (전부는 아닐지 몰라도) 대부분의 시장 참여자들의 몰락 혹은 뉴스조직의 폐업으로 나타나지는 않는다. 도리어 뉴스조직은 과거의 껍데기만 유지하거나, 미디어와 정보상품의 공공재적 속성을 활용하면서 근근이 버티거나, 기생저널리즘 방식으로 운영되거나, 점점 줄어들고 있는 자원을 다른 곳에서 생산된 콘텐트로 용도변경하는 데 집중하거나 하는 방식으로 곤경에 처하게 될 것이다. 이런 상황에서 미디어 조직은 보도보다는 논평과 같이 자원이 상대적으로 적게 드는 콘텐트 혹은 수용자 관심과 광고수익을 창출할 수 있는 유형의 뉴스기사에 집중하게 될 것이다. 이러한 방식으로 뉴스조직들은 전통적으로 파멸적 경쟁상황에서 시장탈퇴를 야기시킨 높은 고정비용을 어느 정도 감내할 수 있을 것이다.

알고리즘 기반 사상의 시장 모형

알고리즘 기반 사상의 시장은 복잡하고 잠재적인 문제를 야기한다. 알고리즘 기반 사상의 시장 상황은 [그림 4-1]에 제시되어 있다. 그림에서 제시되듯, 뉴스생산 관점에서 알고리즘 기반 사상의 시장은 파멸적 경쟁상황에서 잘 작동하지 않는다. 즉 굉장히 다른 수용자 규모, 지역적 위치, 이념적 방향성, 재정적 자원, 동기 등이 제각각인 셀 수 없을 정도로 많은 뉴스조직들이 존재한다. 알고리즘 기반 사상의 시장에 참여한 뉴스생산자들의 수가 이렇게까지 늘어난 것은 인터넷으로 인해 진입장벽이 낮아진 덕분이다. 지리적 분포라는 장벽이 사라지면서 특정 지역에 기반을 두거나 혹은 관심을 갖는 뉴스생산자들 사이의 직접적 경쟁이 격화되고 있으며, 이는 과거의 어떤 전통적 미디어 시기와도 비교

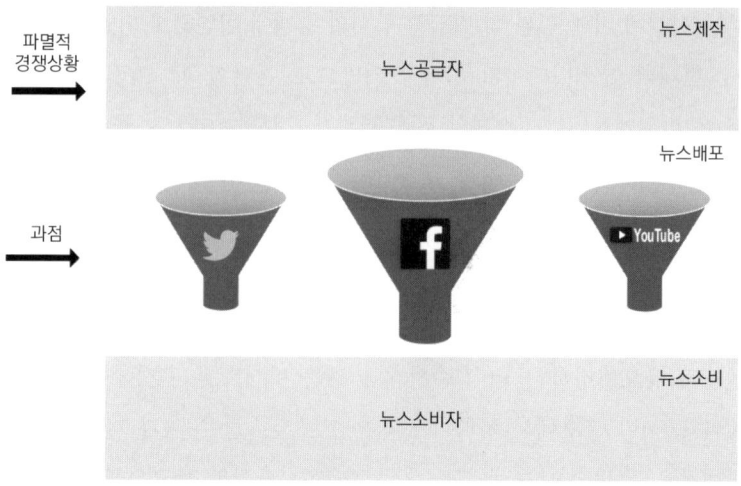

[그림 4-1] 알고리즘 기반 사상의 시장 구조

될 수 없는 상황이다. 콘텐트의 공공재적 성격으로 인해 상대적으로 낮은 고정비용을 지불하면서도(이를테면 다른 곳에서 제작된 콘텐트를 용도 변경하는 방식으로) 사상의 시장에 참여하는 것이 가능해졌다. 경제적인 동기가 아니라 (혹은 경제적 동기에 덧붙여) 정치적 동기로 사상의 시장 참여가 가능해졌다. 이런 이유들 때문에 알고리즘 기반 사상의 시장에서의 파멸적 경쟁은 전통적 경제학에서 말하듯 모든 참여자들이 시장에서 탈퇴하는 (혹은 독점업체가 등장하는) 형태를 띠지 않게 되었다. 대신 생산되는 뉴스의 전반적 품질은 애초의 목적(즉 양식 있는 시민 육성) 달성이 본질적으로 불가능한 수준까지 감소하는 모습을 보이고 있다. 제한적 합리성 관점에서 볼 때, 뉴스소비자들이 자신들이 사용할 수 있는 뉴스에 이렇게 심각한 결함이 있다는 것을 꼭 인식하고 있을 것이라고 기대할 수 없다. 이 모든 것들은 시장실패를 야기한다.

알고리즘 기반 사상의 시장에서 콘텐트 배포 측면을 고려해보자. 이 경우 완전하게 반대되는 모습을 보이면서, 상황은 더 복잡해진다. [그림

4-1]에서 나타나듯 파멸적 경쟁 대신 정반대의 결과, 즉 독과점 상황이 도래할 수도 있다. 독과점 상황에서는 상대적으로 (그림에서 나팔 형태로 표현된) 소수의 소셜미디어 플랫폼 기업들이 소비자에게 과도하게 경쟁적인 공급영역에서 생산된 뉴스와 정보를 수집하고 확산시키는 주요한 역할을 맡게 된다. 페이스북 이용자 규모를 고려할 때, 모형에 제시되었듯 페이스북은 뉴스배포 과정에서 특히 두드러진 역할을 맡고 있다.

시장실패 사례로서의 2016년 미국 대통령 선거

앞의 논의에서 저자는 잠재적 시장실패에 대한 위기신호들에 대해 언급하는 방식으로 알고리즘 기반 사상의 시장에서 나타나는 특징을 규정짓는 일련의 조건들을 밝힌 바 있다. 여기서는 2016년 미국 대통령 선거 결과가 알고리즘 기반 사상의 자유시장에서 나타난 명백한 시장실패를 보여주었을 가능성을 탐구해보는 방식으로 제시된 분석방법을 한 걸음 더 구체적으로 적용하였다. 2016년 미국 대통령 선거 결과에 대한 저자의 분석은 수많은 저널리스트, 정치학자, 투표참여자들을 당황하게 만들었던 선거결과가 2012년 미국 대통령 선거 이후 4년간 유의미하게 변해버린 미디어 생태계의 변화로 인한 것임을 보여줄 것이다. 2016년 선거결과에 대해서는 분명히 저자의 설명과는 다르지만 동등하게 타당한 (어쩌면 더욱더 타당한) 설명방법이 존재할 것이다. 알고리즘 기반 사상의 시장에서 나타난 시장실패는 잠재적으로 합리적인 하나의 설명이 될 수 있는지 여부가 바로 여기서 저자가 제시하고자 하는 연구문제다.

먼저 투표자들이 어떻게 의사결정을 내렸는지에 대해 우리가 알고 있는 바를 살펴보자. 많은 정치학자들은 양식 있는 투표결정well-informed voting decisions을 시민들이 자신의 최선의 이해를 반영하는 방식에 맞게 투표하는 것으로 정의한다.[68] 특히 경제학적 접근에서는 사익 self-interest의 역할을 강조한다.[69] 즉 투표자들이 자신들에게 최대한의 편익을 가져다줄 정책 입장을 보인 후보자에게 투표한다는 것이다. 이러한 관점의 사익은 순전히 협소하고 단기적인 경제적 사익으로 개념화할 수 없으며, 대신 보다 넓은 맥락에서 개인이 가족과 사회적 네트워크의 친구들과 조화하려는 모습을 포함한다는 점을 유념해야 한다.[70]

모든 투표행동에 대한 이론들이 투표자의 사익이 핵심이라고 주장하지는 않는다. 경제학이 아닌 다른 이론적 관점에서는 투표의 '표현적 expressive' 측면을 강조하거나,[71] 혹은 합리적인 투표행동의 의미 있는 효과가 확률적으로 희박하다는 점에서 투표의 내재적 비합리성inherent irrationality을 강조하기도 한다.[72] 2016년 미국 대통령 선거와 관련하여 저자가 제시할 시장실패 주장에서는 이러한 이론적 관점들을 고려하지 않은 대신 사익추구 투표자 가설self-interested-voter hypothesis을 이론적 기반으로 택하였다. 사익추구 투표자 가설은 최근 연구에서 강력한 경험적 지지를 받고 있다.[73]

마찬가지로 2016년 미국 대통령 선거 결과를 설명하기 위해 경쟁하는 (때때로 대립되는) 설명들이 제시되고 있다. 이들 중 몇몇 설명에서는 투표자들이 주로 정보에 토대를 둔 사익을 기반으로 형성된 투표동기를 지닐 가능성을 강조하고 있다.[74] 다른 설명들에서는 정치시스템 전반에 대한 좌절감(즉 저항하며 "현재 상태를 뒤집어엎기" 위한 욕구),[75] 혹은 인종주의[76]와 성차별주의[77] 등과 같은 편견에 주목하기도 한다.

이러한 설명들에 덧붙여, 여기서는 또 다른 가능성을 제시하고자 한다. 즉 2016년 선거는 알고리즘 기반 사상의 시장에서 나타난 시장실패 사례다. 이 설명에 따르면, 사익을 추구하는 투표자들 중 일부의 투표자들이 미디어 생태계의 변화된 조건들(잘 알려진 시장실패의 원인과 지표를 나타내는 조건들)로 인해 상당히 왜곡된 지식을 습득하면서 자신들에게 최선인 이익을 반영하는 방식으로 투표하지 못하였다.

이 주장을 뒷받침하는 근거는 도널드 트럼프에게 표를 던진 다양한 집단의 투표자들이 트럼프의 정책으로 인해 실질적으로 피해를 입을 가능성이 가장 높은 사람들이었음을 보여준, 선거 이후 실시된 방대한 분석결과에서 찾을 수 있다.[78] 예를 들어 분석결과에 따르면, 노년 유권자들과 농촌지역 유권자들(두 인구집단은 강력한 트럼프 지지자들이었다)은 건강보험개혁법Affordable Care Act 철회, 환태평양 전략적 경제동반자협약 Trans-Pacific Partnership 무효화, 메디케이드Medicaid 의료보험과 농업보조금agriculture subsidies 대폭 삭감 등과 같은 트럼프 행정부의 정책으로 인해 극심한 경제적 손해에 직면하게 되었다.[79] 트럼프 행정부의 세금 정책이 구체화된 이후 비슷한 분석결과들이 쏟아져 나왔다.[80] 이들 분석결과에서 나타나듯, 수많은 열성적 트럼프 지지자들은 실제로 트럼프 행정부의 세금 정책으로 인해 최악의 피해를 보게 된 인구집단들이었다.[81]

명백한 사익에 어긋나는 투표행태는 현재의 투표결정에 영향을 미치는 투표자의 정당 지지성향이 후보자의 정책적 입장과 크게 어긋나 있는 현실을 반영한 것일 수도 있다.[82] 이러한 패턴은 3장에서 살펴본 정파성의 소용돌이 현상을 다시금 떠올리게 한다.

어쨌든 만약 우리가 이러한 선거 후 분석결과들을 받아들인다면, 그리고 2016년 미국 대통령 선거에서 사익 기반 투표행위가 명백히 감소했다고 결론 내린다면, 일정 규모의 투표자들이 자신의 사익을 최선으로 반영할 수 있는 정확한 투표결정을 위해 필요한 적절한 정보를 얻지 못했다는 점을 알 수 있다. 투표자들이 자신의 최대 편익 실현을 위해 투표하지 못했다는 이러한 결과들은 아마도 (가짜뉴스의 확산을 통해) 허위의 혹은 부적절한 정보를 소비한 결과를 반영한다. 정치적 동기로 인해 사상의 시장이 작동하며, 이는 사상의 시장에서 나타난 시장실패의 증거라고 해석할 수 있을 것이다.

함의

소셜미디어를 통해 확산되는 가짜뉴스와 허위정보가 2016년 미국 대통령 선거 결과에 영향을 미쳤는지와 관련하여 확보할 수 있는 증거들(확보할 수 있는 데이터의 한계가 존재하지만)을 분석한 최근 연구결과를 통해 어느 정도 양식 있는 추론informed speculation이 가능하다.[83] 유명한 정치 커뮤니케이션 연구자인 캐슬린 홀 제이미슨Kathleen Hall Jamieson은 자신의 연구에서 가짜뉴스와 허위정보가 2016년 선거결과에 영향을 미쳤다는 최종 결론을 내렸다.[84] 흥미롭게도 페이스북은 선거에 대한 소셜미디어의 영향력에 대한 데이터 제공과 연구지원을 할 계획을 발표하였으나,[85] 2016년 선거와 관련된 데이터는 아직 공개되지 않은 상태다.[86]

2016년 선거결과와 관련하여 저자가 제시한 설명방식에 대한 동의 여부와 상관없이, 알고리즘 기반 사상의 자유시장에서 시장실패가 나타날 가능성이 어떤 결과를 가져왔을지에 대해 곰곰이 생각해보는 것은 유익할 것이다. 선거결과가 시장실패를 보여주는 증거인지를 받아들이든 아니면 받아들이지 않든, 4장의 분석에서는 사상의 시장이 어떤 구조를 갖는지에 대한 여러 특성과 전통적 상품시장에서의 시장실패 논리와 관련하여 오랫동안 논의되어온 기능들을 확인하였다. 알고리즘 기반 사상의 시장은 파멸적 경쟁 환경과 독과점이 동시에 작동하는 미디어 환경이다. 이 환경 속에서 뉴스소비자들은 자신들이 소비하는 뉴스와 관련된 적절한 정보를 점점 더 얻지 못하며, 왜곡된 정보를 토대로 의사결정을 내리는 것과 같은 부정적 외부효과의 가능성은 점점 더 커지고 있다.

어떤 독자는 저자의 시장실패 주장에 대해 여전히 의구심을 가질 수 있다. 그러나 독자는 최소한 현재의 미디어 시장이 본질적으로 전통적인 수정조항 1조 이론과 사상의 시장에 대한 규범적 개념화에서 가정했던 방식으로, 진리가 효과적으로 허위를 극복할 수 있으며 기존의 확신이 점점 더 위험하고 틀릴 가능성이 높다고 생각할 것이다. 3장에서 설명하였듯, 현재 이러한 가정을 의심할 근거들은 명백히 실존하고 있다. 그러나 3장과 4장에서 저자가 보여주었듯, 우리의 미디어 생태계에서 확인되는 규범적 이론과 실증적 현실 사이의 차이는 더 이상 단순 차이에 머무르지 않고 점점 더 극심한 격차로 이어지고 있으며, 더욱 위험한 방향으로 진화하는 중이다.

이러한 사실로 인해 우리는 앞으로 무엇을 해야 할지 다음과 같은 의문을 가질 수밖에 없다. 정책결정자들은 이러한 문제에 효과적으로 대응할 수 있을까? 현재의 규제원칙과 규제틀은 앞으로도 유효할까? 아니면 플랫폼 기업 스스로, 그리고 (이용자를 포함하여) 플랫폼 기업과 얽혀 있는 이해관계자들이 이 이슈들을 효과적으로 해결할 수 있을까? 플랫폼 기업과 이해당사자들은 적절한 전문가적 규범과 가치를 기반으로 이 문제들에 효과적으로 대응할 수 있을까? 이러한 문제들을 어떻게 해결할 수 있을지 탐색하는 것이 5장과 6장의 목표이다.

5장

미디어 거버넌스의 공익원칙: 과거와 미래

소셜미디어 플랫폼으로 인해 발생하거나 플랫폼과 연관된 문제들은 정부가 취해야 할 다양한 규제대응이 어떤 형식으로, 그리고 어느 수준에서 진행되어야 하는가에 대한 질문으로 이어진다. 규제대응이 진행될 수 있는지, 어떻게 진행될 수 있는지, 혹은 다른 대안적 해결방법은 없는지에 관한 문제는 특히나 복잡하고 전반적으로 불확실하다.

이런 문제들의 해법을 얻기 위해서는 디지털미디어 영역 거버넌스 구조의 변두리로 격하된 공익public interest 개념을 탐색해보는 것으로 시작하는 것이 좋다. 공익 개념은 미디어 정책 형성과 평가 과정에서 미디어 정책 당국자들에게 등대와 같은 역할을 하는 전통적 역할을 담당해왔다. 공익 개념은 미디어 조직과 전문가(특히 뉴스조직과 저널리스트)에 대한 전문가적 규범으로 등장하였으며, 시민사회단체가 미디어의 성과를 평가하며 보다 넓은 대중을 대표하면서 사용하는 담론활동 advocacy effort을 위한 평가적·수사적 도구로 사용되고 있다.[1] 여기서도 알 수 있듯, 공익 개념을 보다 넓게 보면 광의의 미디어 거버넌스 관점과도 연결된다.

서문에서 설명하였듯, 미디어 거버넌스는 전통적인 미디어 규제 혹은 미디어 정책에 비해, 특히 미디어 거버넌스 과정에 참여하는 이해당사자들의 범위라는 관점에서 훨씬 더 범위가 넓고 포괄적이다. 미디어 거버넌스 이해당사자에는 미디어 정책당국은 물론 미디어 산업 조직, NGO, 시민사회조직, 심지어 미디어 수용자도 포함된다.[2] 거버넌스 관점에서 중요한 점은 "이러한 이해당사자들이 공공정책을 형성하고 규제를 집행하는 데 동등한 참여자로 참여한다"[3]는 사실이다. 간단히 말해, 미디어 거버넌스는 국가 내부와 국가를 넘어선 영역에서 발생하는 규제를 둘러싼 숙의regulatory deliberations, 규제의 진행과정processes, 규제로 인한 결과outcomes로 요약될 수 있다.

거버넌스 개념은 디지털미디어 관련 담론에서 점점 더 주목받고 있다.[4] 거버넌스는 미디어로서 인터넷이 갖는 다음과 같은 고유한 특성들을 반영한 것이며, 이에 대한 대응이기도 하다: ⓐ 국가단위의 법적·규제적 사법권을 정의하고 강제하기 어렵다는 점.[5] ⓑ 인터넷 기술의 기원, 즉 정부, 사기업, 비영리조직 등의 이해당사자들 사이에서 인터넷이 상당히 탈중심적이고decentralized, 상호연결적인interconnected 집단주의적 방식으로 운영된다는 점. ⓒ 전통적인 정부규제 논리의 적용가능성applicability과 적실성relevance이 종종 충분하지 않다는 점. 5장에서 특히 주목하는 것은 바로 세 번째 특징이다.

다양한 이유로 인해 소셜미디어 플랫폼 거버넌스 맥락에서 공익 개념은 축소되고 평가절하되었다. 여기서 저자는 공익원칙public-interest principle이 오늘날의 디지털미디어 환경에 적합하게—어쩌면 그보다 더—적실성을 갖는다고 주장하고자 한다. 미디어 학자인 탈레튼 길레스피는 다음과 같이 밝히고 있다. "과거 TV 네트워크와 출판업자와 마찬가지로" 페이스북과 트위터 등의 새로운 미디어 플랫폼 기업들은 "이용자에 대한, 플랫폼 사업자 관련 담론을 주도하는 주요 구성원들에 대한, 그리고 **보다 추상적 의미의 공익에 대한** to broader notions of the public interest 책임을 점점 더 추궁당하고 있다."[6]

먼저 저자는 공익원칙과 미디어 거버넌스에서의 공익의 전통적 역할에 대한 소개로 5장을 시작하고자 한다. 이후 어떻게, 그리고 왜, 공익원칙이 디지털미디어 영역 전반은 물론 특히 소셜미디어 거버넌스 영역에서 축소되고 평가절하되었는지 설명할 것이다. 끝으로 저자는 소셜미디어 거버넌스에 대한 보다 견실한 공익규제틀의 필요성을 명확하게 보여주는 몇몇 구체적 사례들을 제시할 것이다.

공익 개념 재논의

미디어 거버넌스 영역에서 공익원칙은 오랜 기간 합의되지 않은 contested 채 때때로 복잡한 방식을 거쳐왔다. 공익 개념을 규정하는 한 가지 특징은 바로 공익 의미의 불분명성, 심지어 '무의미할 정도의 모호성'[7]이다. 이 점을 염두에 두어야 한다. 공익원칙이 어떻게 정의되고 미디어 조직 운영(**제도적 필요성**으로서의 공익) 및 미디어 규제 영역(**규제권한**으로서의 공익)에서 실현되었는지를 살펴보고자 할 때, 공익 개념의 불분명성을 언급하며 시작하는 것은 공익 개념을 (재)소개하는 매우 유용한 방식이다.

제도적 필요성으로서의 공익

먼저 미디어 조직, 특히 뉴스조직 운영 맥락에서 지도원칙 guiding principle 으로서의 공익 개념을 살펴보자. 잘 알려져 있듯, (뉴스가 전파되는 기술이 무엇이든 상관없이) 저널리즘 제도에는 공익에 봉사한다는 윤리적 의무가 스며들어 있다.[8] 결과적으로 다양한 영역의 뉴스미디어들은 (전통적으로 정도의 차이는 있으나) 공익원칙을 반영하여 자체적으로 계획하고 규정한 윤리행동강령을 갖고 있다.[9] 예를 들어, 여러 언론사의 공익 의무 요소들은 인용된 미국뉴스편집자협회American Society of Newspaper Editors의 원칙성명Statement of Principles 중 ("책임Responsibility"이라고 이름 붙여진) 제I조Article I에 잘 반영되어 있다.

뉴스와 의견의 수집과 배포는 사람들에게 정보를 제공하고 사람들이 현재의 이슈에 대한 판단을 내릴 수 있도록 하여 전체적 복지에 기여하는 것을 주요 목적으로 한다. ······ 미국 언론은 사람들에게 단지 정보를 제공하거나 단지 토론장 역할을 수행하기 위한 목적이 아니라, 정부의 모든 영역에서 공식적 권력행사를 포함하여 사회 내 권력행사 방식에 대한 독립적 감시의무를 수행하기 위해 자유롭게 탄생하였다(The primary purpose of gathering and distributing news and opinion is to serve the general welfare by informing the people and enabling them to make judgments on the issues of the time. ······ The American press was made free not just to inform or just to serve as a forum for debate but also to bring an independent scrutiny to bear on the forces of power in society, including the conduct of official power at all levels of government).[10]

이 선언문은 언론이 시민들의 의사결정을 도와주고 정부의 권력 남용으로부터 시민을 보호한다는 공익적 서비스 목적을 명확하게 밝히고 있다. 비슷한 공익적 가치들은 전문저널리스트협회 윤리강령the Code of Ethics of the Society of Professional Journalists의 서문에도 나타나 있다. 이에 따르면 "대중의 계몽은 정의의 선구자이며 민주주의의 초석이다(that public enlightenment is the forerunner of justice and the foundation of democracy).">[11] 언론활동과 민주주의의 효과적 작동과의 관계는 여기에 더 명료하게 선언되어 있다.

이러한 선언문들은 공익 가치가 (뉴스조직의 운영수준에서) 뉴스조직을 어떻게 지도하는지 잘 보여준다. 이러한 행동강령에 나타난 가치들은 실제로 어떻게 현실에서 적용되는가? 예를 들어 미국뉴스편집자협회의 원칙성명을 살펴볼 때, 우리는 다양한 구체적인 가이드라인들, 이를테면 언론의 독립성, 진리와 정확성, 불편부당성impartiality 등을 발견할 수 있다.[12] 이와 비교할 수 있는 행동적 의무들은 전문저널리스트협회[13]의 윤리강령과 라디오 TV 디지털 뉴스협회Radio Television Digital News Association[14]의 윤리강령에도 명시되어 있다. 이들 행동강령에 명시된 것은 뉴스미디어가 미디어 이용자의 정치적·문화적 요청에 더 잘 봉사하기 위해 필요한 가치들이며, 동시에 적절한 행동들의 집합이기도 하다.

소셜미디어에 대한 제도적 필요성으로서의 공익

제도적 필요성으로서의 공익 개념은 구체적인 소셜미디어 플랫폼 맥락에서 효과를 발휘할 수 있을까? 공익원칙의 범위가 축소되는 경향은 현재 두드러지게 발견되고 있다. 구체적으로 말해 현재 주도적인 공익모형은 상당히 협소한 개인주의적 모형이다. 이러한 공익모형에 따르면, 소셜미디어 플랫폼은 뉴스 및 정보의 생산, 배포, 소비와 관련하여 주로 개인의 책임responsibility과 자율성autonomy을 실현할 수 있도록 도움을 주는 환경이다. 이 모형에는 저널리즘 분야에서 활동 중인 다양한 전문가 조직이 천명한 규범과 가치와 공존 가능한, 보다 넓은 의미에서 명확히 명시된 소셜미디어 플랫폼 운영을 지도하는guide 제도적 규범과 가치가 배제되어 있다.

여러 측면에서 볼 때, 소셜미디어는 결과적으로 개별 이용자에게 책임을 전가하는 방식으로 설계 및 사용되고 있다. 소셜미디어 맥락에서 개별 미디어 이용자는 전통적 미디어 영역에서의 게이트키핑 기능과 비교할 때, 자신과 사회적 네트워크 관계를 맺고 있는 사람들에 대해 콘텐트 추천 알고리즘과 함께 보다 효과적인 게이트키핑 기능을 행사한다.[15] 대인 간 커뮤니케이션과 같이 전통적인 2차적 게이트키핑 과정을 통해서 이루어졌던 게이트키핑 규모와 비교할 때, 개인은 소셜미디어 플랫폼을 통해 보다 큰 규모의 사회적 네트워크를 형성하고, 유지하며, 잠재적으로 주변사람들에게 더 큰 영향력을 행사할 수 있다. 다시 말해 개인의 뉴스 선별 및 매개 능력이 점점 더 강화되면서, 개인은 저널리즘 활동 과정에서 중요한 역할을 보다 확장된 규모로 수행하고 있다.[16] 지금까지 개인들은 대인 간 커뮤니케이션과 같은 전통적인 2차적 게이트키핑 수단을 통해 이런 능력을 어느 정도 수준으로 보유하고 있었다. 그러나 소셜미디어 플랫폼 맥락에서는, 뉴스와 정보의 흐름이 해당 플랫폼의 개별 이용자의 판단과 후속행동(좋아요, 공유하기, 리트윗 등)의 영향을 더 크게 받게 되었다(관련 논의에 대해서는 2장을 참조).

전통적 뉴스미디어와 소셜미디어 플랫폼의 이러한 차이점은 소셜미디어 플랫폼의 특성과 운영방식을 잘 보여준다. 그러나 소셜미디어 플랫폼들이 어떻게 설계되고 운영되는지에 대한 제도적 수준의 차이는 소셜미디어 플랫폼에 공익 개념이 존재하지 않는다는 것을 보여준다. 페이스북을 예로 들어보자. 페이스북의 기업사명mission statement은 아주 간단하다. 페이스북은 "사람들에게 공동체를 건설할 수 있는 권한을 선사하고 세상을 보다 더 가깝게 만드는(give people the power to build community and bring the world closer together)"[17] 것이 자신들의 사명이라고 밝히고 있다. 페이스북의 기업사명은 (2017년에 만들어진) 과거 기업사명을 수정한 것이다. 과거 기업사명은 "사람들에게 공유할 수 있는 권한을 주는" 것으로 목표가 훨씬 더 모호하게 서술되었다. 과거와 현재 기업사명 모두 핵심은 개인에 대한 권한부여individual empowerment 이지만, 2016년 선거 이후에 수정된 형태의 기업사명에서는 페이스북 플랫폼이 권한을 부여하는 이용자의 활동유형을 보다 구체화하였다. 트위터의 기업사명도 비슷하다. 트위터는 "모든 사람에게 사상과 정보를 창조하고 공유할 수 있는 권한(everyone the power to create and share ideas and information)"[18]을 부여하는 것에 초점을 맞추고 있다. 전반적인 목표가 개별 이용자들에게 권한을 부여하는 것임은 명확하다. 보다 광의의 공익기반 서비스가 개별 이용자에게서 나타나야만 한다.

이러한 언급들은 실리콘밸리 담론, 특히 소셜미디어에서 두드러지는 주제인 개별 미디어 이용자에 대한 가치부여valorization와 권한부여empowerment를 보여준다.[19] 소셜미디어 개인 혹은 공동체에 대한 플랫폼의 권한부여는 특히 소셜미디어 플랫폼이 혁명의 성공을 촉진했다는 찬사를 받았던 아랍의 봄Arab Spring 이후 플랫폼 운영의 강력한 준거들로 등장하고 있다.[20] 이러한 방식으로 개별 미디어 이용자의 가치를 중요하게 생각하는 것은 플랫폼 기업들이 이용자(개별 이용자든 아니면 집단으로서의 개별 이용자든)와 공익실현에 공헌할 수 있는 이용자의 능력에 대해 믿음을 갖는다는 사실을 잘 보여준다.[21]

소셜미디어 기업들은 소셜미디어를 개인의 자율성을 증진시키는 도구로 인식한다.[22] 페이스북 엔지니어로 페이스북 뉴스피드 프로그램 코딩을 이끌었던 그렉 마라Greg Marra는 2014년 〈뉴욕타임즈〉와의 인터뷰에서 다음과 같이 밝힌 바 있다. "우리는 스스로를 뉴스편집자라고 생각하지 않으려고 노력합니다. …… 우리는 여러분의 뉴스피드에 포함된 콘텐트에 대해 편집자적 판단을 내리고 싶지 않습니다. 여러분은 여러분의 친구를 사귀고, 여러분은 여러분이 원하는 페이지에 접속합니다. **여러분은 여러분이 원하는 것을 가장 잘 결정할 수 있는 사람입니다** (you're the best decider for the things that you care about)(강조는 저자의 것이다)."²³ 좋게 본다면, 이러한 발언은 알고리즘이 뉴스의 배포와 소비에 미치는 역할을 과소평가하는 발언이다. 나쁘게 본다면, 이 발언은 편집권한의 배포라는 측면에서 소셜미디어 플랫폼과 이용자 사이의 권력관계 실체를 잘못 표출한 것이다. 기어트 로빙크Geert Lovink는 소셜미디어를 비판하면서 우리는 "알고리즘을 통해 스스로를 외주화하는 결과를 낳는 **거짓 개인주의**hyped up individualism라는 역설적 시대"(강조는 저자의 것이다)²⁴에 살고 있다고 주장한다.

그러나 소셜미디어 플랫폼 이용자들은 이러한 잘못된 인식에 집착하는 경향이 있다. 페이스북에서 논란이 된 '감정적 전염'(4장 참조) 연구의 공동저자였던 제프 핸콕Jeff Hancock에 따르면, 해당 연구에 대한 대부분의 부정적 반응은 다수의 이용자들이 "페이스북의 뉴스피드가 자신의 사회적 세상을 객관적으로 바라볼 수 있는 창구가 아니라는 생각을 갖지 못한다"²⁵는 사실을 반영한 것이다. 2015년 연구는 핸콕의 생각을 지지하였다. 이 연구에서는 연구참여자 60% 이상이 페이스북이 자신의 뉴스피드에 특정 방식의 큐레이션/선별작업을 실시한다는 것을 인식하지 못하고 있는 것을 발견했다.²⁶ 대학생(우리는 이들의 디지털미디어 리터러시가 평균보다 높을 것으로 기대할 수 있다)을 대상으로 실시된 최근 연구에 따르면, 응답자의 오직 24%만이 페이스북이 특정 포스팅 메시지에 우선순위를 부여하고 다른 포스팅 순위는 보여주지 않는다는 사실을 알고 있는 것으로 나타났다.²⁷

따라서 개인의 자율성 담론과 알고리즘 기반 편집권이 내재적으로 감추어져 있다는 점에서 볼 때, 현재까지의 소셜미디어 거버넌스에서는 여전히 공익을 개인주의적 관점으로 파악하고 있다. 페이스북이 실시한 감정적 전염 연구에 대한 비판에서 언급된 바 있듯, 이런 상황에서는 다음과 같은 질문을 던져볼 수 있다. "소셜미디어 플랫폼에 대한 논의에서 저널리즘 영역에서와 같은 공익 관련 우려가 개입할 공간이 존재하는가?"²⁸

개인의 선택과 권한부여를 특별하게 취급하는 것은 가짜뉴스 확산을 막기 위해 소셜미디어 플랫폼이 취하는 접근방식에도 영향을 미친다. 소셜미디어 플랫폼이 가짜뉴스 확산을 막기 위해 다양한 계획을 실시한다는 사실은 2016년 미국 대통령 선거 이전과 비교할 때 보다 강력하게 공익지향 접근을 택한다는 것을 보여준다. 그러나 여러 측면에서, 이러한 정책들은 공익에 대해 강력한 개인주의적 지향을 여전히 보여준다는 것을 알 수 있다.

가짜뉴스 문제에 대한 페이스북의 대응 중 가장 공격적인 부분 중 하나는 개별 뉴스출처의 신뢰도trustworthiness에 대한 이용자 평가가 이용자의 뉴스피드를 결정짓는 데 중요한 역할을 하도록 하는 시스템을 채택하는 것이다. 마크 주커버그에 따르면, 이때 주요 난관은 신뢰도를 평가할 수 있는 객관적 시스템을 개발하는 것이라고 한다.[29] 다양한 가능성들 중에서, 페이스북은 "이용자 공동체가 어떤 뉴스출처가 전반적으로 신뢰할 만한가를 결정하도록 하는 방식이 가장 객관적인 방식이라고 결정하였다."[30] 페이스북의 시스템은 다음과 같이 설명되고 있다. 페이스북의 정기 이용자 설문조사의 일환으로, 페이스북은 이용자에게 개별 뉴스출처가 친숙한지 그리고 이들 출처를 신뢰하는지를 물어본다. 특정 뉴스출처에 친숙하지 않은 개별 이용자들은 해당 뉴스출처의 전반적 신뢰도를 결정하는 데 사용될 표본에서 제거한다. 따라서 "어떤 뉴스출처의 전반적 신뢰도 결과치는 해당 뉴스출처에 대해 친숙하다고 응답한 이용자수 대비 해당 뉴스출처를 믿는다고 응답한 이용자수의 비율이다."[31]

구체적인 방법론적 접근이라는 관점에서, 페이스북의 방법이 애초에 의도했던 목표, 즉 가정컨대 가짜뉴스의 근절이라는 목표를 달성할 수 있는지 질문을 던져볼 필요가 있다. 자기응답으로 얻은 뉴스출처의 친숙함familiarity과 신뢰도trustworthiness에 의존하는 방법은 우려를 자아낸다. 앞서 언급했듯, 이러한 방법은 합산된 신뢰도 점수를 다른 사람들의 뉴스피드에 적용하는 것이다. 즉, 당신의 뉴스피드는 당신이 (혹은 당신의 사회적 네트워크에 연결된 사람이) 믿을 만하다고 확인한 정보원을 완전하게 반영하지 않을 가능성이 높다. 대신 이 시스템은 "이용자 공동체가 신뢰한다고 하여 결정된 뉴스출처 쪽으로 당신이 보는 뉴스를 이동"[32]시키는 것이다.

명백히 이러한 방법은 페이스북 설문에 참여하도록 선발된 개인들에게 놀라울 정도로 영향력 있는 지위를 부여하는 것이다. 이는 닐슨이 TV 수용자 측정 패널에 참여하게 될 개인을 선발하는 것과 비슷한데, TV 수용자 측정 패널에 참여한 사람들은 개별 TV 프로그램의 운명을 결정지을 수도 있는 엄청난 영향력을 행사하는 역할을 맡는다. 수용자 측정과 마찬가지로 페이스북 이용자 패널을 어떻게 구성할 것인가는 엄청나게 중요한 문제이며, 본질적으로 비판에 취약한 부분이다.[33]

그렇다면 설문조사 응답자 규모는 얼마나 컸을까? 2016년 보고서에 따르면, 페이스북의 '뉴스피드 품질 패널'은 고작 1,000여 명이었다.[34] 이 패널 설문조사에 참여해달라고 초대장을 보냈을 때의 응답률 response rate은 얼마였을까? 표본은 인구통계학적으로 그리고 지역적으로 페이스북 이용자 모집단을 반영했을까? 애초에 뉴스피드 품질 패널 참여자들은 모두 테네시주 녹스빌Knoxville, Tennessee 거주자였다.[35] 만약 패널의 목적이 미국에서 뉴스출처의 신뢰도를 평가하기 위한 것이었다면 적절한 수준의 지역적 대표성을 확보하는 것은 명백히 중요하다. 당시 페이스북의 뉴스피드 부서장head이었던 아담 모세리Adam Mosseri(현재는 인스타그램의 부서장이다)는 이 설문이 "미국 전역에서 페이스북을 사용하고 있는 사람들로 구성된 다양하고 대표성 있는 표본"을 통해 얻은 뉴스출처 신뢰도 조사의 기본 자료라고 설명한 바 있지만,[36] 표본에 대한 추가적 세부내용은 아직껏 공개되지 않았다. 또한 마치 닐슨이 특정한 프로그램이나 프로그램 제작자에게 특별한 이해관계를 갖고 있지 않은 것을 보여주기 위해서라도 TV 수용자 패널 참여자들을 보호하듯, 뉴스피드 품질 패널 표본은 제3자로부터의 강압이나 조작 시도로부터 보호될 필요가 있다.

아마도 독자들은 〈뉴욕타임즈〉, CNN, 〈워싱턴포스트〉 등과 같은 주류 뉴스조직들에 대해 어떤 결과가 나왔는지 궁금해할 것이다. 왜냐하면 이들 주류 뉴스조직들은 트럼프 대통령이 언론을 공격할 때 주로 등장했던 언론들이기 때문이다. 이러한 갈등관계에서 페이스북 이용자 표본을 구성하는 이용자들 중 상당수가 이들 뉴스출처에 대해서는 매우 친숙하게 생각하지만(비록 이들 뉴스출처에서 나온 뉴스를 보지는 않는다고 하더라도), 신뢰하지는 않는다고 답했을 것으로 확신할 수 있다. 반대로 극단적으로 정파적인 뉴스출처들의 경우, 규모는 작아도 이념적으로 동질적인 이용자들로 인해 친숙함과 신뢰도의 상관관계가 매우 크게 나올 가능성이 높다.[37] '친숙함'은 특히 자기보고 방식에서 나타나는 해석의 다양성으로 인해 신뢰도 평가를 위한 적절한 기준선으로 사용되기 어려운 잠재적 문제점을 갖는다. 다음과 같은 상황을 생각해보자. 이들 뉴스조직의 신뢰도에 대한 합리적 평가가 불가능한 방식으로 인해 몇몇 뉴스조직들은 다른 뉴스조직과 비교할 때 매우 다르게 신뢰도가 평가될 수도 있다. 예를 들어 CNN을 가짜뉴스라고 공격하는 정파적 뉴스를 지속적으로 소비한 사람은 CNN을 친숙하게 여기지만, CNN의 뉴스보도를 실제로 시청한 적이 없어도 CNN의 신뢰도를 낮게 평가할 것이다.

뉴스출처의 신뢰도를 평가하는 페이스북의 접근방식에서 드러난 철학은 공익에 대한 개인주의적 모형에 정확하게 들어맞는다. 개별 소셜미디어 이용자들의 보이지 않는 손—그리고 이용자 책임—에 엄청난 신뢰를 보인다는 것을 다시 한 번 확인할 수 있다. 즉 본질적으로 뉴스출처가 공익에 봉사하는지에 대해 소셜미디어 이용자들이 결정을 내려야만 한다. 이런 상황 속에서 공익은, 공익을 해석하는 특정한 한 가지 방식에 따라 개별 이용자의 이익을 합산한 것으로 개념화된다.[38]

결론은 미디어 파편화와 개인맞춤화라는 연속적인 진화과정으로 인해 최근 역사의 어떤 시점과 비교해도 훨씬 더 정치적으로 양극화되어버린 페이스북 이용자들을 기반으로 개별 뉴스출처의 신뢰도에 대한 결정을 내리는 것으로는 충분한 권위를 확보했다고 보기 어렵다는 사실이다. 이 프로그램을 시작하고 나서 몇 달 후, 페이스북이 "뉴스 신뢰도 전문가"를 고용하기 시작했다는 사실[39]은 개별 이용자 집단을 토대로 얻은 지수로는 신뢰할 수 있는 뉴스출처를 효과적으로 확인하는 것에 문제가 있다는 것을 입증하는 것이다.

이와 관련 디지털미디어 영역에서 보다 강력하고 보다 원칙에 기반한 공익지향성을 확립하고 잠재적으로 제도화하기 위한 몇몇 시도들이 시작되고 있다. 기계학습의 공정성, 어카운터빌러티, 투명성 협회FATML, Fairness, Accountability, and Transparency in Machine Learning와 컴퓨팅 기계 협회ACM, Association for Computing Machinery에서는 알고리즘의 책무성 및 투명성과 관련된 원칙들을 개발하고 천명하였다. FATML의 선언문에는 책임성responsibility, 설명의무explainability, 정확성accuracy, 감사의무auditability, 공정성 등의 핵심 원칙이 포함되어 있다.[40] ACM의 선언문에도 (잠정적 편향에 대한) 인식과 함께 감사의무, 어카운터빌러티, 설명의무, 접근권access, 시정의무redress 등이 언급되어 있다.[41]

2016년 후반 페이스북, 구글, IBM을 포함하는 기업들은 AI 파트너십Partnership on AI이라는 이름의 산업계 콘소시엄을 구성하였다. 여기서는 공정성, 신뢰성, 어카운터빌러티, 투명성 등과 같은 광역의 원칙들을 구성하였다.[42] 이러한 원칙들이 소셜미디어 플랫폼의 운영과 알고리즘이 창출되고 실행되는 방식에 유용한 지침을 제공하는 제도화된 가치

로 정착될 것인지는 지켜보아야 한다.[43]

규제권한으로서의 공익

이제 정책당국자의 의사결정, 그리고 미디어 조직의 행동지침이 되는 규제권한으로서의 공익public interest as a regulatory mandate을 살펴보자. 규제권한으로서의 공익은, 공공서비스 및 민주주의적 과정에 대한 헌신이라는 원칙을 규제정책과 정부가 부과하는 의무로 구체화할 수 있는 제도적 명령으로서의 공익을 보완하는 기능을 한다.[44]

　FCC의 선행조직인 연방라디오위원회Federal Radio Commission와 FCC는 70년이 넘는 역사를 거치면서 공익원칙과 연관된 구체적 운영원칙들을 마련하였다. 1928년부터 그 이후의 기간 동안, 다음과 같이 공익을 구성하는 5개 핵심요소가 등장했다: ①대립되는 관점의 균형balance of opposing viewpoints, ②이질적 이해관계heterogeneity of interests, ③기술, 경제, 이해관계자들의 이해관계 사이의 갈등dynamism, in terms of technology, the economy, and the interests of stakeholders, ④지역성localism, ⑤프로그램, 서비스, 소유에서의 다원성diversity, in terms of programming, services, and ownership.[45]

　공익원칙을 운영 및 적용하는 방법과 관련된 규제영역에서 강력하고 안정된 합의가 역사적으로 존재했다고 보기는 어렵다. 도리어 공익기준의 진화과정과 갈등과정은 미국에서의 미디어 규제 및 정책의 결정적 특징들 중 하나였다.[46] 예를 들어, 레이건 행정부 시절 FCC 의장인 마크 파울러와 흔히 연결되는 유명한 공익에 대한 '시장marketplace' 접근을 떠올려보라.

　커뮤니케이션 정책은 대중이 원하는 서비스를 극대화할 수 있는 방향으로 만들어져야 한다. 대중적 수요를 정의하고 이러한 수요에 부응하는 프로그램들의 범주를 선정한 후, FCC는 정상적 시장기능을 통해 수용자들의 수요에 부응하는 방송사업자의 능력을 믿어야만 한다. 즉 공익이란 대중의 이익이다.[47]

이런 방식의 공익 개념화는 여러 가치들의 통합이 아니라 시장의 작동방식으로 공익이 무엇인지를 결정하는 다수결주의 접근방식 majoritarian approach을 취한다. 반대로 공익에 대해 '수탁자 trustee' 접근 방식[48]을 옹호하는 사람은 정책당국자가 특정한 공익적 가치들을 확인 및 규정한 후, 미디어 조직이 이러한 공익적 가치를 추구하기 위해 충족해야 할 특정한 기준들을 정립해야 한다고 주장한다.

공익의무 public-interest obligations 관점은 여기서 등장한다. 공익적 가치들은 규제대상이 되는 미디어 조직들이 반드시 충족시켜야 할 적극적 의무조항들 affirmative requirements이다. 예를 들어, TV 방송국들은 어린이 교육용 프로그램을 최소 일정 수준 이상 제공해야만 한다. 케이블TV 및 공중파 방송국들은 선거 후보자들을 위한 광고시간을 저렴한 비용으로 마련해줄 의무가 있다. 한때 공중파TV와 케이블TV 채널들은 공적으로 중요하지만 논란이 되는 이슈에 대해서는 (3장에서 소개한 유명한 공정성원칙에 따라) 균등하게 보도해야만 했다. 미국 미디어 규제의 역사는 공익 의무로서 등장했다가 사라진 다른 사례들이 적지 않다.[49]

예상할 수 있듯, 시장주의적 접근방식과 수탁자 접근방식의 차이는 공익을 적용하는 수준, 즉 공익과 관련된 가치들을 명목으로 부여한 구체적인 규제의무들이 무엇인지에 대한 질문과 관련하여 특히 더 뚜렷하게 드러난다. 왜냐하면 서로 다른 행정기구들의 가치체계가 다르다는 점은 물론이고, 미디어 환경의 변화와 규제기관이 이러한 가치들을 어떻게 추구하는 것이 최선인지를 둘러싼 인식의 변화로 인해 규제권한으로 공익을 적용하는 것은 거의 언제나 논란이 되기 때문이다.[50] 이는 네트워크 중립성 이슈에서 FCC가 갑작스럽게 입장을 바꾼 점에서 잘 드러난다. 2016년 FCC는 인터넷 서비스 제공업체에 네트워크 중립성 규제를 부과하기로 의결하였다.[51] 2018년 새로운 FCC가 구성된 후 이 규제는 철폐되었다. 놀랍다고 하기는 어렵지만, 네트워크 중립성 규제의 채택과 철폐는 모두 공익이라는 표현으로 포장되었다.[52]

기술적 특수성과 공익

기존 미디어에 적용되는 공익기반 규제틀의 특징 및 특성들은 각 미디어의 기술적 특성에 따라 달라진다. 예를 들어 상이한 (혹은 상이하게 할당된) 전송 인프라를 활용하는 케이블TV, 이동식TV, 직접위성방송 DBS 등과 같은 다른 전자미디어와 비교하여 공중파 라디오와 TV는 보다 강력한 FCC기반 공익기반 규제와 의무 대상이었다. 그러나 공중파 라디오와 TV가 아닌 다른 전자미디어들조차 다양하고 종종 상충되는 규제논리에 토대를 둔, 공익을 기반으로 하는 FCC 규제를 받고 있다. 물론 전자미디어에 대한 이러한 모든 규제들은 인쇄미디어(미국에서는 거의 언제나 미디어 규제 테두리를 벗어나서 운영되는)와 확연하게 다르다. 여기서 저자는 개별 커뮤니케이션 기술들의 고유한 특수성이 개별 기술의 고유한 규제모형을 구성하는 근간이 되어야 한다는 미디어 규제 접근방식을 **기술적 특수성**technological particularism이라고 부르고자 한다.

미디어 규제동기와 규제논리

미국에는 수정조항 1조라는 강력한 전통이 있다. 공익을 기반으로 한 미디어 규제동기motivations가 설득력을 갖기 위해서는 정부의 규제감독이 수정조항 1조에 담긴 미디어 조직의 권리를 제약한다는 주장을 극복할 수 있는, 반드시 기술적 특수성에 근거한 설득력 있는 규제논리 rationales를 토대로 해야 한다. 동기와 논리 사이의 단어 의미상의 차이는 여러 가지 점에서 디지털미디어와 공익 사이의 현재 차이를 이해할 수 있는 핵심이다.

본서의 분석 맥락에서 **규제동기**란 용어는 공익기반 규제틀을 적용하기 위한 원동력이 되는 내재적 필요와 목표를 의미한다. 미국의 경우, 규제동기란 효과적인 민주주의 과정을 촉진시킨다고 간주되는 다양성, 지역성, 경쟁, 보편적 서비스 등과 같은 (종종 서로서로 갈등하지만) 주요 공익원칙들의 형태로 나타난다.[53] 또한 규제동기에는 외설적 콘텐트로부터 아이들을 보호한다는 등의 비정치적 우려들도 포함된다.

규제논리란 수정조항 1조 전통에서 미디어 영역에 대한 정부개입을 절대 금지하는 것으로 수정조항 1조가 경직되게 해석될 때, 미디어 규제의 목적 달성을 정당화하기 위한 근거를 의미한다. 기술적 특성에 기반한 규제논리는 특정 미디어 기술이나 서비스 특징으로 인해 몇몇 상황에서 필연적으로 미디어 조직의 발언권speech rights을 제한하도록 하는 공익기반의 감독이 필요하다는 전제premise를 토대로 한다. 여기서 핵심은 공익기반 규제동기는 그것 자체로 규제를 통한 개입을 정당화하기에 충분하지 않다는 것이다. 규제논리에는 규제의도에 잘 부합하며 정책적 개입을 정당화할 수 있는 기술의 고유한 특수성이 존재해야 한다.

유명하지만 여러 가지로 비판받는 주파수희소성spectrum-scarcity 논리는 미디어 규제동기와 규제근거가 어떻게 다른지를 보여주는 유용한 사례다. 주파수희소성 논리에 따르면, 공중파 주파수는 모든 사람들의 방송을 허용할 수 있을 만큼 충분하지 않기 때문에 정부가 규제를 통해 개입할 필요가 있다. 주파수희소성 논리는 초창기 FCC의 미디어 소유권에 대한 반발을 대상으로 한 연방대법원 판결(1943년)에 잘 명시되었다. NBC 대 미국NBC v. United States 사례에서, 전국단위 공중파 네트워크에서 NBC를 박탈한 FCC 규제명령에 대한 NBC의 반론에 대해 연방대법원은 다음과 같이 판결하였다. "커뮤니케이션 수단으로서의 라디오에는 특정한 기본사실, 즉 라디오 주파수 자원은 제한적이라는 사실이 존재한다. 주파수는 이를 사용하고자 하는 모든 사람들이 사용할 수 있을 만큼 충분하지 못하다. 단순히 모든 사람들을 포괄할 정도로 충분한 주파수는 존재하지 않는다. 라디오 방송국들끼리 서로 주파수 간섭 없이 운영될 수 있는 라디오 방송국의 숫자에는 자연적으로 고정된 한계가 존재한다."[54]

주파수희소성 논리를 통해 FCC는 "공중파 흐름을 관리하는 일종의 교통경찰관 이상의 존재"가 될 수 있었고, 아울러 "공중파 배치를 결정짓는" 역할을 수행할 수 있었다.[55] 이러한 방식으로 공중파의 주파수희소성 논리는 미디어기업의 구조와 행위에 대해 공익기반의 최대 감독권한이 부여되는 규제모형이라는 방송규제의 전반적 시스템 구축의 주요 정당성 근거가 되었다. 주파수희소성 논리는 논리적으로 허점투성이였음에도 지속적으로 유지되었다. 예를 들어, 경제학자들은 모든 재화는 일정 정도 희소성을 갖는다고 지적한 바 있다.[56] 만약 누군가가 가치재를 가져가버릴 경우(방송 주파수 사례와 마찬가지로), 수요가 공급을 초과하게 될 가능성이 높다. 주파수희소성 규제논리에 대한 비판자들은 기타 커뮤니케이션 인프라들(케이블TV, 인터넷 등)이 개발되면서 주파수희소성 규제논리가 논리적으로 타당하다고 더 이상 주장하기 어렵게 되었다고 지적한다.

그렇다면 왜 문제가 있는 규제논리가 계속 유지되는가? 해답은 규제논리와 규제동기 사이의 관계에서 찾을 수 있다. 여러 문헌에 따르면, 주파수희소성은 공중파 방송의 정부규제에 대한 이유가 아니었으며, 단지 수정조항 1조의 제약을 벗어날 수 있는 정당화 **근거**였을 뿐이었다.[57]

일례로 미디어 경제학자인 엘리 노엄Eli Noam은 주파수희소성이 공중파 방송을 규제할 수 있는 논리적 메커니즘이었다는 일반적 생각에 다음과 같이 반론을 제기하였다.

> 상황은 정반대였다. TV 주파수가 희소했던 이유는 정부가 주파수를 마지못해 할당하는 방식으로 주파수를 희소하게 만들었기 때문이다. 이렇게 된 한 가지 이유는 사기업이 운영하는 방송의 힘이 정치와 문화에 미치는 것을 정부가 두려워했기 때문이다. 정부통제를 받은 라디오는 제2차 세계대전 발발 이전과 전쟁 중에 그리고 이후의 냉전기간 중에 미국인들과 외국인들을 대상으로 선전활동을 수행하는 데 중요한 역할을 했다. 이러한 커뮤니케이션 권력을 사기업들로 확장하는 것은 상당히 위험해 보였다.[58]

노엄에 따르면, 주파수희소성을 둘러싼 상황은 "각 사회는 고유한 우려, 문제, 논란사항, 전통, 우선순위 등을 갖고 있다. 미디어 규제의 주목적은 각 사회의 고유한 가치를 증진시키는 것이다. 현재 정보처리 기술이 과거와 다른 방식으로 발전했기 때문에 혹은 다른 방식으로 부호화했기 때문에 사회가 그 나름의 사회적 우선순위를 포기하지 않는다"[59]는 현실을 보여준다.

결과적으로 구체적이며 새로운 사회적·정치적 우려들이 미디어 규제의 진실한 규제동기이며, 규제근거는 이러한 규제동기를 실현시키기 위해 기술적으로 도출된 정당화 근거를 제공하는 것이다. 기술변화가 규제동기에 영향을 미칠 수도 혹은 미치지 않을 수도 있다. 그러나 기술변화는 기술에 근거한 규제논리에는 영향을 미친다. 즉, 노엄은 뉴스와 정보를 전송하고 수신하는 기기 혹은 인프라가 바뀌더라도 "사회적 목표들은 결코 사라지지 않을 것이다"[60]라는 결론을 내린다. 사회적 목표들은 사라지면 안 된다.

주파수희소성 근거와 마찬가지로, 기술적 특성에 따라 여러 규제 근거들이 존재한다. 현재까지 소셜미디어 맥락에 대해 이들 규제근거를 적용한 사례를 찾기란 쉽지 않다. 이런 점에서 규제근거들 각각을 먼저 살펴본 후, 각 규제근거를 소셜미디어에 적용할 수 있는지를 고려해볼 필요가 있다.

커뮤니케이션 기술이 **공적자원**public resource에 토대를 두고 있는 수준은 고유한 규제근거로 사용되어왔다.[61] 이러한 규제근거는 보통 희소성 근거와 연관되어 있다(즉, 방송업자들은 '희소한 공적자원'을 사용한다). 이런 방식으로 희소성과 공적자원 규제논리는 연관되어 작동한다. 그러나 공적자원 규제논리는 희소성과 구분해서 살펴보아야 한다. 왜냐하면 공공자산이 고유하게 희소한지 여부와 상관없이, 공중파가 공공자산이라는 점이 공익기반 규제틀을 실행하는 것을 정당화하는 유력한 주장일 수 있기—이어왔기— 때문이다.[62] 명확히 공중파 방송은 공적자원 기준에 부합한다. 왜냐하면 케이블TV 시스템과 마찬가지로 (전신주, 케이블 설치를 위한 공공소유 토지 등의) 공공통행로public rights-of-way에 대한 접근access이 필요하기 때문이다. 이러한 접근이 공공 규제모형의 근거가 되고 있다. 방송사업자들은 주파수 사용을 대가로 다양한 공익의 무를 지킬 의무가 있었다. 이동식 텔레커뮤니케이션 서비스 제공자들과 달리 방송사업자들은 경매를 통해 주파수를 구입한 것이 아니었다는 점 (즉 재산권을 요구할 수 없다는 점)을 강조해야 한다. 방송면허과정에서 주파수는 본질적으로 무료로 제공되었다. 마찬가지로 케이블TV 시스템의 경우도 케이블TV 시스템을 구성하고 유지하는 데 필요한 공공통행로에 대한 접근을 대가로 공공, 교육, 정부 관련 프로그램들을 제공하는 채널을 송출하는 의무를 졌다.[63]

파급력pervasiveness은 미디어 영역에서 제기되어온 또 다른 기술적 특징을 기반으로 한 규제논리다. 미디어(특히 공중파 방송과 케이블TV)[64]는 콘텐트 접속의 용이성(접속의도가 없는 경우라고 하더라도)과 미디어의 도달력이라는 관점에서 '고유한 파급력이 있다'고 간주된다. 따라서 파급력은 품위 없는 indecent 프로그램들을 제한하는 것과 같은 규제개입의 논리적 근거를 제공해준다.[65] 의회는 커뮤니케이션 품위법[66]을 통해 온라인 공간의 성인 콘텐트 배포를 제한하려는 목적으로 1990년대 중반 인터넷에 대해 파급력 규제논리를 적용하고자 했다. 그러나 연방대법원은 "인터넷 공간에서의 정보 입수에는 단순히 다이얼을 돌리는 행동보다 훨씬 의도적이고 목적 지향적인 일련의 적극적 단계들이 요구되며" 아울러 "인터넷은 라디오나 TV와 같이 '널리 퍼지지' 않았다"는 점을 들어 인터넷이 공중파 방송이나 케이블TV에 적용된 파급력 규제논리 기준을 충족하지 못한다고 판결했다.[67] 이 판결 내용을 접한 후 공중파 방송과 케이블TV만 파급력을 갖고 웹과 소셜미디어는 파급력을 갖지 않는 이유가 매우 불명확하다고 느낀 독자들이라면, 미디어 영역에서의 규제근거가 허약하고 모호하다는 특성을 바로 이해할 수 있을 것이다.

몇몇 기술들은 규제를 받는 다른 기술들에 대해 **합리적으로 보조적** reasonably ancillary인 역할을 수행한다는 점을 토대로 규제개입이 이루어지기도 한다. 구체적으로 몇몇 케이블TV 관련 규제들은 케이블TV가 전통적으로 공중파 TV 방송을 전달하는 중개자 역할을 수행한다는 이유로 집행된다. 이런 관점에서 케이블TV는 공중파 방송에 대해 충분히 '보조적인' 기술이 되며 공중파 사업자에 대해 이미 적용되는 규제권한은 일정 수준으로 케이블TV에도 적용된다.[68] 이러한 근거는 FCC의 관할권이 확립되었던 두 가지 기술 범주였던 통신사업자 혹은 공중파방송이라고 분류되지 않았던[69] 케이블TV에 대해 FCC가 규제권한을 보유하는지 여부[70]에 대한 연방대법원의 판결에서 처음 확립되었다. 이후

FCC는 여러 가지 규제안과 함께 케이블TV 시스템의 역외시장 방송신호 out-of-market broadcast signals 수입금지 규제안을 내놓았다.[71] 이 규제안은 지역방송국들을 보호하는 것이 목적이었고, 이는 FCC의 장기적 정책목표였던 지역성 육성을 반영하는 것이었다.[72] FCC가 이러한 규제권한을 갖고 있는지에 대한 반론에 대해 연방대법원은 FCC의 권한을 옹호하였는데, 그 근거의 일부는 이러한 FCC의 권한이 "TV 방송규제와 관련된 FCC의 다양한 의무들을 효과적으로 수행하는 데 합리적으로 보조적인"[73] 역할을 수행하기 때문이라는 이유였다.

소셜미디어에 대한 규제권한으로서의 공익

규제논리 검토과정에서 나타나듯, 기술적 특징들은 규제개입의 근거로 사용된다는 점에서 구체적으로 살펴보는 것이 중요하다. 언급했던 규제 근거가 소셜미디어 영역에 적용되지 않는 한(혹은 적용하려 시도되지 않는 한), 소셜미디어에 대해 공익기반 규제틀이 적용되지는 않을 것이다. 그러나 몇 가지 경우에서 새로운 맥락에 적용 가능한 전통적 규제논리의 잠재성이 존재한다.

예를 들어 공적자원 규제근거를 생각해보자. 앞서 언급하였듯, 주파수가 공적자원이라는 사실은 방송사업자에 대한 공익기반 규제틀을 부과하는 주요 근거로 사용되어왔다. 소셜미디어 플랫폼이 주파수를 사용하지는 않는다. 그러나 소셜미디어 플랫폼은 대규모로 합산된 이용자 데이터를 통해 수익을 얻는 사업모형을 토대로 하고 있다. 수많은 프라이버시 옹호자들은 우리 이용자 데이터를 우리의 자산으로 간주해야 한다고 주장하였다. 이 주장은 캠브리지애널리티카 스캔들 이후 다시금 큰 주목을 받았다. 그러나 이러한 관점은 정책 혹은 산업계 현실에서 실제로 유효한 효력을 발휘했던 적이 없었다.[74] 그러나 이 관점을 기반으로 하여 어쩌면 합산된 이용자 데이터가 사적자산private property이 아닌 공적자산public property이라고 생각해볼 수 있을 것이다. 어쩌면 (소셜미디어 플랫폼이 활용하고 있는 데이터와 같은) 이용자 데이터의 합산은 주파수와 유사한 공적자원으로 간주되어야 한다고 볼 수 있다.

 이러한 주장은 희소성 규제논리, 즉 대중이 공중파를 '소유'하고 있으며 이러한 대중의 소유권은 상당 수준의 공익기반 규제권한을 부여한다는 규제논리의 핵심 전제를 떠올리게 한다. 만약 우리가 비슷한 방식으로 합산된 이용자 데이터를 공적자산으로 간주한다면(만약 대중이 자신들의 이용자 데이터에 대한 일종의 소유권을 갖고 있다면), 소셜미디어 플랫폼이 실시하는 대규모의 데이터 합산은 집합적 공적자원과 유사한 것이라고 간주할 수 있고, 이에 따라 공익기반 규제감독이 가능할 수 있다.

 전통적 정책담론에서 이러한 관점은 데이터 수집과 공유를 제한시키며, 이용자들에게 데이터 수집과 수집된 데이터의 활용방법에 대한 보다 큰 통제권한을 부여하는 필요성에 대해 강조한다. 이런 면에서 소셜미디어 플랫폼의 수용자 합산데이터를 집합적 공적자산으로 간주하는 관점은 전통적 정책담론으로부터의 전환을 보여준다. 예를 들어 법학자인 잭 볼킨Jack Balkin은 디지털 플랫폼 기업들은 **정보수탁자**information fiduciaries, 즉 정보를 거래하며 따라서 책임 있는 방식으로 법을 기반으로 정보를 다룰 의무가 있는 개인이나 조직들(비슷한 사례로 의사와 변호사를 떠올려보라)로 범주화되어야 한다는 주장을 설득력 있게 제시하였다.[75] 볼킨의 주장과 공적자원으로서의 데이터 주장이 반드시 서로 상충되는 것은 아니다. 도리어 볼킨의 주장은 전통적 주장을 토대로 대규모로 합산된 이용자 데이터를 수집하고 현금화하는 방식의 사업모형을 갖는 플랫폼 기업들에 대한 공익기반 의무부과의 합리적 근거를 창출한 것이다. 이러한 공익기반 의무는 데이터의 수집과 사용을 목표로 하는 프라이버시 규제와 함께 적용될 수 있다. 대규모로 합산된 이용자 데이터가 플랫폼 기업 사업모형의 생명줄이기에 정보수탁자 지위는 보다 넓은 수준의 사회적 의무들로 확장할 수 있다.

이는 파급력 규제근거를 소셜미디어 맥락에 적용할 수 있는 잠재적 가능성과도 유사하다. 앞서 언급하였듯, 1990년대 후반 연방대법원은 인터넷에 대해 파급력 규제근거를 적용하려는 의회의 시도를 기각하였다. 그러나 사람들의 온라인 접속방법이라는 점에서 많은 것이 바뀌었다. 이제 사람들은 더 이상 전화선을 통해 인터넷에 접속하지 않으며, 언제나 접속되어 있는 모바일 기기들을 사용하고, 소셜미디어 플랫폼은 '푸시' 미디어 특성을 띠면서 웹 전반과 구분된다. 이러한 특성들을 고려할 때, 소셜미디어 플랫폼은 TV나 라디오와 같이 고유한 파급력을 갖는 미디어로 간주될 수 있다. 소셜미디어 이용자가 자신의 뉴스피드에 실시간으로 생중계되는 살인이나 자살과 같은 충격적 콘텐트를 갑작스럽게, 기대하지 못한 상황에서, 비자발적으로 접하게 될 수 있다는 점은 소셜미디어의 파급력을 보여주는 강력한 사례라고 할 수 있다.

합리적으로 보조적인 관계라는 규제근거 역시 소셜미디어 맥락에서 적실성을 갖는다. 규제대상 영역에서 생산된 콘텐트를 수용자에게 도달하는 방법으로 소셜미디어가 점점 더 많이 사용된다는 점을 감안할 때, 소셜미디어 플랫폼은 규제대상인 다른 미디어들을 보조하는 방식으로 작동한다. 예를 들어, 만약 소셜미디어의 뉴스피드에 지역방송국에서 제작한 비디오가 들어 있다면, 이는 1970~1980년대에 케이블TV가 보급되면서 케이블TV가 방송국들의 콘텐트에 접속하는 중요 수단이 되던 방식과 비슷하다는 것을 알 수 있다. 케이블TV는 공중파 방송사의 프로그램을 배포하던 중요 플랫폼으로 진화했다는 점에서 공중파 방송에 대한 합리적으로 보조적인 미디어였다. 소셜미디어 플랫폼은 전통적 미디어가 콘텐트를 배포하는 메커니즘으로 진화한다는 점에서, 비슷한 방식으로 합리적으로 보조적인 관계가 나타나고 있다.

함의

현재까지 정책당국자들은 소셜미디어 플랫폼 기업들 이전의 전자미디어에서 활용되었던, 정부 주도로 계획·실천하는 공익관점 규제를 시도하지 않았다. 여기서의 문제점은 이러한 플랫폼 기업들이 성장하고, 진화하며, 아마도 미디어 생태계에서 점차 주도적인 위치를 점유하게 됨에 따라 규제동기의 토대가 되었던 가치·원칙·목표들이 적용되는 기업들은 미디어 생태계에서 점차 그 비중이 줄어들 것이라는 점이다. 과거 새로운 커뮤니케이션 기술이 등장하였을 때, 기존의 규제모형은 새로 등장한 기술로 어느 정도 전이될 수 있었다. 예를 들어 여러 가지 면에서 라디오와 상당히 다른 미디어로 TV가 등장했을 때도, TV에도 방송 주파수가 존재한다는 점을 토대로 정책당국자들이 라디오에 대해 적용되었던 전반적인 규제틀을 TV에 적용할 수 있었다. (규모가 좀 더 작기는 하지만) 케이블TV가 등장했을 때도 비슷한 사례가 나타났다. 이미 언급하였듯, 케이블TV가 공중파TV와 합리적으로 '보조적인' 관계를 갖는다는 케이블TV 규제논리 사례에서 정책당국자들이 공중파 TV와 라디오의 규제틀을 케이블TV에 상당 부분(전부는 아닐지라도) 적용하였다는 것을 알 수 있다.

오늘날 우리가 처해 있는 상황에서는 아직 규제틀의 연속성을 찾기 어렵다. 만약 현재의 맥락에서 미디어에 대해 정부규제의 이유(즉 규제동기)를 적용하되 규제논리를 적용하지 않는다면, 미디어 규제 및 정책에 대한 필요성은 규제와 정책의 실현가능성과 근본적으로 분리되어버릴 것이다. 보다 구체적으로, 만약 이러한 뉴미디어 플랫폼 및 제도의 구조와 운영방식이 현존 미디어의 구조와 운영방식을 지배하는 규제목표에 배치되는 방식으로 진화할 경우, 정부는 당면한 커뮤니케이션 정책문제를 해결할 수 없는 상황에 맞닥뜨릴 것이다.

AT&T와 타임워너 합병

규제동기와 규제논리가 분리된 상황의 특성과 그로 인한 결과를 보여주는 사례로는 최근 허가되었던 미디어 합병을 고려해보는 것이 유용하다.[76] 2016년 10월, 미국의 텔레커뮤니케이션 거대기업으로 무선, 광대역, 유료 TV 서비스 제공업체인 AT&T는 전세계에서 세 번째로 규모가 큰 타임워너를 합병하겠다는 계획을 발표하였다. 타임워너는 주요 영화사 TV 스튜디오를 소유하고 있으며, 아울러 HBO, CNN, TNT, TBS 등과 같은 인기 있는 네트워크들을 보유하고 있는 미국에서 가장 거대한 케이블TV 네트워크 소유주 중 하나다.

미국에서는 지난 40여 년 동안 미디어 소유권 규제가 조금씩 완화되면서 이러한 거대 미디어기업의 합병이 꽤 긴 역사를 갖게 되었다.[77] 그런데 FCC는 AT&T와 타임워너의 다양한 사업영역들을 감독하고 두 기업의 합병계획에 대한 공익지향 분석을 수행할 의무가 있었음에도, AT&T와 타임워너 합병안이 FCC의 검토와 승인 없이 진행되었다는 점은 매우 독특하다.

미국에서 미디어기업의 합병계획은 제안된 합병이 시장의 경쟁에 어떤 영향을 미칠지 평가하는 법무부 혹은 연방무역위원회Federal Trade Commission의 평가를 받도록 되어 있다. 미디어기업의 합병계획은 추가적으로 별도의 FCC 공익검토도 받아야 한다.[78] FCC의 별도 검토 과정에서는 제안된 미디어기업 합병의 경제적 효과와 아울러 관련된 비경제적 고려사항들, 이를테면 사회적·정치적 영향력도 함께 검토한다. 정보원 및 관점의 다양성, 지역성, 이용자의 정보접근능력 등과 같은 확립된 정책적 고려사항들이 여기에 포함된다. FCC의 검토를 통해 이 과정에서 경제적 시장 관점뿐만 아니라 사상의 시장이라는 관점에서도, 미디어기업 합병의 효과에 대하여 공익이라는 건실한 관점이 고려된다는 것을 알 수 있다.

그러나 AT&T-타임워너 합병 사례에서는 언급한 검토시스템에서의 중대한 결함이 두드러진다. 이 결함을 이해하기 위해서는 미디어기업 합병 검토 시 공익기준을 적용하는 FCC의 권한이 FCC의 방송면허 허가권에서 비롯된다는 점을 인식하는 것이 중요하다.[79] FCC가 (희소한 공적자원인) 방송면허의 배부와 갱신을 감독하기 때문에, 기업합병을 위해서는 FCC가 특정 기업에서 다른 기업으로 방송면허를 넘겨주는 과정을 반드시 허가해야 한다. 만약 미디어기업 합병 과정에서 방송면허를 주고받을 일이 없다면, FCC가 주도하는 공익검토는 실시되지 않는다. AT&T-타임워너 합병은 바로 이런 상황에 꼭 들어맞는다.

세계에서 가장 큰 미디어기업임에도 불구하고, 기업합병이 제안되었던 시점에서 타임워너는 단 하나의 공중파TV 방송국을 소유했을 뿐이었다.[80] 이러한 상황으로 인해 몇몇 연구자들은 만약 타임워너가 공중파TV 방송국을 판매한다면 FCC는 제안된 합병에 대한 통상적인 공익검토를 강제할 권한이 없게 되며, 따라서 미디어기업 합병은 오로지 합병이 경쟁에 미치는 효과로만 국한될 것이라고 생각하였다.[81] 예측대로 타임워너는 보유하고 있던 하나의 TV 방송국을 매각하여 단 하나의 공중파 방송면허를 없애버렸다.[82] 나중에 FCC 의장이었던 아지트 파이Ajit Pai는 타임워너의 면허가 없다는 점에서 FCC는 AT&T-타임워너 합병을 검토할 법적 권한이 없다고 밝혔다.[83]

이러한 상황은 미디어 환경이 점차 디지털로 바뀌고 공중파 방송이 전체 미디어 생태계에서 차지하는 역할이 점점 축소됨에 따라 미디어 영역에서 규제기준으로서의 공익과 그리고 공익기준 적용을 위해 필요한 미디어 영역의 특징 사이의 분리가 점점 더 증대된다는 것을 보여준다. AT&T-타임워너와 같이 거대하고 방대한 영역에 걸쳐 있으며 큰 영향력을 발휘하는 기업합병이 공중파 방송면허가 없다는 점만으로 기업합병에 대한 공익검토를 완전히 회피할 수 있었던 것이다. 이러한 사실은 공익검토가 기반하고 있는 규제논리가 과연 적절한지에 대한 의문으로 이어진다. 이 사례에서 드러나듯, 우리가 현재 보유한 규제시스템은 점점 더 적절성이 떨어지고 있는 커뮤니케이션 기술의 특수성을 기반으로 하는 규제논리를 바탕으로 진행되고 있다.

소셜미디어와 공익에 대한 본서의 논의에 대해 AT&T-타임워너 합병 사례가 보여주는 함의는 명확하다. 현재의 공익기준은 뉴스와 정보의 생산, 배포, 소비에서 가장 강력한 중개자로 등장한 소셜미디어 플랫폼에 적용하기에 적절하지 않다. 예를 들어 페이스북과 트위터가 가상적으로 합병한다고 생각해보자. 이 합병의 경우 합병제안의 경제적 효과를 넘어서 합병의 사회적·정치적 함의를 다루는 상당한 수준의 규제조사가 이루어져야 할 것이다. 또한 페이스북-트위터 합병은 미디어기업 합병이라는 맥락을 넘어선다. 보다 넓은 관점에서 공익기준이 소셜미디어 플랫폼의 구조나 운영방식에 대해 규제발판regulatory foothold을 전혀 갖지 못한다는 사실은, 점점 더 분리되고 있는 규제동기와 규제논리의 관계가 복구되지 않으면 안 된다는 것을 의미한다. 이러한 상황은 본서의 서문에서 언급한 역학관계, 즉 본질적으로 미디어기업인 기업들이 마치 미디어기업이 아닌 기업으로 취급받으려고 하는 노력을 더욱 부채질하고 있다.

소셜미디어에 대한 공익의무?

규제받지 않는 소셜미디어 플랫폼이 전통적인 전자미디어에 적용되었던 규제 관련 우려regulatory concerns를 야기하게 만든 상황 몇 가지를 떠올려보자. 현재 상태의 규제가 과연 적절한지 여부를 둘러싸고 의문을 자아내는 상황들은 충분히 빈번하게 일어난다. 미디어 학자인 마이크 아나니Mike Ananny와 탈레튼 길레스피Tarleton Gillespie는 이러한 상황을 "공적충격public shocks"이라고 부른다. 이들의 표현을 빌자면 공적충격이란 "이들 플랫폼 사기업들의 기능과 거버넌스를 명백하게 전복시키는 공적 순간이다. 이 순간에는 갑자기 플랫폼의 인프라 특징이 강조되면서 플랫폼 기업들은 이 충격이 야기시킨 공적 함의를 설명할 것을 요청받는다. 공적충격은 플랫폼들이 종종 저지른 중대한, 그러나 종종 불만족스럽고 불충분한, 예외적 상황으로 이어지는 대중의 분노와 규제반발regulatory pushback이라는 순환과정을 불러온다."[84]

공적충격들은 빠른 속도로 늘어가고 있다. 여기에 포함되는 대표적 사례들을 언급하면 다음과 같다.

- 페이스북이 페이스북 플랫폼 이용자들을 대상으로 실시한 '감정전염' 연구
- 미주리주 퍼거슨시에서 발생한 총기난사 사건 보도가 페이스북과 트위터 뉴스피드에서 얼마나 극적으로 다르게 나타는지를 보여준 사례
- 페이스북에서 생중계된 경찰의 필란도 카스티야Philando Castile 총기살해 사건
- 페이스북을 통해 반유대주의 성향 수용자들을 대상으로 타깃팅 광고를 실시할 수 있다는 폭로
- 페이스북에서 보수성향 뉴스기사들이 뉴스피드 순위에서 밀린다는 내부고발
- 페이스북, 트위터, 유튜브 등의 플랫폼에서 가짜뉴스가 창궐하며, 이 플랫폼들이 가짜뉴스 배포를 수수방관했던 모습
- 해외기관들이 소셜미디어 플랫폼을 이용하여 가짜뉴스와 타깃팅된 정치광고를 통해 2016년 미국 대통령 선거에 영향력을 행사하려던 시도
- 캠브리지애널리티카가 페이스북 이용자 데이터를 악용했다는 폭로[85]

이러한 공적충격 사건들로 인해 소셜미디어 플랫폼 거버넌스라는 이슈에 사람들의 관심이 집중되는 순간이 만들어졌고, 소셜미디어 플랫폼들은 사람들의 관심에 대응할 수밖에 없었다. 또한 공적충격이 누적될수록 정책담당자들은 현존 거버넌스 메커니즘이 적절한지, 구체적 개선이 필요한지 여부를 검토하기 시작했다(이는 2017, 2018, 2019년에 연이어 진행되었던 수많은 의회 청문회에서 잘 드러난다).

공적충격 모두에 반드시 규제개입이 필요한 것은 아니다. 또한 이들 디지털미디어 플랫폼들이 다른 전자미디어에 적용되는 공익 규제틀에 따라 운영되었다고 해도, 이런 공적충격을 방지할 수는 없었을 것이다. 그러나 전체적으로 고려할 때, 공적충격은 공익관점이 소셜미디어 맥락에서 어떻게 활용되는지 혹은 어떻게 활용되어야만 하는지에 대한 질문을 던질 계기를 마련해준다. 몇몇 공적충격 사건들을 조사하면 현재 기존 전자미디어를 대상으로 만들어진 규제 및 법적 구조가 디지털미디어 플랫폼의 운영 및 변화 과정에 어떤 부분이 맞지 않는지 구체적으로 살펴볼 수 있다.

예를 들어 살인과 자살과 같은 폭력행동에 대한 페이스북 생중계를 생각해보자. 이는 여러 차례 발생하였다. 혐오발언 표출 역시 소셜미디어 플랫폼에서 두드러진다. 페이스북은 폭력이나 혐오발언 관련 콘텐트를 감시하고 이런 콘텐트의 확산을 막을 수 있는 내부 가이드라인과 절차를 갖고 있다. 이러한 사실에도 불구하고, 소셜미디어 플랫폼 기업은 문제가 되는 콘텐트를 감시하고 통제해야 하는 법적 의무가 (적어도 미국에서는) 없다는 점에 주목해야 한다. 실제로 페이스북의 콘텐트 선별 기능은 폭력과 혐오발언을 넘어 나체와 노골적 성행위와 같은 분야에도 적용되고 있다.[86] 이런 점에서 페이스북 이용자는 (페이스북이 적용한) 콘텐트 규제모형의 규제대상이다. 콘텐트 규제모형은 (유해하거나 외설적인 콘텐트로부터 유아와 사회적 취약집단들을 보호한다는 명목으로 언론자유 권리에 대해 다양하게 간섭하는) 방송미디어에 대해 적용되는 FCC의 규제모형과 매우 비슷하다.

그러나 페이스북의 감독과 이와 관련된 절차들의 특징은 매우 혼란스럽다. 이 과정의 특성들이 공개되자, 문제가 발생하였다. 예를 들어 페이스북의 콘텐트순화 가이드라인에는 "풀뿌리 활동가들과 소수인종들에 비해 엘리트와 정부를 선호하는"[87] 방식을 떠올리게 만드는 여러 특징들이 포함되어 있었다. 예를 들어 다음을 살펴보자.

페이스북의 어떤 한 문서에 따르면 페이스북은 전반적 혐오발언 알고리즘에 관한 콘텐트 검토자들을 다음과 같이 훈련시키고 있다.

슬라이드에는 다음의 세 집단이 제시되어 있다: 여성 운전자, 흑인 아동, 백인 남성.
질문은 다음과 같다. 어떤 집단이 혐오발언에서 보호받고 있는가? 정답: 백인 남성.

페이스북이 저주, 비방, 폭력행동 도발, 그리고 여러 다른 유형의 공격적 발언 등을 제거하는 이유는 혐오발언 대상을 인종, 생물학적 성별sex, 사회적 성정체성gender identity, 가입된 종교집단, 출신국가, 출신민족, 성적지향, 심각한 장애를 갖거나 병을 앓고 있는 사람과 같이 '보호받는 범주'를 대상으로 하는 경우로만 한정시키기 때문이다. 백인남성이 혐오발언에서 보호받는 집단으로 간주되는 이유는 여성 운전자와 흑인 유아는, 이슬람 근본주의자 집단도 마찬가지이지만, 보호받는 범주에 속하는 반면, 백인과 남성 두 가지 특성은 모두 보호받는 범주에 해당되지 않기 때문이다.[88]

이러한 사례는 소셜미디어 공간에서 잠재적으로 유해하며 공격적인 콘텐트에 대한 소셜미디어 플랫폼 기업의 자기규제틀self-governance framework이 적절한지 여부에 대하여 의문을 자아낸다. 미국 이외의 지역의 경우, 정부가 감독하는 방향으로 보다 직접적으로 움직이고 있다. 이를테면 독일의 경우, 독일정부의 혐오발언 기준에 맞지 않는 포스팅 메시지를 특정하게 지정된 기간 동안 소셜미디어 플랫폼이 제거하지 않을 때 벌금을 부과할 수 있는 법안을 통과시켰다.[89]

콘텐트를 감시하는 소셜미디어 플랫폼의 행위, 그리고 이 과정에서 나타나는 명확한 한계와 편향성은 정착된 규제동기와 규제권한을 갖고 있는 현존 기관이 어떻게 분리되는가를 명확하게 보여준다. 특정 유형의 외설/유해 콘텐트를 제한하는 것이 필요하다는 인식이 퍼져 있다는 것은 틀림없는 사실이다. 비록 때로는 공익에 어긋나는 방식으로 진행되기도 하지만, 이는 소셜미디어 플랫폼들이 자발적으로 책임지고 이런 콘텐트를 제거한다는 점으로도 잘 드러난다. 인터넷(혹은 구체적으로 소셜미디어)에 파급력과 같은 규제논리를 적용하려는 노력을 시도하지 않는다면, 규제개입에 대한 강렬한 동기와 효과적 규제논리 사이의 분리 문제를 다시금 마주하게 될 것이다. 저자는 정부가 부과하는 규제들이 반드시 소셜미디어를 통한 폭력물이나 혐오발언의 전파 문제에 대한 가장 적절하고 현실성 있는 해결책이라고 주장하지 않는다. 대신 저자가 주장하고 싶은 것은, 정부개입이 필요할 때 현존하는 규제논리로는 정부의 개입을 정당화할 수 없다는 것이다.

아마도 2016년 미국 대통령 선거 당시의 주요 이슈였던 가짜뉴스의 등장, 그리고 가짜뉴스의 잠재적 영향력과 관련하여 규제동기와 규제논리 사이의 분리가능성을 살펴보는 것 또한 의미 있을 것이다. 전통적 미디어 맥락의 경우, 정식뉴스와 가짜뉴스를 구분할 수 있는, 최소한 허위 정보가 생산되고 확산되는 것을 막을 수 있는(비록 제한적이나마) 확립된 법적 규제틀이 작동되고 있다. 그러나 지금껏 소셜미디어에서는 이런 규제틀이 존재하지 않았다.

우선, 3장에서 밝혔듯, 미국에서의 미디어 조직은 명예훼손법의 제한을 받았다. 명예훼손법에서는 개인의 평판에 해가 되는 허위정보를 인지한 상태에서 악의적 의도로 출간하는 것을 금지하고 있다. 명예훼손법은 모든 미디어 기술에 적용되며, 개별 미디어의 특성에 따라 다르게 적용되지 않는다. 그러나 3장에서도 언급했듯, 개인의 평판에 악영향을 끼치지 않는 허위정보(이를테면, 홀로코스트를 부인하는 정보)는 미국의 명예훼손법의 규제영역을 벗어난다.

그러나 허위에 대한 일반적인 규제는 미국의 방송규제에도 적용되어 왔다. 구체적으로 FCC는 방송면허사업자들이 "그러한 정보를 방송하는 것이 심대한 '공적위해public harm'를 야기할 것임"을 사전에 알았을 경우, 방송면허사업자들이 범죄와 참사와 관련한 허위정보를 알고 있는 채로 보도하는 것을 규제한다.[90] 이러한 공적위해는 즉각적이며, 공공자산·공중보건·공공안전에 직접적이고 실제적인direct and actual 피해를 야기하거나, 법 집행자나 공중보건·공공안전 담당자들의 임무를 방해해야만 한다.[91] 역정보에 대한 현재의 논쟁이라는 점에서 볼 때, 이러한 규제는 가짜뉴스라고 확인할 수 있는 영역 중 최소 일부에만 해당된다.

1960년대 이후 FCC는 "방송사업자 혹은 경영진이 의도적 뉴스 왜곡에 개입했다는 것을 알고 있는 개인으로부터 확보한 증언이나 서류 같은 조작이나 편향에 대한 문서화된 증거를 접수하였을 경우, 뉴스를 왜곡한 방송국에 대해 조사할"[92] 것이라는 보다 일반적인 정책을 유지하였다. FCC는 "뉴스를 왜곡하라는 지시가 방송국 경영진으로부터 근무자에게 내려왔다는 것에 대해 특히 우려하고 있지만, 이러한 명시적인 증거가 없을 경우 FCC는 개입하지 않을 것"[93]이라는 입장이다. 실제로 뉴스 왜곡 조사는 거의 이루어지지 않았으며(특히 1980년대 이후 탈규제 경향 이

후), 방송면허사업자들의 활동에 특별하게 영향을 준 적도 없었다.[94]

뉴스에 나타난 허위에 대한 FCC의 조사 범위와 활동을 제약하는 것은, 다양한 영역에 걸쳐 나타나는 허위의 생산·확산·소비에 대해 명시적으로도 암묵적으로도 보장하는 미헌법 수정조항 1조의 전통을 반영한 것이다. 그러나 미국과 달리 캐나다 방송사업자의 경우, 뉴스에 나타나는 허위는 규제대상이다.[95] 캐나다의 FCC에 해당되는 캐나다 라디오-TV 및 텔레커뮤니케이션 위원회CRTC, Canadian Radio-Television and Telecommunications Commission는 허위 혹은 왜곡된 뉴스fake or misleading news의 방송에 대한 전면적 금지blanket prohibition 권한을 갖고 있다(비록 이를 위반한 방송국에 대한 권한행사는 아직껏 실시된 바 없다).[96]

물론 앞서 논의되고 널리 알려져 있듯, 가짜뉴스의 주요 온상은 방송이 아니라 디지털미디어 영역이다. 불행하게도 앞에서 소개한 제한적이나마 가짜뉴스를 방지할 수 있는 공익기반 규제조치는, 검색엔진과 소셜미디어 플랫폼과 같이 현대에 점점 더 중요해지고 있는 뉴스 및 정보 출처에 적용되지 않는다. 그 근원은 제3자에 의해 온라인 플랫폼 공간에서 생산되거나 배포된 콘텐트에 대하여 온라인 콘텐트 제공업자들에게 다양한 형태의 법적 의무들을 면제하는 것을 목적으로 하는 1996년 텔레커뮤니케이션법의 230조로 거슬러 올라간다. 따라서 검색엔진, 소셜미디어 플랫폼, 비디오호스팅 사이트video-hosting sites와 같은 콘텐트 어그리게이터와 큐레이터들은 제3자가 생산한 음란물, 혐오발언, 명예훼손/허위 콘텐트를 큐레이션하거나 배포하여 발생할 수 있는 법적 책임에서 면책되었다. 이러한 면책사유는 심지어 플랫폼 운영자가 플랫폼 내부의 기준과 경제적 고려사항에 근거하여 콘텐트 선별작업, 콘텐트 큐레이션, 콘텐트 배제 등과 같은 다양한 형태의 편집적 재량권을 적극적으로 행사할 때도 적용되었다.

결국 이들 디지털미디어 플랫폼은 통신사업자와 유사한 법적 면책

권리를 갖게 됨과 동시에 출판업자로서의 편집권한도 보유하게 되었다. 1996년 텔레커뮤니케이션법 230조항을 비판하는 사람들은 이 조항이 "인터넷 서비스 제공자와 플랫폼 사업자들에게 기타 다른 커뮤니케이션 미디어에는 배제된 특별대우를 구체적으로 명시한 법률"[97]이라고 지적한다. 여기서 나타나듯, 기술적 특징은 법적 규제틀의 구성에 결정적인 역할을 한다. 하지만 적어도 이 사례에서의 법적 규제틀은 공익원칙과 완전히 어긋난 것이다.

함의

5장에서 저자는 공익원칙이 소셜미디어 거버넌스 맥락에서 체계적으로 약화되고 배제되어왔다는 것을 보여주는 사례를 제시하였다. 공익원칙의 약화와 배제 과정은 미디어 조직의 기능(비록 의무는 아닐지라도)에 토대를 둔 기술기업들의 훨씬 더 협소한 기술중심 지향성technocentric orientations에 의한 것이며, 규제논리 구성을 지도해온 기술 특수성technological particularism에 의한 것이기도 하다. 그러나 소셜미디어 플랫폼이 운영되면서 나타난 문제점들과 우려는 전통적 관점에서의 공익중심 미디어 거버넌스로는 해결될 수 없다.

이 모든 것은 어떤 미디어 규제논리가 탄생했던 특정 기술적 맥락을 반영하는 미디어 규제논리가, 비슷한 규제동기가 발생하는 완전히 새로운 기술적 맥락에 적용될 수 없는 경우에 어떤 일이 발생하는지에 대한 문제로 이어진다. 만약 현재의 미디어 규제논리가 새로운 기술적 맥락에 적용되지 못한다면, 결국 우리는 다음의 결정을 내려야 한다: 미디어 규제동기, 미디어 규제논리 중 무엇이 더 중요한가? 이 문제는 앞서 논의했듯이 규제논리의 거의 대부분이 소셜미디어와 검색엔진 플랫폼들에 적용될 수 없다는 사실을 고려할 때, 특히 더 중요하다. 이들 플랫폼 기업들은 미디어 생태계에서 주도적 위치에서 영향력을 행사하며, 뉴스의 확산과 소비 그리고 플랫폼을 이용하면서 현재의 미디어 규제논리에 영향을 **받아야만 하는** 미디어조직들의 재정상태에 더 큰 영향력을 행사하고 있다. 이를 통해 미디어 생태계에서 규제를 받는 영역과 규제를 받지 않는 영역은 점차로 더 섞이며 구분되지 않는다. 이런 점에서 규제를 받는 영역과 규제를 받지 않는 영역의 관계는 앞에서 설명했던 '합리적으로 보조적인' 관계의 규제논리를 촉발할 수 있다.

2011년 FCC는 디지털 시대에 시민공동체의 정보욕구community information needs가 충족되었는지 여부에 대한 복잡한 주제를 탐구할 포괄적이며 야심찬 시도를 실시하였다.[98] 디지털미디어의 확산에도 불구하고(어쩌면 그 확산 때문에) FCC는 양식 있는 시민공동체 형성에 대한 수많은 위협요소에 관하여 대규모 조사를 실시한 후, 현재의 FCC 규제권한을 단지 조금 더 행사할 것을 제안하였다(이를테면 방송사들이 온라인에 파일을 올릴 때 공적 조사를 받는 것, 기부재단과 같은 다른 제도들이 현재의 문제해결에 참여하여 도와줄 것을 요청하는 등과 같은).[99] FCC의 제안에 잠재된 메시지는 명확하다. FCC의 규제권한 범위를 규정하는 규제논리로는 실질적인 커뮤니케이션 정책문제, 즉 효과적인 민주주의 과정의 작동에 핵심이 되는 문제에 대해 기껏해야 변죽만 울릴 수 있을 뿐이라는 사실이다. 여러 측면에서 FCC 조사결과는 5장에서 소개하는 이슈를 압축한 것이다. 즉 관련된 제도 혹은 정책당국자들로부터 소셜미디어 거버넌스에 대한 보다 많은, 그리고 보다 건실한 공익기반 규제들이 나와야 한다는 것이다.

미디어 거버넌스에서 공익원칙의 전통적 역할에 대한 저자의 논의는 공공서비스와 민주주의적 과정의 개선 노력이라는 규범이 어떻게 뿌리내리고, 전통적 뉴스미디어의 거버넌스틀로 명시되었는지를 다시 살펴본 것이다. 그러나 많은 학자들은 지난 몇십 년간 탈규제 경향과 함께 공익기반 규범이 오랜 기간 부적절한 방식으로 미디어 거버넌스에 나타나면서, 미디어의 상업화와 선정주의를 증가시키는 등 상업적 필요성이 공공서비스에 우선하는 미디어 생태계가 형성되었다고 주장한다. 이는 다양한 방식으로 설득력 있게 진행된 저널리즘과 커뮤니케이션 정책 비판들에서 반복적으로 나타나는 핵심 주제다.[100] 이런 관점에 대해 반론을 제기하는 것은 쉽지 않다.

그러나 극적인 기술적 변화의 시점(특히 커뮤니케이션의 핵심 인프라가 전환되고 있는 시점)일수록 미디어 생태계에 적용될 공익기반 규제틀을 다시금 고안 및 수정하고, 어쩌면 심지어 회복할 수 있는 기회라는 사실을 떠올릴 필요가 있다. 예를 들어 1990년 후반 미국이 디지털TV로 전환되던 시점으로 다시 되돌아가보자. 이 전환기에는 TV 콘텐트 생산자, 방송국, 네트워크, 뉴스 제작 및 전송 장비, 그리고 소비자들이 구입할 새로운 수신장비(새로운 TV와 셋톱박스), 아울러 TV 방송신호 전송방식이 아날로그에서 디지털로 변환하였다.

당시의 전환과정에서 중요하지만 종종 잊힌 사실은, 이전 70년간 제도화된 규제틀에 내재된 부적절한 규정들을 확인하고 잘못을 수정함으로써 TV에 적용되던 공익기반 규제틀을 재검토하려 했던 정책당국자의 노력이었다. 이를 위해 1997년 3월 클린턴 행정부는 디지털TV 방송사업자의 공익의무에 관한 자문위원회Advisory Committee on the Public Interest Obligations of Digital Television Broadcasters를 출범하였다.[101] 산업계, 학계, 공익 관련 시민단체들로 구성된 위원회는 "70년 이상 TV방송을 이끌어왔던 공적 수탁자 원칙principles of public trusteeship이 어떻게 새로운 TV환경에 적용될 수 있는지를 결정하는"[102] 것을 목표로 하였다. 아울러 이 위원회는 공익에 대한 재검토가 필요한 기술적 전환기에 디지털 시대의 공익이 무엇을 의미하며, 또 무엇을 의미해야만 하는지를 재규정하는 것도 목표로 하였다.

격렬하게 진행되었다고 알려진 여러 회의를 거치고 외부 전문가와 일반 대중들을 대상으로 조언을 얻은 후, 위원회에서는 백악관에 보고서를 제출하였다.[103] 이 보고서에는 당시의 공익기반 규제틀에 대한 몇 가지 간략한 수정사항들이 담겨 있었다. 가장 논란이 된 급진적 제안은 모든 정치후보자에게 선거일 이전 30일간 매일 밤 5분의 무료 TV방송시간이 주어져야 한다는 것이었다.[104] 보고서 출간 후 무료 방송시간 제안을 포함하는 FCC의 조치가 뒤따랐으나, 의회 압력으로 인해 결국에는 채택되지 못했다(현직의원들은 자신의 경쟁후보자가 자신과 잠재적으로 동일선상에 오를 수 있는 법안이라면 어떤 법안이든 반대하기 마련이다).[105] 따라서 디지털 TV로의 전환이 최종적으로 TV에 적용되던 공익기반 규제틀을 극적으로 바꾸지는 못했으나, 극적인 기술적 변화가 미디어 거버넌스의 규범적 토대를 재검토할 계기를 어떻게 마련해주는지 확인할 수 있다.

누구나 저널리즘 영역에서 비슷한 현상이 발생하는 것을 확인할 수 있다. 기술적 변화로 기존에 확립되어 있던 저널리즘 활동방식과 사업모델이 변화하면서 뉴스조직과 수용자 사이의 저널리즘 규범과 본질에 대한 근본적인 재검토가 필요해졌다.[106] 예를 들어, 뉴스조직은 수용자에 대한 전통적인, 어느 정도는 가부장적인 관계를 재검토하고 있다(2장 참조).[107] 전통적 관계에 따르면, 저널리스트와 편집자들은 뉴스 수용자에게 중요한 것이 무엇인지 결정할 수 있는 상당한 배타적 권한을 유지하고 있었다. 오늘날 뉴스조직이 디지털 시대보다 지속 가능한 모형을 탐색하려는 목적으로 수용자와 직접 참여하며 보다 협업적 관계를 탐색한다는 점에서 이러한 관계는 재검토되고 있다.[108] 공익에 최대한 기여하기 위한 저널리즘의 노력 속에서 대중의 위치는 재검토되고 있다. 이러한 재검토의 상당 부분은 뉴스를 배포하고 소비하는 주요 도구가 된 검색엔진의 악영향이 드러나면서 가능해졌다.

미디어 역사학자인 로버트 맥체스니Robert McChesney는 기술변화의 단계를 미디어 시스템이 극적으로 변화하는 계기가 가장 강하게 나타나는 순간인 **핵심접합점**critical junctures*이라고 부른다.[109] 이러한 핵심접합점 형성에 영향을 끼치는 조건들로 맥체스니가 미디어 콘텐트에 대한 대중의 불신과 주요한 정치적 위기상황을 꼽았다는 점에 주목할 필요가 있다.[110] 이러한 기준을 토대로 맥체스니는 미국의 미디어 역사에서 진보적 시기Progressive Era(1890년대 후반부터 1900년대 초반)와 1960년대 후반~1970년대 전반을 핵심접합점으로 지목하였다.

뉴스 생태계에서 소셜미디어의 등장(기술적 변화)이 가짜뉴스의 대두(미디어 콘텐트에 대한 불신)와 맞물려 있으며, 정치적 양극화 수준이 전례없이 높다는 점에서, 그리고 2016년 미국 대통령 선거의 당선자가 미국 대통령이 전통적으로 지켜온 규범에서 탈선하며 여러 측면에서 민주주의에 위협이 되는 모습(정치적 위기)을 보였다는 점에서, 우리는 핵심접합점의 한가운데에 서 있으며 지금이 미디어 거버넌스 시스템을 재검토해야만 하는 시점이라고 보는 것이 합리적일 것이다. 6장에서 중점을 둘 내용은 바로 이 점이다.

---

* 제도주의institutionalism, 보다 구체적으로 역사적 제도주의historical institutionalism에서 활용되는 개념이다. 제도적 변환이 벌어지는 핵심적 계기가 된 사건이나 결정을 의미한다.

6장
공익기준의 부활

소셜미디어 플랫폼의 운영 및 활용과 관련하여 지속적으로 제기된 여러 우려 중 가장 곤혹스러운 측면은, 소셜미디어 플랫폼의 운영 규모와 범위를 고려할 때 소셜미디어로 인한 문제들은 궁극적으로 해결 불가능하다는 점일지도 모른다. 《반反사회적 미디어: 페이스북은 어떻게 우리를 분리하고 민주주의를 잠식하는가 Antisocial Media: How Facebook Disconnects Us and Undermines Democracy》의 저자인 시바 바이드야나산 Siva Vaidhyanathan은 다음과 같이 냉혹하기 짝이 없는 내용으로 〈아틀란틱 Atlantic〉과 인터뷰를 했다. "개선될 가능성은 없습니다. …… 우리는 이제 끝났습니다."[1] 바이드야나산이 맞을지도 모른다. 그러나 6장에서는 포기하기에는 아직 이르다는 것을 전제로 시작하려 한다. 6장에서 저자는 현재 진행 중인 노력과 계획들을 살펴보고, 소셜미디어 플랫폼의 운영방식에 보다 강력한 공익성을 부여함으로써 최소한 긍정적인 효과를 가져올 것으로 기대되는 보다 구체적인 미디어 거버넌스 계획 몇 가지를 개괄할 예정이다.

플랫폼 자율-거버넌스

우선 지금까지 플랫폼이 어떤 유형의 행동을 취해왔는지를 살펴보는 것이 중요하다. 2016년 대통령 선거 이후 터져 나온 페이스북, 트위터, 유튜브, 그리고 기타 소셜미디어 플랫폼들을 둘러싼 비판과 논란들로 인해 분명 이들 플랫폼 기업들은 보다 강력한 공익 지향성을 보이고 있다. 플랫폼 기업들은 "자신들이 새로운 유형의 미디어기업이며, 전 지구적인 공공선을 보호할 의무를 지고 있다"[2]는 방향으로 움직이고 있는 듯하다. 이러한 플랫폼 기업들의 반응에는 역정보의 배포와 소비를 감소시키고, 필터버블 경향을 막고, 이용자 데이터를 더 잘 보호하는 등의 다양한 노력들이 포함된다.

이러한 노력들 중 몇몇은 가짜뉴스 사이트들이 소셜미디어 플랫폼으로부터 얻는 광고수익을 감소시키는 데 집중하고 있다. 구글과 페이스북과 같은 플랫폼 기업들은 가짜뉴스를 배포한다고 알려진 출판업자들을 광고네트워크에서 배제하고 있고, 구글의 경우 정식뉴스 사이트처럼 위장한 사이트들을 배제하기 위한 내부기준을 강화하고 있다.[3]

그러나 연구들에 따르면 가짜뉴스 사이트들은 규제가 심하지 않은 다른 광고네트워크로 이동하고 있으며, 정식뉴스 기사처럼 보이는 광고가 이들 사이트에서 가장 흔한 광고유형이라고 한다.[4] 또한 가짜뉴스 사이트들은 다양한 광고네트워크의 인정기준을 충족시키기 위해 자신들이 만드는 오정보와 풍자물이 구분되지 않도록 하는 데 주력하고 있다.[5]

또 다른 접근방식에서는 이용자들에게 뉴스출처와 사용할 수 있는 콘텐츠가 무엇인지 보다 잘 알려주는 것에 집중한다. 예를 들어, 구글, 페이스북, 트위터는 비정파적 뉴스조직 컨소시움이 개발한 표준화된 표식인 "신뢰지표trust indicators"를 제시함으로써 이용자들에게 뉴스출처가 어디인지 더 잘 알려주어 이용자로 하여금 신뢰할 수 있는 고품질 콘텐트가 무엇인지 쉽게 확인할 수 있도록 도와준다.[6] 신뢰도 평가를 위해 확립된 기준을 충족시킨 뉴스기사에는 이를 확인하는 배지badge가 부착된다. 이런 배지는 뉴스소비자들에게 뉴스품질을 알려주는 지표 역할을 한다. 유튜브는 젊은이들을 대상으로 어떻게 가짜뉴스를 확인하고 필터버블을 피할 수 있는지를 알려주는 워크숍을 열기도 한다.[7] 유튜브에서는 음모론 비디오 옆에 사실 기반 콘텐트(대개는 위키피디아) 링크를 같이 제공해주는 방식으로, 유튜브 운영자가 말하는 "정보단서information cues"를 제공해주기 시작했다.[8] 트위터는 이용자 알림 정책을 채택하여 2016년 선거기간 동안 러시아 정부와 연결된 것으로 보이는 5만 개 이상의 자동화 트위터 계정에서 배포된 트윗을 팔로우하거나, 리트윗하거나, 링크를 단 50만 명이 넘는 이용자들에게 러시아발發 오정보에 노출되었다는 것을 공지하였다.[9] 이러한 실천들은 "시장이 최적화되기 위해 시장과 독립적으로" 운영되는 "진실 확인의 도구tools of truth recognition"를 원하는 사람들의 욕구에 부응하는 것이었다.[10]

그러나 더 많은 정보를 제공함으로써 행동을 바꾸려는 시도는 언제나 계획대로 진행되지 않았다. 2016년 미국 대통령 선거 이후 페이스북은 제3자 팩트체킹 조직들과 연계하였다. 페이스북은 만약 두 개의 개별 팩트체킹 조직이 어떤 뉴스기사에 대해 허위라고 판단했을 경우, 페이스북 이용자의 뉴스피드에 포함된 해당 기사에 '문제있음disputed'이라는 표식을 붙였다. 페이스북 이용자들은 뉴스피드에 팩트체크된 기사에 문제있음 표식이 붙어 있는 것을 볼 수 있는 것은 물론, 해당 기사를 공유하기 전에 해당 기사의 문제있음 상태를 알리는 팝업 메시지도 같이 받게 되었다. 이용자들은 또한 자신들이 공유한 어떤 뉴스기사가 이후에 허위로 팩트체크될 경우에도 알림 메시지를 받았다. 또한 이 시스템에서는 이용자들이 개별 뉴스기사에 문제가 있다고 알릴 경우 (최소한 부분적으로) 팩트체킹 과정을 거치도록 했다는 점도 주목할 필요가 있다.

6장 공익기준의 부활

그러나 1년 후, 페이스북에서는 여러 이유에서 이러한 문제있음 표식 붙이기 방식을 포기하였다.[11] 아마도 가장 중요한 이유는 팩트체커에 의해 문제있음이라는 표식을 붙여도 오정보의 소비 혹은 공유를 막지 못하기 때문인 듯하다. 실제로 몇몇 사례의 경우 문제있음 표식을 붙이는 것이 역효과를 가져왔다. 페이스북 연구자들이 지적하듯 "문제있음 표식은 때때로 역효과를 가져왔다."[12] 독립적 연구에 따르면, 몇몇 사례들에서는 보수적 뉴스소비자들이 더 적극적으로 '문제있음' 표식이 붙은 뉴스기사를 공유했다. 보수적 뉴스소비자들의 관점에서 이는 보수적 관점을 억누르려는 페이스북의 노력에 저항하고자 하는 노력의 일종이라고 볼 수 있다.[13]

이러한 반응은 미디어 콘텐트에 표식을 붙이는 것과 관련된 오래된 문제점, 즉 평가등급 시스템이 종종 시스템의 의도와 반대되는 행동을 야기한다는 것을 보여준다. 예를 들어 미국의 TV 규제를 위해 의회에서 통과된 V칩 정책은 연구자들이 "금단의 과실 효과forbidden fruit effect"라고 이름 붙인 결과로 이어지기도 했다. 예를 들어 특히 남자아이들은 프로그램 평가등급 정보를 이용해 성인용 콘텐트가 무엇인지 더 효과적으로 찾아내기도 했다.[14] 대부분의 부모들은 V칩 프로그램의 봉쇄기술을 활용하는 것을 귀찮아했기 때문에, 그 결과 성인용 콘텐트 소비는 실질적으로 더 증가했다.[15]

'문제있음' 표식을 붙이는 접근방식에 대한 문제점을 평가한 후 페이스북은 다른 방향으로 선회하였다. 페이스북은 이용자들의 뉴스피드에 등장한 토픽을 다룬 추가적 뉴스기사들이 무엇인지 알려주기 위한 목적이었던 릴레이티드아티클스related articles(관련기사) 프로그램을 재편성하였다. 새롭게 편성된 릴레이티드아티클스 프로그램에서는 팩트체커가 허위라고 확인한 뉴스피드의 기사 아래에 (제3자 팩트체커를 포함한) 다른 뉴스출처에서 보도한 동일한 주제를 다루는 뉴스기사들의 링크를 붙였다. 팩트체커에 의해 허위라고 확인된 기사를 공유한 이용자들 혹은 이러한 기사를 공유하려는 이용자들은 해당 뉴스기사에 문제가 있다는 알림을 지속적으로 받게 되었다. 또한 팩트체킹 과정을 위해 뉴스기사에 대해 '허위뉴스false news'라고 신고하는 기능도 유지되었다.[16] 이러한 노력의 목적은 이용자가 참조할 수 있는 정보의 출처를 다원화함으로써 필터버블에 갇히는 것을 막고, 가짜뉴스의 소비와 확산 가능성을 감소시키는 것이었다.[17]

2016년 미국 대통령 선거 이후, 뉴스를 더 잘 큐레이션할 수 있는 알고리즘을 만드는 방법이 소셜미디어 플랫폼의 주요 과제였다. 즉 필터버블, 역정보, 전반적으로 저품질의 콘텐트 유통을 막는 방법을 알고리즘 설계에 포함시킬 수 있는 방법이 있는가? 결과적으로 이러한 알고리즘을 통해 공익에 더 잘 기여할 수 있는가? 이 목적을 위해 트위터는 악의를 갖는 사람과 봇으로 확인된 트위터 계정을 확인하고 중지시킬 수 있는 자동화 도구를 개발하고 있다.[18] 유튜브는 검색결과에 '권위 있는' 출처가 보다 우선순위에 배치되도록 검색알고리즘을 조정하고 있다.[19] 앞서 언급하였듯, 페이스북은 제3자 팩트체커의 결과와 페이스북 뉴스피드를 통합하는 방식으로 허위로 판명된 뉴스기사의 배포를 감소시키려 시도하고 있으며,[20] 팩트체커가 허위로 확인한 콘텐트의 링크 크기를 축소하여 제시하고 있다.[21] 폭력을 선동하거나 투표와 관련된 허위정보를 포함하는 것과 같은 기준을 충족하지 않는 한,[22] 허위로 판명된 뉴스기사들은 일반적으로 제거되지 않는다(뉴스피드에서 순위가 낮게 조정될 뿐이다).[23] 5장에서 언급하였듯, 페이스북은 보다 '신뢰도' 높은 출처에 대해 우선순위를 배정하도록 알고리즘을 조정하고 있다. 권위 있는 출처를 우선순위에 배치하겠다는 유튜브 알고리즘의 내부 메커니즘이 무엇인지는 비록 불명확하지만,[24] 페이스북의 접근방식은 페이스북 이용자 표본을 대상으로 한 설문조사라는 점을 앞서 설명한 바 있다.

2018년도 중간선거가 실시되기 전에 소셜미디어 플랫폼은 '가짜inauthentic' 계정을 확인하고 폐쇄시키는 데 적극적이었다. 2018년도 1분기에 페이스북은 5억 8,300만 개의 가짜계정을 폐쇄시켰는데,[25] 이들 중 대다수는 2018년도 선거와 관련된 가짜뉴스와 역정보를 확산시키는 계정이었다.[26] 마찬가지로 트위터 역시 몇천만 개에 달하는 가짜계정을 제거하였는데, 이들 중 대다수는 선거와 관련된 역정보를 조직적으로 배포하는 계정이었다.[27] 2018년 중간선거 이전 몇 주 동안 평균적으로 매주 900만 개 이상의 가짜계정을 제거하였다.[28]

이러한 소셜미디어의 감시활동 규모는 충격적인 수준이며, 자동화된 도구가 없이 사람의 힘으로 실시할 수 있는 규모를 넘어서고 있다. 시행착오 과정을 통해 이와 같은 여러 활동들은 소셜미디어 플랫폼과 양식 있는 시민 양성을 잠식하려는 세력들 사이의 일종의 끝없는 두더지 잡기whack-amole 게임 형식으로 진행될 것이다.[29]

몇몇 앱개발자들 또한 이 경쟁에 뛰어들고 있다. 이들은 필터버블을 '해체burst'하고 이용자의 소셜미디어 소비를 다원화시키기 위한 새로운 앱과 브라우저 확장browser extension 프로그램을 개발하고 있다. 이들이 개발한 앱은 소셜미디어 이용자들의 뉴스소비 행태를 추적하여 좌–우파 정치성향 연속선에서 이들의 뉴스소비 행태가 어떤 위치를 차지하는지를 가늠한 후, 뉴스기사 추천시스템을 통해 이데올로기적 안전지대 외부의 뉴스기사를 소비할 수 있도록 이용자들의 뉴스소비에 "넛지nudge"* 개입을 한다.[30] 그러나 이러한 앱들의 경우 사용자가 자신의 뉴스소비에서 정파적 편향성을 확인하는 단계와 이에 대항하기 위한 행동을 결정하는 단계를 요구한다.

이러한 노력들은 전前 FCC 의장인 톰 윌러Tom Wheeler가 밝힌 시각을 반영하는 것이다. "현재 우리들 속에 알고리즘이 개입되어 있다. 알고리즘은 우리를 이 속에서 꺼내주어야만 한다."[31] 그러나 만약 알고리즘 기반 뉴스 생태계의 진화를 통해 우리가 배울 수 있는 것이 한 가지 있다면, 알고리즘 시스템에만 완전히 의존하는 것은 옳지 않다는 것이다. 페이스북의 수석 AI 과학자인 얀 레쿤 Yann LeCunn은 다음과 같이 주장한다. "AI는 해답의 일부이며, 오로지 일부일 뿐이다."[32] 바로 이 사실이 소셜미디어 플랫폼 기업들이 역정보를 확인하기 위해 더 많은 인력들을 동원하는 이유다.[33] 예를 들어 2017~2018년 동안 구글은 유튜브 콘텐트 평가를 목적으로 하는 콘텐트 심사 인력을 약 1만 명 정도 충원하였다.[34] 추가로 뉴스가드 NewsGuard와 같은 제3자 인터넷서비스 제공자들도 존재한다. 뉴스가드는 4,500개 이상의 온라인 뉴스출처들을 대상으로, 각 사이트에 대해 일군의 저널리스트들이 신뢰도를 평가하는 브라우저 플러그인 서비스를 제공한다.[35]

소셜미디어 플랫폼이 뉴스전달자로서 자신들의 한계점을 극복하기 위한 장기적으로 가장 중요하고 효과적인 행동은, 뉴스배포자로서 자신들의 중요성을 감소시키려는 시도다.[36] 의도성이 있든 없든 최소한 '원상복구시키려는 put the horse back in the barn' 시도는 현재 상태를 개선하겠다는 의지를 보여준다. 푸시 미디어가 아닌 풀 미디어에 가깝도록, 알고리즘에 의한 매개 과정에서 덜 의존적인, 그리고 뉴스생산자와 뉴스소비자의 타깃팅 관계가 약화되는 변화가 올바른 방향이다. 여기서 한 가지 빠진 것이 있다면, 이러한 과정에서 소셜미디어 공간에서의 역정보 전달자가 유행하고 높은 도달률을 보여준 기간 동안 정식뉴스를 생산

---

* 개인의 의사결정이 바람직한 방향으로 바뀔 수 있도록 영향을 미치되, 개인의 자율성을 침해하지 않을 정도로 부드럽게 영향을 미치는 결정을 의미한다. 특히 온라인이나 오프라인 신청양식의 디자인 분야에서 넛지의 효과는 생각보다 크다. 구체적인 사례들에 대한 평이한 소개로는 행동경제학 behavioral economics으로 노벨경제학상을 수상한 쎄일러 R. Thaler 교수의 《넛지》라는 번역서를 참조하라.

하는 조직의 위상과 의존도가 감소하지 말아야 한다는 점이다.

여기서 소셜미디어 플랫폼들이 뉴스생산 과정에서 조금씩 발을 빼고 있다는 점이 눈에 띈다. 예를 들어 페이스북은 트렌딩 뉴스 기능을 삭제하였으며,[37] 뉴스피드에서의 전반적 뉴스 분량을 조금씩 줄이도록 알고리즘을 조정하고 있다.[38] 페이스북의 편집자가 보수적 성향의 뉴스 기사가 우선순위에 오르는 것을 억누른다는 내부고발 이후, 트렌딩 뉴스 기능은 정치적으로 뜨거운 감자가 되었다. 트렌딩 뉴스 기능을 종료한다는 선언과 함께, 페이스북은 여러 가지 "미래 뉴스 경험"[39]들을 개발하고 있다면서 페이스북의 장기적 목표는 뉴스를 중개하는 위치에서 어떤 방식으로 벗어나려는 것이 아니라고 밝혔다.

뉴스 생태계에서 소셜미디어 플랫폼 운영방식을 재규정하려는 노력도 존재한다. 지난 10여 년간 소셜미디어를 경유한 뉴스소비가 최초로 감소하기 시작했다. 옥스퍼드대학교 로이터 저널리즘 연구소Oxford University's Reuters Institute for Journalism의 〈2018 디지털 뉴스보고서*2018 Digital News Report*〉에 따르면, 조사에 포함된 37개 국가에서 소셜미디어를 경유한 뉴스소비의 증가세가 수평선을 그리거나 감소하는 추세를 보이는 것으로 나타났다.[40] 예를 들어 미국의 경우, 주요 뉴스정보원으로 페이스북에 의존한다고 응답한 비율은 2017년에서 2018년이 되면서 거의 10% 감소하였다.[41] 온라인 수용자 측정 회사인 차트비트Chartbeat의 데이터에 따르면, 2017년 1월에서 2018년 7월에 이르는 기간 동안 페이스북을 경유한 뉴스사이트 유입 트래픽은 거의 40%가량 감소하였다. 이러한 감소분은 뉴스사이트에 대한 직접접속과 검색엔진을 경유한 트래픽으로 대체되었다.[42]

물론, 완전한 원상복구는 결코 일어나지 않을 것이다. 소셜미디어를 경유한 뉴스소비가 감소한다고 하더라도, 이러한 감소분의 일정 부분은 (페이스북 소유의) 왓츠앱WhatsApp과 같은 소셜메시징 앱을 기반으로 한 뉴스이용으로 대체되고 있다. 이미 왓츠앱에서도 "전염병"[43]이라고 불릴 수 있을 정도로 가짜뉴스 문제가 불거지고 있다. 또한 로이터 연구소의 보고서에서 나타나듯, 소셜미디어 플랫폼은 소셜메시징 앱에서 공유된 뉴스들의 출처인 것이 대부분이었다.[44] 따라서 지속적으로 진화하는 디지털 뉴스 생태계에 복잡성과 상호연관성이 추가로 덧붙여진다고 해도, 또 다른 범주의 기술기업은 미디어기업처럼—그리고 미디어기업과 비슷하게 취급될—필요가 있다.

알고리즘 다양성 추구

본서에 소개된 다양한 노력들에는 다양성 원칙이 내재되어 있고, 아울러 보다 양식 있는 시민들의 의사결정을 촉진할 수 있는 다양한 출처와 콘텐트에 노출되어야 한다는 사상의 시장 관점이 포함되어 있다. 다양성 원칙은 미디어 거버넌스에서 오랜 전통을 갖고 있다.[45] 따라서 다양성이 소셜미디어 거버넌스의 보다 주요한 원칙으로 등장하면서 전통적 미디어 영역에서 다양성이 어떻게 정의되고 실천되었는지 되돌아볼 필요가 있다.

다원성 구성 근본 요소로는 정보원source다양성, 콘텐트content다양성, 노출exposure다양성 세 가지가 존재한다. 정보원다양성은 뉴스 및 정보의 정보원들의 특성이 구분되는지를 뜻한다. 정보원다양성에는 미디어 조직의 소유권이나 구조적 특징, 심지어 미디어 조직 구성원의 인구통계학적 다양성도 포함된다. 콘텐트다양성은 콘텐트의 다양한 형태를 의미하며, 여기에는 뉴스 주제/유형의 종류들 혹은 뉴스의 정치적 성향 등이 포함된다. 오랜 기간 동안 정보원다양성이 클수록 콘텐트다양성이 더 클 것이라고 간주되어왔다. 예를 들어 FCC는 방송국 소유자가 여성과 소수인종인 방송국의 개수를 늘리는 방식으로 방송국 소유권을 규제해왔다. 즉 방송국 소유자의 특성이 방송국에서 제공하는 프로그램 유형에 반영되어 다양한 관점을 제공할 수 있다고 가정하는 것이다. 비록 이렇게 가정된 관계는 언제나 명확하게 경험적으로 지지되지는 않는 것으로 나타났다.[46]

노출다양성은 개인이 다양한 정보원 혹은 콘텐트에 노출되는 수준을 의미한다. 노출다양성에 따르면 미디어 이용자에게 더 많은 선택지가 주어질수록 해당 수용자는 선택지를 더 잘 활용할 수 있다. 역사적으로 미디어 거버넌스 관점에서 노출다양성보다 정보원다양성과 콘텐트다양성이 더 많이 강조되었다.[47] 정책당국자들은 미디어 소비자들이 이용할 수 있는 정보원과 콘텐트가 더 많을수록 노출다양성이 더 증가할 것이라고 예상하면서 정보원다양성과 콘텐트다양성을 증가시키는 데 중점을 두어왔다. 이렇게 접근한 이유는 노출다양성을 직접 규제하는 것은 용납하기 어려운 개인의 자유 침해를 나타내는 것이며 정치적으로 받아들여지기 어렵다는 사실 때문이다.[48] 따라서 정책당국자들은 소유권 규제와 공정성원칙과 같은 콘텐트 규제방식을 통해 노출다양성을 증진시키는 수단으로 정보원다양성과 콘텐트다양성을 추구해왔다.

여기서 한 가지 역설이 발생한다. 정보원다양성과 콘텐트다양성 증가는 의도치 않게 개인 수준에서 노출다양성을 매우 감소시킨다.[49] 기존 미디어와 뉴미디어 두 가지 영역을 대상으로 실시된 대부분의 연구에서 보여주듯, 미디어 소비자들은 매우 다양한 콘텐트를 접하면 자신이 선호하는 유형의 콘텐트를 더 소비하는 모습을 보인다.[50] 이것이 바로 필터버블, 즉 많은 사람들이 자신의 기존 선호와 세계관을 강화하기 위해 엄청난 양의 유사 콘텐트들과 동일 정보원들로 자신만의 **데일리미 Daily Me**를 구성하는 현상의 핵심이다.

그러나 소셜미디어를 둘러싼 역학관계를 고려할 때, 전통적 미디어에서는 불가능했던 방식으로 소셜미디어를 통해 보다 적극적으로 노출다양성이 증진될 가능성이 있다. 뉴스 전달 플랫폼으로서의 소셜미디어는 푸시 미디어 특성과 개인맞춤형 미디어 특성을 동시에 갖고 있다. 즉 소셜미디어 플랫폼은 알고리즘 기반 개인맞춤화를 통해 이용자의 미디어 노출다양성을 늘리기 위해 필요한 것이 무엇인지 알고 있으며, 보다 다양한 방식으로 이용자를 "넛지"[51]할 수 있는 능력이 있다. 즉, 플랫폼이 이용자의 뉴스소비와 관련하여 확보한 포괄적인 데이터를 통해 정보원다양성 및 콘텐트다양성 관점에서 이용자가 알고 있는 것과 알 필요가 있는 것 사이의 간극을 메꾸어줄 수 있다. 구세대 콘텐트 제공자들은 이러한 정보를 거의 확보하지 못했다. 이제 이른바 다양성 필요diversity needs를 확인할 수 있는 능력은 직접 이용자의 뉴스피드로 콘텐트를 전송할 수 있는 능력과 결합되어 있다.

물론 알고리즘 기반 이용자 뉴스피드 다양화는 소셜미디어 역사에서 가장 중요하게 여겨지는 개인맞춤화 원칙이라고 불리는 것과는 완전히 배치된다. 알고리즘 설계에 다양성 원칙을 포함시키려는 노력들이 진행되어왔음에도 불구하고, 콘텐트-추천 시스템과 뉴스피드 큐레이션 영역에서 다양성 원칙을 적용하려는 시도는 드물었다.[52] 현재까지의 개인맞춤화는 주로 이용자에게 이용자가 (혹은 이용자와 사회적 네트워크를 맺은 사람들이) 이미 소비했던 콘텐트와 유사한 콘텐트를 제공하는 것이었다. 왜냐하면 동일한 유형의 콘텐트를 더 많이 제공해야 수용자 참여가 더 활발해졌기 때문이다. 개인맞춤화는 이용자에게 이용자가 이미 소비했던 것과 확연하게 다른 콘텐트를 제공하는 것이 아니었다. 개인맞춤화에 대한 이러한 접근방식은 이용자의 기존 선호에 대한 반응으로 일련의 결과물들을 제시하는 알고리즘 기반 콘텐트 큐레이션 과정에서 여전히 나타나고 있다. 그러나 개인맞춤화에 대한 다양성 증진 접근방식에서는 이 정보를 기반으로 매우 다른 방식으로 알고리즘이 작동하며 운영된다.

이러한 접근방식을 일종의 알고리즘 가부장주의algorithmic paternalism라고 부를 수 있을까? 틀림없이 그렇다. 그러나 다시 말하지만 음란물과 혐오발언을 걸러내고 최신시간 순서로 정렬된 뉴스피드 대신 알고리즘 기반 큐레이션 뉴스피드를 채택하기 시작한 순간부터 소셜미디어 플랫폼은 어느 정도는 알고리즘 가부장주의적 모습을 보이고 있다. 모든 알고리즘 기반 기준이 우리의 의사결정을 구조화하고 영향력을 행사할 의도를 지닌 코더의 선택을 토대로 한다는 점에서, 알고리즘 큐레이션이라는 아이디어에서 가부장주의 관점을 완전하게 배제하기란 어려운 일이다. 이러한 관점에서 기존 선호를 중심으로 한 개인맞춤형보다는 다원성에 토대를 둔 공익원칙을 기반으로 하는 알고리즘 가부장주의는, 핵심적 기능 수행이라는 측면에서 보다 사회적 책임을 지는 접근이라고 볼 수 있다.[53] 소셜미디어가 디지털미디어 생태계에 미치는 효과에 대한 연구들이 보여주듯, 우리는 알고리즘이 우리가 원하는 것보다는 우리에게 필요한 것을 제공해주는 저널리즘의 역할을 더욱 강화할 수 있도록 행동에 나설 필요가 있다.

말할 나위도 없지만, 이는 간단한 일이 아니다. 공익관점에서 소셜미디어 이용자의 노출다양성을 증진시키는 것은 협소한 미디어 소비를 만들어내고 촉진하는 것보다 민주주의에 더 큰 기여를 할 것이라고 가정해보자. 그렇다면 어떻게 노출다양성을 증진시킬 수 있는지가 다음 질문일 것이다.[54] 이와 관련 소셜미디어 플랫폼이 빠지지 말아야 할 것은 바로 미디어 학자인 샌드라 브라만Sandra Braman이 말하는 다양성 "물신화fetishization", 즉 어떤 방식으로 측정되든지 상관없이 다양성 그 자체에 가치를 부여하고, 이 가치에 대하여 어떠한 제한도 필요 없다고 생각하는 경향[55]이다.

이러한 우려를 소셜미디어 공간에서의 뉴스와 저널리즘 맥락에 적용할 때 다음과 같은 점들을 고려해야 한다. 첫째, 노출다양성 증진 과정은 진보적 관점과 보수적 관점 모두에 대한 노출을 촉진한다는 이분법에 고착되어서는 안 된다. 이러한 이분법적 접근으로는 잘못된 동등성false equivalencies, 즉 두 관점이 대립할 때 특정 관점이 다른 관점에 비해 더 큰 타당성을 갖는 경우라고 하더라도(이를테면 3장에서 소개했던 공정성원칙에 따라 담배와 흡연의 관계에 대한 사례) 두 관점이 동등한 지위를 갖는다는 생각으로 이어질 수 있다. 이러한 공정성원칙의 덫, 혹은 미국 저널리즘 비판자들의 말처럼 주류 뉴스미디어가 2016년 대통령 선거 보도를 할 때 후보자를 대상으로 보도량의 "균형을 맞추려는balanced" 덧없는 노력을 했던 어리석음을 소셜미디어는 반복하지 말아야 한다.[56] 비록 객관성과 균형은 저널리즘 실천에 대한 논의에서 종종 혼합되어 나타나지만, 두 개념이 동일한 것은 아니다.

저널리즘과 관련하여 노출다양성을 증진시키기 위한 알고리즘 메커니즘에서 진보-보수 연속성을 고집하는 것은 저널리즘 기능을 본질적으로 잘못 파악하고 있는 것이다. 저널리즘의 본질적 측면은 양식 있는 시민들의 의사결정을 촉진하기 위해 사실에 기반한 정보를 제공하는 것이다.[57] 미디어 정책 연구자인 마크 쿠퍼Mark Cooper가 밝히듯 "(저널리즘의) 감시역할의 핵심 개념은 사회적, 경제적, 정치적 행위자들에게 특정 입장을 옹호하거나 의견을 제시하는 것이라기보다는 사실을 제공함으로써 저널리스트가 정파적 참여자가 아닌 중립적 감시견neutral watchdog으로서 활동하는 것이다."[58] 그러나 현재 이에 대한 여러 비판자들은 객관주의적 저널리스트라는 낭만적 관점은 현실이라기보다 이상에 불과하며, 객관주의적 저널리즘을 표방하는 것은 이제 접어야 한다고 주장한다.[59] 특히 현대 저널리즘의 지평은 전통적이고 보다 객관적인 형태의 저널리즘에서 보다 명시적으로 정파적인 저널리즘 접근방식으로 점점 바뀌고 있다. 그러나 우리가 객관적 사실objective facts[60]이라는 관점을 아주 포기할 수 없다면, 양식 있는 시민들의 의사결정을 돕기 위해 사실에 기반한 정보를 전달한다는 것은 민주주의에서 저널리즘 역할의 필수 구성요소이며, 이는 정파적 저널리즘과 쉽사리 섞일 수 없는 것이다. 결과적으로, 윈스턴 처칠의 말을 빌려 표현하자면,[61] 지금까지 시도되고 사라졌던 모든 형태의 저널리즘을 논외로 한다면 객관주의 저널리즘이 최악의 저널리즘이다.

이러한 점에서 다양한 영역의 정보원과 콘텐트에 대한 큐레이션에는 이념적 정향성을 뛰어넘는 관련된 다른 다양성 기준들을 포함해야 한다. 여기에는 소유권이나 직원들의 구성personnel characteristics, 사업모형(이를테면 영리목적인지 비영리목적인지), 뉴스기사 유형 등이 포함될 수 있다. 다양성을 진보-보수 연속선으로 단순화하는 것은 다양성이라는 생각 자체와 맞지 않는다.

다양성을 효과적으로 작동시키기 위한 모든 노력은 반드시 신뢰도나 공신력 관련된 기준을 기반으로 하는 콘텐트 큐레이션과 독립적으로 이루어져야 한다. 정치적 스펙트럼의 양극단에 놓인 극단적으로 당파적인 뉴스사이트들에서의 콘텐트 큐레이션은 알고리즘을 기반으로 한 노출다양성의 핵심을 반영한다고 볼 수 없다. 이런 접근법에서 좌우의 극단적 당파성을 띠는 뉴스정보원들을 '균형 잡히게balanced' 소비하는 것으로는 양식 있는 시민 육성이라는 이상을 실현시킬 수 없다. 왜냐하면 이러한 뉴스정보원들은 적절한 사실 정보를 결여할 가능성이 높기 때문이다(3장을 참조). 따라서 노출다양성을 높이려는 노력은 저널리즘의 권위, 공신력, 그리고 객관성을 우선시하는 노력과 병행되어야만 한다.

저널리즘 정당성의 재건

저널리즘의 권위, 공신력, 객관성을 중요시하는 시도는 논란을 야기할 것이 틀림없겠지만, 이들 플랫폼 기업이 뉴스 생태계에서 저널리즘 조직의 위상을 회복하기 위한 노력과 연관되어 있다. 이들 플랫폼은 뉴스조직에 대해 저널리즘 권위를 부여할 수 있는 독보적인 지위를 갖고 있다. 소셜미디어 플랫폼이 권위부여 과정에 개입한다는 주장은 저널리즘 영역에서는 "금기third rail"[62]인 것으로 묘사된다. 그러나 페이스북의 언론협력부서장head of news partnerships인 캠벨 브라운Campbell Brown은 다음과 같이 밝힌 바 있다. "가짜뉴스 등장으로 페이스북은 뉴스품질 표식이나 기타 수단을 이용해 뉴스조직을 확증해주어야만 하는 상황에 몰리고 있습니다."[63] 앞서 언급하였듯, 지난 몇 년간 소셜미디어 플랫폼은 개별 뉴스정보원의 공신력을 평가하고 몇몇 기준을 충족시키지 못하는 뉴스인 경우 이용자의 눈에 잘 띄지 않게 하는 방식을 통해 이러한 역할을 상당히 많이 수행해왔다. 믿기 어려운 정보원들을 곧바로 제거하는 경우도 늘고 있다.[64] 이러한 방식의 지속적 노력을 통해 소셜미디어 생태계에서 정식 저널리즘 조직들은 이전 보다 높은 위상을 가지게 되었다.

물론 소셜미디어 플랫폼이 보다 공격적으로 콘텐트 내용을 평가하는 방식으로 자신의 게이트키핑 능력을 내세우는 것에 대해 반대하는 사람들도 많다. 실제로 더 나은 접근방식은 저널리즘 산업이 공신력을 획득할 수 있는 모형을 보다 자체적으로 수립하여 저널리즘 조직의 신뢰가 소셜미디어 플랫폼의 게이트키핑 과정을 주도하는 것이다. 즉 공신력을 인정받지 못한 뉴스정보원은 애초에 소셜미디어 플랫폼에서 배포되지 못하게 하는 것이다. 법학자인 안나 곤잘레스Anna Gonzalez와 데이비드 슐츠David Schulz는 이 기준들로 다음의 공신력 평가기준들을 제시하였다. ⓐ "양질의 저널리즘 목표와 윤리적 실천방식을 규정한 보편적 원칙을 준수하여 만든 독창적 콘텐트 생산자", ⓑ "일반적으로 신뢰할 수 있는 검증방식을 충실히 따른 독창적 콘텐트 생산자", ⓒ "보편적 일반원칙을 증진시키고 비슷한 상황의 뉴스조직들이 합리적인 수준에서 충실하다라고 인정될 수 있는 표준적 절차"[65]를 밝히고 출간하는 독창적 콘텐트 생산자.

미국의 뉴스산업에서는 널리 인정되는 공신력 인정 시스템이 정착된 적이 없었으며, 미디어 공신력은 미디어 기술이 진화함에 따라 점점 더 훼손되는 상황이다. 아마도 인터넷, 소셜미디어, 이용자 생산 콘텐트 등이 오늘날 "모두가 저널리스트다"[66]라는 마법의 주문만을 되뇌는 것보다 더 심하게 저널리즘 제도를 훼손하는 것은 없었을 것이다. 저널리즘 실천의 민주화는 전문적 저널리즘의 가치를 근본적으로 훼손하는 방식으로 이루어졌다. 저널리즘 권위의 가치 저하는 소셜미디어 공간에서 너무도 무차별적인 방식으로far-too-undifferentiated way 뉴스가 제시되고, 공유되며, 소비되는 상황에서 두드러지게 나타났다. 무엇이 뉴스의 핵심인지 결정하는 합리적이며 엄정한 기준이 근본적으로 훼손되는 현상은 소셜미디어에 사용된 **뉴스피드**라는 용어*에서도 확인된다.

지난 십여 년간, 모든 사람이 변호사가 아니고 모든 사람이 신경외과의사가 아닌 것과 마찬가지로 인터넷과 소셜미디어를 통해 모든 사람이 저널리스트가 될 수는 없다는 것을 명확하게 확인할 수 있었다. 진자는 반대편 방향으로 움직일 필요가 있다. 즉 저널리즘의 표피적인 몇몇 특징을 포함하는 다양한 콘텐트들과 정식뉴스, 그리고 정식 저널리

---

* 뉴스피드에는 사회적 의미와 영향력을 갖는 뉴스뿐만 아니라 SNS 이용자와 연관된 타인들의 소식도 같이 포함된다. 즉 개인적 의미와 사회적 의미가 뒤섞이면서 사회적 의미로서의 뉴스가 약해지는 현상에 대해 언급하는 것이 이 표현에서 나타난 저자의 의도다.

스트를 구별하는 명확한 구분선을 다시 확정하고 인식할 필요가 있다. 지금까지 저널리즘의 권위를 잠식해왔던 다양한 기술적 변화들은 저널리즘의 재건, 즉 전문적인 정식 저널리즘을 확인하고 소셜미디어 플랫폼 운영 환경에서 이런 저널리즘이 권위 있는 지위를 갖도록 만들기 위해 사용되어야 한다.

다행스러운 것은 이러한 시도가 이미 시작되고 있다는 점이다. 예를 들어 팩트체크 저널리즘 영역에서는 소셜미디어의 공신력 부여 기준들과 아울러 뉴스보도에 대한 진지한 공신력 평가과정을 채택하고 있다.[67] 포인터저널리즘연구소Poynter Institute for Journalism가 관리하는 국제팩트체킹네트워크International Fact-Checking Network에서는 외부 패널을 통해 팩트체크 저널리즘 인증을 실시하고 팩트체크 저널리즘의 공신력 평가과정을 감독하고 있다. 이 패널에서는 국제팩트체킹네트워크의 원칙강령Network's Code of Principles에서 규정한 기준에 따라 팩트체크 저널리즘 기관을 평가한다.[68] 여기에는 비정파성, 공정성, 자금조달과 조직의 투명성, 정보원과 조사방법의 투명성 등이 포함된다.[69] 페이스북은 가짜뉴스 기사를 확인하기 위해 팩트체크 뉴스보도 기관이 국제팩트체킹네트워크에 속해 있는지 확인하는 방식의 뉴스 공신력 인증방법을 활용하고 있다.[70] 지금은 이러한 방식의 범위를 더 확대할 시점이다.

언급한 모형은 분명히 소셜미디어에서 유통되는 뉴스의 총량을 감소시킬 것이며, 아마도 소셜미디어를 경유한 뉴스소비량도 감소시킬 것이다. 만약 뉴스 공급량과 소비량의 감소가 언급한 모형의 부산물이라면, 이것은 문제될 것 없다. 다시금 언급하지만, 소셜미디어를 경유한 뉴스의존도를 감소시키는 방식으로 (의도성이 있든 없든) 사회적으로 매개되는 뉴스의 역학관계를 재구성하려는 목적의 행동은, 현재의 가짜뉴스 문제에 대한 여러 가지 해결방법 중 하나일 수 있다. 정식뉴스 전달자로서의 소셜미디어 플랫폼의 능력을 향상시키는 것, 그리고 가짜뉴스

전달자로서의 소셜미디어의 중요성을 감소시키는 것,* 두 가지 모두 미래를 위한 합리적 방향이다.

함의

지금까지 본서에 제시된 현재 진행 중이거나 제안된 여러 시도들에서는 소셜미디어 플랫폼이 단순한 개인맞춤화 도구에서 탈피하여 전통적 의미의 뉴스미디어에 더 가깝도록 변화하는 데 중점을 두고 있다. 그러나 소셜미디어 플랫폼이 큰 편집권한을 행사하게 될 경우, 상대적으로 소수의 플랫폼 기업들의 수중에 게이트키핑 권한이 집중될 것이라는 타당한 우려도 제기될 수 있다.

  소셜미디어 플랫폼이 자신들의 현재 게이트키핑 능력을 공격적이고 주체적으로 활용하여 알고리즘 기반 큐레이션 시스템을 통해 가장 '권위적이고', '신뢰할 만하며', '다양한' 콘텐트를 제시하려는 계획은, 이미 강력한 게이트키퍼로서의 소셜미디어를 더욱 강력하게 만들지도 모른다는 우려를 불러일으킨다. 기술적 맥락에서는 매스미디어 시대의 진입장벽이 더 이상 존재하지 않지만, 미디어 파편화 이전의 구시대적 특징인 몇몇 강력한 게이트키퍼들로 다시 회귀하는 현상은 역설적이다. 매스미디어 시대에 대해서는 소유권의 집중, 그리고 견해들에 대한 체계적 동질화systemic homogeneity of viewpoints라는 비판이 언제나 제기되었다.[71] 공중파 3사가 주도했던 시대에 월터 크롱카이트Walter Cronkite의 권위 있는 "그리고 이게 현실입니다(And that's the way it is)"라는 종료

---

* 이 문장의 '정식뉴스', '가짜뉴스'라는 표현은 원문에서는 모두 'news'라고 표현되어 있다. 분명한 의미 전달을 위하여 각각 정식뉴스와 가짜뉴스로 번역하였다.

멘트는 '주류' 미디어가 대안적 견해를 쉽사리 질식시키고 배제하는, 수용하기 어려운 수준의 문화적 헤게모니를 반영하였다.[72] 현재 우리가 가짜뉴스와 필터버블 상황에 대해 우려하듯, 매스미디어 시대의 비판자들은 정치선전물의 생산과 영향력에 대해 우려하였다.[73] 기술적 맥락은 다르지만, 결과는 놀라울 정도로 비슷하다. 이런 상황에서 수용자의 선천적 행동경향과 함께 보다 상위의 제도적이고 경제적인 효과들로 인해 매우 한정된 숫자의 강력한 게이트키퍼들로 구성된 미디어 생태계가 나타나는 것이 불가피하다는 결론을 내리려는 경향도 존재한다.[74]

저널리즘 관점에서 볼 때, 소수의 강력한 게이트키퍼들로 구성된 과거 매스미디어 시대가 기술적 변화가 파편화와 경쟁을 심화시키며 공공서비스보다는 수용자와 수익을 극대화하는 것을 무엇보다 우선시하는 오늘날의 현실보다 공공서비스에 대한 열망이 보다 강렬했다.[75] 저자는 과거를 과도하게 낭만적으로 생각하는 오류에 빠지고 싶지 않다. 그러나 3개의 공중파 네트워크가 주도했던 시기의 경우, 뉴스제작부서는 연간 수백만 달러의 손해를 입었지만 오락제작부서에서 벌어들이는 엄청난 이익으로 이러한 손해를 벌충하는 방식으로 운영되었다.[76] 물론 몇몇 미디어 영역의 경우(이를테면 공중파 방송), 공공서비스에 대한 열정은 최소한 일부는 정부가 부과하는 공익기반 규제를 반영한 것일 수도 있다. 소셜미디어 관련 공익기반 규제틀을 살펴보기 전에, 자율규제 접근방식을 살펴보도록 하자.

소셜미디어가 수용자 참여로부터 배운 것

뉴스 큐레이션에 대해 소셜미디어 플랫폼의 보다 적극적이고 자발적인 역할을 요청하는 계획은 다음과 같이 불가피하며 합당한 우려를 제기한다. 저널리즘과 관련된 유형의 의사결정을 내리기에 부적절할 수도 있는 이해관계와 배경을 갖고 있으며, 저널리즘 훈련을 받지 않은 사람들이 뉴스 큐레이션과 관련된 권위와 판단 권한을 행사해야 하는가? 현재 우리가 처한 환경을 가장 적합하게 묘사하는 표현은 **플랫폼 일방주의** platform unilateralism일 것이다. 플랫폼 일방주의란 엄청난 전 지구적 도달력과 영향력으로 무장한 개별 플랫폼 기업들이 개별적이며 독립적으로 저널리즘, 양식 있는 시민 육성, 민주주의 등의 방대한 영역에서 영향을 미칠 수 있는 결정을 내리는 거버넌스 현상을 의미한다. 플랫폼 일방주의 현상에 대해서는 다중-이해관계자multi-stakeholder 거버넌스 개념을 잠재적으로 적용할 수 있다. 공익과 관련된 알고리즘을 설계할 때는 다양한 영역의 이해관계자들이 참여해야 한다.[77] 이미 다중-이해관계자 거버넌스 방향의 움직임을 찾아볼 수 있다. 2018년 11월 마크 주커버그는 페이스북의 콘텐트 순화 관련 결정에 대한 사회적 목소리를 담기 위하여 독립적 기구를 구성하겠다는 계획을 발표하기도 했다.[78]

영화, 음반, TV, 비디오게임 산업 등과 같은 미디어 영역에서 자기 규제의 역사는 오랜 전통을 갖고 있다. 이들 산업은 모두 업계 스스로 계획하고 부과한 콘텐트 평가시스템을 채택하여 유아들이 성인 콘텐트에 접속하는 것을 제한하고 있다. 이들 시스템은 모두 직접적 정부규제라는 외부위협에 대한 대응으로 만들어진 것이다.[79] 일반적으로 외부위협은 의회청문회 혹은 사문회査問會 형태로 나타나며, 흔히 "매서운 눈매의 규제암시regulation by raised eyebrow"라고 표현된다.[80]

본서에서 제기하는 우려는 성인용 콘텐트에 노출되는 유아에 대한 우려(이것 역시 소셜미디어 플랫폼에서 나타나는 우려다)보다 훨씬 더 복잡하고 다차원적이다.[81] 그러나 소셜미디어와 관련된 우려들의 특성을 더 잘 반영하며 상당히 유용한 지침을 제공해주는 또 다른 미디어 관련 자율규제 맥락, 즉 수용자 측정 산업을 고려해볼 수 있다.

수용자 측정 산업은 미디어가 TV, 라디오, 온라인 혹은 인쇄미디어 중 어디에 해당되든, 상호연결된 수용자–측정 시스템에서 콘텐트 제공자와 광고업자들에게 누가 무엇을 소비하고 있는지를 제공한다. 또한 수용자에 대한 다양한 인구통계학적 특성들(상황에 따라 행동특성이거나 심리적 특성이기도 한) 관련 데이터도 제공한다. 수용자 측정을 둘러싼 역학관계는 다양한 영역에서 나타나는 소셜미디어를 둘러싼 역학관계와 매우 유사하다.

수용자 측정 영역은 소셜미디어 영역과 마찬가지로 견고한 경쟁상황이 존재하지 않는다는 특성을 갖는다. 수용자 측정 영역의 경우, 닐슨Nielsen이 미국과 전세계 다른 국가들의 TV, 라디오, 온라인 수용자 측정 데이터의 주요 공급자라는 핵심 위치를 점유하고 있다.[82] 닐슨이 핵심 위치를 점유하지 않는 국가에서도 수용자 측정 산업은 독점산업 경향이 매우 강하다. 몇몇 연구자들은 수용자 측정이 자연독점이라고 주장하기도 하는데,[83] 이는 소셜미디어 플랫폼 맥락에서도 나타나는 주장이기도 하다(4장을 보라).[84]

유사성은 여기서 끝나지 않는다. 소셜미디어 플랫폼 활동과 마찬가지로 수용자 측정 업체의 활동은 두드러지는 사회적 파장을 야기한다. 만약 수용자 측정 시스템에서 채택한 조사방법에서 특정 인구통계학적 배경의 사람들이 과소대표underrepresent될 경우, 해당 집단이 관심을 갖고 필요로 하는 콘텐트 분량이 감소하거나 혹은 해당 집단에 봉사하는 미디어 조직이 경제적으로 곤경에 처하게 된다. 예를 들어 라디오나 TV 수용자 측정기법이 바뀔 때, 히스패닉이나 흑인 수용자는 급속히 그리고 급격하게 감소하는 상황들이 종종 발생하기도 한다. 이러한 방식으로 수용자 측정의 역학관계 속에서 측정의 정확성, 공정성, 미디어 다양성 등과 같은 이슈들이 발생한다.[85] 즉 수용자의 이용률ratings*과 수용자 측정 업체들의 분석결과에는 분명한 공익 관련 영역이 존재한다.

수용자 측정 시스템과 소셜미디어 플랫폼은 제3자의 조작에 취약하다. 수용자 측정에서, 시청자의 이용률 측정 시스템은 이용률을 왜곡하려는 다양한 형태의 시도들로부터 보호되어야 한다. 이를테면 측정 표본에 포함된 사람이 특정 미디어 조직을 알고 있거나 여기에 개입되어 있는 경우, 이용률 측정치가 영향을 받거나 조작될 수 있기 때문에 TV와 라디오 수용자의 이용률이 달라질 수도 있다. 또한 라디오와 TV 프로그램 제작자들은 이용률 측정기간 동안에 단기적으로 통상적 수준 normal level 이상의 수용자 규모를 늘리려는 의도에서 경쟁contest이나 내기도박sweepstake 성격의 프로그램을 방영하는 방식으로 이용률을 '급증시키려는hype' 시도를 하는 것으로 알려져 있다.[86] 온라인 수용자 측정의 경우, 봇이 수용자 추정치를 확대하기 위해 흔히 사용되는 도구이며 이는 엄중하게 감시되고 있다.[87] *

이러한 상황은 소셜미디어 플랫폼이 처한 상황과 다르지 않다. 소셜미디어 플랫폼은 경제적 혹은 정치적 이득을 위해 자신의 콘텐트를 보다 상위에 위치시키고 보다 널리 배포시키기 위한 목적에서 소셜미디어의 뉴스피드 알고리즘을 '사냥하려는game' 제3자들의 끊임없는 시도에 대처하고 있다.[88] 소셜미디어 큐레이션 알고리즘에 맞도록 콘텐트를 '최적화optimzing'하기 위한 사업이 등장할 정도다. 동시에 플랫폼 기업들은 끊임없이 알고리즘을 수정한다. 이를 통해 알고리즘의 순위부여 기준과 관련하여 알려진 정보와 기준들이 다양한 유형의 콘텐트의 성과에 미치는 효과를 바탕으로 제작된 낚시성 기사clickbait와 다른 유형의 저품질

---

* rating은 보통 시청률 혹은 시·청취율이라고 번역된다. 그러나 시청률의 경우는 TV에, 시·청취율은 TV와 라디오에만 국한되는 의미를 갖는다는 점에서, 기존의 번역어는 현재의 미디어 생태계를 과도하게 좁게 보여줄 뿐이다. 역자는 ratings을 '이용률'로 번역함으로써 미디어 전반에 대한 수용자 노출 및 수용자 참여수준을 측정한다는 포괄적 의미를 담고자 했다.

콘텐트들의 중요도를 감소시킨다.[89]

또한 수용자 측정 업체의 이용률 데이터와 소셜미디어 기업의 알고리즘 두 가지 모두 수정조항 1조 지위가 다소 모호하다는 점에도 주목해야 한다. 두 가지 경우 모두에서 이용자 데이터와 알고리즘이 수정조항 1조의 보호를 받을 수 있는 형태의 언론인지 여부를 두고 논란이 있다. 마찬가지로 이 두 가지 사례에서 나타난 불명확성은 데이터가 수정조항 1조의 보호대상인가를 둘러싼 보다 추상적인(그리고 여전히 논란이 되는) 의문으로 이어진다.[90] 데이터는 수용자 측정 시스템의 주요 산출물이다. 또한 소셜미디어 알고리즘에서의 데이터는 콘텐트 큐레이션 결과를 산출해내는 주요 입력값이다. 즉 두 가지 경우 모두에서 데이터와 언론이 일정 수준으로 섞여 있는 상황이며, 여기서 수정조항 1조의 보호대상인지를 둘러싼 불명확성이 야기된다.[91] 수정조항 1조가 언론을 정부의 개입으로부터 상당히 보호하며 언론 관련 맥락에서 자율규제 모형의 가능성을 높인다는 점을 감안할 때, 이 두 영역에서 정부규제가 가능한가에 대한 논란을 살펴보는 것은 매우 적절하다.

끝으로 수용자 측정 업체와 소셜미디어 플랫폼은 자신들의 측정방법 혹은 알고리즘의 자세한 사항들을 재산권으로 보호한다는 점에서 동일한 이해관계를 갖는다. 지적재산권을 확보함으로써 외부의 조작을 막을 수 있으며, 또한 외부와의 경쟁도 막을 수 있다. 따라서 소셜미디어 알고리즘과 마찬가지로 수용자 측정 시스템은 흔히 '블랙박스'라는 특징을 갖는데,[92] 이는 놀라운 사실이 아니다.

지금까지 최소한 미국의 경우, 수용자 측정 시장에서의 경쟁이 없었음에도 불구하고 수용자 측정 산업에 대한 직접적인 정부규제가 시도되지 않았다. 대신 수용자 측정 산업에서는 미디어이용률협회MRC, Media Rating Council라고 알려진 조직을 통한 자율규제 방식이 채택되었다. MRC는 1960년대에 창립되었다(최초 이름은 방송이용률협회Broadcast Rating

Council로 불렸다). TV와 라디오의 수용자 측정 시스템의 정확성과 신뢰도를 조사하기 위한 목적에서 진행된 일련의 의회청문회를 계기로 MRC가 창립되었으며,[93] 미디어 영역의 다른 자율규제기구들과 보조를 맞추고 있다. 다양한 영역의 미디어 산업과 관련 이해당사자들이 MRC에 가입하고 있다. 여기에는 TV, 라디오, 인쇄미디어, 온라인미디어, 광고대행사 advertising agencies, 광고업자, 미디어바이어media buyer들이 포함된다.[94]

MRC의 주요 의무는 기준 설정과 인증, 두 가지다. 기준 설정의 경우, MRC가 수용자 측정치의 품질quality과 진실성integrity의 최소 기준을 확립하고 이를 유지하는 것이다. 이러한 목적에 따라 MRC는 표본 충원, 조사진행요원 훈련, 데이터 처리 등의 이슈들과 관련된 최소한의 방법론적 기준을 제시하고 있다. 또한 MRC는 어느 정도 수준에서 방법론의 구체적 사항들을 수용자 측정 서비스 구매 고객들에게 공개해야 하는가와 관련된 기준을 확립하고 유지하고 있다. 이러한 조건에 따르면, 모든 측정 서비스들은 "보고서에 제시된 결과에 유의미한 효과를 발휘할 수 있는 이용률 서비스 측정과정에서 알려진 모든 누락, 오류, 편향 등"을 반드시 공개해야 한다.[95] 수용자 측정 업체는 표본추출 과정과 데이터에 대한 가중치 부여와 관련된 상당 분량의 방법론적 세부사항들을 공개해야만 한다. 또한 수용자 측정 업체는 자신들이 제공하는 측정 서비스 중 MRC에서 인증하는 것과 인증하지 않는 것이 무엇인지도 공표해야 한다.

인증과정은 MRC 역할의 두 번째 특징이다. MRC는 수용자 측정 업체가 방법론적 엄격함과 정확함의 최소 기준을 충족하는지 인증하기 위한 비밀감사를 실시한다. 감사결과는 공개되지 않으며, 수용자 측정 서비스의 주요 방법론적 세부사항들은 기밀로 간주된다. 구체적인 감사결과가 노출되는 경우는 거의 존재하지 않는다. 수용자 측정 시스템과 마찬가지로, 소셜미디어 알고리즘 운영에서도 의무적 혹은 자발적 투명

성을 유지하는 데는 실질적으로 한계가 있다는 점을 인정해야 한다.[96]

점점 더 복잡해지는 수용자 측정과정에 대한 정확성, 신뢰성, 엄격함의 기준을 확립하고 적용하는 MRC는 소셜미디어 자율규제의 유용한 표본이 될 수 있다. 2016년 대통령 선거 당시 가짜뉴스 확산에서의 소셜미디어 플랫폼의 역할과 관련된 이슈들에 대한 의회청문회, 데이터 수집과 공유 관습, 보수적 견해를 억누른다는 폭로 등과 같은 일련의 사건들을 토대로 생각해볼 때, 미디어 역사 관점에서 소셜미디어 플랫폼이 모종의 자기규제 정책을 택할 수밖에 없다고 주장할 수 있다. 다시 반복하지만, 소셜미디어 기업들은 자신들을 미디어기업으로 인식하지 않고 있다. 따라서 아마도 소셜미디어 플랫폼 기업들은 의회의 규제암시 raised eyebrows에 대해 전통적 미디어기업들의 과거 행동방식과 비슷하게 대처하지 않을 것이다.

그러나 소셜미디어 플랫폼 기업들이 다중-이해관계자들로 구성된 협회를 구성했던 MRC와 비슷하게 자율규제 담당부서를 설치하는 방식으로 논란에 대처하는 것을 예상해볼 수 있다. 어쩌면 이러한 가칭 소셜미디어협회는 이용자 데이터의 수집과 공유와 관련된 기준을 확립하고, 공개될 필요가 있는 알고리즘의 구체적 특성들의 공개기준을 만들 수도 있다(MRC의 공개의무와 마찬가지로). 마찬가지로 가칭 소셜미디어협회는 뉴스 큐레이션 알고리즘의 공익요소 기준을 설정할 수 있으며, 이런 기준들과 함께 MRC와 비슷한 방식으로 뉴스 큐레이션 알고리즘이 최소 기준을 충족하는지를 판단할 관련 전문가로 구성된 감사팀을 운영할 수 있다. 그리고 구체적인 감사결과에 대해서는 필수적인 보안을 유지할 수 있다. 또한 수용자 측정 시스템에서 유의미한 방법론적 변화가 발생하였을 때 MRC가 재인증을 실시하듯, 가칭 소셜미디어협회에서도 유의미한 알고리즘 변화가 발생할 때 적용할 수 있는 평가와 인증 방식을 확립할 수 있을 것이다.

이러한 변화를 위한 첫걸음으로, 2018년 9월 페이스북, 구글, 트위터 등의 소셜미디어 기업들은 광고업자들과 함께 자율적인 역정보에 대한 실천강령Code of Practice on Disinformation을 만든 후 이를 유럽연합위원회European Commission에 제출하였다. 유럽연합위원회에 따르면, 역정보에 대한 실천강령은 "역정보를 막기 위해 산업계가 자발적으로 합의한 최초의 전세계적 자율규제기준"[97]이다. 이 실천강령에는 온라인 배치 광고를 점검·개선하며, 정치적 광고의 투명성을 높이고, 봇의 오용과 관련하여 보다 엄정한 정책을 마련하며, 이용자들이 역정보를 확인하고 다양한 관점들을 발견하도록 유의미한 노력을 하겠다고 다짐한 소셜미디어 기업들의 서명이 포함되었다. 고무적인 움직임이었지만, 이 실천강령에는 의미 있는 약속, 측정 가능한 목표, 강령에 대한 복종이나 강제력 행사수단 등이 결여되어 있다는 비판이 제기되기도 하였다.[98]

강제력 행사 수단이 없다는 점은 MRC 자율규제의 주요 특징이기도 하다. 수용자 측정 서비스를 시작하는 것은 자율적이다. 측정 기업들은 자신들이 원한다면 MRC의 인증 없이도 새로운 서비스를 시장에 자유롭게 출시할 수 있다. MRC 인증을 받는 것은 전체 시장에서 데이터 품질을 인정받았음을 보여주는 중요 지표이기 때문에 MRC 인증을 받지 않는 서비스를 출시하는 행동은 권장되지 않으며, 대부분의 경우 MRC 인증을 거친다.

그러나 모든 이해관계자들이 이러한 자율적 순응모형voluntary-compliance model이 적절한 감독역할을 할 것이라고 확신하지는 않는다. 2005년 몇몇 TV 방송사업자들이 자리한 모임에서 몬태나주의 상원의원인 콘래드 번즈Conrad Burns는 이용률 측정치에서의 공정성, 정확성, 포괄성, 책임 법안Fairness, Accuracy, Inclusiveness, and Responsibility in Ratings Act을 발의하였다. 이 법안은 MRC에 보다 강력한 규제권한을 부여하는 것으로, MRC의 인증을 시장의 모든 TV 수용자 측정 서비스 업체에 의무화하는 것이었다. 또한 현존하는 수용자 측정 시스템이 방법론적 혹은 기술적으로 변화할 때도 MRC의 인증을 반드시 받도록 하였다.[99] 따라서 의회는 MCR에 상당한 수준의, 기존에는 부여되지 않았던 감독권한을 부여하였다. 이러한 "규제받는 자율규제regulated self-regulation"[100] 모형에서는 자율규제기구가 그대로 유지되면서 의회에서 만든 법을 기반으로 한 자율규제기구의 권한이 더욱 강화된다.

산업계의 이해관계자들 중 일부는 제안된 법안에 찬성했다.[101] 그러나 산업계의 다른 수많은 이해관계자들은 MRC에 더욱 강력한 권한을 부여하는 것에 반대했다.[102] 심지어 MRC 스스로도 반독점과 법적 의무와 관련된 우려를 표명하면서, 자신들에게 더 강력한 권한을 부여하는 법안을 반대하였다.[103]

소셜미디어 맥락으로 옮겨와 보자. 과연 MRC와 유사하게 가칭 소셜미디어협회의 '승인도장stamp of approval' 존재 유무가 이용자들, 콘텐츠 제공자들, 광고업자들의 행동에 영향을 미쳐 소셜미디어 플랫폼에서의 인증과정에 참여할 것이라고 가정할 수 있을까? 아마도 그렇지 않을 것이다. 소셜미디어 플랫폼의 경우 정책결정 영역과 겹쳐지는 영역이 지금까지 언급한 수용자 측정 선례와 비교할 때 훨씬 더 넓을 것이다.

함의

이러한 유형의 자율규제기구를 설립하는 것이 알고리즘 기반 미디어 플랫폼에 부담으로 작용할까? 두말할 나위 없이 그렇다. 하지만 지난 몇 년간 확인할 수 있었던 가장 중요한 교훈 중 하나는 바로 이것이다. 뉴스와 정보 흐름을 결정하는 기준을 일방적으로 마련하고 수정하는 소셜미디어 플랫폼의 위력은 게이트키핑 권한의 불건전한 집중을 나타내는 것일 뿐만 아니라, 민주주의 사회에서 시민의 정보필요와 관련된 뉴스가치와 상당히 동떨어진 방식으로 운영되기 쉬웠다는 점이다.

언급한 유형의 자율규제기구가 확립되면 뉴스를 배포하는 소셜미디어 플랫폼들이 잠재적으로 위축될까? 아마도 그럴 것이다. 하지만 뉴스조직과 뉴스소비자 관계의 탈중개화disintermediation는 부정적 결과를 상회하는 긍정적 결과를 낳을 것이다. 소셜미디어 플랫폼이 뉴스중개자로서의 역할을 멈출 것이라고 기대하는 것은 비현실적이다. 그러나 자율규제기구의 노력으로 뉴스 생태계에서 소셜미디어 플랫폼의 중심성이 감소하는 효과를 낳고, 이로 인해 뉴스조직과 뉴스소비자가 더 직접적인 관계를 맺는다면 이는 상대적으로 긍정적인 결과라 할 수 있다.

정책 진화

이제 미디어 거버넌스, 정책 결정, 지속적인 노력과 정책 제안 등의 다른 중요 영역들로 고개를 돌려보자. 미국과 해외의 정책당국자와 정책연구자들은 소셜미디어 영역에 대해 다양한 규제개입을 고려하기—몇몇 사례에서는 실시되기—시작했다.[104] 미국의 경우 버지니아주의 상원의원인 마크 워너Mark Warner가 제출한 2018년도 백서를 통해 여러 다양한 규제개입들이 제시되었다. 이 백서에서는 소셜미디어 플랫폼이 봇들을 표시해야 하고, 계정을 시작하거나 포스팅 메시지를 올린 사람을 인증해야 하며, '정보수탁자'로서 플랫폼의 의무를 명문화하고, 명예훼손 및 사적사실 공표defamation and public disclosure of private facts[105] 등으로 플랫폼의 법적책임을 명확하게 할 수 있도록 커뮤니케이션품위법의 230조를 수정하며, 알고리즘 기반 의사결정 시스템에 대한 모종의 감사auditing 메커니즘을 채택할 것[106]을 제안하였다.

이러한 규제개입들 중 현재 미국에서 법안제안 혹은 규제조치와 같은 형태를 띠는 것은 매우 적은 수에 불과하다. 법안제안 활동으로 나타난 한 가지 영역은 정치광고 영역이다. 예를 들어, 2017년 12월 연방선거위원회FEC, Federal Election Commission에서는 정치광고 스폰서와 관련한 공개의무를 천명하는 것이 페이스북에까지 확대되어야 한다고 발표하였다.[107] 현재 FEC는 공개의무를 모든 온라인 정치광고에까지 추가로 확대할 것을 고심하고 있다.[108] 단일한 소셜미디어 플랫폼에만 규제 의무를 부과하면 효과가 제한되며, 결국 나쁜 의도의 행위자들은 자신들의 활동을 다른 소셜미디어 플랫폼으로 옮기게 될 것이다. 마찬가지로 미의회 역시 정치광고에 초점을 맞추고 있다. 상원과 하원 모두에서 정치광고 후원을 보다 투명하게 만들기 위한 법안이 진행 중이다.[109]

캠브리지애널리티카 스캔들이 터지자, 가짜뉴스와 역정보 문제보다 부적절한 이용자 데이터의 부적절한 공유 문제가 더 큰 분노를 일으켰다. 연방통상위원회FTC, Federal Trade Commission는 페이스북의 부적절한 이용자 데이터 관리방식이 프라이버시 설정방식을 특정한 방식으로 바꿀 때 페이스북이 반드시 이용자의 허가를 받도록 한 2011년 이용자동의명령을 위배했는지 여부에 대한 조사에 재빠르게 착수했다.[110] 추가로 37개 주 변호사들로 구성된 초당파적 모임bipartisan group은 페이스북에 데이터 약관 위배에 대한 구체적 사실이 무엇이며, 만약 페이스북이 적절한 방식으로 이용자들의 개인정보를 보호하지 않았다는 것이 밝혀질 경우 어떤 행동을 취할지에 대한 위협내용을 담은 편지를 보냈다.[111] 또한 캠브리지애널리티카 스캔들로 인해 2018년에는 초당파적인 소셜미디어 프라이버시 보호 및 소비자권리법Social Media Privacy Protection and Consumer Rights Act이,[112] 그리고 민주당 의원들 주도의 콘텐트 공급자 네트워크 위법을 방지하기 위한 온라인소비자통지법Customer Online Notification for Stopping Edge-provider Network Transgressions Act, 일명 CONSENT법이 발의되었다.[113] 이러한 법안 발의가 2018년 5월부터 발효된 유럽의 일반데이터보호규제법General Data Protection Regulation 에 영향을 받았다는 것은 분명하다.[114] 만약 법안이 통과된다면, 소셜미디어 프라이버시 보호 및 소비자권리법은 소셜미디어 기업들에 수집되는 이용자 데이터 유형과 수집된 데이터의 공유방식과 관련하여 보다 강력한 투명성을 요구하게 될 것이다. 아울러 이 법안을 통해 이용자들은 자신의 데이터에 대해 더 강력한 통제권을 갖게 되고, 데이터 수집을 거부할 권리를 부여받으며, 자신의 데이터 삭제를 요구할 수 있게 된다.[115] CONSENT법에 따르면 소셜미디어 플랫폼 기업들과 같은 "콘텐트 공급자edge-providers"는 이용자들의 개인정보를 사용·공유·판매하기 전에 이용자들로부터 "동의opt in"를 얻어야만 하며, 소셜미디어 프라이버시 보호 및 소비자권리법에서 규정한 것과 유사한 수준의 투명성을 제공해야만 한다.[116] 캠브리지애널리티카 스캔들에 뒤이어 2018년 후반에는 페이스북이 애플, 아마존, 마이크로소프트, 넷플릭스 등의 대형 기술기업들이 보유한 이용자 데이터 접속을 지속적으로 공유했다는 내용이 폭로되었다. 이 폭로로 인해 소셜미디어 플랫폼이 어떻게 이용자 데이터를 수집하고 수익을 얻었는지에 관한 추가 규제개입 동기가 마련되었다.

정책입안자들이 당면한 다양한 소셜미디어 관련 이슈들에 대한 대부분의 미국식 법적 대응과 규제들은 결국 이용자 데이터를 보호하는 데 집중되는 것으로 종결되었다. 미국의 정책입안자들은 미디어 정책의 정치적 측면보다 경제적 측면을 우선시하는,[117] 따라서 수용자를 시민이라기보다 소비자로 간주하는 오랜 역사를 갖고 있다.[118] 소셜미디어 정책의 방향을 재정립하려는 시도들이 소비자 보호라는 말로 표현되면서 이용자 데이터 보호에 집중하고 있다는 것은 미국의 오랜 역사를 반영하는 것이다.

소비자 데이터 보호에 집중한다는 점은 정책개입으로 나아갈 수 있는 보다 명확한 길이다. (프라이버시와 시민의 투표행동에 영향을 미치는 뉴스 및 정보 사이에는 간접적 관계indirect relationship가 존재할 뿐이라는 점을 감안할 때) 소비자 데이터 보호는 양당의 정파적 이해관계 문제가 상대적으로 적으며, 수정조항 1조와 관련된 까다로운 문제에 구애될 가능성도 적기 때문이다. 그러나 소비자 프라이버시에 집중하는 방식은 가짜뉴스와 같은 문제들에 대처하는 기껏해야 간접적 접근방식에 불과하다. 저자가 간접적indirect이라는 표현을 쓴 이유는 소셜미디어 데이터의 수집과 사용이 가짜뉴스 혹은 기만적 정치광고가 이용자를 정확하게 타깃팅할 가능성을 분명히 어느 정도 제한할 수 있기 때문이다. 만약 가짜뉴스 전달자 혹은 기만적 의도의 광고업자가 자신들이 원하는 수용자를 효과적으로 타깃팅할 수 없다면, 이들의 도달력 혹은 영향력은 감소할 것이며, 또한 자신들의 목적 달성을 위해 소셜미디어 플랫폼을 사용하려는 의도 역시 어느 정도 감소하게 될 것이다. 그러나 제안된 법안의 소비자 데이터 보호는 그것 자체로 가짜뉴스와 같은 문제들을 해결하기에 충분하지 않으며, 보다 큰 문제의 일부를 다룰 뿐이다.

유럽에서 실시되고 있는 소비자 데이터 보호는 가짜뉴스와 역정보에 대처하기 위한 다양한 수준의 정책개입과 같이 병행되고 있다. 유럽연합EU은 온라인 공간에서 가짜뉴스와 역정보 확산을 막기 위한 관련 정책에 대한 조언을 목적으로 하는 고위급집단High Level Group을 설립하였다.[119] EU의 고위급집단은 가짜뉴스의 생산과 확산에 대처할 수 있는 법 및 규제 대응책을 마련하는 것은 물론 양질의 저널리즘을 증진하고 자율규제 대책을 마련하며, 이용자의 디지털 리터러시를 향상시킬 수 있는 수단을 마련하는 것을 목적으로 한다. EU의 고위급집단은 상당히 다양한 정책들을 제안하는데, 여기에는 온라인 뉴스의 투명성 증대, 미디어와 정보 리터러시 향상, 이용자와 저널리스트가 역정보를 막을 수 있는 권한을 증대시키는 도구의 개발, 유럽 뉴스미디어 생태계의 다양성과 지속가능성 보호장치 마련 등이 포함된다.[120]

영국은 "영국 내부와 외부의 세력들이 전개하는 역정보에 대처하는 임무"를 수행하게 될 전담 "국가안보커뮤니케이션부대national security communications unit"를 창설할 계획이라고 밝혔다.[121] 또한 영국은 다양한 추가적 정책적 개입들도 고려 중이다. 여기에는 TV와 라디오 방송사업자들을 대상으로 확립된 콘텐트 기준을 토대로 정확성accuracy과 불편부당성impartiality을 기반으로 하는 온라인 콘텐트 기준을 마련하고, 소셜미디어 플랫폼의 알고리즘에 대한 정부 주도의 감사를 실시하는 것이 포함된다.[122] 이러한 영국의 움직임은 소셜미디어 규제에 전통적 미디어의 규제틀을 적용하려는 현재까지 상대적으로 드문 조치다.

프랑스의 엠마뉴엘 마크롱Emmanuel Macron 대통령은 소셜미디어 플랫폼 공간의 가짜뉴스에 대한 공격적 대처로 특히 유명하다. 2018년 초기에 마크롱 대통령은 선거캠페인 기간 중 가짜뉴스의 확산을 막기 위한 법안을 제출하였다. 여기서는 소셜미디어 플랫폼의 투명성을 의무화하고, 플랫폼 기업들이 누가 콘텐트에 후원금을 지불했는지 밝히는 것을 의무화하였다. 소셜미디어 광고요금 지출상한spending caps을 실시하는 것 역시 마크롱 대통령의 제출법안에 포함되었다. 아울러 판사들은 허위 콘텐트에 대한 폐쇄명령을 내릴 수 있으며 허위 콘텐트가 게재된 웹사이트에 대한 접속금지 권한을 부여받도록 하였다.[123] 마크롱 대통령이 제안한 법안이 의회를 통과하지는 못했다. 그러나 선거후보자나 정당이 전국단위 선거일 3개월 동안 '허위정보'의 출간을 금지하는 법원 명령을 요청할 수 있는 법안은 2018년 11월에 의회를 통과했다.[124] 또한 프랑스에서는 페이스북이 혐오발언에 어떻게 대처하는지를 확인하기observe 위해 페이스북에 일군의 규제감독관들a team of regulators을 '상주embedding'시키는 전례 없는 조치가 취해지기도 했다. 여기서 특히 주목할 점은 이러한 조치가 페이스북의 협조 속에서 진행되었다는 사실이다.[125]

현재까지 진행된 가장 공격적인 몇몇 규제 양상은 독일에서 발견할 수 있다. 2018년 1월 독일에서는 소셜네트워크시행법NetzDG, Netzwerkdurchsetzungsgesetz, Act이 발효되었다. NetzDG법을 통해 200만 명 이상의 이용자를 보유한 소셜미디어 플랫폼은 가짜뉴스, 혐오발언, 기타 불법적 콘텐츠가 고지된 후 24시간 이내에 이것을 삭제하지 않으면 5,000만 유로의 벌금을 부과받게 되었다.[126] 소셜미디어 플랫폼 기업들은 이용자들이 제출한 고소내용을 처리하고 평가하며, 개별 포스팅 콘텐츠가 제거되어야 하는지를 결정해야만 한다. 놀라운 것은 아니지만, NetzDG법은 정당한 언론을 제거하는 데 사용될 수 있다는 비판을 받았다.[127] 그러나 독일 법무부는 이 법을 더 엄격하게 유지해야 하며 우회할 빈틈이 없도록 해야 한다고 밝혔는데,[128] 이는 NetzDG법에 대한 강력한 반발에 수긍하여 이 법을 축소시키는 대신 보다 확장적으로 사용할 것임을 암시하는 것이다. 여러 측면에서 NetzDG법은 전세계 민주주의 국가에 탄광 속 카나리아의 역할을 할 것이다.

법적 규제틀의 재고찰

이전에 설명하였듯, 미국에서 전통적으로 미디어 영역에 적용되었던 법 혹은 규제틀로는 소셜미디어 플랫폼의 특성을 제대로 반영하거나 포괄할 수 없다. 즉 과거의 법과 규제틀은 재해석되거나 재수정되어야 한다. 지금까지 미국에서 정책결정 과정에 특별한 행동이 나타나지 않았던 이유는 바로 이 때문이다. 앞으로 저자는 미국의 법적 규제틀이 변화하는 미디어 지평에 어떻게 적용될 수 있는지, 이에 대한 저자의 아이디어 몇 가지를 제시하고자 한다.

저자는 현재 미국의 정치환경이 아마도 미국 역사상 (최소한 닉슨 행정부 이래로) 가장 위험한 순간이라는 것을 충분히 인식하고 있다. 또한 현 트럼프 행정부가 미디어에 대해 보여주는 적대감의 수준을 고려할 때, 이런 시점에 과거 미디어 영역에 적용되었던 것과 비교해 보다 엄격한 규제틀을 제안하는 것이 어떤 의미인지도 충분히 인식하고 있다. 아울러 합리적 낙관주의reasoned optimism 범위에서 현재 상황을 역사적으로 이례적인 상황으로 간주할 수 있다고 생각한다. 저자의 논의는 이러한 보다 장기적 관점을 염두에 둔 것이다.

미헌법 수정조항 1조의 재고찰

법적 원칙과 규제틀은 미디어 거버넌스의 근본 요소다. 미국의 미디어 규제 맥락에서, 수정조항 1조는 전통적으로 미디어 규제모형과 개입을 법적으로 제한하는 근본적 토대였다. 따라서 소셜미디어에 대한 전반적 규제틀을 고려하는 것은 규제틀이 작동하는 법적 토대를 고려하는 것으로부터 시작해야 한다.

여기서의 핵심 이슈는 소셜미디어 거버넌스 맥락에서 수정조항 1조의 작동방식에 대해 어떤 방식의 변화가 가능한지, 혹은 수정조항 1조의 작동방식을 반드시 변화시켜야 하는지 여부이다. 최근 법학자인 팀 우Tim Wu는 "수정조항 1조는 끝났는가?"라는 도발적인 질문을 검토한 바 있다.[129] 우에 따르면, 수정조항 1조는 발언할 기회와 수용자에게 도달할 기회가 상대적으로 제한적인 상황에서 만들어졌다. 그러나 현재는 기술변화로 인해 "발언자들이 나방moth처럼 많아졌다. 발언자들의 공급은 확실히 끝이 없을 정도로 많아졌다. 출판을 가로막는 장벽이 급격하게 사라지면서 정보량은 늘었다. 특히 발언자들이 공적인 토론주제에 불을 붙일 경우에는 이런 모습이 더 두드러진다. 역설적이게도, 발언에 소요되는 비용이 낮아지면서 언론을 무기로 삼는 것은 더욱더 쉬워지고 있다."[130] 이와 비슷하게 기술연구자인 제이네프 투페키Zeynep Tufekci는 다음과 같이 주장한다. "언론의 자유에 대한 과거의 매우 고상했던 생각들 중 상당수는 소셜미디어 시대에 그야말로 효과가 없다."[131]

이들 주장의 핵심적 함의는 현재 언론환경의 기술적 조건들은 매우 근본적으로 변하고 있으며, 따라서 미디어 거버넌스의 근본 제도를 형성했던 수정조항 1조는 민주주의적 의사결정 과정을 강화시키는 것만큼이나 민주주의적 의사결정 과정을 약화시킬 수도 있다는 것이다. 소셜미디어 영역에서 과거 방식으로 해석된 수정조항 1조는 민주주의 의사결정 과정에 전례 없는 해악을 끼치는 언론환경을 촉진시키고 있지만, 이러한 해악을 막을 수 있는 규제개입은 저지시키고 있다.

다행스러운 점은 이런 관점의 자연적 귀결이 반드시 수정조항 1조의 종말을 의미하지는 않는다는 것이다. 대신 문제는 수정조항 1조의 몇몇 영역에 대한 이론이 개발되지 않은 채, 혹은 활용되지 않은 채 남아 있다는 사실이다. 팀 우의 표현을 빌자면 "현재의 언론상황에 맞게 수정조항 1조를 조정해야만 한다."[132] 이를 위한 몇 가지 구체적인 방안들을 살펴보자.

반론원칙 약화

3장에서 논의하였듯, 반론의 효과성에 대한 이론적 가정은 소셜미디어 플랫폼 사례에 수정조항 1조를 적용할 경우 그 유효성을 인정하기 어렵다. 수정조항 1조와 관련된 소셜미디어상의 사례들을 생각해보자. 혐오발언과 같은 언론 맥락에서 미법원은 신중하고 제한적인 방식으로 반론원칙을 적용하는 방식으로 수정조항 1조를 옹호할 수 있으며, 명예훼손과 같은 맥락에서도 신중하고 제한적으로 반론원칙을 적용하는 방식으로 수정조항 1조를 채택해야 한다. '사실에 대한 허위진술false statements of fact'은 특히 반론에 대해 적용되지 않는다는 연방대법원의 인식[133]은 법원판결의 대상인 개인의 명예라는 맥락을 넘어 확장 적용될 필요가 있다. 수정조항 1조 관련 법학이론은 인터넷에서 전형적으로 나타나는 다양하고 적대적인 출처들로부터 유입된 명백하고 자유로운 뉴스와 정보의 흐름에도 불구하고, 뉴스의 전파와 소비가 점점 더 소셜 미디어를 기반으로 매개되고 있기에 반론원칙에 의지하는 것은 효과가 점점 더 떨어질 것이며 잠재적으로는 민주주의 체제에 해악을 끼치는 언론환경을 조성하게 될 수 있다는 점을 인식할 필요가 있다.

법학자인 프레데릭 샤우어Frederick Schauer가 지적하듯, 수정조항 1조 이론에는 진리 대 허위truth versus falsity, 혹은 오늘날의 용어로 표현하자면 사실 대 '대안적 사실alternative facts'과 같은 문제에 대해 별로 고심하지 않는다는 치명적인 역설이 존재한다.[134] 샤우어의 설득력 있는 표현을 빌자면 "언론의 자유 논쟁을 불러온 판례, 문헌, 정치적 사건 어디서든 언론의 자유 전통을 구성하고 있는 거의 모든 요소들에서는 …… 언론의 자유와 증명 가능한 사실 사이의 관계에 대한 별다른 언급이 존재하지 않는다. 이러한 전통 내면에는 진리를 선택하는 사상의 시장의 힘이 종교적, 이념적, 정치적, 사회적 진리에도 실질적으로 적용될 수 있다는 믿음이 잠재적으로 깔려 있지만, 이런 주제는 거의 언급되지 않는 상황이다."[135] 이러한 관점의 연속성상에서 샤우어는 우려 섞인 목소리로 다음과 같이 주장한다. "사실에 기반한 진실이 중요하지만, 놀랍게도 언론자유 전통에서는 언론의 자유 영역, 그리고 사실에 대한 대중의 지식을 증진시키기 위한 목적, 혹은 허위사실 진술문에 대한 대중의 신념을 감소시키기 위한 목적 사이의 관계를 직접적으로 다루는 경우가 거의 없다."[136] 그 결과 역설적이게도, 수정조항 1조는 수정조항 1조에서 제공하고 강화하고자 하는 바로 그 민주주의 의사결정 과정을 잠식시키는 유형의 언론을 강화시킨다.

역사적으로 언론은 그 범주에 따라 민주주의 의사결정 과정과 어떤 관련성을 가지며 어떤 가치를 지니는지 평가받아왔고, 그에 따라 상이한 수준에서 수정조항 1조의 보호를 받아왔다.[137] 예를 들어, 정치적 목적의 발언에 비해 상업적 목적의 발언은 수정조항 1조의 보호를 적게 받는다(또한 허위에 대한 보다 엄정한 제약을 받는다). 정치적 목적의 발언이 가장 높은 수준의 수정조항 1조의 보호를 받는 이유는 정치적 목적의 발언이 민주주의 의사결정 과정의 핵심을 차지하고 있기 때문이다.[138] 여기서 역설이 발생한다. 가짜뉴스는 민주주의 의사결정 과정의 진실성integrity을 가장 직접적으로 저해하는 논쟁의 여지가 없는 유형의 발언이다. 그러나 가짜뉴스는 정치적 목적의 발언에 대한 포괄적이며 무차별적인 보호막(일반적으로 저널리즘이 위치하는) 속에 위치하고 있기 때문에, 가짜뉴스에 대해서는 (명예훼손이 아닌 이상) 가장 높은 수정조항 1조 보호수준이 적용된다.

언론자유 지평에서 허위(최소한 뉴스와 관련하여)가 차지하고 있는 특수한 부분을 솎아내는 방향의 견실한 수정조항 1조 전통을 확립하려는 포괄적 목적을 이루려면, 수정조항 1조 관련 이론에서 저널리즘의 사실factual과 주관적 영역subjective dimensions을 구별해야 한다.

공동체주의적 수정조항 1조 개념 포용

2016년 미국 대통령 선거의 문제점들은 수정조항 1조를 두고 **개인주의적** 해석과 **공동체주의적** 해석이라는 두 가지 경쟁적 해석[139]이 혼용되어 유지되어왔다는 것을 일깨워주었다. 수정조항 1조에 대한 해석적 전환을 설명하기에 앞서 이 두 가지 해석방식을 차례대로 간략하게 살펴보자.

수정조항 1조에 대한 보다 주류적 접근방식은 개인주의적 해석이었다.[140] 개인주의적 해석방식에서는 개별 시민(혹은 개별 미디어 조직)의 언론자유 권리를 유지하고 증진하는 것을 우선시한다. 전통적으로 헌법적 권리가 정부의 개입으로부터 개인을 보호하는 것으로 인식된다는 점[141]을 토대로 개인주의적 해석에서는 개인의 자율성을 강조한다. 개인주의적 해석틀에 따르면, 언론자유 권리는 일반적으로 "부정적 자유 negative liberty",[142] 즉 개인이 원하는 것을 할 때 외적 개입을 받지 않을 자유로 이해된다.

반면 수정조항 1조에 대한 공동체주의적 해석에서는 공동체의 안정, 집단적 의사결정, 그리고 가장 중요하게는 민주주의 의사결정 과정의 효과적 기능과 관련된 공동체의 목표를 지원하기 위한 언론환경 창출에 집중한다.[143] 따라서 수정조항 1조는 개별 발언자의 복지보다는 시민공동체의 복지를 우선순위에 두는 목적달성 수단이다. 공동체주의적 접근방식의 핵심 지도원리가 "핵심은 모든 사람이 발언하는 것이 아니라, 발언될 가치가 있는 모든 것들이 발언되는 것"이라는 점은[144] 공동체주의적 해석이 부여하는 가치가 무엇인지 잘 보여준다.

수정조항 1조의 적용이라는 관점에서, 개인주의적 해석에서 공동체주의적 해석으로 옮겨간다는 핵심적 함의는 공동체주의적 해석에서 "의회는 언론의 자유 혹은 출판의 자유를 저해하는 어떠한 법도 만들 수 없다(Congress make no law abridging freedom of speech or of the press)"는 수정조항 1조문에 대한 절대주의적 해석을 거부한다는 점이다. 공동체주의적 관점에서 볼 때, 수정조항 1조의 표현은 명백히 의회에 자유로운 언론환경을 증진시킬 수 있는 법을 만들 기회를 부여하는 것이다. 실제로 수정조항 1조에 대한 공동체주의적 해석을 지지하는 사람들은 시민들에게 정보를 제공하는 현재의 커뮤니케이션 시스템에서 나타난다고 인식되는 부적절성들을 수정하기 위해 정부규제를 부과하는 것을 옹호한다.[145] 공동체주의적 해석 관점에 따르면, 정부는 "자유로운 표현을 위협하는 대상으로 남아" 있지만 "동시에 사적인 통제와 감시를 위한 기술개발에 대하여 필수적 균형추 necessary counterweight 역할을 수행할 필요가 있다."[146]

저자가 말하고자 하는 핵심, 그리고 우와 투페키와 같은 학자들의 주장의 자연적 귀결은 기술변화로 인해 결국 수정조항 1조에 대한 개인주의적 접근방식보다 공동체주의적 접근방식을 택하게 될 것이라는 점이다. 이러한 변화는 결코 수정조항 1조의 약화가 아니며, 해석의 강조점을 바꾸는 것을 의미한다. 공동체주의 접근방식을 옹호하는 사람들이 설득력 있게 주장하듯, 해석의 강조점을 바꾸는 것은 민주주의를 보다 잘 반영하고 더욱 강화할 수 있도록 수정조항 1조를 해석하는 것이다.

수정조항 1조를 보다 공동체주의적 접근방식으로 해석하는 것으로 변환하자는 주장이 새로운 것은 아니며, 긴 역사를 갖고 있다.[147] 그러나 여기서의 핵심은 소셜미디어에서 나타나는 뉴스제작, 배포, 소비의 역학관계는 이와 같은 수정조항 1조에 대한 해석적 전환이 최종적으로 발생해야 한다는 것을 보여주는 가장 설득력 있는 사례라는 사실이다.

소셜미디어 맥락에 이러한 공동체주의적 해석방식을 적용해보자. 만약 알고리즘 기반 사상의 시장이 민주주의를 증진하기보다 근본적으로 (투페키의 말을 빌리자면) "민주주의에 독을 주입하는" 특성이 강하다면(예를 들어, 잘못된 정보를 기반으로 투표를 하도록 만드는 가짜뉴스와 같이), 공동체주의적 해석방식은 규제개입에 대한 수정조항 1조에 대해 친화적인(수정조항 1조에 대해 적대적이라기보다) 경로를 보여줄 것이다.

개인주의적 접근방식 중심의 수정조항 1조는 주로 정책당국자들의 행동을 제약하는 근거로 사용된다. 반대로 공동체주의적 접근방식 중심의 수정조항 1조는 정책적 목표추구 과정에서 정책당국자가 넘지 말아야 할 경계선이라기보다는 고유한 정책목표 역할을 할 수 있다. 소셜미디어 플랫폼의 특징과 기능은 수정조항 1조에 대한 개인주의적 해석방식보다 공동체주의적 접근방식을 우선시해야 할 필요성을 보여준다.

규제동기와 규제논리의 조화

수정조항 1조에 대해 보다 공동체주의적인 접근을 취할 경우에 한 가지 중대한 효과는, 소셜미디어 플랫폼으로 확장적용될 수 있는 미디어에 대한 공익기반 규제틀에 대하여 재구성을 촉진한다는 것이다. 5장에서 논의하였듯, 미국의 미디어 규제틀에서는 규제동기와 규제논리를 구분한다는 특징이 있다. 규제논리는 기술적 특성을 기반으로 한 규제 정당화를 의미하며, 만약 정당화 근거가 없다면 미디어 조직의 수정조항 1조 권리는 제약될 수 없다. 규제동기는 규제의 필요성을 야기하는 실질적 문제 혹은 우려를 의미한다(이를테면, 가짜뉴스, 음란물, 다양성 저하 등). 미디어 규제틀은 본질적으로 수정조항 1조에 대한 개인주의적 해석 방식을 반영한다. 즉 권리침해 위험성을 경감시킬 기술상의 문제점이 존재하지 않는 한, 언론 관련 문제들에 대응하기 위한 규제행동은 개인의 언론권리를 사실상 침범한다는 것을 의미한다.

이런 상황에서 핵심 문제는 두 가지다. ①미국식 규제기구의 특성을 보여주는 '기술적 특수성technological particularism'[148] 규제논리가 아닌 다른 규제논리를 통한 대안적 접근이 존재하는가? ②대안적 접근의 함의는 무엇인가? 이들 질문의 목적은 보다 건실한 공익지향 규제틀 public-interest-oriented regulatory framework을 소셜미디어에 적용할 수 있는지, 그리고 어떻게 적용할 수 있는지를 탐색하는 것이다. 이러한 가능성을 탐색하는 것은 소셜미디어에 대한 규제개입의 가장 적용 가능한 규제근거가 (현재 소셜미디어는 독점 혹은 과점 상황임에도 불구하고) 새로운 온라인 경쟁업체의 진입장벽이 낮다는 주장[149]에 취약하다는 사실을 감안할 때 특히나 적절성을 갖는다. 구글이 검색엔진 시장에서 독점규제를 받지 않는 상황에서, 소셜미디어 플랫폼에서 페이스북이 독점규제를 받게 될 가능성 또한 희박하다.

첫 번째 질문을 살펴보자. 규제동기를 바탕으로 규제논리가 생기는 것이 일반적 현실이다. 예를 들어 5장에서 논의하였듯, 방송의 정치적 영향력에 대한 우려가 주파수희소성 규제논리를 탄생시켰다. 규제논리는 현재 미디어 기술이나 서비스의 특성을 기반으로 도출되는 것이 보통이며, 따라서 이러한 규제논리는 모든 미디어 기술에서 나타나는 불가피한 기술진화에 본질적으로 취약하다.[150] 만약 규제동기와 규제논리가 탄탄하게 얽혀 있다면 별문제가 발생하지 않는다. 왜냐하면 규제근거를 잠식하는 기술적 변화는 동시에 규제동기 역시 약화시키기 때문이다. 예를 들어 정보원다양성과 콘텐트다양성을 기반으로 한 FCC의 규제동기와 직접적으로 관련되었던 규제논리인 방송 주파수의 희소성은, 과거 50년 전과 비교할 때 오늘날 중요성이 약해졌다(왜냐하면 이제 보다 많은 수의 콘텐트 제공자들이 수많은 추가 기술과 서비스를 통해 수용자에게 도달할 수 있기 때문이다). 그러나 주파수희소성의 존재 유무는 (파급력이나 공적자원 논리와 같은 다른 규제논리들이 비록 FCC의 규제동기와 분명한 관련을 맺고 있음에도) 이를테면 유해 콘텐트로부터 유아를 보호해야 한다는 FCC의 규제동기와 그리 강한 관련성을 갖지 않는다.

그렇다면 현재 구체적인 미디어의 기술적 특성이 아닌 다른 것에서 규제근거를 찾을 수 있는 방법이 존재하는가? 그리고 이런 규제근거가 핵심 규제동기와 보다 잘 엮이는가?[151] 규제동기와 규제논리는 본질적으로 서로 수렴될까? 공익 개념이 두 가지를 통합시킬 수 있는 역할을 수행할 수 있다. 이미 공익은 어느 정도는 연결개념으로 사용되고 있다. 공익은 FCC의 지도지침으로서, 규제감독 및 규제개입을 가능하게 하는 개략적이고 일반적인 규제동기다. 역사적으로 공익원칙은 다양하고 보다 구체적인 정책목표들(다양성, 지역성 등)을 포괄해왔다.[152]

공익은 규제논리이기도 하다. 왜냐하면 여러 산업영역에서 산업, 기술, 서비스에 '공익이 개입되어' 있는지 여부에 따라 규제개입이 결정되기 때문이다. 오랜 기간 공익이 개입된 산업이라는 관점은 독점상황에서 정부의 가격규제권한을 둘러싼 토론과정에서 주로 발전되어왔다.[153] 일반적으로 공익이라는 기술용어descriptor는 다양한 형태의 정부감독과 개입의 근거로 사용되었다. 공익은 공공사업과 같이 '필수적 서비스'에 흔히 적용되는 용어이기도 하다.[154] 그러나 공익은 가격규제 혹은 공공사업에 대한 규제에만 배타적으로 적용된 용어가 아니다.[155] 법학자인 프랭크 파스쿠아리Frank Pasquale는 공익을 검색엔진에 적용할 것을 주장하기도 했다.[156]

공익개입 개념affected-with-a-public-interest concept은 시간이 지나면서 재정의되고 있으며, "등장했을 당시에는 공공영역에 해당되지 않았지만, 등장하면서 공공영역에 해당되어버렸다고 말할 수 있는 사업"[157]이라고 특정할 수 있는 범주의 사업은 본서에서 다루는 맥락에 특히나 적절하다. 공익개입 개념은 소셜미디어와 소셜미디어가 밟아온 진화궤적의 특징을 효과적으로 잡아내고 있다.[158]

함의

규제동기와 규제논리를 공익원칙으로 통합할 수 있는 이유는 다음과 같은 특성들을 기반으로 한다. 미디어 기술과 서비스가 지속적으로 융합되고 있다. 콘텐트의 제작, 배포, 소비 방식이 멀티플랫폼 특성을 띠고 있다. 현재의 미디어 생태계는 내적으로 상호연결되어 있으며 상호의존적이다. 실제로 만약 우리가 생태계 관점으로 미디어를 바라본다면,[159] 미디어 생태계의 모든 구성요소들이 내적으로 상호연결되어 있고 상호의존적이라고 파악할 수 있을 것이다. 이는 생태계의 한 구성요인에 미치는 행동(그것이 규제당국에 의한 것이든, 규제를 받거나 받지 않는 산업의 이해당사자에 의한 것이든)이 다른 구성요인들에 파급효과를 낳을 가능성이 높다는 것을 의미한다. 이러한 미디어 생태계에서 개별 구성요인을 고립시키는 규제논리는 상호연결성과 상호의존성*을 무시하는 것으로, 생태계라는 핵심 개념과 근본적으로 병립할 수 없다. 이러한 논리에서 기술적 특수성을 규제논리를 확립하는 출발점으로 삼는 것은 더 이상 향후 추구해야 할 개념이 될 수 없다.

여기서 미디어 기술이나 서비스에 '공익 개입' 여부를 밝히는 명시적이고 일반적인 기준이 필요하다. 따라서 공익 개념을 꽤나 모호한 규제원칙이라고 비판받지 않도록 구체화하고, 특정한 미디어 기술과 서비스에 적용하기 위해 공익을 (핵심 규제동기를 반영하는) 구체적인 기준들에 통합시킬 수 있어야 한다.

예를 들어, 특히 현재의 우려와 관련하여, 민주주의 의사결정 과정에서 기술이나 서비스 역할의 특징과 범위가 근본적인 공익기준이 된다. 민주주의 의사결정 과정을 보호하고 증진시킨다는 주장이 규제근거가 될 수 있다는 것은, 비록 정책입안자와 법원에서 이 주장을 언제나 수용했다고 할 수는 없으나, 상당히 정착되어 있다.[160] 만약 플랫폼이 민주주의 의사결정 과정에 핵심적 역할을 수행하거나 영향력을 미치는 것과 연관된 특정한 공익 관련 기준들에 해당된다면, 이 기준들과 관련된 영역의 공익기반 규제틀이 요청될 것이다.

이 접근에는 보다 넓은 뉴스 생태계에서 플랫폼이 맡는 역할과 영향력의 특성과 위력이 어떤지 평가해야 한다는 사실이 내재되어 있다. 또한 이러한 평가는 정기적 간격으로 재평가되거나 관련 조건들이 확인되어야 한다. 이러한 접근은 시간이 지남에 따라 기술이나 서비스가 어

---

* 원문에서는 여기에서만 independence라고 쓰고 있다. interdependence의 오기라고 판단하여 '독립성'이 아닌 '상호의존성'으로 번역하였다.

떻게 변하는지에 대해 민감하다. 예를 들어, 친구와 가족들과 연락하기 위한 플랫폼으로 시작했던 페이스북이 애초의 모습으로 그대로 유지되었다면, 공익이 개입되는 미디어로 분류되지 않았을 것이다. 그러나 현재 버전의 페이스북은 저널리즘의 핵심적 배포자이자 접속방식이며, 점점 더 정치광고와 정치 커뮤니케이션의 핵심적 메커니즘으로 자리잡고 있으며, 앞으로도 그럴 것이다.

여기서 다음과 같은 중요 질문을 제기할 수 있다. 일련의 공익기반 규제동기/규제논리를 그 기능과 이용방식과 같은 기준을 근거로 특정한 소셜미디어 플랫폼에서는 적용하는 반면, 다른 소셜미디어 플랫폼에서는 적용하지 않는 상황을 생각해볼 수 있을까? 아니면 미디어 범주에 따라 규제를 적용하는 기준들을 균일하게 적용하여, 어떤 대상에게 적용되는 공익기반 규제틀을 실질적으로 해당 범주 미디어에 속하는 모든 대상들에게 적용해야만 할까? 독일은 현재 소셜미디어 플랫폼에서의 혐오발언 및 가짜뉴스 규제를 위해 200만 명의 이용자라는 이용자 기반 근거를 사용하고 있다.[161] 미국에서는 저널리즘 혹은 정치 커뮤니케이션에 대한 기본적 기준을 충족하는 포스팅 메시지 혹은 참여자 일부를 근거로 하는 접근방식을 고려할 듯하다. 어쩌면 FCC가 개별 집단에 존재하는 미디어 다양성 수준을 추정하기 위해 개인이 뉴스를 소비할 때 얼마나 상이한 미디어를 사용하는지에 대한 설문조사 데이터를 활용하는 방식과 마찬가지로, 소셜미디어 플랫폼 이용자 대상 설문조사의 자기보고 이용행태self-reported usage behaviors를 근거로 삼을 수도 있을 듯하다.[162]

본서에서 논의하고 있는 보다 견실한 공익기반 규제틀은 소셜미디어를 집중적으로 다루고 있다. 이와 같은 본서의 협소한 관심사는 다음과 같은 또 다른 질문으로 이어진다. 우리는 강력한 공익기반 규제틀을 특정한 소셜미디어에만 적용할 뿐, 인터넷 전반에는 적용하지 않는 상황을 생각할 수 있을까? 이 문제와 관련해서는 미국에서 인쇄미디어와 방송미디어에 적용한 상이한 규제모형에 대하여 법학자이자 콜럼비아 대학교 총장인 리 볼린저Lee Bollinger의 고전적 분석[163]을 다시 살펴볼 필요가 있다. 볼린거가 지적하듯(또한 5장에서 논의하였듯), 방송 규제를 위해 기술을 기반으로 도출된 규제논리는 엄밀하게 따질 경우 특별한 타당성을 갖는다고 볼 수 없다.

그러나 볼린거에 따르면, 방송미디어를 인쇄미디어와 다르게 취급했던 논리에는 문제가 많았지만, 규제의 최종 결과는 바람직했을 뿐만 아니라 대안적인 규제논리가 도출된다면 설득력이 충분하다. 볼린거의 주장을 구체적으로 살펴보자. (앞서 논의했듯) 미디어 규제에는 언론증진speech-enhancing 측면과 언론억제speech-impeding 측면, 두 가지가 같이 존재한다.[164] 따라서 미디어 시스템의 특정 구성요소에 대해서는 보다 적극적인 규제정책을 적용하고, 다른 구성요소에 대해서는 보다 자유방임적 접근방식laissez-faire approach을 택하는 것이 실질적으로 타당하다. 볼린거의 주장처럼 미디어 규제의 양면성을 고려할 때 가장 논리적인 대응은 "부분적 규제계획partial regulatory scheme", 즉 상이한 미디어에 상이한 규제정책을 적용하여 미디어 이용자가 미디어 규제의 두 가지 모형의 장점들을 활용하도록 하고, 상이한 규제모형들이 서로 견제와 균형checks-and-balances 관계를 가지며 운영되도록 하는 것이다.[165]

본질적으로 인터넷은 다른 모든 형태의 미디어(인쇄미디어도 포함)를 포괄한다는 점에서, 저자는 '부분적 규제계획'이라는 규제논리를 온라인에서도 비슷하게 적용할 수 있다고 제안하고 싶다. 즉 보다 넓은 관점에서 인터넷은 상대적으로 규제를 받지 않는 방식으로 운영되는 반면, 소셜미디어 플랫폼에 대해서는 보다 강한 감독규제가 적용되어야 한다. 이와 같은 부분적 규제계획에서는 소셜미디어에 대해 어떤 유형의 규제 개입이 고려되든 상관없이, 인터넷 선반은 대부분의 영역에서 규제 없이 운영되어야 한다는 점을 강조한다.[166] 소셜미디어 플랫폼에 부적합하다고 간주되는 콘텐트나 정보원은 온라인 공간에서 여전히 사용 가능할 것이다. 따라서 부적절한 콘텐트가 제거되지는 않겠지만, 이런 콘텐트에 대해서는 소셜미디어에서 제공하는 엄청난 전파력과 타깃팅 기회가 부여되지 않을 것이다. 소셜미디어의 전파력과 타깃팅은 어쩌면 민주주의를 위하여 보다 사려 깊은 방식으로 사용될 수 있을 것이다. 이런 방식을 통해 볼린저의 부분적 규제시스템은 오늘날 다시 활용될 수 있으며, 미래를 위한 길을 여는 데 도움을 줄 수 있을 것이다.

미국에서 존재해왔던 공익기반 규제모형은 그것이 정당화되어왔던 논리적 기반 덕분에 살아남기보다는, 논리적 기반에도 불구하고 계속 살아남을 것이다. 만약 우리가 이러한 가정을 받아들여 미디어 영역에서 정부의 감독을 완전하게 포기할 필요가 없다는 것에 동의한다면, 우리는 규제개입을 합리화할 수 있는 보다 통일된, 아울러 기술적 특수성에만 의존하지 않는 접근방식을 개발할 수 있는 규제논리가 존재한다는 사실을 깨닫게 될 것이다. 지속적으로 진화하고 있는 소셜미디어의 역할, 기능, 파급력은 규제개입의 필요성을 일깨워주는 유인으로 작동한다. 본서의 목적은 소셜미디어 플랫폼에 부과되는 특정한 규제의무가 무엇인지를 제시하는 것이 아니다. 규제의무가 요청될 때 소셜미디어 플랫폼에 대한 규제가 가능하도록 기존 규제틀을 수정하여 제시하자는 것이 본서의 목적이다.

마무리

 본서에서 저자는 미디어라고 취급되기를 거부하는 소셜미디어 플랫폼에 대하여 미디어 중심적 관점의 분석을 실시하였다. 소셜미디어 플랫폼은 이전의 미디어 기술이나 플랫폼들과 다른 점이 상당히 많다. 그러나 유사점도 많은 것이 사실이며, 소셜미디어 플랫폼은 다른 미디어들과 어쩔 수 없이 혼합되어 존재한다. 즉 우리는 전통적 미디어에 대해 확립된 규범, 원칙, 규제모델을 통해 소셜미디어 플랫폼 거버넌스를 구상할 수 있다는 점을 이해하는 것이 중요하다.

 또한 본서에서 저자는 우리의 미디어 생태계가 현재와 같은 상태로 어떻게 그리고 왜 진화하였는지, 아울러 소셜미디어 플랫폼이 미디어 생태계에서 어떻게 그토록 빠르게 핵심적 지위에 오를 수 있었는지에 대한 역사적 맥락을 제시하였다. 여기서 저자는 인터넷으로 인해 콘텐트 생산자 및 배포자, 광고업자, 이용자들에게 어떤 문제가 발생했으며, 소셜미디어가 어떻게 이 문제들에 대한 해결방안을 제시하였는지에 대해 설명하였다.

 또한 저자는 이러한 소셜미디어 플랫폼의 진화로 인해 수정조항 1조, 사상의 시장, 공익 등과 같은 미디어 거버넌스의 핵심 원칙들이 어떤 영향을 받았는지도 서술하였다. 본서에서 저자는 소셜미디어와 저널리즘이 교차되면서 미디어 거버넌스의 핵심 원칙들이 잠식되는 방식에 대해 서술하였다.

끝으로 본서에서는 소셜미디어 플랫폼과 미디어 거버넌스에서 확립된 규범과 구조를 보다 나은 방식으로 통합할 수 있는 미디어 규제틀 및 자율규제틀에 대한 전반적인 윤곽을 제시하였다. 저자는 첫 번째로 규제/자율규제 모형과 규제논리에 대해 집중적으로 논의하였고, 두 번째로 구체적인 규제행동과 규제개입에 대해 논의하였다. 규제행동이나 규제개입에 대한 안정적이고, 일관적이며, 정당화할 수 있는 근거를 통해 미디어 거버넌스의 근본적 이슈들을 다룰 필요가 있다는 것이 본서의 주장이다. 본서의 주요 목적 중 하나는 이런 점에 대한 숙의deliberations를 가능하게 하고 촉진하는 것이다.

본서 앞부분 감사의 말에서 언급했듯, 저자는 재빠르게 변해가는 현상을 설명하고자 시도했다. 본서를 저술하는 동안 발생한 사건들이 본서의 분석과 저자의 주장을 뒤집을 수도 있을 것 같아 불안하기도 했다. 그러나 기술, 시장상황, 이용자 행동이 급격하게 변하는 반면, 제도와 정책은 훨씬 더 느리게 변하는 경향이 있다. 따라서 본서에서 제시한 핵심 이슈들과 우려들의 대부분은 본서의 출간시점에도 미해결 상태로 남아 있으며, 앞으로도 당분간 그러할 것이다.

본서의 주제를 다룰 때 직면하는 다른 어려움은 우리가 여전히 소셜미디어, 저널리즘, 민주주의 의사결정 과정의 연관성에 대해서 많은 것을 알지 못한다는 점이다. 이들의 연관관계는 소셜미디어 거버넌스 수립을 위한 정보를 제공해줄 수 있으며, 제공해주어야만 하는 것이다.[1] 실제로 이들의 연관관계는 본서와 관련된 연구들에서 일관적으로 나타나는 주제이기도 하다. 현재 우리는 소셜미디어 플랫폼이 뉴스와 정보 생태계에 파괴적 영향력을 행사하고 있다는 것을 확실히 알게 되었다. 최근 연구들에 따르면 다양한 방지책들에도 불구하고, 저널리즘으로 위장한 역정보가 여전히 소셜미디어 플랫폼에서 맹위를 떨치고 있으며 소셜미디어 플랫폼이 정치적 양극화를 심화시키고 있다.[2] 그러나 어떤 플랫폼(이를테면 페이스북)에서 역정보는 점점 감소하는 반면, 다른 플랫폼(예를 들어 트위터)에서는 역정보가 점점 증가한다는 연구결과도 제시되고 있다.[3] 트위터에 비해 페이스북이 가짜뉴스를 감시하는 데 보다 적극적으로 나선다는 점을 감안할 때, 이러한 상이한 패턴은 가짜뉴스 문제가 플랫폼 생태계의 다양한 구성요인들의 진화과정과 거버넌스 구조 및 정책에 어떻게 대응하여 나타나는가를 보여준다. 역정보가 의도한 결과를 얻기에 충분할 정도로 큰 규모의 수용자에 도달할 수 있는 한, 역정보는 가장 적게 감시되는 경로를 따라 흘러갈 것이다.

민주주의 의사결정 과정이 근본적으로 훼손된 상태인지 여부에 대한 질문은 여전히 논란거리로 남아 있다. 4장에서 언급하였듯, 정치 커뮤니케이션 전문가들은 이를테면 소셜미디어 플랫폼을 경유한 러시아의 개입이 2016년 미국 대통령 선거 결과에 영향을 미쳤는지에 대한 질문에 대해 기껏해야 자료를 토대로 한 추정결과를 제공해줄 수 있을 뿐이라고 말한다.[4] 몇몇 학자들은 사회적으로 매개된 역정보의 도달력과 영향력 그리고 정치적으로 양극화된 필터버블이 이용자에 미친 효과는 작은 수준이며, 따라서 민주주의 의사결정 과정에 미친 효과도 작다고 주장한다.[5] 아울러 2장에서 논의하였듯, 최근의 데이터 분석에 따르면 뉴스에 접속하기 위해 소셜미디어를 경유하는 비율은 감소하고 있다. 이런 점에서 볼 때, 규제개입은 소셜미디어 도달력의 불확실성 문제와 소셜미디어 영향력 감소에 대해 너무 빠른 과도한 대응을 하는 것일지도 모른다. 소셜미디어의 효과 크기가 우리가 우려했던 것보다는 작을 수도 있다. 혹은 소셜미디어 이용이라는 진자pendulum가 이미 반대편으로 움직이면서 소셜미디어 영향력의 정점이 이미 지났다고 볼 수도 있다.

그러나 이 이슈와 관련하여 미디어 정책의 고유한 맥락을 반드시 염두에 두어야 한다. 공중보건정책, 경제정책, 환경정책 등과 같은 다른 정책영역들을 생각해보라. 이들 영역에서 우리가 개입이 필요한 수준의 명확하고 반박 불가능한 문제점이 나타날 때까지 기다린다고 가정해보자. 문제가 발생한 후의 뒤늦은 대응은 문제해결을 더 불가능하게 만들면서 정책적 해결수단이 효과를 발휘하지 못하게 한다. 반대로 본서에서 저자가 제시하였듯, 우리가 민주주의 의사결정 과정의 효과적 작동과 관련된 문제점에 대해 논의하는 중이라고 가정해보자. 이 경우 소셜미디어의 바로 그 특성으로 인해 문제해결책을 수립하고 채택할 수 있는 수단은 점점 사라진다. 당연한 일이지만, 민주주의가 붕괴하면 민주주의를 복구하는 데 필요한 정책적 해결책을 효과적으로 수립하고 실천할 수 있는 능력도 사라진다. 즉 소셜미디어가 근본적으로 민주주의 의사결정 과정을 잠식하는 방식으로 사용된다는, 되돌릴 수 없는 증거를 확보할 때까지 기다릴 경우, 잠식된 민주주의 의사결정 과정으로 인해 문제를 해결할 수 있는 핵심 메커니즘 중 하나인 정책결정 과정도 동시에 잠식되어버린다.

바로 이런 점 때문에 현재 맥락에서는 보다 적극적이고 선행적으로 행동하는 것이 정당하며 동시에 권장된다. 소셜미디어와 저널리즘의 교차 과정에서 제시된 우려들의 본질은 사후적事後的 대응방식과 부합되지 못한다. 적극적으로 행동하지 않아서 생기는 위험성은 정말 너무도 크다.

아울러 정치적 양극화와 정파성은 사람들 대부분이 일생 동안 눈치채기 어려운 수준에서 정부 운영에 영향을 미친다. 이런 점에서 미디어 생태계에 대해 보다 강력한 정부개입을 요청하는 것은 양식 있는 시민의 육성과 정부 불개입government inaction이라는 민주주의 의사결정 과정의 순수성을 위협하는 요소로 보일 수도 있다. 비유하건대 우리의 현재 상황은 항암치료cancer treatment를 받는 환자와 비슷하다. 암으로 고통받는 사람에게 항암치료는 종종 암과는 다르지만 동시에 유해한 건강문제를 초래하기도 한다. 물론 현재의 정치적 양극화와 정파성은 부분적으로 미디어 생태계가 진화해온 방식의 결과이며, 파편화된 미디어 생태계는 정치적 양극화와 정파성을 강화시키는 유인이 되고 있다는 사실은 역설적이다. 이러한 상호인과관계는 미디어 생태계에서 문제의 원인과 문제의 잠재적 해결책이 뒤섞인다는 것을 보여준다.

그러나 우리가 이러한 고르디우스의 매듭Gordian knot*을 풀려 노력한다면, 소셜미디어는 인터넷과 동일한 의미를 갖지 않으며 또한 저널리즘과도 동일한 의미를 갖지 않는다는 점을 확실하게 기억해야 한다. 여기서의 요점은 소셜미디어에서 문제로 나타나는 콘텐트의 배포, 큐레이션, 소비의 역학관계를 해결하기 위한 정부의 규제 시도 혹은 자율규제 시도가, 소셜미디어 등장 이전에 오늘날의 우리가 거의 겪지 않았던 문제를 야기하는 보다 상위의 디지털미디어 생태계에 대한 개입으로 반드시 나타날 필요는 없다는 점이다. 소셜미디어 플랫폼이 잠시간 침체된다면, 사람들은 뉴스에 바로 직접접속하는 과거의 미디어 이용습관으로 되돌아갈지 모른다.⁶ 소셜미디어와 저널리즘이 교차된 지금, 우리는 완전히 과거로 돌아갈 수 없다. 그러나 본서의 여러 곳에서 저자가 강조하였듯, 만약 저널리즘의 배포자이자 큐레이터로서 소셜미디어 플랫폼이 어떻게 운영되는가에 대해 보다 적극적으로 개입하려는 정부나 플랫폼 기업, 또는 자율규제기구의 시도가 뉴스를 생산·확산·소비하는 수단으로서의 소셜미디어 플랫폼 이용을 감소시키는 후속 결과로 이어진다면, 우리의 민주주의는 보다 더 나아질 것이다.

---

* 알렉산더 대왕이 끈을 풀지 않고 칼로 잘라버렸다는 일화에서 등장한다. 흔히 '대담한 방법을 사용하지 않으면 풀리지 않는 문제'를 의미한다.

저자 주

한국어판 저자 서문

1 Protecting Kids Online: Facebook, Instagram, and Mental Health Harms. Hearing Before the U.S. Senate Committee on Commerce, Science, & Transportation, September 30, 2021, https://www.commerce.senate.gov/2021/9/protecting-kids-online-facebook-instagram-and-mental-health-harms.

2 Napoli, P. M. (2021, January 14th). The DC Riot is the Sandy Hook of the Disinformation Crisis. *Wired*, https://www.wired.com/story/opinion-the-dc-riot-is-the-sandy-hook-of-the-disinformation-crisis/.

3 Napoli, P. M. (2021). The Symbolic Uses of Platforms: The Politics of Platform Governance in the U.S. *Journal of Digital Media & Policy*, 12(2), 215-230.

4 다음을 참조하라. Napoli, P. M. (2021). Treating Dominant Digital Platforms as Public Trustees. In M. Moore & D. Tambini (Eds.), *Regulating Big Tech: Policy Responses to Digital Dominance* (pp. 151-163). New York: Oxford University Press; Napoli, P. M., & Graff, F. (2021). Revisiting the Rationales for Media Regulation: The Quid Pro Quo Rationale and the Case for Aggregate Social Media User Data as Public Resource. In S.A. Mattei, F. Rebillard, F. Rochelandet, & F. Moreau, *Digital and Social Media Regulation: A Comparative Perspective of the U.S. and Europe* (pp. 45-64). London: Palgrave; Napoli, P. M. (2020). Defining Data. *InterMedia*, 47(4), 36-40; Napoli, P. M. (2019). User Data as Public Resource: Implications for Social Media Regulation. *Policy & Internet*, 11(4), 439-459.

5 Napoli, P. M. & Napoli, A. B. (2019). What Social Media can Learn from Audience Measurement: Lessons in the Self-Regulation of "Black Boxes." *First Monday*, 24(12), https://firstmonday.org/ojs/index.php/fm/article/view/10124.

6 Wheeler, T., Verveer, P., & Kimmelman, G. (2020, August). New Digital Realities, New Oversight Solutions: The Case for a Digital Platform Agency and a New Approach to Regulatory Oversight. Shorenstein Center White Paper, https://shorensteincenter.org/new-digital-realities-tom-wheeler-phil-verveer-gene-kimmelman/.

7 Napoli, P. M. (2021). Back from the Dead (Again): The Specter of the Fairness Doctrine and its Lessons for Social Media Regulation. *Policy & Internet*, 13(2), 300-314.

8 Napoli, P. M. & Royal, A. (in press). Platforms and the Press. In Flew, T. (Ed.), *Digital Platform Regulation: Beyond Transparency and Openness*. London: Palgrave.

9 Napoli, P. M. (2021). The Platform Beat: Algorithmic Watchdogs in the Disinformation Age. *European Journal of Communication* (special issue: Governing Institutions in European Platform Societies), 36(4), 376-390.

10 관련 논의 전반에 대해서는 다음을 보라. *The Facebook Files*, https://www.wsj.com/articles/the-facebook-files-11631713039

들어가며

1 Steve Annear, "Mark Zuckerberg Couldn't Stop Mentioning Harvard Dorm During Facebook Testimony," *Boston Globe*, April 11, 2018, https://www.bostonglobe.com/metro/2018/04/11/mark-zuckerberg-couldn-stop-mentioning-his-harvard-dorm-room-during-facebook-testimony/slW4rCXyIdyctzEuB93J4L/story.html.

2 Andre Picard, "The History of Twitter, 140 Characters at a Time," *Globe and Mail*, March 28, 2018, https://www.theglobeandmail.com/technology/digital-culture/the-history-of-twitter-140-characters-at-a-time/article573416/.

3 예를 들어 다음을 보라. Joshua Braun and Tarleton Gillespie, "Hosting the Public Discourse, Hosting the Public," *Journalism Practice* 5, no. 4 (2011): 383-398; Rebecca MacKinnon, *Consent of the Networked: The Worldwide Struggle for Internet Freedom* (New York: Basic Books, 2013); Zeynep Tufekci, *Twitter and Tear Gas: The Power and Fragility of Networked Protest* (New Haven, CT: Yale University Press, 2017); Zeynep Tufekci, "YouTube, the Great Radicalizer," *New York Times*, March 10, 2018, https://www.nytimes.com/2018/03/10/opinion/sunday/youtube-politics-radical.html.

4 심지어 에디슨은 전화기를 '음악 텔레폰(musical telephone)'이라고 불렀다. 다음을 보라. "Loud-Speaking Telephone," *Thomas A. Edison Papers*, Rutgers School of Arts and Sciences, October 28, 2016, http://edison.rutgers.edu/loud.htm.

5 이러한 목적은 애초에 라디오에 대한 기대가 무선전신과 비슷했음을 보여준다. 다음을 보라. Tom Standage, *Writing on the Wall: Social Media—the First 2,000 Years* (New York: Bloomsbury, 2013), 191.

6 라디오와 마찬가지로, 커뮤니티안테나텔레비전(community antenna television, CATV)이라는 케이블TV의 이름에서 알 수 있듯 케이블TV의 애초 목적은 협소했다.

7 이는 고등연구계획국 네트워크(Advanced Research Projects Agency Network, ARPANET)라는 애초의 이름에서 잘 드러난다. 다음을 보라. Standage, *Writing on the Wall*, 215-216.

8 다음을 보라. John Carey and Martin C. J. Elton, *When Media Are New: Understanding the Dynamics of New Media Adoption and Use* (Ann Arbor: University of Michigan Press, 2010).

9 다음을 보라. Carey and Elton, *When Media Are New*.

10 기어트 러빙크는 소셜미디어에 대해 다음과 같이 비판한 바 있다. "수학자들은 컴퓨터가 미디어 목적으로 활용(악용)될 것을 예측하지 못했다. 왜 컴퓨터로 음악을 듣는가? 만약 영화를 보고 싶다면, 영화관으로 가라." Geert Lovink, *Networks Without a Cause: A Critique of Social Media* (Malden, MA: Polity), 148.

11 Gwyneth Jackaway, *Media at War: Radio's Challenge to the Newspapers, 1924–1939* (Westport, CT: Praeger, 1995).

12 다음을 보라. Carey and Elton, *When Media Are New*.

13 다음을 보라. Michael Zarkin, *The FCC and the Politics of Cable TV Regulation, 1952–1980* (Amherst, NY: Cambria Press, 2010).

14 Matt McGee, "Facebook Cuts Into Google's Lead as Top Traffic Driver to Online News Sites," *Marketing Land*, February 28, 2014, https://marketingland.com/facebook-cuts-googles-lead-top-traffic-driver-online-news-sites-report-75578.

15 Pares.ly, "External Referrals in the Parse.ly Network," May 2018, https://www.parse.ly/resources/data-studies/referrer-dashboard/.

16 Elisa Shearer and Jeffrey Gottfried, "News Use Across Social Media Platforms 2017," *Pew Research Center*, September 7, 2017, http://www.journalism.org/2017/09/07/news-use-across-social-media-platforms-2017/.

17 Shearer and Gottfried, "News Use Across Social Media Platforms 2017."

18 Shearer and Gottfried, "News Use Across Social Media Platforms 2017."

19 Emily Bell, "Facebook Is Eating the World," *Columbia Journalism Review*, March 7, 2016, https://www.cjr.org/analysis/facebook_and_media.php.

20 Joanna M. Burkhardt, "History of Fake News," *Library Technology Reports* 53, no. 8 (2017): 5-10.

21 Mark Zuckerberg, Testimony Before the United States Senate Committee on the Judiciary and the United States Senate Committee on Commerce, Science, and Transportation (April 10, 2018), 1, https://www.judiciary.senate.gov/imo/media/doc/04-10-18%20Zuckerberg%20Testimony.pdf.

22 Bell, "Facebook Is Eating the World."

23 이러한 갈등을 보여주는 가장 최근 사례는 2018년 4월 의회 청문회장에서 몇몇 의원들이 페이스북을 어떻게 분류해야 하는지 불확실하다고 한 말에 대한 마크 주커버그의 발언이다. 이에 대해서는 다음을 보라. Mary Louise Kelly, "Media or Tech Company? Facebook's Profile Is Blurry," *NPR*, April 11, 2018, https://www.npr.org/2018/04/11/601560213/media-or-tech-company-facebooks-profile-is-blurry.

24 이 부분에서 로빈 카플란은 매우 귀중한 의견을 제시해주었다. 이 자리를 빌려 감사를 표한다.

25 William Uricchio, "The Algorithmic Turn: Photosynth, Augmented Reality and the Changing Implications of the Image," *Visual Studies* 26, no. 1 (2011): 25-35.

26 예를 들어 다음을 보라. Axel Bruns, *Gatewatching and News Curation: Journalism, Social Media, and the Public Sphere* (New York: Peter Lang, 2018); Frank Pasquale, *The Black Box Society: The Secret Algorithms That Control Money and Information* (Cambridge, MA: Harvard University Press, 2015).

27 Tarleton Gillespie, "The Relevance of Algorithms," in *Media Technologies: Essays on Communication, Materiality, and Society*, ed. Tarleton Gillespie, Pablo J. Boczkowski,and Kristen A. Foot (Cambridge, MA: MIT Press, 2014), 167.

28 Pasquale, *The Black Box Society;* Christopher Steiner, *Automate This: How Algorithms Took Over Our Markets, Our Jobs, and the World* (New York: Penguin, 2012).

29 Jerome Cukier, "Why Is Uber Considered a Technology Company and a Lot of PeoplePlace It Among Tech Giants Like Google, Facebook, etc?" *Quora*, March 1, 2016, https://www.quora.com/Why-is-Uber-considered-a-technology-company-and-a-lot-of-people-place-it-among-tech-giants-like-Google-Facebook-etc.

30 Michael Carney, "As Uber Fights to Maintain Its Technology Company Classification in India, the Rest of the World Watches," *Pando*, February 20, 2015, https://pando.com/2015/02/20/as-uber-fights-to-maintain-its-technology-company-classification-in-india-the-rest-of-the-world-watches/.

31 Philip M. Napoli and Robyn Caplan, "Why Media Companies Insist They're Not Media Companies, Why They're Wrong, and Why It Matters," *First Monday* 22, no. 5, 2017, http://firstmonday.org/ojs/index.php/fm/article/view/7051.

32 Mark Peterson, "Can Ford Turn Itself Into a Tech Company?" *New York Times Magazine*, November 9, 2019, https://www.nytimes.com/interactive/2017/11/09/magazine/tech-design-autonomous-future-cars-detroit-ford.html.

33 예를 들어 다음을 보라. Miguel Helft, "Is Google a Media Company?" *New York Times*, August 10, 2008, http://www.nytimes.com/2008/08/11/technology/11google.html; Bill Mickey, "Are You a Technology Company or a Media Company?" Folio, October 29, 2013, http://www.foliomag.com/are-you-technology-company-or-media-company/.

34 Choire Sicha, "Inside Gawker Media's First Company-Wide Meeting," Awl, September 8, 2011, https://theawl.com/inside-gawker-medias-first-company-wide-meeting-8abf673bf61#.umax6qp27; Nick Tjaardstra, "Vox Media: Tech Company First, Publisher Second," *World News Publishing Focus*, April 20, 2015, http://blog.wan-ifra.org/2015/04/20/vox-media-tech-company-first-publisher-second.

35 인용출처는 다음과 같다. Danny Sullivan, "Schmidt: Google Still a Tech Company Despite the Billboards," *Search Engine Watch*, June 12, 2006, https://searchenginewatch.com/sew/news/2058565/schmidt-google-still-a-tech-company-despite-the-billboards.

36 인용출처는 다음과 같다. Seth Fiegerman, "Dear Facebook, You're a Media Company Now. Start Acting Like One," *Mashable*, June 15, 2016, http://mashable.com/2016/05/15/facebook-media-company/#4xjvChg3NaqP.

37 Kelly Fiveash, "'We're a Tech Company Not a Media Company,' Says Facebook Founder," *Ars Technica*, August 20, 2016, https://arstechnica.com/tech-policy/2016/08/germany-facebook-edit-hateful-posts-zuckerberg-says-not-media-empire/.

38 Jeff John Roberts, "Why Facebook Won't Admit It's a Media Company," *Fortune*, November 14, 2016, http://fortune.com/2016/11/14/facebook-zuckerberg-media/.

39 인용출처는 다음과 같다. Nick Bilton, "Is Twitter a Media Company or Technology Company?" *New York Times*, July 25, 2012, http://bits.blogs.nytimes.com/2012/07/25/is-twitter-a-media-or-technology-company/.

40 인용출처는 다음과 같다. Andy Langer, "Is Steve Jobs the God of Music?" *Esquire*, July 2003, http://www.esquire.com/news-politics/a1177/steve-jobs-esquire-interview-0703/.

41 예를 들어 다음을 보라. Robert Picard, *The Economics and Financing of Media Companies*, 2nd ed. (New York: Fordham University Press, 2011).

42 '순수공공재'라는 용어는 경제학자가 '공공재'['비배제성(nonexcludable)'과 '비고갈성(nondepletable)'의 특성을 모두 갖는 재화]로서의 미디어 산물을 어떻게 바라보는지를 보여준다. 예를 들어, 영화 혹은 TV 프로그램은 일단 제작되면 추가적인 제작비용을 발생시키지 않고서도 여러 해가 지나도 반복적으로 감상될 수 있다. '순수 공공재'라는 용어는 배포되고 소비되기 위해 (종이나 디스크 같은) 물리적 실체에 포함될 필요가 없는 미디어 산물을 의미한다. 공공재와 순수 공공재에 대한 논의로는 다음을 보라. Philip M. Napoli, *Audience Evolution: New Technologies and the Transformation of Media Audiences* (New York: Columbia University Press, 2011).

43 Josh Constine, "Zuckerberg Implies Facebook Is a Media Company, Just 'Not a Traditional Media Company,'" *TechCrunch*, December 21, 2016, https://techcrunch.com/2016/12/21/fbonc.

44 Michael Curtin, Jennifer Holt, and Kevin Sanson, *Distribution Revolution:*

Conversations About the Digital Future of Film and Television (Berkeley, CA: University of California Press, 2014).

45 인용출처는 다음과 같다. Joshua Benton, "Elizabeth Spiers on BuzzFeed and Other 'Tech' Companies: "'You're Still a Media Company,'" *Nieman Lab*, August 11, 2014, http://www.niemanlab.org/2014/08/elizabeth-spiers-on-buzzfeed-and-other-tech-companies-youre-still-a-media-company/.

46 Philip M. Napoli, "Requiem for the Long Tail: Towards a Political Economy of Content Aggregation and Fragmentation," *International Journal of Media & Cultural Politics* 12, no. 3 (2016): 343-356.

47 Conor Dougherty and Emily Steel, "YouTube Introduces YouTube Red, a Subscription Service," *New York Times*, October 21, 2015, https://www.nytimes.com/2015/10/22/technology/youtube-introduces-youtube-red-a-subscription-service.html; DarrellEtherington, "Facebook Exploring Creation of Its Own Content," *TechCrunch*, December 14, 2016, https://techcrunch.com/2016/12/14/facebook-exploring-creation-of-its-own-original-video-content/; Sarah Perez and Jonathan Shieber, "YouTube Unveils YouTube TV, Its Live TV Streaming Service," *Tech Crunch*, February 27, 2017, https://techcrunch.com/2017/02/28/youtube-launches-youtube-tv-its-live-tv-streaming-service/.

48 인용문의 출처는 다음을 보라. Staci D. Kramer, "Google Is Still a Tech Company. Really," *Gigaom*, June 12, 2006, https://gigaom.com/2006/06/12/google-is-still-a-tech-company-really/.

49 John Koetsier, "Exclusive: Cheezburger Will Take Page Out of Reddit's Playbook, Allow Users to Create Own Subsites," *VentureBeat*, August 22, 2012, http://venturebeat.com/2012/08/22/exclusive-cheezburger-will-take-page-out-of-reddits-playbook-allow-users-to-create-own-subsites/.

50 Scott Woolley, *The Network: The Battle for the Airwaves and the Birth of the Communications Age* (New York: Ecco, 2016).

51 Mark Deuze, *Media Work* (Cambridge, UK: Polity Press), 73.

52 예를 들어 다음을 보라. Daniel Trielli, Sean Mussenden, Jennifer Stark, and Nicholas Diakopoulos, "Googling Politics: How the Google Issue Guide on Candidates Is Biased," *Slate*, June 7, 2016, http://www.slate.com/articles/technology/future_tense/2016/06/how_the_google_issue_guide_on_candidates_is_biased.html.

53 예를 들어 다음을 보라. Fiveash, "'We're a Tech Company Not a Media Company'"; Mike Isaac, "Facebook, Nodding to Its Role in Media, Starts a Journalism Project," *New York Times*, January 11, 2017, https://www.nytimes.com/2017/01/11/technology/facebook-journalism-project.html?_r=0.

54 Tarleton Gillespie, "The Politics of 'Platforms,'" *New Media & Society* 12, no. 3 (2010): 347–364.

55 Fiveash, "'We're a Tech Company Not a Media Company.'"

56 Anthony M. Nadler, *Making the News Popular: Mobilizing U.S. News Audiences* (Urbana: University of Illinois Press, 2016).

57 Napoli, *Audience Evolution*, 26.

58 다음을 보라. Philip M. Napoli, "Automated Media: An Institutional Theory Perspective on Algorithmic Media Production and Consumption," *Communication Theory* 24 (2014), 340–360.

59 Michael A. DeVito, "From Editors to Algorithms: A Values-Based Approach to Understanding Story Selection in the Facebook News Feed," *Digital Journalism* 5, no. 6 (2017): 753–773.

60 예를 들어 다음을 보라. Tarleton Gillespie, "Algorithmically Recognizable: Santorum's Google Problem and Google's Santorum Problem," *Information, Communication & Society* 20, no. 1 (2017): 63–80; Rob Kitchin, "Thinking Critically About and Researching Algorithms," *Information, Communication & Society* 20, no. 1 (2017): 14–29; Sofiya Noble, *Algorithms of Oppression: How Search Engines Reinforce Racism* (New York: NYU Press, 2018).

61 Tarleton Gillespie, *Custodians of the Internet: Platforms, Content Moderation, and the Hidden Decisions That Shape Social Media* (New Haven, CT: Yale University Press, 2018).

62 예를 들어 다음을 보라. David Pierson and Paresh Dave, "If Facebook Promotes Propaganda, Can It Be a Neutral News Platform?" *Los Angeles Times*, May 31, 2016, http://www.latimes.com/business/la-fi-tn-eu-tech-20160531-snap-story.html.

63 Marc Scott and Mike Isaac, "Facebook Restores Iconic Vietnam War Photo It Censored for Nudity," *New York Times*, September 10, 2016, http://www.nytimes.com/2016/09/10/technology/facebook-vietnam-war-photo-nudity.html.

64 Scott and Isaac, "Facebook Restores Iconic Vietnam War Photo."

65 Fiegerman, "Dear Facebook, You're a Media Company Now."

66 Sam Levin, "Is Facebook a Publisher? In Public It Says No, but in Court It Says Yes," *Guardian*, July 3, 2018, https://www.theguardian.com/technology/2018/jul/02/facebook-mark-zuckerberg-platform-publisher-lawsuit.

67 Matthew Ingram, "Facebook's Biggest Problem Is That It's a Media Company," *Gigaom*, May 16, 2012, https://gigaom.com/2012/05/16/facebooks-biggest-problem-is-that-its-a-media-company/; Michael Wolff, "Facebook: A Tale of Two Media Models," *Guardian*, May 15, 2012, https://www.theguardian.com/commentisfree/cifamerica/2012/may/15/facebook-tale-two-media-models.

68 Suman Bhattacharyya, "Digital Ads to Overtake Traditional Ads in U.S. Local Markets by 2018," *Advertising Age*, October 26, 2016, http://adage.com/article/cmo-strategy/local-ads-digital-2018-bia-kelsey/306468/.

69 Gillespie, "The Politics of 'Platforms,'" 348.

70 Bernard D. Nossiter, "The FCC's Big Giveaway Show," *Nation*, October 26, 1985, 402.

71 Justin Fox, "Why It's Good to Be a 'Technology Company,'" *Harvard Business Review*, August 13, 2014, https://hbr.org/2014/08/why-its-good-to-be-a-technology-company/.

72 예를 들어 다음을 보라. Paul Bond, "Fresh Facebook Draws Attention," *Hollywood Reporter*, September 28, 2007, http://www.hollywoodreporter.com/news/fresh-facebook-draws-attention-151237; Roberts, "Why Facebook Won't Admit It's a Media Company."

73 Brian Morrissey, "BuzzFeed's Dao Nguyen: 'We Don't Think of Ourselves as an Island,'" *Digiday*, May 6, 2016, http://digiday.com/publishers/buzzfeed-dao-nguyen-digiday-podcast/.

74 인용출처는 다음과 같다. Benton, "Elizabeth Spiers on BuzzFeed and Other 'Tech' Companies."

75 Michael Nunez, "Want to Know What Facebook Really Thinks of Journalists? Here's What Happened When It Hired Some," *Gizmodo*, May 3, 2016, https://gizmodo.com/want-to-know-what-facebook-really-thinks-of-journalists-1773916117.

76 다음을 보라. Philip M. Napoli, *Foundations of Communications Policy: Principles and Process in the Regulation of Electronic Media* (Cresskill, NJ: Hampton Press, 2001).

77 Philip M. Napoli, "Issues in Media Management and the Public Interest," in *Handbook of Media Management and Economics*, ed. A. B. Albarran, S. C. Olmsted, and M. O. Wirth (Mahwah, NJ: Erlbaum, 2005), 275–295.

78 Mark Fowler and Daniel Brenner, "A Marketplace Approach to Broadcast Regulation," *Texas Law Review* 60 (1982): 207–257, 207.

79 미디어의 민주화에 대해 보다 유토피아적인 관점을 보여준 몇몇 연구를 소개하면 다음과 같다. Yochai Benkler, *The Wealth of Networks: How Social Production Transforms Markets and Freedom* (New Haven, CT: Yale University Press, 2006); and Clay Shirky, *Here Comes Everybody: The Power of Organizing Without Organizations* (New York: Penguin, 2008).

80 본서 저술 이전, 저자는 학문적으로 존경받고 추앙받는 연구자가 공익은 '기존 미디어에나 적용할 수 있는 용어'로 디지털미디어 거버넌스와 관련된 현재 담론에는 적실성이 떨어진다고 말하는 주장을 들었다. 본서는 이러한 주장에 대한 저자의 반론이다.

81 Manuel Puppis, "Media Governance: A New Concept for the Analysis of Media Policy and Regulation," *Communication, Culture & Critique* 2 (2010): 134–149.

82 Puppis, "Media Governance."

83 미디어 거버넌스 개념에 대한 보다 자세한 논의로는 다음을 보라. Avshalom Ginosar, "Media Governance: A Conceptual Framework or Merely a Buzzword?" *Communication Theory* 23 (2013): 356–374; Uwe Hasebrink, "The Role of the Audience Within Media Governance: The Neglected Dimension of Media Literacy, *Media Studies* 3, no. 6 (2012): 58–73; Natali Helberger, "From Eyeball to Creator—Toying with Audience Empowerment in the Audiovisual Media Services Directive, *Entertainment Law Review* 6 (2008): 128–137; Ganaele Langlois, "Participatory Culture and the New Governance of Communication: The Paradox of Participatory Media," *Television & New Media* 14 (2012): 91–105; David Nolan and Tim Marjoribanks, "'Public Editors' and Media Governance at the *Guardian* and the *New York Times*," *Journalism Practice* 5, no. 1 (2011): 3–17.

84 Lawrence Lessig, *Code: And Other Laws of Cyperspace* (New York: Basic Books, 1999), 3.

85 Napoli, "Automated Media."

1장 웹공간의 변화와 알고리즘 뉴스의 등장

1 웹1.0이라는 용어는 1990년대 웹, 즉 '읽기만 가능한(read-only)' 웹을 지칭한다. 읽기만 가능했던 이유는 웹 이용자들의 활동이 온라인에 포스팅된 웹사이트를 읽거나 하이퍼링크로 연결된 웹사이트를 방문하는 것들로 국한되었기 때문이다.

2 물론 오늘날 이와 같은 이해관계자 범주들이 상호배타적이지는 않다. 수용자는 콘텐트 공급자이기도 하며, 따라서 1장에서 소개하는 조건들에 대해서도 영향을 받는다.

3 이는 단순한 관찰일 뿐, 규범적인 진술은 아니다. 웹2.0이 웹1.0보다 본질적으로 더 낫다고 볼 수 있는 것은 아니기 때문이다. 도리어 웹2.0의 특징이 확립된 개인적·제도적 규범들과 실천양식들에 더 부합한다는 것이 여기서 밝히고자 한 내용이다.

4 미디어와 수용자 파편화에 대한 보다 자세한 논의로는 다음을 보라. Philip M. Napoli, *Audience Evolution: New Technologies and the Transformation of Media Audiences* (New York: Columbia University Press, 2011).

5 미디어의 민주화에 대한 논의로는 본서의 들어가며 부분을 참조하라.

6 1990년대 후반부터 2000년대 초반의 검색엔진 시장에는 라이코스(Lycos), 인포식크(InfoSeek), 웹크롤러(WebCrawler), 익사이트(Excite)와 같이 이제는 잊힌 경쟁자들도 있었다. 이들 경쟁자들은 구글 등장 이전에 어느 정도의 위치를 차지하고 있었다.

7 Philip Bump, "From Lycos to Ask Jeeves to Facebook: Tracking the Twenty Most Popular Web Sites Every Year Since 1996," *Washington Post*, December 15, 2014, https://www.washingtonpost.com/news/the-intersect/wp/2014/12/15/from-lycos-to-ask-jeeves-to-facebook-tracking-the-20-most-popular-web-sites-every-year-since-1996/?utm_term=.adcc41e1a7a0.

8 TV 가이드 채널은 2009년 프로그램 리스트 스크롤링 서비스를 점점 철수하였으며, 자체 제작 프로그램을 방영하는 방식으로 다각화하였다. 관련하여 다음을 보라. Michael Learmonth, "TV Guide Channel to Ditch the Scroll," *Advertising Age*, April 1, 2009, http://adage.com/article/media/tv-guide-channel-ditch-program-guide-scroll/135721/.

9 TV 채널 레퍼토리에 대한 소개로는 다음을 보라. James G. Webster and Patricia F. Phalen, *The Mass Audience: Rediscovering the Dominant Model* (Mahwah, NJ: Erlbaum, 1997).

10 다음을 보라. Philip M. Napoli. *Audience Economics: Media Institutions and the Audience Marketplace* (New York: Columbia University Press, 2003).

11 다음을 보라. Napoli, *Audience Economics*.

12 보다 자세한 논의로는 다음을 보라. Napoli, *Audience Economics*.

13 저자의 이전 저술인 《수용자진화(*Audience Evolution*)》에서는 이 용어를 수용자 관심의 '암흑물질(dark matter)'이라고 불렀다. 왜냐하면 이러한 수용자 관심은 우리가 존재한다고 알고 있지만, 현존하는 측정 시스템으로는 잡아내지 못하는 존재이기 때문이다.

14 Philip M. Napoli, Paul J. Lavrakas, and Mario Callegaro, "Internet and Mobile Audience Ratings Panels," in *Online Panel Research: A Data Quality Perspective*, ed. Mario Callegaro et al. (West Sussex, UK: Wiley, 2014), 387–407.

15 광고네트워크에 대한 보다 자세한 설명으로는 다음을 보라. Robert W. Gehl, *Reverse Engineering Social Media* (Philadelphia: Temple University Press, 2014), 103–105.

16 2020년까지 모든 디지털 광고 중 86%가량이 자동화된 채널을 통해 구매될 것으로 전망된다. 다음을 보라. Laura Fisher, "US Programmatic Ad Spending Forecast for 2018," *eMarketer*, April 5, 2018, https://www.emarketer.com/content/us-programmatic-ad-spending-forecast-2018. 광고기술기업 등장에 대한 보다 자세한 논의로는 다음을 보라. Joshua A. Braun and Jessica L. Eklund, "Fake News, Real Money: Ad Tech Platforms, Profit-Driven Hoaxes, and the Business of Journalism," *Digital Journalism* (in press).

17 보다 자세한 논의로는 다음을 보라. Napoli, *Audience Evolution*, for a more detailed discussion.

18 예를 들어 다음을 보라. Thomas H. Davenport and John C. Beck, *The Attention Economy: Understanding the New Currency of Business* (Cambridge, MA: Harvard Business Review Press, 2001); Michael H. Goldhaber, "The Attention Economy and the Net," *First Monday* 2, no. 4 (1997), http://journals.uic.edu/ojs/index.php/fm/article/view/519; Richard A. Lanham, *The Economics of Attention: Style and Substance in the Age of Information* (Chicago: University of Chicago Press, 2006).

19 예를 들어 다음을 보라. Matthew Crain, "Financial Markets and Online Advertising Demand: Reevaluating the Dotcom Investment Bubble," paper presented at the 2013 Association of Internet Researchers Conference, Denver, CO.

20 Matthew Hindman, *The Internet Trap: How the Digital Economy Builds Monopolies and Undermines Democracy* (Princeton, NJ: Princeton University Press, 2018).

21 Chris Anderson, "The Long Tail," *Wired*, October 1, 2004, https://www.wired.com/2004/10/tail/; Chris Anderson, *The Long Tail: Why the Future of Business Is Selling Less of More* (New York: Hyperion, 2006).

22 Philip M. Napoli, "Requiem for the Long Tail: Towards a Political Economy of Content Aggregation and Fragmentation," *International Journal of Media & Cultural Politics* 12, no. 3 (2016): 343–356.

23 Anderson, *The Long Tail*.

24 Napoli, "Requiem for the Long Tail."

25 예를 들어 다음을 보라. Yochai Benkler, *The Wealth of Networks: How Social Production Transforms Markets and Freedom* (New Haven, CT: Yale University Press, 2006); Rebecca MacKinnon, *Consent of the Networked: The Worldwide Struggle for Internet Freedom* (New York: Basic Books, 2013).

26 본서 서문에서 논의했던 내용을 참조하라.

27 다음을 보라. https://www.facebook.com/zuck/posts/10103739373053221.

28 Rafe Needleman, "Twitter Still Has No Business Model, and That's OK," *CNET*, May 26, 2009, https://www.cnet.com/news/twitter-still-has-no-business-model-and-thats-ok/.

29 "다른 소셜미디어들, 특히 유튜브와 페이스북과 마찬가지로, 트위터는 우선 이용자들로 수용자를 구성한 후, 그다음으로 수익수단을 구상하는 전략을 택했다." Jose Van Dijck, *The Culture of Connectivity: A Critical History of Social Media* (Oxford: Oxford University Press, 2013), 80.

30 Jacob Silverman, *Terms of Service: Social Media and the Price of Constant Connection* (New York: HarperCollins, 2015), 112.

31 Tarleton Gillespie, *Custodians of the Internet: Platforms, Content Moderation, and the Hidden Decisions That Shape Social Media* (New Haven, CT: Yale University Press, 2018).

32 Communications Decency Act of 1996, Pub. L. No. 104-104 (Tit. V), 110 Stat. 133 (Feb. 8, 1996).

33 Telecommunications Act of 1996, Pub. L. No. 104-104, 110 Stat. 56 (Feb. 8, 1996).

34 Communications Decency Act of 1996, Pub. L. No. 104-104 (Tit. V), 110 Stat. 133 (Feb. 8, 1996).

35 Communications Decency Act of 1996, Pub. L. No. 104-104 (Tit. V), 110 Stat. 133 (Feb. 8, 1996).

36 William Uricchio, "The Algorithmic Turn: Photosynth, Augmented Reality and the Changing Implications of the Image," *Visual Studies* 26, no. 1 (2011): 25-35.

37 "Facebook Newsfeed Algorithm History," *Wallaroo Media*, January 30, 2018, https://wallaroomedia.com/facebook-newsfeed-algorithm-change-history/#eight.

38 "Facebook Newsfeed Algorithm History."

39 Matt McGee, "EdgeRank Is Dead: Facebook's News Feed Algorithm Now Has Close to 100K Weight Factors," *Marketing Land*, August 16, 2013, https://marketingland.com/edgerank-is-dead-facebooks-news-feed-algorithm-now-has-close-to-100k-weight-factors-55908.

40 Kia Kokalitcheva, "Twitter's New Algorithmic Filtering Is Here and Optional," *Fortune*, February 10, 2016, http://fortune.com/2016/02/10/twitter-filtering-optional/; Will Oremus, "Twitter's New Order," *Slate*, March, 5, 2017, http://www.slate.com/articles/technology/cover_story/2017/03/twitter_s_timeline_algorithm_and_its_effect_on_us_explained.html.

41 Josh Constine, "Instagram Is Switching Its Feed from Chronological to Best Posts First," *TechCrunch*, March 15, 2016, https://techcrunch.com/2016/03/15/filteredgram/.

42 Casey Newton, "How YouTube Perfected the Feed," *Verge*, August 30, 2017, https://www.theverge.com/2017/8/30/16222850/youtube-google-brain-algorithm-video-recommendation-personalized-feed.

43 Newton, "How YouTube Perfected the Feed."

44 Matthew Ingram, "Here's What's Wrong with Algorithmic Filtering on Twitter," *Fortune*, February 8, 2016, http://fortune.com/2016/02/08/twitter-algorithm/; For an analysis of this resistance, see Michael A. DeVito, Darren Gergle, and Jeremy Birnholtz, "'Algorithms Ruin Everything,': #RIPTwitter, Folk Theories, and Resistance to Algorithmic Change in Social Media," *Proceedings of the Conference on Human Factors in Computing Systems* (New York: ACM, 2017), 3163–3174.

45 Lauren J. Young, "Five Big Questions About Instagram's Controversial Algorithm," *Inverse Innovation*, March 18, 2016, https://www.inverse.com/article/13022-5-big-questions-about-instagram-s-controversial-algorithm.

46 "See the Moments You Care About First," *Instagram*, March 15, 2016, http://blog.instagram.com/post/141107034797/160315-news; Kia Kokalitcheva, "Why Filtering in Social Media Is Becoming Inevitable," *Fortune*, March 28, 2016, http://fortune.com/2016/03/28/instagram-filtering-complaining/.

47 Victor Luckerson, "Here's Why Facebook Won't Put Your News Feed in Chronological Order," *Time*, July 9, 2015, http://time.com/3951337/facebook-chronological-order/.

48 Newton, "How YouTube Perfected the Feed." 뉴턴은 유튜브의 추천시스템 및 이 추천시스템을 개선하는 역할을 수행한 인공지능의 진화과정을 추적한 후 다음과 같이 주장하였다. "이용자들이 더 많은 시간 동안 비디오 영상을 보도록 만드는 것, 그것이 유튜브의 첫째 목적이다."
수용자 참여를 늘리기 위한 초창기 유튜브의 모습에 대한 논의로는 다음을 보라. Casey Newton, "YouTube's Effort to Get People to Watch Longer," *SF Gate*, July 28, 2011, http://www.sfgate.com/business/article/YouTube-s-effort-to-get-people-to-watch-longer-2352967.php.
수용자 참여로 인한 정치적 파장에 대한 분석으로는 다음을 보라. Wael Ghonim, "Transparency: What's Gone Wrong with Social Media and What Can We Do About It?" Shorenstein Center Working Paper, March 2018, https://shorensteincenter.org/wp-content/uploads/2018/03/Transparency-Social-Media-Wael-Ghonim.pdf?x78124.

49 Oremus, "Twitter's New Order."

50 Oremus, "Twitter's New Order."

51 Ingram, "Here's What's Wrong with Algorithmic Filtering on Twitter."

52 Stephen Luntz, "New Study Suggests We're Approaching The 'Big Crunch,'" *IFL Science*, March 24, 2015, http://www.iflscience.com/physics/big-crunch-back-possible-end-universe/.

53 Wendy Boswell, "The Top Ten Most Popular Sites of 2018," *Lifewire*, January 2, 2018, https://www.lifewire.com/most-popular-sites-3483140.

54 Napoli, *Audience Evolution*.

55 Frankie Rose, "The Fast-Forward, On-Demand, Network-Smashing Future of Television," *Wired*, October 1, 2003, https://www.wired.com/2003/10/tv-3/.

56 2000년대 초반 뉴스미디어와 대중문화 속 밈(meme)에서 잘 드러나듯, 티보(TiVo)가 언제나 정확했던 것은 아니다. "My TiVo Thinks I'm Gay." 예를 들어, 다음을 보라. Jeffrey Zaslow, "If TiVo Thinks You Are Gay, Here's How to Set It Straight," *Wall Street Journal*, November 26, 2002, https://www.wsj.com/articles/SB1038261936872356908.
또한 다음도 참조하라. Jonathan Coh, "My TiVo Thinks I'm Gay: Algorithmic Culture and Its Discontents," *Television & New Media* 17, no. 8 (2006), http://journals.sagepub.com/doi/abs/10.1177/1527476416644978.

57 예를 들어 다음을 보라. Sue Halpern, "Cambridge Analytica and the Perils of Psychographics," *New Yorker*, March 30, 2018, https://www.newyorker.com/news/news-desk/cambridge-analytica-and-the-perils-of-psychographics.

58 예를 들어 다음을 보라. Vincent Flood, "Is Facebook a Friend, Foe or Frenemy to Publishers? #NVF16," *Video Ad News*, November 2, 2016, https://videoadnews.com/2016/11/02/is-facebook-a-friend-foe-or-frenemy-to-publishers-nvf16/; Lucia Moses, "Publishers on Their Facebook Relationship: It's Complicated," *Digiday*, September 20, 2016, https://digiday.com/media/publishers-facebook-still-frenemy/; Paul Armstrong, "How Media Companies Can Fight Frenemies Facebook, Twitter, Apple and Google," *Forbes*, January 4, 2016, https://www.forbes.com/sites/paularmstrongtech/2016/01/04/how-media-companies-can-fight-frenemies-facebook-twitter-apple-and-google/#3f0c7ad44afb.

59 "Facebook Gets Strong Majority of World's Social Ad Spending," *eMarketer*, July 25, 2016, https://www.emarketer.com/Article/Facebook-Gets-Strong-Majority-of-Worlds-Social-Ad-Spending/1014252.

60 "일반적 생각과 달리 대부분의 미국 신문들은 인터넷을 채택한 시점이 늦지 않았다." 다음을 보라. H. Iris Chyi, *Trial and Error: U.S. Newspapers' Digital*

Struggles Toward Inferiority (Pamplona, Spain: University of Navarra Press, 2013), 9.
온라인 공간으로 돌진했던 뉴스에 대해 비판한 초기문헌으로는 다음을 보라. Jon Katz, "Online or Not, Newspapers Suck," *Wired*, September 1, 1994, https://www.wired.com/1994/09/news-suck/.

61 뉴스 콘텐트를 온라인에 무상으로 배포한 결정은 저널리즘의 '원죄'로 널리 알려져 있다. 관련하여 다음을 보라. John Huey, Martin Nisenholtz, Paul Sagan, and John Geddes, "Riptide: An Oral History of the Epic Collision Between Journalism and Technology, from 1980 to the Present," Shorenstein Center on Media, Politics & Public Policy, 2013, https://www.digitalriptide.org/introduction/.

62 Jack Shafer, "What If the Newspaper Industry Made a Colossal Mistake?" *Politico Magazine*, October 17, 2016, http://www.politico.com/magazine/story/2016/10/newspapers-digital-first-214363.

63 Hsiang Iris Chyi, "Reality Check: Multiplatform Newspaper Readership in the United States, 2007-2015," *Journalism Practice* 11, no. 7 (2007): 798-819.

64 이를 토대로 진행된 실증연구로는 다음을 보라. Alice Ju, Sun Ho Jeong, and Hsiang Iris Chyi, "Will Social Media Save Newspapers?" *Journalism Practice* 8, no. 1 (2014), 1-17.

65 W. Russell Neuman, *The Future of the Mass Audience* (New York: Cambridge University Press, 1991).

66 예를 들어, 다음을 보라. Kelly Liyakasa, "NBC Universal's Evolving Media Empire Hinges on a Marriage of Data and Premium Content," *Ad Exchanger*, November 3, 2014, https://adexchanger.com/digital-tv/nbcuniversals-evolving-media-empire-hinges-on-a-marriage-of-data-and-premium-content/.

67 Napoli, *Audience Economics*, 18.

68 예를 들어, 다음을 보라. Nicholas Negroponte, Being Digital (New York: Vintage, 1995). 보다 최근의 주장과 사례에 대해서는 다음을 보라. Stefan Gei., Melanie Leidecker, and Thomas Roessing "The Interplay Between Media-for-Monitoring and Media-for-Searching: How News Media Trigger Searches and Edits in *Wikipedia*," *New Media & Society* 18, no. 11 (2016), 2740-2759; James G. Webster, 2014, *The Marketplace of Attention: How Audiences Take Shape in a Digital Age* (Cambridge, MA: MIT Press).

69 Negroponte, *Being Digital*, 84.

70 Garett Sloane, "'Lean Back': Facebook Looks to Woo Viewers and Brands with TV-Like Content," *AdAge*, June 20, 2017, http://adage.com/article/digital/lean-back-facebook-viewers-comfortable/309488/.

71 "일반적으로 푸시 미디어는 어떤 형태의 정돈된 미디어 콘텐트를 제공받는 '수동적' 수용자에게서 수익을 내는 선형 전송 시스템과 관련을 맺는다. 종종 풀 미디어는 '적극적' 수용자가 자신의 취향에 맞는 무엇인가를 골라서 선택하는 비선형 미디어와 관련된다." Webster, *The Marketplace of Attention*, 67.

72 예를 들어, 다음을 보라. Gei., Leidecker, and Roessing, "The Interplay Between Mediafor-Monitoring and Media-for-Searching."

73 "Percentage of All Web Pages Served to Mobile Phones from 2009 to 2018," *Statista*, 2018, https://www.statista.com/statistics/241462/global-mobile-phone-website-traffic-share/.

74 Philip M. Napoli and Jonathan A. Obar, "The Mobile Conversion, Internet Regression, and the 'Re-Passification' of the Media Audience," in *Produsing Theory 2.0: The Intersection of Audiences and Production in a Digital World*, Volume 2, ed. Rebecca Ann Lind (New York: Peter Lang, 2015), 125–140.

75 Rob Walker, "Are Smartphones and Tablets Turning Us Into Sissies?" *Yahoo! News*, March 4, 2013, http://news.yahoo.com/are-smartphones-and-tablets-turning-us-into-sissies 175359859.html.

76 Harmeet Sawhney, "Innovation at the Edge: The Impact of Mobile Technologies on the Character of the Internet," in *Mobile Technologies: From Telecommunications to Media*, ed. Gerard Goggin and Larissa Hjorth (New York: Routledge: 2009), 105–117, 106.

77 Napoli and Obar, "The Mobile Conversion."

78 Napoli and Obar, "The Mobile Conversion."

79 개인 웹페이지가 가상공간에서의 필수품으로 여겨지던 때가 있었다는 것을 상상하기 어려울 수도 있다. 현대와 같은 링크드인(LinkedIn), 페이스북, 트위터, 인스타그램의 시대에 이런 생각은 신기해 보이며 동시에 다소 우스꽝스럽기도 하다.

80 Michael Arrington, "Facebook Users Revolt, Facebook Replies," *TechCrunch*, September 6, 2006, https://techcrunch.com/2006/09/06/facebook-users-revolt-facebook-replies/.

81 Samantha Murphy, "The Evolution of Facebook News Feed," *Mashable*, March 12, 2013, https://mashable.com/2013/03/12/facebook-news-feed-evolution/#uUdauGOgMPq5.

82 Eric Eldon, "Myspace to Introduce Web-Wide Ads, a News Feed, and Private Profiles," *VentureBeat*, November 26, 2007, https://venturebeat.com/2007/11/26/myspace-to-introduce-web-wide-ads-a-news-feed-and-split-profiles/.

83 Arrington, "Facebook Users Revolt."

84 Webster, *The Marketplace of Attention*, 67.

85 Alfred Hermida, "Twittering the News," *Journalism Practice* 4, no. 3 (2010), 297–308.

86 Brian Stelter, "Finding Political News Online, the Young Pass It On," *New York Times*, March 27, 2008, http://www.nytimes.com/2008/03/27/us/politics/27voters.html.

87 Joshua Benton, "'If the News Is That Important, It'll Find Me.' But What Determines If It's Important?" *NiemanLab*, February 20, 2014, http://www.niemanlab.org/2014/02/if-the-news-is-that-important-itll-find-me-but-what-determines-if-its-important/. 벤톤(Benton)은 다음과 같이 밝힌 바 있다. "당신에게 이렇게 말하고 싶다. 나는 그러한 비슷한 내용의 말을 내가 참석했던 학회, 심포지움, 학술모임에서 정말 말로 다 표현할 수 없을 정도로 많이 접했다." 실제로 이 말을 구글에서 검색해보면 3,700개가 넘으며, '그러한(that)'이라는 단어를 뺄 경우 구글검색 결과는 1만 2,300개가 더 나온다. 이와 관련 다음의 문헌도 참조하라. Gina Masullo Chen, "Readers Expect News to Find Them," *NiemanLab*, October 7, 2009, http://www.niemanlab.org/2009/10/readers-expect-news-to-find-them/.

88 Stelter, "Finding Political News Online."

89 Elisa Shearer and Jeffrey Gottfried, "News Use Across Social Media Platforms 2017," *Pew Research Center*, September 7, 2017, http://www.journalism.org/2017/09/07/news-use-across-social-media-platforms-2017/.

90 다음을 보라. Pablo J. Boczkowski, Eugenia Mitchelstein, and Mora Matassi, "'News Comes Across When I'm in a Moment of Leisure': Understanding the Practices of Incidental News Consumption on Social Media," *New Media & Society* 20, no. 10: 3523–3539.

91 Sonia Livingstone, "The Changing Nature of Audiences: From the Mass Audience to the Interactive Media User," in *Blackwell Companion to Media Studies*, ed. Angharad Valdivia (Oxford, UK: Blackwell, 2003), 337-359, 338.

92 다음을 보라. "AOL's Walled Garden," *Wall Street Journal*, September 4, 2000, https://www.wsj.com/articles/SB968104011203980910.

93 Ann Kellan, "AOL Time Warner Merger Could Net Consumers More and Less," *CNN*, January 11, 2001, http://www.cnn.com/2001/TECH/computing/01/11/aol.tw.merger/index.html.

94 합병 당시 타임워너는 세계에서 가장 거대한 저작권 소유 업체로, AOL 이용자에게 다양한 방식으로 독점적으로 공급될 수 있는, 온라인에서 활용되고 용도 변경 가능한 엄청난 콘텐트를 저장한 기업이었다.

95 다음을 보라. Rita Gunther McGrath, "Lessons for Entrepreneurs from the World's Worst Merger," *Inc.*, January 22, 2015, https://www.inc.com/rita-gunther-mcgrath/lessons-for-entrepreneurs-from-the-world-s-worst-merger.html.

96 이 점은 미디어와 기술영역의 출판물에서 매우 자주 등장했다. 예를 들어, 다음을 보라. "Snap Inc.: One More Walled Garden, but Endless Opportunities for Brands," *AdWeek*, November 18, 2016, http://www.adweek.com/digital/chandler-sopko-adaptly-guest-post0snap-inc-walled-garden/; Dorian Benkoil, "Advertisers, Publishers Look for Ways to Counter Facebook and Google," *Media Shift*, September 27, 2016, http://mediashift.org/2016/09/advertisers-publishers-look-ways-counter-facebook-google/; Saqib Shah, "Walled Garden: Instagram Blocking Profile Links to Snapchat and Telegram," *Digital Trends*, March 3, 2016, https://www.digitaltrends.com/photography/instagram-blocks-snapchat-telegram-links/.

97 Shalini Nagarajan, "Twitter Partners with Bloomberg for Streaming TV News: WSJ," *Reuters*, April 30, 2017, http://www.reuters.com/article/us-twitter-bloomberg/twitter-partners-with-bloomberg-for-streaming-tv-news-wsj-idUSKBN17X10P; Jonathan Chew, "Here Are the NFL Games That Will Be Streamed Live on Twitter," *Fortune*, April 15, 2016, http://fortune.com/2016/04/15/nfl-twitter-games/; Twitter later lost the streaming rights to NFL games to Amazon. Alec Nathan, "Amazon to Live-Stream NFL Thursday Night Football Games, Replacing Twitter," April 4, 2017, http://bleacherreport.com/articles/2701845-amazon-to-livestream-nfl-thursday-night-football-games-replacing-twitter.

98 Brian Stelter, "CNN and Other Media Brands Come to Snapchat," *CNN*, January 27, 2015, http://money.cnn.com/2015/01/27/media/snapchat-discover-media-deals/index.html.

99 Michael Reckhow, "Introducing Instant Articles," *Facebook Media*, https://media.fb.com/2015/05/12/instantarticles/.

100 Reckhow, "Introducing Instant Articles."

101 여러 주장들에 따르면, 〈뉴욕타임즈〉와 같은 거대 출판업자들이 재빨리 발을 빼자 출판업자들은 인스턴트아티클스 프로그램에 대해 실망했다고 한다. 다음을 보라. Lucia Moses, "Facebook Faces Increased Publisher Resistance to Instant Articles," *Digiday*, April 11, 2017, https://digiday.com/media/facebook-faces-increased-publisher-resistance-instant-articles/.

102 "Instant Articles: Frequently Asked Questions," Facebook, https://developers.facebook.com/docs/instant-articles/faq/.

103 Ansha Yu and Sami Tas, "Taking Into Account Time Spent on Stories," *Facebook Newsroom*, June 12, 2015, https://newsroom.fb.com/news/2015/06/news-feed-fyi-taking-into-account-time-spent-on-stories/.

104 Will Oremus, "Who Controls Your Facebook Feed," *Slate*, January 3, 2016, http://www.slate.com/articles/technology/cover_story/2016/01/how_facebook_s_news_feed_algorithm_works.html.

105 Yu and Tas, "Taking Into Account Time Spent on Stories."

106 예를 들어, 다음을 보라. Daeho Lee and Dong-Hee Shin, "The Effects of Network Neutrality on the Incentive to Discriminate, Invest, and Innovate: A Literature Review" *info* 18, no. 3 (2016), 42–57; Aaron Sankin, "The Six Worst Net Neutrality Violations in History," *Daily Dot*, May 21, 2015, https://www.dailydot.com/layer8/net-neutrality-violations-history/.

107 Federal Communications Commission, *Restoring Internet Freedom*, January 4, 2018, https://transition.fcc.gov/Daily_Releases/Daily_Business/2018/db0104/FCC-17-166A1.pdf.

2장 알고리즘 게이트키핑과 뉴스조직의 변화

1   예를 들어, 다음을 보라. Christopher Mims, "How Facebook's Master Algorithm Powers the Social Network," *Wall Street Journal*, October 22, 2017, https://www.wsj.com/articles/how-facebooks-master-algorithm-powers-the-social-network-1508673600.
    알고리즘의 불명확성과 이 특징이 (미디어를 포함한) 사회와 경제의 다양한 영역에 어떤 영향을 미치는지에 대한 훌륭한 분석으로는 다음을 보라. Frank Pasqual, *The Black Box Society: The Secret Algorithms That Control Money and Information* (Cambridge, MA: Harvard University Press, 2015).

2   알고리즘 기반 미디어의 블랙박스 개념에 대한 비판으로는 다음을 보라. Taina Bucher, "Neither Black Nor Box: Ways of Knowing Algorithms," ed. Sebastian Kubitschko and Anne Kaun (Cham, Switzerland: Palgrave Macmillan, 2016), 81-98.

3   이와 같은 문제점들에 대한 논의로는 다음을 보라. Nicholas Diakopoulos, "Algorithmic Accountability," *Digital Journalism* 3, no. 3 (2014): 398-415.

4   오픈소스 뉴스앱을 구성하는 코드와 알고리즘에 대한 매튜 웨버(Matthew Weber)와 알리 코스터리치(Allie Kosterich)의 최근 연구에서는 블랙박스의 불투명성을 대폭 감소시킬 수 있는 몇 가지 방법들을 소개하였다. Matthew S. Weber and Allie Kosterich, "Coding the News," *Digital Journalism* 6, no. 3 (2017): 310-329.

5   전반적인 소개로는 다음을 보라. Maxwell McCombs, *Setting the Agenda: Mass Media and Public Opinion*, 2nd ed. (Malden, MA: Polity Press, 2014).

6   예를 들어, 다음을 보라. Sharon Meraz, "Is There an Elite Hold? Traditional Media to Social Media Agenda Setting Influence in Blog Networks," *Journal of Computer-Mediated Communication* 14, no. 3 (2009): 682-707.

7   David M. White, "The 'Gate Keeper': A Case Study in the Selection of News," *Journalism Quarterly* 27 (1950): 383-390.

8   게이츠 씨 연구에 대한 보다 자세한 배경과 맥락에 대해서는 다음을 보라. Stephen Reese and Jane Ballinger, "The Roots of a Sociology of News: Remembering Mr. Gates and Social Control in the Newsroom," *Journalism & Mass Communication Quarterly* 78, no. 4 (2001): 641-654.

9   White, "The 'Gate Keeper.'"

10 White, "The 'Gate Keeper.'"

11 예를 들어, 다음을 보라. Paul Snider, "'Mr. Gates' Revisited: A 1966 Version of the 1949 Case Study," *Journalism Quarterly* 44, no. 3 (1967): 419-427; Glen Bleske, "Ms. Gates Takes Over," *Newspaper Research Journal* 12, no. 4 (1991): 88-97; Pamela Shoemaker, Martin Eicholz, Eunyi Kim, and Brenda Wrigley, "Individual and Routine Forces in Gatekeeping," *Journal & Mass Communication Quarterly* 78, no. 2 (2001): 233-246.

12 Paul M. Hirsch, "Occupational, Organizational, and Institutional Models in Mass Media Research," in *Strategies for Communication Research*, ed. Paul M. Hirsch, Peter V. Miller, and F. Gerald Kline (Thousand Oaks, CA: Sage, 1977), 13-42.

13 보다 자세한 설명으로는 다음을 보라. Pamela J. Shoemaker and Stephen D. Reese, *Mediating the Message in the Twenty-First Century: A Media Sociology Perspective* (New York: Routledge, 2014).

14 Johan Galtung and Mari Ruge, "The Structure of Foreign News: The Presentation of the Congo, Cuba and Cyprus Crises in Four Norwegian Newspapers," *Journal of International Peace Research* 1 (1965): 64-91.

15 Tony Harcup and Deirdre O'Neil, "What Is News?" *Journalism Studies* 18, no. 12 (2017): 1470-1488.

16 시민으로서의 수용자와 소비자로서의 수용자가 어떻게 다른지에 대한 보다 자세한 설명과 비판에 관심 있다면 다음을 보라. Sonia Livingstone, Peter Lunt, and Laura Miller, "Citizens, Consumers and the Citizen-Consumer: Articulating the Citizen Interest in Media and Communications Regulation," *Discourse & Communication* 1, no. 1 (2007): 63-89; Marc Raboy, Bram Dov Abramson, Serge Prouix, and Roxanne Welters, "Media Policy, Audiences, and Social Demand," *Television & News Media* 2, no. 2 (2001): 95-115; Nick Couldry, "The Productive 'Consumer' and the Dispersed 'Citizen,'" *International Journal of Cultural Studies* 7, no. 1 (2004): 21-32.

17 Jennifer Brandel, "Give the Audience What They Want or What They Need? There's an Even Better Question," *Medium*, May 25, 2016, https://medium.com/we-are-hearken/give-the-audience-what-they-want-or-what-they-need-theres-a-better-question-220a9479dc05.

18 묶음(bundling) 경제, 특히 뉴스와 같은 영역에서의 미디어 상품 묶음과 관련한 보다 구체적인 연구로는 다음을 보라. James T. Hamilton, *All the News That's Fit to Sell: How the Market Transforms Information Into News* (Princeton, NJ: Princeton University Press, 2004).

19 편집자에게 보낸 독자투고의 역사적 역할, 기능, 효과에 대한 보다 자세한 설명으로는 다음을 보라. Mike Ananny, "Networked Press Freedom and Social Media: Tracing Historical and Contemporary Forces in Press-Public Relations," *Journal of Computer-Mediated Communication* 19, no. 4 (2014): 938-956.

20 수용자의 반응을 보여주는 수용자 편지에 대한 논의로는 다음을 보라. Philip M. Napoli, *Audience Evolution: New Technologies and the Transformation of Media Audiences* (New York: Columbia University Press, 2011).

21 John H. McManus, *Market-Driven Journalism: Let the Citizen Beware?* (Thousand Oaks, CA: Sage, 1994).

22 예를 들어, 다음을 보라. Goran Bolin and Jonas Schqarz, "Heuristics of the Algorithm: Big Data, User Interpretation and Institutional Translation," *Big Data & Society* 2, no. 2 (2015): 1-12.
뉴스조직에서 수용자 분석이 어떻게 더 중요해지고 정교해지는가에 대한 논의로는 다음을 보라. Federica Cherubini and Rasmus Kleis Nielsen, "Editorial Analytics: How News Media Are Developing and Using Audience Data and Metrics," Report of the Reuters Institute for the Study of Journalism, 2016, http://www.digitalnewsreport.org/publications/2016/editorial-analytics-2016/; Franklin Foer, "When Silicon Valley Took Over Journalism," *Atlantic*, September 2017, https://www.theatlantic.com/magazine/archive/2017/09/when-silicon-valley-took-over-journalism/534195/.

23 예를 들어, 다음을 보라. Herbert Gans, *Deciding What's News* (New York: Random House, 1979). 관련 분야 연구에 대한 전반적 소개로는 다음을 보라. Napoli, *Audience Evolution*.

24 관련 사례로는 다음을 보라. Julian Wallace, "Modeling Contemporary Gatekeeping: The Rise of Individuals, Algorithms and Platforms in Digital News Dissemination," *Digital Journalism* 6, no. 3 (2018): 274-293.

25 Jane B. Singer, "User-Generated Visibility: Secondary Gatekeeping in a Shared Media Space," *New Media & Society* 16, no. 1 (2013): 55-73.

26 예를 들어, 다음을 보라. Caitlin Dewey, "Forget Click-Bait. We're Living in the World of Share-Bait Now," *Washington Post*, August 27, 2014, https://www.washingtonpost.com/news/the-intersect/wp/2014/08/27/forget-click-bait-were-living-in-the-world-of-share-bait-now/.
점점 대두되고 있는 '큐레이션된 수용자(curatorial audience)'의 중요성에 대한 법학자 M. 존 개론(Jon M. Garon)의 논의로는 다음을 보라. Jon M. Garon, "Wiki Authorship, Social Media, and the Curatorial Audience," *Harvard*

Journal of Sports & Entertainment Law 1, no. 1 (2010): 96-143.

27 Maksym Gabielkov, Arthi Ramachandran, Augustin Chaintreau, and Arnaud Legout, "Social Clicks: What and Who Gets Read on Twitter?" *ACM Sigmetrics*, June 2016, https://hal.inria.fr/hal-01281190/document.

28 예를 들어, 다음을 보라. Peter Bro and Filip Wallberg, "Gatekeeping in a Digital Era," *Journalism Practice* 9, no. 1 (2014): 92-105.

29 관련 논의로는 다음을 보라. Stefaan Verhulst, "Mediation, Mediators, and New Intermediaries: Implications for the Design of New Communications Policies," in *Media Diversity and Localism: Meaning and Metrics*, ed. Philip M. Napoli (Mahwah, NJ: Erlbaum, 2007), 113-138.

30 예를 들어 다음을 보라. Carolin Lin, "Changing Network-Affiliate Relations Amidst a Competitive Video Marketplace," *Journal of Media Economics* 7, no. 1 (1994): 1-12.

31 물론 최근 미국에서 철회한 네트워크 중립성 규제는 이러한 일반화가 더 이상 유효하지 않을 가능성을 암시한다. 그러나 통신사업자와 비슷한 인터넷 서비스 공급자에 대해 두드러지는 재정의가 제시되지는 않았다.

32 다음을 보라. Robert W. Crandall and Harold Furchtgott-Roth, *Cable TV: Regulation or Competition* (Washington, DC: Brookings Institution Press, 1996); Michael Zarkin, *The FCC and the Politics of Cable TV Regulation, 1952-1980* (Amherst, NY: Cambria Press).

33 의무재전송 규정과 정책목표에 대한 보다 자세한 논의로는 다음을 보라. Philip M. Napoli, "Retransmission Consent and Broadcaster Commitment to Localism," *CommLaw Conspectus* 20 (2012): 345-362.

34 Napoli, "Retransmission Consent."

35 2012년 FCC는 다음과 같이 밝혔다. "FCC는 오랫동안 공중파 신호에 접속하기 위해 케이블TV 구독자가 'A/B 스위치'를 사용하는 것이 케이블TV 시스템에서 공중파 신호에 접속하는 적법한 대체물이 아니라는 점을 밝혔으며, 아울러 이는 대법원도 동의한 것이다." 다음을 보라. Federal Communications Commission, "Carriage of Digital Television Signals: Amendment of Part 76 of the Commission's Rules, Fourth Further Notice of Proposed Rulemaking and Declaratory Order," February 10, 2012, http://transition.fcc.gov/Daily_Releases/Daily_Business/2012/db0210/FCC-12-18A1.doc. A/B 스위치에 대한 보다 자세한 논의로는 FCC의 의무재전송 규정에 대한 미국 대법원 판례를 참조하라. Turner Broadcasting System v. Federal Communications Commission, 520 U.S. 180 (1997).

36 예를 들어, 다음을 보라. Will Oremus, "Who Controls Your Facebook Feed," *Slate*, January 3, 2016, http://www.slate.com/articles/technology/cover_story/2016/01/how_facebook_s_news_feed_algorithm_works.single.html; Alfred Lua, "Decoding the Facebook Algorithm: A Fully Up-to-Date List of the Algorithm Factors and Changes," *Buffer Social*, October 18, 2017, https://blog.bufferapp.com/facebook-news-feed-algorithm.

37 Kelley Cotter, Janghee Cho, and Emilee Rader, "Explaining the News Feed Algorithm: An Analysis of the 'News Feed FYI'" Blog," *Proceedings of the 2017 CHI Conference* (New York: ACM, 2017), 1553–1560.

38 Cotter, Cho, and Rader, "Explaining the News Feed Algorithm."

39 Michael A. DeVito, "A Values-Based Approach to Understanding Story Selection in the Facebook News Feed," *Digital Journalism* 5, no. 6 (2017): 753–773.

40 DeVito, "A Values-Based Approach."

41 DeVito, "A Values-Based Approach."

42 Mike Ananny and Kate Crawford, "A Liminal Press: Situating News App Designers Within a Field of Networked News Production," *Digital Journalism* 3, no. 2 (2014): 192–208.

43 Ananny and Crawford, "A Liminal Press," 200.

44 Frank Michael Russell, "The New Gatekeepers," *Journalism Studies* (in press), DOI: 10.1080/1461670X.2017.1412806. 러셀에 따르면, 인터뷰 대상자들은 "알고리즘이 이용자들에게 적절한 콘텐츠를 제공하기 위해서는 이용자 정보를 세밀하게 살펴볼 필요가 있다"고 주장했지만, "실리콘밸리가 이용자 정보에 접속할 때 무엇을 고려하는지에 대해서는 모호한" 모습을 보였다고 한다. (8).

45 Russell, "The New Gatekeepers."

46 Anders Olof Larsson, "I Shared the News Today, Oh Boy," *Journalism Studies* 19, no. 1 (2016): 43–61.

47 Zeynep Tufekci, "Algorithmic Harms Beyond Facebook and Google: Emergent Challenges of Computational Agency," *Journal on Telecommunications & High Technology Law* 13 (2015): 203–217.

48 분석된 소셜미디어 플랫폼은 핀터리스트(Pinterest), 구글플러스(Google+), 딜리셔스(Delicious), 페이스북, 트위터, 스텀블-어폰(Stumble-Upon) 등이었다.

49 Mark T. Bastos, "Shares, Pins, and Tweets: News Readers from Daily Papers to Social Media," *Journalism Studies* 16, no. 3 (2015): 305-325.

50 Amy Mitchell, Elisa Shearer, Jeffery Gottfried, and Michael Barthel, "The Modern News Consumer," *Pew Research Center*, July 7, 2016, http://www.journalism.org/2016/07/07/social-engagement/.

51 Michael Nunez, "Former Facebook Workers: We Routinely Suppressed Conservative News," *Gizmodo*, May 9, 2016, https://gizmodo.com/former-facebook-workers-we-routinely-suppressed-conser-1775461006.

52 Michael Nunez, "Senate GOP launches Inquiry Into Facebook's News Curation," *Gizmodo*, May 10, 2016, https://gizmodo.com/senate-gop-launches-inquiry-into-facebook-s-news-curati-1775767018.

53 Michael Nunez, "Facebook's Fight Against Fake News Was Undercut by Fear of Conservative Backlash," *Gizmodo*, November 14, 2016, https://gizmodo.com/facebooks-fight-against-fake-news-was-undercut-by-fear-1788808204.

54 Michael Nunez, "Facebook Removes Human Curators from Trending Module," *Gizmodo*, August 26, 2016, https://gizmodo.com/facebook-removes-human-curators-from-trending-topic-mod-1785818153; Sam Thielman, "Facebook Fires Trending Team, and Algorithm Without Humans Goes Crazy," *Guardian*, August 29, 2016, https://www.theguardian.com/technology/2016/aug/29/facebook-fires-trendingtopics-team-algorithm; Olivia Solon, "In Firing Human Editors, Facebook Has Lost the Fight Against Fake News," *Guardian*, August 29, 2016, https://www.theguardian.com/technology/2016/aug/29/facebook-trending-news-editors-fake-news-stories.

55 Todd Spangler, "Mark Zuckerberg: Facebook Will Hire 3,000 Staffers to Review Violent Content, Hate Speech," *Variety*, May 3, 2017, http://variety.com/2017/digital/news/mark-zuckerberg-facebook-violent-hate-speech-hiring-1202407969/; Josh Constine, "Facebook Will Hire 1,000 and Make Ads Visible to Fight Election Interference," *TechCrunch*, October 2, 2017, https://techcrunch.com/2017/10/02/facebook-will-hire-1000-and-make-ads-visible-to-fight-election-interference/.

56 이에 대한 논의로는 다음을 보라. Shoemaker and Reese, *Mediating the Message*.

57 예를 들어, 다음을 보라. Kjerstin Thorson and Chris Wells, "Curated Flows: A Framework for Mapping Media Exposure in the Digital Age,"

Communication Theory 26, no. 3 (2016): 209-328; Stephen D. Reese and Pamela J. Shoemaker, "A Media Sociology for the Networked Public Sphere: The Hierarchy of Influences Model," *Mass Communication and Society* 19, no. 4 (2016): 389-410. 데이나 부처(Taina Bucher)는 미디어 사회학에서 흔히 사용되던 민속지학적 연구방법(ethnographic methods)에 기술을 접목시켜야 할 필요성을 강조하기 위하여 테크노그래피(*technography*)라는 용어를 새로 만들었다. Bucher, "Neither Black Nor Box."

58 Tarleton Gillespie, "Algorithmically Recognizable: Santorum's Google Problem, and Google's Santorum Problem," *Information, Communication & Society* 20, no. 1 (2016): 63-80.

59 Facebook News Feed Algorithm History, https://wallaroomedia.com/facebook-newsfeed-algorithm-history/.

60 이와 관련하여 보다 자세한 논의로는 다음을 보라. Laura Hazard Owen, "Did Facebook's Faulty Data Push News Publishers to Make Terrible Decisions on Video?" *Nieman Lab*, October 17, 2018, http://www.niemanlab.org/2018/10/did-facebooks-faulty-data-push-news-publishers-to-make-terrible-decisions-on-video/.

61 Nikki Usher, "What Impact Is SEO Having on Journalists? Reports from the Field," *Nieman Lab*, September 23, 2010, http://www.niemanlab.org/2010/09/what-impact-is-seo-having-on-journalists-reports-from-the-field/; Murray Dick, "Search Engine Optimisation in UK News Production," *Journalism Practice* 5, no. 4 (2011): 462-477.

62 예를 들어, 다음을 보라. Daniel Roth, "The Answer Factory: Demand Media and the Fast, Disposable, and Profitable as Hell Media Model," *Wired*, October 19, 2009, https://www.wired.com/2009/10/ff_demandmedia/all/1/; Usher, "What Impact Is SEO Having on Journalists?"

63 예를 들어, 다음을 보라. Dimitrios Giomelakis and Andreas Veglis, "Investigating Search Engine Optimization Factors in Media Websites," *Digital Journalism* 4, no. 3 (2016): 379-400.

64 Shan Wang, "The *New York Times* Built a Slack Bot to Help Decide Which Stories to Post to Social Media," Nieman Lab, August 15, 2015, http://www.niemanlab.org/2015/08/the-new-york-times-built-a-slack-bot-to-help-decide-which-stories-to-post-to-social-media/.

65 Wang, "The *New York Times* Built a Slack Bot." See also John Ellet, "New AI-Based Tools Are Transforming Social Media Marketing," *Forbes*, July 27, 2017, https://www.forbes.com/sites/johnellett/2017/07/27/new-ai-

based-tools-are-transforming-social-media-marketing/#459b0c8169a2.

66 Wang, "The *New York Times* Built a Slack Bot."

67 Wang, "The *New York Times* Built a Slack Bot."

68 Ahmed Al-Rawi, "A Comparative Study of Twitter News," *Journalism Practice* 11, no. 6 (2017): 705-720; Ahmed Al-Rawi, "News Values on Social Media: News Organizations' Facebook Use," *Journalism* 18, no. 7 (2016): 871-889. 그러나 이 연구는 4개의 아랍언어권 TV 방송국들의 소셜미디어 활동을 분석했다는 점에서, 연구 범위가 상당히 제한적이라는 점에 유념해야 한다.

69 Peter Andringa, David Duquette, Deborah L. Dwyer, Philip M. Napoli, and Petra Ronald, "How Is Social Media Gatekeeping Different? A Multi-Platform Comparative Analysis of the *New York Times*," paper presented at the 2018 meeting of the Association of Internet Researchers, Montreal.

70 예를 들어, 다음을 보라. Rasmus Kleis Nielsen and Sarah Anne Ganter, "Dealing with Digital Intermediaries: A Case Study of the Relations Between Publishers and Platforms," *New Media & Society* 20, no. 4 (2018): 1600-1617.
또한 다음을 보라. Robyn Caplan and danah boyd, "Isomorphism through Algorithms: Institutional Dependencies in the Case of Facebook," *Big Data & Society* 5, no. 1 (2018): 1-12.

71 미디어 비평가인 제이콥 실버만은 온라인 뉴스사이트인 버즈피드(BuzzFeed)와 관련하여 다음과 같이 주장한 바 있다. "다른 디지털미디어 조직들과 마찬가지로 버즈피드도 홈페이지는 더 이상 큰 의미가 없다고 생각한다. 왜냐하면 BuzzFeed.com이라는 홈페이지는 그저 여러 기사들을 모아둔 링크일 뿐이며, 기사의 상대적 중요성을 보여주지 않기 때문이다." Jacob Silverman, *Terms of Service: Social Media and the Price of Constant Connection* (New York: HarperCollins, 2015), 117.

72 보다 자세한 논의로는 다음을 보라. Silverman, *Terms of Service*.

73 Silverman, *Terms of Service*; Jonathan Taplin, *Move Fast and Break Things: How Facebook, Google, and Amazon Cornered Culture and Undermined Democracy* (New York: Little, Brown, 2017).

74 심지어 어떤 사람들은 현재의 뉴스미디어가 페이스북이나 구글과 같은 플랫폼 기업에 의존하는 것으로 인해 이들 플랫폼 기업에 대한 뉴스미디어의 보도에 영향을 미치게 될 것이라고 주장하기도 한다. 이 현상에 대해 이프랏 네츄스타이

(Efrat Nechushtai)는 '인프라의 덫(infrastructural capture)'이라는 이름을 붙인 바 있다. Efrat Nechushtai, "Could Digital Platforms Capture the Media Through Infrastructure?" *Journalism* 19, no. 8 (2018): 1043-1058.

75 Adam Mosseri, "Building a Better News Feed for You," *Facebook Newsroom*, June 29, 2016, https://newsroom.fb.com/news/2016/06/building-a-better-news-feed-for-you/.

76 Varun Kacholia and Minwen Ji, "News Feed FYI: Helping You Find More News to Talk About," *Facebook Newsroom*, December 2, 2013, https://newsroom.fb.com/news/2013/12/news-feed-fyi-helping-you-find-more-news-to-talk-about/.

77 Jayson DeMers, "Has Facebook's Latest Algorithm Change Finally Doomed Publishers and Marketers for Good?" *Forbes*, July 6, 2016, https://www.forbes.com/sites/jaysondemers/2016/07/06/has-facebooks-latest-algorithm-change-finally-doomed-publishers-and-marketers-for-good/#6fae78466847.

78 Mark Zuckerberg, *Facebook*, January 11, 2018, https://www.facebook.com/zuck/posts/10104413015393571?pnref=story.

79 Zuckerberg, *Facebook*.

80 예를 들어, 다음을 보라. Andrew Gruen, "Yes, Facebook Referral Traffic Crashed and Burned, but Not for These Nonprofit Publishers," *Nieman Lab*, October 26, 2018, http://www.niemanlab.org/2018/10/yes-facebook-referral-traffic-crashed-and-burned-but-not-for-these-nonprofit-publishers/; Lucia Moses, "As Promised, Facebook Traffic to News Publishers Declines Again, Post News-Feed Change," *Digiday*, February 19, 2018, https://digiday.com/media/promised-facebook-traffic-news-publishers-declines-post-news-free-change/.

81 Will Oremus, "The Great Facebook Crash," *Slate*, June 27, 2018, https://slate.com/technology/2018/06/facebooks-retreat-from-the-news-has-painful-for-publishers-including-slate.html.

82 예를 들어, 다음을 보라. Nathan Robinson, "I Run a Small, Independent Magazine. I Worry Facebook Will Kill Us Off," *Guardian*, January 21, 2018, https://www.theguardian.com/commentisfree/2018/jan/21/small-independent-magazine-facebook; Alyssa Newcomb and Clair Atkinson, "Facebook's News Feed Changes Are Latest Blow to Publishers, Brands," *Euronews*, January 12, 2018, http://www.euronews.com/2018/01/12/facebook-s-news-feed-changes-are-latest-blow-publishers-brands-n837196.

83 예를 들어, 다음을 보라. Roy Greenslade, "Why Facebook Is Public Enemy Number One for Newspapers, and Journalism," *Guardian*, September 20, 2016, https://www.theguardian.com/media/greenslade/2016/sep/20/why-facebook-is-public-enemy-number-one-for-newspapers-and-journalism.

84 Shan Wang, Christine Schmidt, and Laura H. Owen, "Publishers Claim They're Taking Facebook's News Feed Changes in Stride. Is the 'Bloodletting' Still to Come?" *Nieman Lab*, January 19, 2018, http://www.niemanlab.org/2018/01/publishers-claim-theyre-taking-facebooks-news-feed-changes-in-stride-is-the-bloodletting-still-to-come/.

85 Wang, Christine, and Owen, "Publishers Claim They're Taking Facebook's News Feed Changes in Stride." For an elaboration of this perspective, see Joshua Topolsky, "Facebook Killing News Is the Best Thing That Ever Happened to News," *Future*, https://theoutline.com/post/2936/facebook-news-feed-changes-are-actually-good-for-news?zd=1.

86 Nicholas Negroponte, *Being Digital* (New York: Knopf, 1995).

87 Eugene Kim, "Mark Zuckerberg Wants to Build the 'Perfect Personalized Newspaper' for Every Person in the World," *Business Insider*, November 6, 2014, http://www.businessinsider.com/mark-zuckerberg-wants-to-build-a-perfect-personalized-newspaper-2014-11.

88 미디어 진화과정과 모방전략에 대한 논의로는 다음을 보라. Carlos A. Scolari, "Media Evolution: Emergence, Dominance, Survival, and Extinction in the Media Ecology," *International Journal of Communication* 7 (2013): 1418-1441.

89 Alexander Spangher, "Building the Next *New York Times* Recommendation Engine," *New York Times*, August 11, 2015, https://open.blogs.nytimes.com/2015/08/11/building-the-next-new-york-times-recommendation-engine/.

90 Spangher, "Building the Next *New York Times* Recommendation Engine."

91 협업 토픽모델링에 대한 보다 자세한 소개로는 다음을 보라. Chong Wang and David M. Blei, "Collaborative Topic Modeling for Recommending Scientific Articles," *Proceedings of the Seventeenth ACM SIGKDD International Conference on Knowledge Discovery and Data Mining* (New York: ACM, 2011), 448-456.

92 Spangher, "Building the Next *New York Times* Recommendation Engine."

93 Liz Spayd, "A 'Community' of One: The *Times* Gets Tailored," *New York Times*, March 18, 2017, https://www.nytimes.com/2017/03/18/public-editor/a-community-of-one-the-times-gets-tailored.html.

94 Ricardo Bilton, "All the News That's Fit for You: The *New York Times* Is Experimenting with Personalization to Find New Ways to Expose Readers to Stories," *Nieman Lab*, September 28, 2017, http://www.niemanlab.org/2017/09/all-the-news-thats-fit-for-you-the-new-york-times-is-experimenting-with-personalization-to-find-new-ways-to-expose-readers-to-stories/.

95 Bilton, "All the News That's Fit for You."

96 "Answering Your Questions About Our New Home Page," *New York Times*, October 1, 2018, https://www.nytimes.com/2018/10/01/reader-center/home-page-redesign.html.

97 Laura Hazard Owen, "With 'My WSJ,' the *Wall Street Journal* Makes a Personalized Content Feed Central to Its App," *Nieman Lab*, December 11, 2017, http://www.niemanlab.org/2017/12/with-my-wsj-the-wall-street-journal-makes-a-personalized-content-feed-central-to-its-app/.

98 Ricardo Bilton, "The *Washington Post* Tests Personalized 'Pop-Up' Newsletters to Promote Its Big Stories," *Nieman Lab*, May 12, 2016, http://www.niemanlab.org/2016/05/the-washington-post-tests-personalized-pop-up-newsletters-to-promote-its-big-stories/.

99 Serla Rusli, "How *Washington Post's* Data-Driven Product Development Engages Audiences," Reuters, n.d., https://agency.reuters.com/en/insights/articles/articles-archive/how-washington-post-data-driven-product-development-engages-audiences.html.

100 Ryan Graff, "How the *Washington Post* Used Data and Natural Language Processing to Get People to Read More News," *Knight Lab*, June 3, 2015, https://knightlab.northwestern.edu/2015/06/03/how-the-washington-posts-clavis-tool-helps-to-make-news-personal/.

101 Bilton, "The *Washington Post* Tests Personalized 'Pop-Up' Newsletters."

102 Owen, "With 'My WSJ.'"

103 Shannon Liao, "BBC Will Use Machine Learning to Cater to What Audiences Want to Watch," *Verge*, October 19, 2017, https://www.theverge.com/2017/10/19/16503658/bbc-data-analytics-machine-learning-curation-tv.

104 예를 들어, 다음을 보라. Charles Buzz, "Tronc Is the Absorption of Digital Media Into Legacy Media," *Motherboard*, June 24, 2016, https://motherboard.vice.com/en_us/article/bmv7y3/tronc-is-the-absorption-of-digital-media-into-legacy-media.

105 어쩌면 당연한 것이겠지만, 더 이상 온라인에서 이 영상을 찾을 수 없다. 트롱크에서 다시 트리뷴으로 되돌아가게 된 보다 자세한 배경에 대해서는 다음을 보라. Nick Statt, "tronc to Change Name Back to Tribune Publishing after Years of Ridicule," *The Verge*, June 18, 2018, https://www.theverge.com/2018/6/18/17476412/tronc-tribune-publishing-name-change-la-times-sale.

106 일부 내용을 다음에서 찾아볼 수 있다. "Journalism: Last Week Tonight with John Oliver," *HBO*, August 7, 2016, https://www.youtube.com/watch?v=bq2_wSsDwkQ.

107 최초 언론보도 자료로는 다음을 참조하라. Kimbre Neidhart, "Tribune Publishing Announces Corporate Rebranding, Changes Name to tronc," *Tribune Publishing News Release*, June 2, 2016, http://investor.tronc.com/phoenix.zhtml?c=254385&p=irol-newsArticle&ID=2174771.

108 Erik Wemple, "Tribune Publishing, Now 'tronc,' Issues Worst Press Release in the History of Journalism," *Washington Post*, June 2, 2016, https://www.washingtonpost.com/blogs/erik-wemple/wp/2016/06/02/tribune-co-now-tronc-issues-worst-press-release-in-the-history-of-journalism/?utm_term=.98d8eea98b4c.

109 Kimbre Neidhart, "Tronc Begins Trading on Nasdaq, Joins Leading Tech Firms," *Tribune Publishing News Release*, June 20, 2016, http://investor.tronc.com/phoenix.zhtml?c=254385&p=irol-newsArticle&ID=2178684.

110 https://www.linkedin.com/jobs/view/data-scientist-machine-learning-at-the-new-york-times-1073768014/

111 대부분의 소규모 지역 뉴스조직의 경우, 대규모의 데이터와 알고리즘 기반 의사결정 시스템 없이 운영되고 있다는 점에 주목해야 한다. 왜냐하면 이들은 그러한 데이터와 시스템을 유지할 수 있는 자원이 없기 때문이다. 뉴스미디어 조직의 데이터 분석 활용에 대한 체류비니(Cherubini)와 닐슨(Nielsen)의 연구에 따르면 "대부분의 뉴스조직들은 데이터 분석에 대해 매우 기초

적인 분석만을 할 수 있을 뿐이다. 이러한 경향들은 지역 신문들과 몇몇 공영방송(public service broadcasters)에서 특히 더 두드러진다." Federica Cherubini and Rasmus Kleis Nielsen, "Editorial Analytics: How News Media Are Developing and Using Audience Data and Metrics," Report of the Reuters Institute for the Study of Journalism, 2016, http://www.digitalnewsreport.org/publications/2016/editorial-analytics-2016/. 이들의 분석결과는 소규모 뉴스조직과 대규모 뉴스조직 사이에 일종의 디지털격차(digital divide)가 나타나고 있음을 보여준다.

112 Greg Satell, "Tronc's Data Delusion," *Harvard Business Review*, June 23, 2016, https://hbr.org/2016/06/troncs-data-delusion.

113 예를 들어, 다음을 보라. Franklin Foer, "When Silicon Valley Took Over Journalism," *Atlantic*, September 2017, https://www.theatlantic.com/magazine/archive/2017/09/when-silicon-valley-took-over-journalism/534195/.

114 John West, "Humans Are Losing the Battle Against Kardashian-Loving Algorithms for the Soul of New Media," *Quartz*, April 19, 2016, https://qz.com/664591/humans-are-losing-the-battle-against-kardashian-loving-algorithms-for-the-soul-of-new-media/.

115 본질적으로 빅데이터와 알고리즘 기반 수용자 분석의 통합은 저자의 이전 저술에서 논의했던 수용자 이해의 합리화 장기 과정의 최신 단계를 나타낸다. 수용자 이해의 합리화에 대해서는 다음을 보라. Napoli, *Audience Evolution*.

116 Paul F. Lazarsfeld, Bernard Berelson, and Hazel Gaudet, *The People's Choice: How the Voter Makes Up His Mind in a Presidential Campaign* (New York: Duell Sloan and Pearce, 1944).

117 Elihu Katz and Paul F. Lazarsfeld, *Personal Influence: The Part Played by People in the Flow of Mass Communications* (New York: Free Press, 1955).

118 이와 관련하여 뉴스의 2단계 흐름이 1단계 흐름으로 변하고 있다고 주장한 중요한 초창기 연구로는 다음을 보라. W. Lance Bennett and Jarol B. Manheim, "The One-Step Flow of Communication," *Annals of the American Academy of Political and Social Science* 608, no. 1 (2006): 213-232.

119 이와 관련하여 다음을 보라. Joseph N. Cappella, "Vectors Into the Future of Mass and Interpersonal Communication Research: Big Data, Social Media, and Computational Social Science," *Human Communication Research* 43, no. 4 (2017): 545-558.

120 예를 들어, 다음을 보라. Sherry Turkle, *Alone Together: Why We Expect More from Technology and Less from Each Other* (New York: Basic Books, 2011).

121 예를 들어, 다음을 보라. Nicholas M. Anspach, "The New Personal Influence: How Our Facebook Friends Influence the News We Read," *Political Communication* 34 (2017): 590-606; Klus Bruhn Jensen, "Three-Step Flow," *Journalism* 10, no. 3 (2009): 335-337; Gilad Lotan, Erhardt Graeff, Mike Ananny, Devin Gaffney, Ian Pearce, and Danah Boyd, "The Revolutions Were Tweeted: Information Flows During the 2011 Tunisian and Egyptian Revolutions," *International Journal of Communication* 5 (2011): 1375-1405; Shaomei Wu, Jake M. Hofman, Winter A. Mason, and Duncan J. Watts, "Who Says What to Whom on Twitter," *Proceedings of the Twentieth International Conference on World Wide Web Pages* (New York: ACM, 2011), 704-719.

122 소셜미디어에서 나타나는 의견지도력에 대한 분석으로는 다음을 보라. Annika Bergstrom and Maria Jervelycke Belfrage, "News in Social Media," *Digital Journalism* 6, no. 5 (2018): 583-598; Jason Turcotte, Chance York, Jacob Irving, Rosanne Scholl, and Raymond Pingree, "News Recommendations from Social Media Opinion Leaders: Effects on Media Trust and Information Seeking," *Journal of Computer-Mediated Communication* 20, no. 5 (2015): 520-535; Matthew C. Nisbet and John E. Kotcher, "A Two-Step Flow of Influence?" *Science Communication* 30, no. 3 (2009): 328-354.

123 Josh Schwartz, "What Happens When Facebooks Goes Down? People Read the News," *Nieman Lab*, October 22, 2018, http://www.niemanlab.org/2018/10/what-happens-when-facebook-goes-down-people-read-the-news/.

124 Elisa Shearer and Katarina Eva Matsa, "News Use Across Social Media Platforms 2018," *Pew Research Center*, September 2018, http://www.journalism.org/2018/09/10/news-use-across-social-media-platforms-2018/.

125 Nic Newman with Richard Fletcher, Antonis Kalogeropoulos, David A. L. Levy, and Rasmus Kleis Nielsen, *Reuters Institute Digital News Report 2018*, http://media.digitalnewsreport.org/wp-content/uploads/2018/06/digital-news-report-2018.pdf?x89475.

3장 미헌법 수정조항 1조, 가짜뉴스, 필터버블

1 다음을 보라. Philip M. Napoli, *Foundations of Communications Policy: Principles and Process in the Regulation of Electronic Media* (Cresskill, NJ: Hampton Press, 2001).

2 예를 들어, 다음을 보라. Lee Bollinger, *Images of a Free Press* (Chicago: University of Chicago Press, 1991).

3 예를 들어, 다음을 보라. Mostafa M. El-Bermawy, "Your Filter Bubble Is Destroying Democracy," *Wired*, November 18, 2016, https://www.wired.com/2016/11/filter-bubble-destroying-democracy; Olivia Solon, "Facebook's Failure: Did Fake News and Polarized Politics Get Trump Elected?" *Guardian*, November 10, 2016, https://www.theguardian.com/technology/2016/nov/10/facebook-fake-news-election-conspiracy-theories; Jen Weedon, William Nuland, and Alex Stamos, "Information Operations and Facebook," Facebook, April 27, 2017, https://fbnewsroomus.files.wordpress.com/2017/04/facebook-and-information-operations-v1.pdf; Alice Marwick and Rebecca Lewis, "Media Manipulation and Disinformation Online," *Data & Society*, May 2017, https://datasociety.net/pubs/oh/DataAndSociety_MediaManipulationAndDisinformationOnline.pdf.

4 다음을 보라. Clive Thompson, "Social Networks Must Face Up to Their Political Impact," *Wired*, January 5, 2017, https://www.wired.com/2017/01/social-networks-must-face-political-impact/; Alex Kantrowitz, "How the 2016 Election Blew Up in Facebook's Face," *BuzzFeed*, November 21, 2016, https://www.buzzfeed.com/alexkantrowitz/2016-election-blew-up-in-facebooks-face; Nathaniel Persily, "Can Democracy Survive the Internet?" *Journal of Democracy* 28, no. 2 (2017): 63–76; Joshua A. Tucker, Yannis Theocharis, Margaret E. Roerts, and Pablo Barbera, "From Liberation to Turmoil: Social Media and Democracy," *Journal of Democracy* 28, no. 4 (2017): 46–59.

5 예를 들어, 다음을 보라. European Commission, *A Multi-Dimensional Approach to Disinformation: Report of the Independent High Level Group on Fake News and Online Disinformation* (Luxembourg: Publications Office of the European Union, 2018); House of Commons Digital, Culture, Media and Sport Committee, *Disinformation and "Fake News": Final Report* (February 14, 2019), https://publications.parliament.uk/pa/cm201719/cmselect/cmcumeds/1791/1791.pdf.

6 Katrina Hennhold, "Germany Acts to Tame Facebook, Learning from Its

Own History of Hate," *New York Times*, March 19, 2018, https://www.nytimes.com/2018/05/19/technology/facebook-deletion-center-germany.html.

7   예를 들어, 다음을 보라. *Putin's Asymmetric Assault on Democracy in Russia and Europe: Implications for U.S. National Security*, Minority Staff Report Prepared for the Use of the Committee on Foreign Relations, U.S. Senate (Washington, DC: U.S. Government Printing Office, January 10, 2018); United States House of Representatives, Judiciary Committee, Hearing on Filtering Practices of Social Media, April 26, 2018, https://docs.house.gov/Committee/Calendar/ByEvent.aspx?EventID=108231; United States Senate, Select Committee on Intelligence, Hearing on Social Media Influence in the 2016 Elections, November 1, 2017, https://www.intelligence.senate.gov/hearings/open-hearing-social-media-influence-2016-us-elections; United States Senate, Committee on the Judiciary, Hearing on Cambridge Analytica and the Future of Data Privacy, May 16, 2018, https://www.judiciary.senate.gov/meetings/cambridge-analytica-and-the-future-of-data-privacy.

8   반론원칙에 대한 전반적인 소개 문헌으로는 다음을 보라. David A. Locke, "Counterspeech as an Alternative to Prohibition: Proposed Federal Regulation of Tobacco Promotion in American Motorsport," *Indiana Law Review* 70 (1994): 217-253; Robert D. Richards and Clay Calvert, "Counterspeech 2000: A New Look at the Old Remedy for 'Bad' Speech," *BYU Law Review* 2000 (2000): 553-586.

9   274 U.S. 327 (1927).

10 "바람직한 최종적 선(善)은 사상의 자유로운 교환을 통해 다다를 수 있다. 진리에 대한 최선의 검증방법은 시장에서의 경쟁을 통해 그것 자체가 받아들여지는 것이며, 진리는 사상들의 염원이 안전하게 실천되는 유일한 근거다. 어떤 경우든 이것이 바로 우리 헌법의 이론이다(The ultimate good desired is better reached by free trade in ideas—that the best test of truth is the power of the thought to get itself accepted in the competition of the market, and that truth is the only ground upon which their wishes safely can be carried out. That, at any rate, is the theory of our Constitution)." Abrams v. United States, 250 U.S. 616, 630 (1919) (Holmes, J., dissenting). See also Alvin I. Goldman and James C. Cox, "Speech, Truth, and the Free Market for Ideas," *Legal Theory* 2 (1996): 1-32; Ronald Coase, "The Market for Goods and the Market for Ideas," *American Economic Review* 63 (1974): 384-391.

11 "물론 반자동 총기기술은 건국의 아버지들 시기에 어떤 의미로든 존재하지 않았다. 건국의 아버지들이 수정조항 2조를 작성했을 당시 마음속으로 생각했던

것은 매우 다른 것이었다. 당시의 전형적 총기들은 머스킷과 플린트락 피스톨이었다. 이런 총기들은 한 번에 한 번씩 장전해야 했고, 숙달된 사수라도 1분 동안 3발 혹은 4발 정도를 발사할 수 있을 뿐이었다. 또한 누가 쏴도 특별하게 명중률이 높지도 않았다." Christopher Ingraham, "What 'Arms' Looked Like When the Second Amendment Was Written," *Washington Post*, June 13, 2016, https://www.washingtonpost.com/news/wonk/wp/2016/06/13/the-men-who-wrote-the-2nd-amendment-would-never-recognize-an-ar-15/?utm_term=.d1aae1c1f927.

12 결국 소셜미디어 플랫폼은 미국 헌법의 초안자(framers)가 상상하지 못했던 방식으로 운영된다는 점에서 AR-15s(역주: 콜트사에서 생산하는 공격용 소총으로 총기난사 사건에서 종종 사용되기도 한다)와 같은 커뮤니케이션 기술에 가깝다.

13 274 U.S. 357 (1927) (Brandeis, J., concurring).

14 274 U.S. 357 (1927) (Brandeis, J., concurring), 377.

15 다음을 보라. Daniel E. Ho and Frederick Schauer, "Testing the Marketplace of Ideas," *NYU Law Review* 90 (2015): 1160-1228.

16 이에 대한 전반적 논의로는 다음을 보라. Napoli, *Foundations of Communications Policy*.

17 예를 들어, 다음을 보라. Darren Bush, "'The Marketplace of Ideas': Is Judge Posner Chasing Don Quixote's Windmills?" *Arizona State Law Journal* 32 (2000): 1107-1147; Stanley Ingber, "The Marketplace of Ideas: A Legitimizing Myth," *Duke Law Journal* 1984 (1984): 1-91.

18 Abrams v. United States, 250 U.S. 616, 630 (Holmes, J., dissenting). 사상의 시장 은유에 대한 보다 자세한 논의는 4장에서 제시할 예정이다.

19 이에 대한 전반적 논의로는 다음을 보라. Alexander Meiklejohn, *Political Freedom: The Constitutional Powers of the People* (New York: Harper, 1960); Cass Sunstein, *Democracy and the Problem of Free Speech* (New York: Free Press, 1995).

20 James Surowiecki, *The Wisdom of Crowds* (New York: Anchor Books, 2004).

21 Yochai Benkler, *The Wealth of Networks: How Social Production Transforms Markets and Freedom* (New Haven, CT: Yale University Press, 2006).

22 "진리에 대한 최선의 검증방법은 시장에서의 경쟁을 통해 그것 자체가 받아들여지는 것이다(The best test of truth is the power of the thought to get itself

accepted in the competition of the market)." Abrams v. United States, 250 U.S. 616, 630 (1919) (Holmes, J., dissenting).

23 "여러 가정 중 첫 번째 가정[수정조항 1조 관련 법학의 '합리적 수용자(rational audience)' 가정]은 수용자가 핵심 언론의 진리, 품질, 신뢰성 등을 합리적으로 평가할 수 있다는 것이다." Lyrissa Barnett Lidsky, "Nobody's Fools: The Rational Audience as First Amendment Ideal," *University of Illinois Law Review* 2010 (2010): 799–850, 801.

24 "따라서, 만약 소비자가 다른 상품 혹은 상품의 다른 측면과 비교하여 진리를 특별하게 강하게 선호하지 않는다면, 경쟁시장에서 제공되고 '교환되는(traded)' 지적 상품들 묶음이 최고의 진리를 담은 콘텐트라고 기대할 이유가 없다. 만약 사람들이 허위의 가치를 높게 평가한다면, 완전경쟁 시장은 파레토 최적을 달성하는 방식으로 허위를 제공해줄 것이다." Goldman and Cox, "Speech, Truth, and the Free Market for Ideas," 18.

25 다음을 보라. McConnell v. FEC, 540 U.S. 93, 258–259 (2003) (스캘리아는 일부에 대해 동의하고, 일부에 대해서는 반대하였다).

26 예를 들어, 다음을 보라. Bush, "'The Marketplace of Ideas'"; Ingber, "The Marketplace of Ideas."

27 Jared Schroeder, "Toward a Discursive Marketplace of Ideas: Reimagining the Marketplace Metaphor in the Era of Social Media, Fake News, and Artificial Intelligence," *First Amendment Studies* 52, no. 1/2 (2018): 38–60.

28 이에 대한 논의로는 다음을 보라. Richards and Calvert, "Counterspeech 2000."

29 공정성원칙과 반론원칙과의 연관성에 대한 보다 자세한 논의로는 다음을 보라. Adam Welle, "Campaign Counterspeech: A New Strategy to Control Sham Issue Advocacy in the Wake of FEC v. Wisconsin Right to Life," *Wisconsin Law Review* 2008 (2008): 795–839.

30 다음을 보라. Report on Editorializing by Broadcast Licensees, 13 F.C.C. 1246 (1949).

31 다음을 보라. In re Complaint of Syracuse Peace Council, 2 F.C.C.R 5043, 5047 (1987).

32 예를 들어, 다음을 보라. William E. Porter, *Assault on the Media: The Nixon Years* (Ann Arbor: University of Michigan Press, 1976).

33 관련 규제와 법원 판결을 전반적으로 소개한 문헌으로 다음을 보라. Rickert v. State Pub. Disclosure Commission, 168 P.3d 826, 827 nn. 2–3 (Wash. 2007).

34 이 이유에는 "정치적 논란에서 정부는 무엇이 진실이고 허위인지를 결정할 권리를 갖는다(the State possesses an independent right to determine truth and falsity in political debate)"(827)는 관점을 거부한 법원 판결의 관점과 해당 법규가 언론의 명예훼손 의도에 대한 증거를 요구하지 않는다는 사실(828-829)이 포함된다. Rickert v. State Pub. Disclosure Commission, 168 P.3d 826 (Wash. 2007).

35 Rickert v. State Pub. Disclosure Commission, 168 P.3d 826, 830-831 (Wash. 2007).

36 Rickert v. State Pub. Disclosure Commission, 168 P.3d 826, 831 (Wash. 2007).

37 Rickert v. State Pub. Disclosure Commission, 168 P.3d 826, 855 (Wash. 2007).

38 Rickert v. State Pub. Disclosure Commission, 168 P.3d 826, 855-856 (Wash. 2007).

39 418 U.S. 323, 340-341 (1973).

40 다음을 보라. Frederick Schauer, "Facts and the First Amendment," *UCLA Law Review* 57 (2009-2010): 897-919, 912-914.

41 다음을 보라. Potter Stewart, "Or of the Press," *Hastings Law Journal* 26 (1974-1975): 631-637.

42 역사적 변천 과정에 대해서는 다음을 보라. Anthony Lewis, *Make No Law: The Sullivan Case and the First Amendment* (New York: Vintage Books, 1991).

43 Hustler Magazine, Inc. v. Falwell, 485 U.S. 46, 52 (1988).

44 New York Times Co. v. Sullivan, 376 U.S. 254, 270 (1964).

45 다음을 보라. Schauer, "Facts and the First Amendment," 897. 홀로코스트 학살을 부인하는 사람에 대해 수정조항 1조가 보호해야 하는지에 대한 논의로는 다음을 보라. Jonathan D. Varatt, "Deception and the First Amendment: A Central, Complex, and Somewhat Curious Relationship," *UCLA Law Review* 53 (2006): 1107-1141.

46 New York Times Co. v. Sullivan, 376 U.S. 254, 271 (1964).

47 New York Times Co. v. Sullivan, 376 U.S. 254, 272 (1964).

48 다음을 보라. Jamie Bartlett and Alex Krasodomski-Jones, "Counter-Speech on Facebook," Demos, September 2016, https://www.demos.co.uk/wp-content/uploads/2016/09/Counter-speech-on-facebook-report.pdf; Jamie Bartlett and Alex Krasodomski-Jones, "Counter-Speech: Examining Content That Challenges Extremism Online," Demos, October 2015, https://www.demos.co.uk/wp-content/uploads/2015/10/Counter-speech.pdf. 이 연구들은 페이스북에서의 반론이 얼마나 퍼져 있는지를 살펴보았으나, 페이스북에서의 반론의 효과가 어떠한지에 대해서는 살펴보지 않았다는 점에 주목할 필요가 있다.

49 Online Civil Courage Initiative, Facebook, https://www.facebook.com/pg/OnlineCivilCourage/about/.

50 Online Civil Courage Initiative.

51 @TweeSurfing, "Counter Speech on Social Media: The New Age Activism," Twitter, December 2, 2016, https://twitter.com/i/moments/804541593340366848. 트위터의 부회장은 공공정책, 정부, 박애정신과 관련하여 다음과 같은 말을 남겼다. "개방과 실시간 소통이라는 트위터의 특징은 **모든 종류의 허위정보 확산에 대한 강력한 해독제입니다**(powerful antidote to the spreading of all types of false information). 이 점이 중요한 이유는 우리는 모든 사람에게서 얻은 개별 트윗이 사실인지 아닌지 구분할 수 없기 때문입니다. 사기업으로서 우리는 진리의 재판관(arbiter)이 되어서는 안 됩니다. 저널리스트, 전문가, 참여시민들이 서로서로 공공의 담론을 초단위로 수정하고 비판하는 트윗을 날립니다. **이러한 생생한 상호작용이 매일매일 트위터에서 벌어지고 있습니다**(These vital interactions happen on Twitter every day). [강조표시는 원문의 것임]" Colin Crowell, "Our Approach to Bots and Misinformation," June 14, 2017, https://blog.twitter.com/official/en_us/topics/company/2017/Our-Approach-Bots-Misinformation.html.
트위터 공간에서 반론이 얼마나 존재하는지(하지만 효과성은 아님)에 대해서는 다음을 보라. Susan Benesch, Derek Ruths, Kelly P. Dillon, Haji Mohammad Saleem, and Lucas Wright, "Counterspeech on Twitter: A Field Study," Report for Public Safety Canada, 2016, https://dangerousspeech.org/counterspeech-on-twitter-a-field-study/.

52 Richard Salgado, Testimony Before the Senate Judiciary Subcommittee on Crime and Terrorism, Hearing on Extremist Content and Russian Information Online: Working with Tech to Find Solutions, November 1, 2017, 6, https://www.judiciary.senate.gov/imo/media/doc/10-31-17%20Salgado%20Testimony.pdf.

53 Salgado, Testimony.

54 예를 들어, 다음을 보라. R. Kelly Garrett and Natalie Jomini Stroud, "Partisan Paths to Exposure Diversity: Differences in Pro- and Counterattitudinal News Consumption," *Journal of Communication* 64 (2014): 680-701; Michael A. Beam, "Automating the News: How Personalized News Recommender System Design Choices Impact News Reception," *Communication Research* 41 (2014): 1019-1041; D. J. Flynn, Brendan Nyhan, and Jason Reifler, "The Nature and Origins of Misperceptions: Understanding False and Unsupported Beliefs About Politics," *Political Psychology* 38 (2017): 127-150. 또한 다음도 참고하라. Alessandro Bessi, Fabio Petroni, Michela Del Vicario, Fabiana Zollo, Aris Anagnostopoulos, Antonio Scala, and Guido Caldarelli, "Homophily and Polarization in the Age of Misinformation," *European Physical Journal Special Topics* 225 (2016): 2047-2059. 이 논문에서는 양극화된 소셜 네트워크가 가짜뉴스와 가짜정보의 소비·확산에 대한 참여도와 상관관계를 갖는다는 것을 발견하고 이에 대해 논의하였다.

55 Schauer, "Facts and the First Amendment," 898.

56 Lidsky, "Nobody's Fools." 이 주제에 대해서는 6장에서 다시 논의할 예정이다.

57 Vincent Blasi, "Reading Holmes Through the Lens of Schauer: The Abrams Dissent," *Notre Dame Law Review* 72 (1997): 1343-1360.

58 Richard Delgado and David Yun, "'The Speech We Hate': First Amendment Totalism, the ACLU, and the Principle of Dialogic Politics," *Arizona State Law Journal* 27 (1995): 1281-1300.

59 Owen Fiss, *The Irony of Free Speech* (Cambridge, MA: Harvard University Press, 1996), 25.

60 마리 마츠다(Mari Matsuda)에 따르면 소수자 집단은 "효과적인 반론과 같은 사적인 구제방식에 대한 접근이 제한적이다." Mari J. Matsuda, Charles R. Lawrence III, Richard Delgado, and Kimberle Williams Crenshaw, *Words That Wound: Critical Race Theory, Assaultive Speech, and the First Amendment* (Boulder, CO: Westview Press, 1993), 48.

61 Kevin Munger, "Tweetment Effects on the Tweeted: Experimentally Reducing Racist Harassment," *Political Behavior* 39, no. 3 (2017): 639-649.

62 예를 들어 다음을 보라. Schauer, "Facts and the First Amendment," 899. 여기서 샤우어는 "공적 커뮤니케이션 과정에서 사실 측면에서 허위인 정보가 증가하며 불행히도 받아들여진다"는 것을 명확하게 인지하고 있지만, 미디어 영역의 진화가 이러한 변화에 어떤 영향을 미쳤는가에 대해서는 논의하지 않았다.

63 Nebiha Syed, "Real Talk About Fake News: Towards a Better Theory for

Platform Governance," *Yale Law Journal Forum* 127 (2017-2018): 337-357, 337-338.

64 예를 들어, 다음을 보라. Margaret Sullivan, "The Term 'Fake News' Has Lost All Meaning. That's Just How Trump Wants It," *Washington Post*, April 4, 2018, https://www.washingtonpost.com/lifestyle/style/the-term-fake-news-has-lost-all-meaning-thats-just-how-trump-wants-it/2018/04/03/ce102ed4-375c-11e8-8fd2-49fe3c675a89_story.html?utm_term=.d04dec539de5

65 "일반적인 자유 언론 사례에서 …… 문제가 되는 언론을 어떤 범주로 분류할 것인지 결정짓기 위해서는 언어적 공식화(verbal formulae) 혹은 적절한 사례 언급(case matching)을 사용하는 것으로 충분하다. 종종 사실적으로 매우 비슷한 선례가 존재한다면 문제가 되는 언론을 다루는 것은 정말 쉽다. 심지어 문제가 되는 언론을 잘 다룰 선례가 없다고 하더라도, 그런 언론을 다른 방식이 아닌 특정 방식으로 범주화할 수 있는 것만으로도 분명히 언론자유 원칙에 내재한 가치를 촉진할 수 있고, 판사는 직관적으로 올바른 결정을 내릴 수 있다." James Weinstein, "Speech Characterization and the Limits of First Amendment Formalism: Lessons from Nike v. Kasky," *Case Western Reserve Law Review* 54 (2004): 1091-1142, 1093.

66 비슷한 논의로 다음을 보라. Lee McIntyre, *Post-Truth* (Cambridge, MA: MIT Press, 2018), chapter 4.

67 "거의 모든 사람이 알고 있듯, 오랫동안 광고를 통해 유지되었던 우리나라 신문의 경제적 근본은 붕괴하고 있으며, 우리나라의 독립적 뉴스보도의 주요 정보원이 되어왔던 신문사들은 문자 그대로 점점 왜소해지고 있다. 저널리스트의 숫자는 줄어들고 뉴스 건수도 감소하고 있고 보도면도 축소되고 있다. 지난 20세기 동안 거의 독점적 지위를 누렸던 대도시 신문들의 헤게모니는, 주요 독자들의 감소로 인해 종말을 고하고 있다. 종이신문의 오랜 주요 라이벌이었던 상업 TV 뉴스 역시 수용자 감소, 광고수익 감소, 보도를 위한 자원감소를 겪고 있다." Leonard Downie, Jr., and Michael Schudson, "The Reconstruction of American Journalism," *Columbia Journalism Review*, November/December 2009, 1, http://archives.cjr.org/reconstruction/the_reconstruction_of_american.php; "The effect of the current changes in the news ecosystem has already been a reduction in the quality of news in the United States." C. W. Anderson, Emily Bell, and Clay Shirky, "Post-Industrial Journalism: Adapting to the Present," Tow Center for Digital Journalism, 2014, 2, https://academiccommons.columbia.edu/doi/10.7916/D8N01JS7.

68 Bureau of Labor Statistics, "Newspaper Publishers Lose Over Half Their Employment from January 2001 to September 2016," April 3, 2017, https://www.bls.gov/opub/ted/2017/mobile/newspaper-publishers-lose-over-half-their-employment-from-january-2001-to-september-2016.htm.

69 예를 들어, 다음을 보라. Dan Gillmor, *We the Media: Grassroots Journalism by the People, for the People* (Sebastopol, CA: O'Reilly Media, 2004).

70 다음을 보라. Pew Research Center, *State of the News Media 2016*, June 2016, http://www.journalism.org/2016/06/15/state-of-the-news-media-2016/.

71 "The Future of Newspapers," *Independent*, November 13, 2006, http://www.independent.co.uk/news/media/the-future-of-newspapers-5331270.html.

72 이에 대한 훌륭한 논의로는 다음을 보라. Steven Rosenfeld and Ivy Olesen, "Vampire Web Pages Suck Content from Legitimate Progressive News Sites," *Alter-Net*, March 6, 2017, https://www.alternet.org/media/vampire-webpages-suck-content-legitimate-progressive-news-sites.

73 심지어 가짜뉴스 제작자들은 다른 가짜뉴스 제작자들을 무참히 학살하기도 한다. "이러한 가짜뉴스 사이트들에 올라온 대부분의 포스팅 내용들은 미국 내 비주류 우파 웹사이트들 여기저기서 가져온 것이거나 완전히 표절된 것이다." Craig Silverman and Lawrence Alexander, "How Teens in the Balkans Are Duping Trump Supporters with Fake News," *BuzzFeed*, November 3, 2016, https://www.buzzfeed.com/craigsilverman/how-macedonia-became-a-global-hub-for-pro-trump-misinfo?utm_term=.jgOP8e208#.mc5dvo9bv.

74 반향실(echo chamber)이라는 용어는 종종 필터버블과 동의어로 사용되지만, 소셜미디어를 경유한 기생저널리즘의 뉴스 유통을 묘사하기에는 필터버블보다 반향실이 더 적절할 것이다.

75 예를 들어, 다음을 보라. David Uberti, "The Real History of Fake News," *Columbia Journalism Review*, December 15, 2016, http://www.cjr.org/special_report/fake_news_history.php.

76 다음을 보라. Jacob Soll, "The Long and Brutal History of Fake News," *Politico*, December 18, 2016, http://www.politico.com/magazine/story/2016/12/fake-news-history-long-violent-214535.

77 다음을 보라. Samanth Subramanian, "Inside the Macedonian Fake-News Complex," *Wired*, February 15, 2017, https://www.wired.com/2017/02/veles-macedonia-fake-news/; Silverman and Alexander, "How Teens in the Balkans."

78 A. J. Liebling, "The Wayward Press: Do You Belong in Journalism?" *New Yorker*, May 14, 1960, 105.

79 Abby Ohlheiser, "This Is How the Internet's Fake News Writers Make Money," *Washington Post*, November 18, 2016, https://www.washingtonpost.

com/news/the-intersect/wp/2016/11/18/this-is-how-the-internets-fake-news-writers-make-money/?utm_term=.7c4ee4d7e8d6.

80 Robert Thomson, "News Corp. CEO on Fake News, 'Digital Duopoly' and What Role Advertising Plays in All of It," *MediaShift*, April 3, 2017, http://mediashift.org/2017/04/news-corp-ceo-fake-news-digital-duopoly-role-advertising-plays/.

81 Thomson, "News Corp. CEO."

82 Facebook, "Blocking Ads from Pages That Repeatedly Share False News," August 28, 2017, https://newsroom.fb.com/news/2017/08/blocking-ads-from-pages-that-repeatedly-share-false-news/.

83 Craig Silverman, Jeremy Singer-Vine, and Lam Thuy Vo, "In Spite Of the Crackdown, Fake News Publishers Are Still Earning Money from Major Ad Networks," *BuzzFeed*, April 4, 2017, https://www.buzzfeed.com/craigsilverman/fake-news-real-ads. 광고 기술 플랫폼이 가짜뉴스와 허위정보 공급자들을 지원하는 역할에 대해 어떤 입장을 보이는지에 대한 보다 자세한 논의로는 다음을 보라. Joshua A. Braun and Jessica L. Eklund, "Fake News, Real Money: Ad Tech Platforms, Profit-Drive Hoaxes, and the Business of Journalism," *Digital Journalism* 7, no. 1 (2019): 1-21.

84 "증거에 따르면, 규모의 경제가 보다 더 중요해질수록 독립적 뉴스보도가 증가한다." James T. Hamilton, *All the News That's Fit to Sell: How the Market Transforms Information Into News* (Princeton, NJ: Princeton University Press, 2004), 28. 또한 다음을 보라. Gerald J. Baldasty, *The Commercialization of News in the Nineteenth Century* (Madison: University of Wisconsin Press, 1992). 몇몇 연구자들은 객관성 규범의 발전이 언론의 상업화와 밀접한 연관을 갖는지에 대해 의문을 제기하기도 한다. "언론 규범이 정파성에서 객관성으로 옮겨간 것이 경제적 동기였다는 주장이 널리 신봉되지만, 어떤 근거에서 정당화되는지 밝혀진 바 없다." Michael Schudson, "The Objectivity Norm in American Journalism," *Journalism* 2, no. 2 (2001): 149-170, 160.

85 "페이스북에서 활동하던 이들 마케도니아인들은 트럼프가 백악관에 입성하든 못하든 별 관심이 없었다. 이들이 원했던 것은 자동차, 시계, 성능 좋은 휴대전화, 술집에서의 술 등을 위해 지불할 돈이었을 뿐이다." Subramanian, "Inside the Macedonian Fake-News Complex." "We've found that a lot of fake news is financially motivated." Adam Mosseri, "News Feed FYI: Addressing Hoaxes and Fake News," *Facebook*, December 15, 2016, https://newsroom.fb.com/news/2016/12/news-feed-fyi-addressing-hoaxes-and-fake-news/.

"버즈피드 뉴스(BuzzFeed News)와 인터뷰한 마케도니아인들에 따르면, 이들이 이러한 웹사이트들을 시작한 이유는 순전히 돈문제였다." Silverman and Alexander, "How Teens in the Balkans."

86 Alexios Mantzarlis, "Facebook Referrals Are Crucial for Traffic to Hyperpartisan and Fake News Sites," *Poynter*, November 28, 2016, https://www.poynter.org/2016/facebook-referrals-are-crucial-for-traffic-to-hyperpartisan-and-fake-news-sites/440132/.

87 Jacob L. Nelson, "Is 'Fake News' a Fake Problem?" *Columbia Journalism Review*, January 31, 2017, https://www.cjr.org/analysis/fake-news-facebook-audience-drudge-breitbart-study.php.

88 예를 들어, 다음을 보라. Chris J. Vargo, Lei Guo, and Michelle A. Amazeen, "The Agenda-Setting Power of Fake News: A Big Data Analysis of the Online Media Landscape from 2014 to 2016," *New Media & Society* 20, no. 5 (2018): 2028-2049.

89 "놀라운 것은 아니지만, 우리는 총기난사 사건에 대한 대안적 설명에 대한 이야기들이 (주류와 대비되는) 대안적 미디어에서 다루는 콘텐트로 인해 촉발되었던 것을 발견했다." Kate Starbird, "Examining the Alternative Media Ecosystem Through the Production of Alternative Narratives of Mass Shooting Events on Twitter," *Proceedings of the Eleventh International Conference on Web and Social Media* (Palo Alto, CA: AAAI Press, 2017), 230-239. 아울러 다음도 참조하라. Yochai Benkler, Robert Faris, and Hal Roberts, *Network Propaganda: Manipulation, Disinformation, and Radicalization in American Politics* (New York: Oxford University Press, 2018).

90 "정치적 성향에 따라 포스팅된 모든 콘텐트를 분류하는 방식으로 우리는 이용자의 전반적인 정치적 성향을 파악하였고, 이들의 네트워크에서 나타난 정치적 동종선호 수준을 측정하였다." Elanor Colleoni, Alessandro Rozza, and Adam Arvidsson, "Echo Chamber or Public Sphere? Predicting Political Orientation and Measuring Political Homophily in Twitter Using Big Data," *Journal of Communication* 64, no. 2 (2014), 317-332, 319.

91 자세한 논의로는 다음을 보라. Joshua Green and Sasha Issenberg, "Inside the Trump Bunker, with Days to Go," *Bloomberg Businessweek*, October 27, 2016, https://www.bloomberg.com/news/articles/2016-10-27/inside-the-trump-bunker-with-12-days-to-go.

92 Christopher Wylie, *Written Statement to the United States Senate Committee on the Judiciary, In the Matter of Cambridge Analytica and Other Related Issues*, May 16, 2018, https://www.judiciary.senate.gov/imo/media/doc/05-16-18%20Wylie%20Testimony.pdf.

93 "현재 형태의 컴퓨터 기반 정치(computational politics)가 새롭게 적용되는 동안, 이 논문에서 논의하는 역사적 트렌드는 인터넷이 확산되기 이전부터 시작되고 있었다. 사실 마케팅 목적으로 빅데이터를 사용하려는 유의미한 노력들은 이전부터 존재했으며, 정치 영역에 마케팅 기법을 적용하는 것['대통령 판매(selling of the President)']은 장기 트렌드였음이 명확히 드러난다. 그러나 컴퓨터 기반 정치는 이전부터 존재했던 역사적 트렌드와는 질적으로 다른 모습이다. 기존의 데이터 수집 방법들(이를테면 잡지구독과 구매한 자동차 유형을 파악하는 것과 같은)의 경우, 데이터의 의미에 대해 복잡하며 복잡한 추론(특정 잡지를 구독하는 것이 투표자의 선호를 진정으로 반영하는가?)을 요구했던 반면, 현재의 빅데이터에서는 보다 더 개인화된 개인정보와 모델링을 통해 데이터를 보다 깊숙이 살펴보고 비가시적이며 잠재적인 방식으로 수집하여 개별적으로 전달한다." Zeynep Tufekci, "Engineering the Public: Big Data, Surveillance, and Computational Politics," *First Monday* 19, no. 7 (2014), http://firstmonday.org/article/view/4901/4097.
또한 다음도 참조하라. Anthony Nadler, Matthew Crain, and Joan Donovan, *The Digital Influence Machine: The Political Perils of Online Ad Tech* (New York: Data & Society, 2018).

94 이 데이터는 다음에서 접속 가능하다. https://democrats-intelligence.house.gov/facebook-ads/social-media-advertisements.htm.

95 상원의원인 마크 워너(Mark Warner)에 따르면 "이는 나에게 보고된 결과이며, 나는 그들이 위스콘신, 미시간, 펜실베이니아의 측정 지역에 영향을 끼칠 수 있는지 여부에 대해 살펴보고 있다." Rachel Roberts, "Russia Hired 1,000 People to Create Anti-Clinton 'Fake News' in Key US States During Election, Trump-Russia Hearings Leader Reveals," *Independent*, March 30, 2017, http://www.independent.co.uk/news/world/americas/us-politics/russian-trolls-hilary-clinton-fake-news-election-democrat-mark-warner-intelligence-committee-a7657641.html.

96 Philip N. Howard, Bence Kollanyi, Samantha Bradshaw, and Lisa-Maria Neudert, "Social Media, News and Political Information During the US Election: Was Polarizing Content Concentrated in Swing States?" September 28, 2017, http://comprop.oii.ox.ac.uk/wp-content/uploads/sites/89/2017/09/Polarizing-Content-and-Swing-States.pdf.
러시아 정부에 의한 선거개입 활동의 범위에 대한 보다 구체적인 내용에 대해서는 다음을 보라. United States of America v. Internet Research Agency LLC, Indictment in the United States District Court for the District of Columbia, filed February 16, 2018.

97 "울프 블리처(WOLF BLITZER) (주최측): 가짜뉴스 트롤들은 때때로 트럼프 대통령 본인을 대상으로 실제 타깃팅을 실시했나요?

브라이언 토드(BRIAN TODD): 울프 당신이 이전에 불렀던 사이버안보 전문가인 클린트 와츠에 따르면, 실제로 그렇게 했다고 합니다. 오늘 와츠는 가짜뉴스 혹은 오해를 불러오는 뉴스기사들을 내보내는 몇몇 기업들은 트럼프가 온라인에 등장했다는 것을 알았을 때 아주 장기간에 걸쳐 트럼프 대통령에게 곧바로 트윗을 날렸다고 증언한 바 있습니다. 이들은 음모이론을 내보내면서, 트럼프가 이를 클릭하고 대중들에게 퍼뜨리기를 기대했습니다."
Media Matters Staff, "CNN: Fake News Trolls Pushing Conspiracy Theories 'Tweet Right at President Trump' Hoping That 'He Cites It Publicly,'" Media Matters for America, March 30, 2017, https://www.mediamatters.org/video/2017/03/30/cnn-fake-news-trolls-pushing-conspiracy-theories-tweet-right-president-trump-hoping-he-cites-it/215878.

98 Andrew Guess, Brendan Nyhan and Jason Reifler, "Selective Exposure to Misinformation: Evidence from the Consumption of Fake News During the 2016 U.S. Presidential Campaign," unpublished working paper, January 9, 2018, https://www.dartmouth.edu/~nyhan/fake-news-2016.pdf; Jacob L. Nelson and Harsh Taneja, "The Small, Disloyal Fake News Audience: The Role of Audience Availability in Fake News Consumption," *New Media & Society* 20, no. 10 (2018): 3720-3737.

99 Blasi, "Reading Holmes,"1357.

100 "개인들이 페이스북에서 어떤 미디어를 소비하는가는 이들의 친구들이 어떤 미디어를 공유하는가는 물론 페이스북 뉴스피드의 순위 알고리즘이 어떻게 기사를 분류해놓는가에 따라 달라진다. 이를 토대로 개인들은 뉴스를 선택하여 읽는다." Eytan Bakshy, Solomon Messing, and Lada A. Adamic, "Exposure to Ideologically Diverse News and Opinion on Facebook," *Science* 348, no. 6239 (June 5, 2015), 1130-1132, 1130. See also Philip M. Napoli, "Social Media and the Public Interest: Governance of News Platforms in the Realm of Individual and Algorithmic Gatekeepers," *Telecommunications Policy* 39, no. 9 (2015): 751-760.

101 예를 들어, 다음을 보라. Ivan Dylko, "The Dark Side of Technology: An Experimental Investigation of the Influence of Customizability Technology on Online Political Selective Exposure," *Computers in Human Behavior* 73 (2017): 181-190; Seth R. Flaxman, Sharad Goael, and Justin M. Rao, "Ideological Segregation and the Effects of Social Media on News Consumption," unpublished manuscript, May 2014, https://bfi.uchicago.edu/sites/default/files/research/flaxman_goel_rao_onlinenews.pdf, 여기에서는 "최근의 기술적 변화로 인해 사람들의 이념적 분리가 더 강해졌다"는 것을 발견하였다. Cass Sunstein, *#Republic: Divided Democracy in the Age of Social Media* (Princeton, NJ: Princeton University Press, 2017).

102 다음을 보라. Starbird, "Examining the Alternative Media Ecosystem."

103 "대안적 정보원에 대해 강렬한 선호를 갖는 이용자들은 …… 허위정보에 더 현혹되기 쉽다." Delia Mocanu, Luca Rossi, Qian Zhang, Marton Kasai, and Walter Quattrociocchi, "Collective Attention in the Age of (Mis) information," *Computers in Human Behavior* 51 (2015), 1198-1204, 1202. "구분되는 유형의 콘텐트를 중심으로 양극화된 공동체가 등장한다. 또한 음모론적 뉴스소비자들은 특정 콘텐트에 대해 훨씬 더 몰입하며 스스로를 고립시킨다." Alessandro Bessi, Mauro Coletto, George Alexandru Davidescu, Antonio Scala, Guido Caldarelli, and Walter Quattrociocchi, "Science vs. Conspiracy: Collective Narratives in the Age of Misinformation," *PLoS ONE* 10, no. 10 (2015), http://journals.plos.org/plosone/article?id=10.1371/journal.pone.0118093.

104 Walter Quattrociocchi, Antonio Scala, and Cass Sunstein, "Echo Chambers on Facebook," unpublished manuscript, June 2016, https://papers.ssrn.com/sol3/papers.cfm?abstract_id=2795110.

105 Vidya Narayanan, Vlad Barash, John Kelly, Bence Kollanyi, Lisa-Maria Neudert, and Philip N. Howard, "Polarization, Partisanship and Junk News Consumption Over Social Media in the US," Computational Propaganda Data Memo, February 6, 2018, http://comprop.oii.ox.ac.uk/research/polarization-partisanship-and-junk-news/.

106 이 용어는 침묵의 소용돌이(spiral of silence)로 잘 알려진 이름의 이론과 관련되어 있다. 침묵의 소용돌이 이론에 따르면 자신의 의견이 소수파에 속한다고 생각하는 개인들은 자신의 의견을 표출하지 않으려는 모습을 보이며, 따라서 소수파의 의견을 갖는 사람들을 점점 더 체계적으로 침묵시키는 소용돌이 과정을 밟는다. 이로 인해 사람들은 다수의 의견이 더 널리 공유된다는 잘못된 인상을 갖는다. 다음을 보라. Elizabeth Noelle Neuman, *The Spiral of Silence: Public Opinion—Our Social Skin* (Chicago: University of Chicago Press,1994).

107 다음을 보라. Jonathan M. Ladd, *Why Americans Hate the Media and How It Matters* (Princeton, NJ: Princeton University Press, 2011). 이 문헌에서는 미디어 파편화의 증가가 어떻게 더 많은 정파적 뉴스에 대한 수요와 상호작용하여 정파성과 제도권 뉴스미디어에 대한 불신을 증폭시켰는지 밝혔다.

108 "Starting in the 1980s, Americans began to report increasingly negative opinions of their opposing party." Amanda Taub, "The Real Story About Fake News Is Partisanship," *New York Times*, January 11, 2017, https://www.nytimes.com/2017/01/11/upshot/the-real-story-about-fake-news-is-partisanship.html. 파편화와 정치적 양극화의 관계에 대한 보다 자세한 논의로는 다음을 보라. Ricardo Gandour, "A New Information Environment:

How Digital Fragmentation Is Changing the Way We Produce and Consume News," Knight Center for Journalism in America, 2016, https://knightcenter.utexas.edu/books/NewInfoEnvironmentEnglishLink.pdf. 미디어 파편화와 수용자 파편화의 등장에 대한 기념비적 연구로는 다음을 보라. W. Russell Neuman, *The Future of the Mass Audience* (New York: Cambridge University Press, 1991).

109 "선거 시작 한 달 전, 약 1/4의 미국인들은 자신들이 편향된 뉴스사이트를 몇 차례 본 적 있다고 응답했다. 이런 웹사이트들에 대한 의존은 증거를 왜곡되게 이해하도록 만들 수 있으며, 잠재적으로는 증거가 정확하게 이해되었을 때조차 잘못된 신념을 강화시킬 수 있다. 뉴스소비자들이 보다 정확한 정치적 정보에 노출되도록 하는 다양한 뉴스조직을 접했다고 하더라도, 온라인 뉴스가 잘못된 인식 형성에 기여할 수 있다는 점을 진지하게 인식해야 한다."
R. Kelly Garrett et al. "Driving a Wedge Between Evidence and Beliefs: How Online Ideological News Exposure Promotes Political Misperceptions," *Journal of Computer Mediated Communication*, 21, no. 5 (2016): 331–348, 344.

110 Guess, Nyhan, and Reifler, "Selective Exposure to Misinformation," 1.

111 John H. McManus, "What Kind of Commodity Is News?" *Communication Research* 19, no. 6 (1992): 787–805, 794.

112 제한된 합리성에 대한 소개 및 옹호 논리에 대해서는 다음을 보라. John Conlisk, "Why Bounded Rationality?" *Journal of Economic Literature* 34, no. 2 (1996): 669–700. 제한된 합리성과 사상의 시장 은유와의 관계에 대한 논의로는 다음을 보라. Joseph Blocher, "Institutions in the Marketplace of Ideas," *Duke Law Journal* 57, no. 4 (2008): 821–889.

113 다음을 보라. McManus, "What Kind of Commodity Is News?" 793.

114 예를 들어, 다음을 보라. Olivia Solon, "Only 20 percent of US Adults Have Information Overload, but Those Who Do Feel Burden," *Guardian*, December 7, 2016, https://www.theguardian.com/technology/2016/dec/07/information-overload-pew-study-digital-divide; Xiaoyan Qiu, Diego F. M. Oliveira, Alireza Sahami Shirazi, Alessandro Flammini, and Filippo Menczer, "Lack of Quality Discrimination in Online Information Markets," 2017, https://www.researchgate.net/publication/312194354_Lack_of_quality_discrimination_in_online_information_markets.

115 "신뢰도를 평가하기 위해 초점집단 인터뷰 참여자들이 밝힌 가장 흔히 사용하는 추단법 중 하나는 사이트 혹은 정보 출처의 평판에 의지하는 것이었다." Miriam J. Metzger, Andrew J. Flanagin, and Ryan B. Medders, "Social and Heuristic Approaches to Credibility Evaluation Online," *Journal of Communication* 60, no. 3 (2010): 413–439, 426.

116 "상품교환 계약서가 불완전하고, 판매자가 소비자가 원하는 상품의 품질을 숨기려 할 때마다 …… 이러한 상품에서 핵심적 역할을 담당하는 것이 바로 신뢰다." 다음을 보라. Steffen Huck, Gabriele K. Lunser, and Jean-Robert Tyran, "Pricing and Trust," CEPR Discussion Paper No. DP6135, 2008, 1, https://papers.ssrn.com/sol3/papers.cfm?abstract_id=1133780, https://www.parisschoolofeconomics.eu/IMG/pdf/Huck2.pdf.

117 다음을 보라. Amy Mitchell, Elisa Shearer, Jeffrey Gottfried, and Kristine Lu, "How Americans Encounter, Recall and Act Upon Digital News," Pew Research Center, February 9, 2017, http://www.journalism.org/2017/02/09/how-americans-encounter-recall-and-act-upon-digital-news/.

118 전반적 논의로는 다음을 보라. "'Who Shared It?': How Americans Decide What News to Trust on Social Media," Media Insight Project, March 2017, http://mediainsight.org/PDFs/Trust%20Social%20Media%20Experiments%202017/MediaInsight_Social%20Media%20Final.pdf.

119 "'Who Shared It?,'" 4–9.

120 "잘 알지 못하는 뉴스조직임에도 뉴스공유자를 신뢰하는 사람은 명망 있는 뉴스조직인 것을 알지만 뉴스공유자를 신뢰하지 못하는 사람에 비해 해당 뉴스기사를 공유할 가능성, 뉴스공유자를 팔로우할 가능성, 뉴스조직에 뉴스알림 서비스를 신청할 가능성, 친구에게 해당 뉴스조직을 추천할 가능성이 더 높게 나타났다." "'Who Shared It?,'" 10.

121 Maksym Gabielkov, Arthi Ramachandran, Augustin Chaintreau, and Arnaud Legout, "Social Clicks: What and Who Gets Read on Twitter?," paper presented at the ACM Sigmetrics / IFIP Performance Conference, Antibes Juan-les-Pins, France, June 2016, https://hal.inria.fr/hal-01281190/document.

122 "트위터 이용자들은 자신들이 팔로우하는 이용자 집단에게서 이념적으로 상이한 콘텐트에 노출될 가능성이 낮았다. 왜냐하면 이들 집단은 정치적으로 동질적인 것이 보통이기 때문이다." Itai Himelboim, Stephen McCreery, and Marc Smith, "Birds of a Feather Tweet Together: Integrating Network and Content Analyses to Examine Cross-Ideology Exposure on Twitter," *Journal of Computer-Mediated Communication* 18, no. 2 (2013): 40–60, 40. "이념적으로 보다 극단적인 개인들의 사회적 네트워크는 보다 동질적이었다. 이 사실은 웹에서 비슷한 성향의 사람들이 밀집하여 구성된 네트워크로 이어졌고, 이로 인하여 개인에게서 상이한 의견에 노출됨에 따라 침착해지는 효과

(demotivating effects)가 나타나지 않게 되었다. 이로 인해 밀집도가 높은 네트워크에 놓인 개인들은 밀집도가 낮은 네트워크에 존재했을 때보다 훨씬 더 빠르게 정치적 행동을 보였다." Andrei Boutyline and Robb Willer, "The Social Structure of Political Echo Chambers: Variation in Ideological Homophily in Online Networks," *Political Psychology* 38, no. 3 (2017): 551-569, 566-567.

123 "(진보주의자들과 보수주의자들)이 의지하고 믿는 뉴스 출처들 사이에는 거의 공유되는 부분이 존재하지 않았다." Amy Mitchell, Katerina Eva Matsa, Jeffrey Gottfried and Jocelyn Kiley, "Political Polarization and Media Habits," Pew Research Center, October 2014, 1, http://www.journalism.org/2014/10/21/political-polarization-media-habits.
"여러 방면에서 미국인들은 추상적 형태의 '뉴스미디어'에 대해 회의적 모습을 보이지만, 일반적으로 자신이 스스로 선택한 뉴스에 대해서는 신뢰감을 표시한다." "'My' Media Versus 'The' Media: Trust in News Media Depends on Which News Media You Mean," Media Insight Project, April 2017, 1, http://www.mediainsight.org/PDFs/Meaning%20of%20Media/APNORC_Trust_The_Media_2017.pdf.

124 다음을 보라. Goldman and Cox, "Speech, Truth, and the Free Market for Ideas," 23.

125 "Weltner's Katrina Families와 American Civil Rights Review 같은 웹사이트의 등장은 디지털 시대 선전과 사이버-인종주의의 핵심적 특징을 잘 보여준다. 이런 웹사이트들은 저자를 파악하기 어렵고 의제를 감추는 방식을 통해 정치적 목적을 달성한다." Jessie Daniels, "Cloaked Websites: Propaganda, Cyber-Racism and Epistemology in the Digital Era," *New Media & Society* 11, no. 5 (2009): 658-683, 660.

126 "온라인 공간에서 목적을 은폐한 웹사이트를 통해 '흑색' 선전과 '회색' 선전 전략을 채택하는 조직과 개인들의 선전은 더 효과적이다. 왜냐하면 이들은 자신들의 의도와 본모습을 숨기기 때문이다." Daniels, "Cloaked Websites," 662.

127 연구결과에 따르면 소셜미디어 이용자들은 다른 유형의 소셜미디어 포스팅 메시지에 비해 뉴스 포스팅 메시지를 정확하게 파악하는 것을 힘들어한다고 한다. "이용자들과 연구자들은 사회적·정치적 콘텐트를 어떻게 정의할 것인가에 대해서는 동의하는 것이 보통이다. 그러나 뉴스 콘텐트 분류의 경우 이용자들과 연구자들은 서로 이견을 보일 가능성이 높다." Emily K. Vraga, Leticia Bode, Anne-Bennett Smithson, and Sonya Troller-Renfree, "Blurred Lines: Defining Social, News, and Political Posts on Facebook," *Journal of Information & Technology Politics* 13, no. 3 (2016): 272-294, 272.

128 기술적 변화는 가짜뉴스가 정식뉴스처럼 보이게끔 위장하는 능력을 더욱 강화시킬 것이다. "미국의 산업계와 대학에서, 진짜와 가짜를 나누는 선을 곧 없애버릴 수 있는 초기기술이 등장하고 있다. 가장 단순한 형태로 말하자면, 음성기술과 영상기술의 발전은 너무 정교해서 실제 뉴스, 즉 실제 TV 방송이나 실제 라디오 인터뷰를, 전례 없이 진정으로 파악하기 어려운 방식으로 창출해내는 것이 가능해졌다." Nick Bilton, "Fake News Is About to Get Even Scarier Than You Ever Dreamed," *Vanity Fair*, January 26, 2017, http://www.vanityfair.com/news/2017/01/fake-news-technology.

129 Roberts, "Russia Hired 1,000 People". 러시아의 IRA의 역정보 활동에 대한 보다 자세한 논의를 위해서는 다음을 보라. Renee DiResta, Kris Shaffer, Becky Ruppel, David Sullivan, Robert Matney, Ryan Fox, Jonathan Albright, Ben Johnson, *The Tactics & Tropes of the Internet Research Agency: Report Prepared for the United States Senate Select Committee on Intelligence* (November, 2018), https://disinformationreport.blob.core.windows.net/disinformation-report/NewKnowledge-Disinformation-Report-Whitepaper.pdf; Philip N. Howard, Bharath Ganesh, Dimitra Liotsiou, John Kelly, Camille Francois, *The IRA, Social Media, and Political Polarization in the United States, 2012-2018*, Computational Propaganda Project, University of Oxford, https://comprop.oii.ox.ac.uk/wp-content/uploads/sites/93/2018/12/The-IRA-Social-Media-and-Political-Polarization.pdf.

130 "러시아 선전물을 제공하며 러시아와 연관되었다는 것을 위장하거나 부정하고 있는 몇십 개의 허위 뉴스사이트가 존재한다." Christopher Paul and Miriam Matthews, "The Russian 'Firehouse of Falsehood' Propaganda Model," *RAND Corporation Perspective*, 2016, 2, http://www.rand.org/content/dam/rand/pubs/perspectives/PE100/PE198/RAND_PE198.pdf.

131 보다 자세한 논의에 대해서는 다음을 보라. Tim Mak, "Russian Influence Campaign Sought to Exploit Americans' Trust in Local News," *NPR*, July 12, 2018, https://www.npr.org/2018/07/12/628085238/russian-influence-campaign-sought-to-exploit-americans-trust-in-local-news.

132 Jason Schartz, "Baby Breitbarts to Pop Up Across the Country?" *Politico*, April 30, 2018, https://www.politico.com/story/2018/04/30/breitbart-tennessee-fake-news-560670.

133 Schartz, "Baby Breitbarts."

134 *Piers Morgan Tonight* (air date July 18, 2012), CNN Transcripts, http://www.cnn.com/TRANSCRIPTS/1602/13/cnr.12.html. 수정조항 1조가 효과적으로 작동하기 위해서는 뉴스의 본질과 작성 의도의 투명성이 중요하

다는 점에 대해 예지력을 갖고 논의한 글로는 다음을 보라. Amit Schejter, "Jacob's Voice, Esau's Hands: Transparency as a First Amendment Right in an Age of Deceit and Impersonation," *Hofstra Law Review* 35 (2007): 1489-1518.

135 *Piers Morgan Tonight.*

136 온라인에서 퍼지는 뉴스와 정보에 대한 저널리스트의 검증 활동의 어려움에 대한 논의로는 다음을 보라. Alfred Hermida, "Tweets and Truth: Journalism as a Discipline of Collaborative Verification," *Journalism Practice* 6, no. 5/6 (2012): 659-668.

137 "2015년 4월 1일부터 선거일까지 온라인에서 출간된 125만 개가 넘는 뉴스기사에 대한 분석 결과, 우리는 다음을 발견하였다. 브레이트바트(Breitbart)를 중심으로 한 우파 미디어 네트워크는 뚜렷하고 고립된 미디어 시스템을 구축하였으며, 극단적으로 정파적인 관점을 온 세상으로 퍼뜨리는 핵심 미디어로 소셜미디어를 사용하였다. 트럼프를 옹호하는 미디어 공간은 보수 미디어 영역에서 성공적으로 의제를 설정할 수 있었던 것은 물론이고, 특히 힐러리 클린턴에 대한 보도를 포함하여 전반적인 미디어 의제 형성에도 큰 영향력을 행사하였다." Yochai Benkler, Robert Faris, Hal Roberts, and Ethan Zuckerman, "Study: Breitbart-Led Right-Wing Media Ecosystem Altered Broader Media Agenda," *Columbia Journalism Review*, March 3, 2017, https://www.cjr.org/analysis/breitbart-media-trump-harvard-study.php.

138 Josephine Lukito, Chris Wells, Yini Zhang, and Larisa Doroshenko, "The Twitter Exploit: How Russian Propaganda Infiltrated U.S. News," Report of the Social Media and Democracy Research Group, University of Wisconsin, February 2018, https://www.researchgate.net/publication/323703483_The_Twitter_exploit_How_Russian_propaganda_infiltrated_US_news.

139 Josh Constine, "Facebook Shows Related Articles and Fact-Checkers Before You Open Links," *TechCrunch*, April 25, 2017, https://techcrunch.com/2017/04/25/facebook-shows-related-articles-and-fact-checkers-before-you-open-links/; Fergus Bell, "Here's a List of Initiatives That Hope to Fix Trust in Journalism and Tackle Fake News," *Medium*, April 25, 2017, https://medium.com/@ferg/heres-a-list-of-initiatives-that-hope-to-fix-trust-in-journalism-and-tackle-fake-news-30689feb402. 이러한 계획의 효과성에 대해 의문을 제기하는 문헌으로는 다음을 보라. Sam Levin, "Facebook Promised to Tackle Fake News. But the Evidence Shows It's Not Working," *Guardian*, May 16, 2017, https://www.theguardian.com/technology/2017/may/16/facebook-fake-news-tools-not-working.

140 Alfred Ng, "Facebook Deleted 583 Million Fake Accounts in the First Three Months of 2018," *CNET*, May 15, 2018, https://www.cnet.com/news/facebook-deleted-583-million-fake-accounts-in-the-first-three-months-of-2018/.

141 Bloomberg News, "Facebook Pulls 810 U.S. Accounts and Pages Spreading Fake News," *Ad Age*, October 11, 2018, https://adage.com/article/digital/facebook-pulls-810-u-s-accounts-pages-spreading-fake-news/315243/; Elizabeth Dwoskin and Tony Romm, "Facebook Says It Has Uncovered a Coordinated Disinformation Operation Ahead of the 2018 Midterm Elections," *Washington Post*, July 31, 2018, https://www.washingtonpost.com/technology/2018/07/31/facebook-says-it-has-uncovered-coordinated-disinformation-operation-ahead-midterm-elections/.

142 Del Harvey and Yoel Roth, "An Update on Our Elections Integrity Work," *Twitter*, October 1, 2018, https://blog.twitter.com/official/en_us/topics/company/2018/an-update-on-our-elections-integrity-work.html; Craig Timer and Elizabeth Dwoskin, "Twitter Is Sweeping Out Fake Accounts Like Never Before, Putting User Growth at Risk," *Washington Post*, July 6, 2018, https://www.washingtonpost.com/technology/2018/07/06/twitter-is-sweeping-out-fake-accounts-like-never-before-putting-user-growth-risk/; Nicholas Confessore and Gabriel J. X. Dance, "Battling Fake Accounts, Twitter to Slash Millions of Followers," *New York Times*, July 11, 2018, https://www.nytimes.com/2018/07/11/technology/twitter-fake-followers.html.

143 James Titcomb, "Twitter Removes Fifty Accounts Posing as Republican Party Members in Pre-Election Crackdown, *Telegraph*, October 2, 2018, https://www.telegraph.co.uk/technology/2018/10/02/twitter-removes-50-accounts-posing-us-republican-party-members/.

144 예를 들어 다음을 보라. Jonathan Albright, "Facebook and the 2018 Midterms: A Look at the Data," *Medium*, November 4, 2018, https://medium.com/s/the-micro-propaganda-machine/the-2018-facebook-midterms-part-i-recursive-ad-ccountability-ac090d276097?sk=b07db173bcb021f58089f498786a6024; Ben Collins, "Russian Propaganda Evades YouTube's Flagging System with BuzzFeed-Style Knockoffs," *NBC News*, April 19, 2018, https://www.nbcnews.com/tech/tech-news/russian-propaganda-evades-youtube-s-flagging-system-buzzfeed-style-knockoffs-n867431; Sheera Frenkel, "Facebook Tried to Reign in Fake Ads. It Fell Short in a California Race," *New York Times*, June 3, 2018, https://www.nytimes.com/2018/06/03/technology/californiacongressional-race-facebook-election-interference.html; Matthew Hindman and Vlad Barash, "Disinformation, Fake News, and Influence Campaigns on Twitter," Report prepared for the Knight Foundation, October 2018, https://knightfoundation.org/reports/disinformation-fake-news-and-influence-campaigns-on-twitter; Levin, "Facebook Promised to Tackle Fake News"; Laura Hazard Owen, "Has Facebook's Algorithm Change Hurt Hyperpartisan Sites? According to This Data, Nope," *Nieman Lab*, March 30, 2018, http://www.niemanlab.org/2018/03/has-facebooks-algorithm-change-hurt-hyperpartisan-sites-according-to-this-data-nope/.

145 실제로, 특히 과거 세대의 콘텐트 배포자들과 비교해볼 때, 이들 플랫폼의 목적은 발언자나 발언내용의 성격에 대해서는 크게 고려하지 않은 채 가급적이면 많은 발언자, 그리고 많은 발언을 불러모으는 것이라고 주장할 수도 있다.

146 274 U.S. 357, 377

147 입소문 뉴스에 대한 유용한 사례연구로는 다음을 보라. Sapna Maheshwari, "How Fake News Goes Viral: A Case Study," *New York Times*, November 20, 2016, https://www.nytimes.com/2016/11/20/business/media/how-fake-news-spreads.html?_r=1.

148 전반적 내용에 대해서는 다음을 보라. Howard Rosenberg and Charles S. Feldman, *No Time to Think: The Menace of Media Speed and the Twenty-Four-Hour News Cycle* (New York: Continuum, 2008).

149 이러한 과정은 라디오가 개발되던 시기로 거슬러 올라가, 24시간 뉴스네트워크가 등장하고 온라인 뉴스가 확산되던 시기로 나아가고 있다.

150 전반적인 내용에 대해서는 다음을 보라. Helena Webb, Pete Burnap, Rob N. Procter, Omer F. Rana, Bernd Carsten Stahl, Matthew Williams, William Housley, Adam Edwards, and Marina Jirotka, "Digital Wildfires: Propagation, Verification, Regulation, and Responsible Innovation," *ACM Transactions on Information Systems* 34, no. 3 (2016), article 15.

151 "우리들의 연구결과 소셜미디어 봇은 민주주의적 정치토론을 개선하기보다 진정으로 부정적인 영향력을 끼친 것으로 나타났다. 소셜미디어 봇의 부정적 영향력은 잠재적으로 여론을 왜곡하며 대통령 선거의 본질을 위험에 빠뜨리고 있다." Alessandro Bessi and Emilio Ferrara, "Social Bots Distort the 2016 U.S. Presidential Election Online Discussion," *First Monday*, November 7, 2016, http://journals.uic.edu/ojs/index.php/fm/article/view/7090.
소셜미디어 봇은 "실제 정치적 지지를 구성해내기 위해 온라인에서의 인기가 대단하다는 환상"을 창출하고, "정파적 목적 달성을 위해 거의 누구나 온라인 상호작용을 증폭시킬 수 있게 만듦으로써 선전활동을 민주화(democratiz[e] propaganda)"시키려는 목적으로 제작되었다. Samuel C. Woolley and Douglas R. Guilbeault, "Computational Propaganda in the United States of America: Manufacturing Consensus Online," Computational Propaganda Research Project Working Paper No. 2017.5, Oxford Internet Institute, 2017, 3, http://comprop.oii.ox.ac.uk/wp-content/uploads/sites/89/2017/06/Comprop-USA.pdf.

152 "지난주 전직 FBI 요원이었던 클린트 와츠가 상원 정보위원회에서 증언할 때, 그는 러시아인들이 중서부 지역 경합주에 거주하는 공화당 유권자인 것처럼 보이는 트위터 계정을 활용하여 가짜뉴스를 확산시키려고 트위터 봇을 무기처럼 활용했다고 밝혔다." Gabe O'Connor and Avie Schneider, "How Russian Twitter Bots Pumped Out Fake News During the 2016 Election," NPR, April 3, 2017, http://www.npr.org/sections/alltechconsidered/2017/04/03/522503844/how-russian-twitter-bots-pumped-out-fake-news-during-the-2016-election.

153 "선거캠페인 핵심기간 동안, 가짜뉴스 사이트와 극단적인 정파적 블로그에서 생산된 가장 두드러진 상위 20개의 선거 관련 가짜뉴스들은 페이스북에서 총 871만 1,000번 공유되고, 반응을 얻고, 의견이 달렸다. 동일한 기간 동안 19개 주요 뉴스 웹사이트에서 생산된 가장 두드러진 상위 20개의 정식뉴스들은 페이스북에서 총 736만 7,000번 공유되고, 반응을 얻고, 의견이 달렸다." Craig Silverman, "This Analysis Shows How Viral Fake Election News Stories Outperformed Real News on Facebook," *BuzzFeed*, November 16, 2016, https://www.buzzfeed.com/craigsilverman/viral-fake-election-news-outperformed-real-news-on-facebook?utm_term=.cq7vVRj0K#.tgekXRJ0E.
"올바른 정보에 비해 오정보가 종종 더 입소문을 잘 타고 보다 빈번하게 확산된다." Craig Silverman, "Lies, Damn Lies, and Viral Content," Tow Center for Digital Journalism, 45, https://academiccommons.columbia.edu/doi/10.7916/D8Q81RHH. 트위터를 대상으로 진행된 보다 최근 연구에서도 비슷한 결론을 내리고 있다. 다음을 보라. Soroush Vosoughi, Deb Roy, Sinan Aral, "The Spread of True and False News Online," *Science* 359 (2018): 1146-1151.

154 소셜미디어에서 뉴스기사를 공유할 때 나타나는 '정파적 편향(partisan skew)'은 "소셜미디어 활동이 왕성한 이용자는 물론 활동이 소극적인 이용자에게서도 나타난다." Jisun An, Daniele Quercia, and Jon Crowcroft, "Partisan Sharing: Facebook Evidence and Societal Consequences," *Proceedings of the Second ACM Conference on Online Social Networks*, October 2014, 17.

4장 알고리즘 기반 사상의 시장

1 상업적 발언 맥락에서 나타난 사상의 시장에서의 시장실패에 초점을 맞춘 예외적 연구로는 다음을 보라. Tamara Piety, "Market Failure in the Marketplace of Ideas: Commercial Speech and the Problem That Won't Go Away," *Loyola of Los Angeles Law Review* 41 (2007): 181–225.
사상의 시장 작동에 영향을 미치는 시장실패의 모습들에 대한 보다 일반적인 논의로는 다음을 보라. Darren Bush, "'The Marketplace of Ideas': Is Judge Posner Chasing Don Quixote's Windmills?" *Arizona State Law Journal* 32 (2000): 1107–1147. 또한 다음을 보라. C. Edwin Baker, "Scope of the First Amendment Freedom of Speech," *UCLA Law Review* 25, no. 5 (1978): 964–1040.

2 다음을 보라. Ronald H. Coase, "The Market for Goods and the Market for Ideas," *American Economic Review* 64, no. 2 (1974): 384–391, 385.

3 다음을 보라. Philip M. Napoli, *Audience Economics: Media Institutions and the Audience Marketplace* (New York: Columbia University Press, 2003).

4 이러한 역학관계는 다음과 같은 격언에 잘 반영되어 있다: "만약 당신이 무언가를 공짜로 얻었다면, 당신이 바로 상품이다." 예를 들어, 다음을 보라. Hamish McNicol, "Facebook Will Always Be Free but It Has a Massive Asset: Us," *Stuff*, March 28, 2017, http://www.stuff.co.nz/business/89995576/facebook-will-always-be-free-but-it-has-a-massive-asset-us; Scott Goodson, "If You're Not Paying for It, You Become the Product," *Forbes*, March 5, 2012, https://www.forbes.com/sites/marketshare/2012/03/05/if-youre-not-paying-for-it-you-become-the-product/#2140fabb5d6e. 이러한 관점에 대한 비판으로는 다음을 보라. Derek Powazek, "I'm Not the Product, but I Play One on the Internet," *Powazek*, December 18, 2012, http://powazek.com/posts/3229.

5 https://www.facebook.com/.

6 캠브리지애널리티카 스캔들과 페이스북이 수집하고 수익 창출을 위해 사용한 이용자 데이터의 특성에 대한 보다 자세한 소개로는 다음을 보라. Philip Bump, "Everything You Need to Know About the Cambridge Analytica—Facebook Debacle," *Washington Post*, March 19, 2018, https://www.washingtonpost.com/news/politics/wp/2018/03/19/everything-you-need-to-know-about-the-cambridge-analytica-facebook-debacle/; Christopher Wyle, "Written Statement to the United States Senate Committee on the Judiciary, In the Matter of Cambridge Analytica and

Other Related Issues," May 16, 2018, https://www.judiciary.senate.gov/imo/media/doc/05-16-18%20Wylie%20Testimony.pdf.

7 Russell Brandom, "Mark Zuckerberg Isn't Ruling Out a Paid Version of Facebook," *Verge*, April 10, 2018, https://www.theverge.com/2018/4/10/17220534/paid-facebook-ad-free-version-mark-zuckerberg-testimony.

8 Edmond Lee and Roni Molla, "The *New York Times* Digital Paywall Business Is Growing as Fast as Facebook and Faster than Google," *Recode*, February 8, 2018, https://www.recode.net/2018/2/8/16991090/new-york-times-digital-paywall-business-growing-fast-facebook-google-newspaper-subscription.

9 Stuart Cunningham, Terry Flew, and Adam Swift, *Media Economics* (New York: Palgrave Macmillan, 2015).

10 공공재의 경제적·전략적 측면을 탐색하는 문헌들은 방대하다. 보통 이들 문헌에서는 어떻게 공공재의 수익창출 가능성이 창구화 전략(windowing)이나 버전차별 전략(versioning)과 같은 용도변경 전략을 통해 실현되는가를 잘 보여준다. 창구화 전략의 고전적 사례는 영화사가 자신의 콘텐트를 극장에서 수요기반 플랫폼(on-demand platform), 프리미엄 케이블TV, 일반 케이블TV로 장기간 옮겨가는 경우이다. 이 과정에서 단계를 옮겨갈 때마다 콘텐트 가격은 낮아지지만, 각 단계마다 추가적 수익을 얻을 수 있다. 즉 창구화 전략은 영화제작사가 시간 흐름에 따라 상이한 가격으로 영화를 판매하는 일종의 가격차별화 전략이다. 버전차별 전략도 비슷한데, 여기서는 동시에 동일한 미디어를 다양한 버전으로 만들고 여기서도 가격차별화를 실시한다. 또다시 영화사를 예로 들어 설명해보자. 표준적인 버전의 영화와 3-D 버전의 영화가 동시에 개봉되지만, 3-D 버전의 영화는 다소 비싼 가격이 매겨진다. 용도변경이 언제나 가격차별화 전략을 포함하는 것은 아니다. 몇몇 사례에서 나타나듯, 용도변경은 시간의 흐름에 따라 콘텐트를 통해 수익을 창출하는 다양한 방법이다[예를 들어, 공중파 네트워크 TV가 지역방송국 혹은 소규모 케이블TV 네트워크와 프로그램을 공유하는 신디케이트를 구성하는 방식; 야간에 방영된 토크쇼 영상의 일부를 다음 날 아침 유튜브에 게시하는 방식].

11 다음을 보라. James T. Hamilton, *All the News That's Fit to Sell: How the Market Transforms Information Into News* (Princeton, NJ: Princeton University Press, 2004). "Because public goods are non-rivalrous (one person's consumption does not detract from another's) and non-excludable (difficult to monetize and to exclude from free riders), they differ from other commodities, like cars or clothes, within a capitalistic economy." Victor Pickard, "The Great Evasion: Confronting Market Failure in American Media Policy," *Critical Studies in Media Communication* 31, no. 2 (2014), 153-159, 154.

12 "사람들은 가격을 지불하지 않고 공공재를 소비할 수 있다. 왜냐하면 다른 사람이 공공재를 소비하는 것을 막는 것은 어렵거나 불가능하기 때문이다." Hamilton, *All the News That's Fit to Sell*, 8.

13 "사람들은 자신들이 정치에 대해서 학습하는 것이 사회의 전체적 편익에 미치는 효과를 계산하지 않는다. 따라서 사람들은 공공이슈에 관한 취재에 대하여 최적 수준의 관심을 표현하지 않으려 하며, 정부에 대한 뉴스도 필요한 만큼 원하지 않으려 한다." Hamilton, *All the News That's Fit to Sell*, 13.

14 "민주주의 유지 인프라(democracy-sustaining infrastructures)를 위한 상업적 지원의 부적절성은 이제 명백해졌다. 핵심적 커뮤니케이션을 수행하는 저널리즘 산출물이 체계적으로 적게 생산되고 있다." Pickard, "The Great Evasion," 159.

15 James G. Webster, *The Marketplace of Attention: How Audiences Take Shape in the Digital Age* (New Haven, CT: Yale University Press, 2014).

16 예를 들어, 다음을 보라. Thomas H. Davenport and John C. Beck, *The Attention Economy: Understanding the New Currency of Business* (Cambridge, MA: Harvard Business School Press, 2011); Tim Wu, *The Attention Merchants: The Epic Struggle to Get Inside Our Heads* (New York: Atlantic Books, 2017); Zeynep Tufekci, "Not This One," *American Behavioral Scientist* 57, no. 7 (2013): 848-870.

17 Philip M. Napoli, *Audience Evolution: New Technologies and the Transformation of Media Audiences* (New York: Columbia University Press, 2011).

18 Julia Angwin, Madeline Varner and Ariana Tobin, "Facebook Enabled Advertisers to Reach 'Jew Haters,'" *ProPublica*, September 14, 2017, https://www.propublica.org/article/facebook-enabled-advertisers-to-reach-jew-haters; Julia Angwin, Ariana Tobin and Madeleine Varner, "Facebooks (Still) Letting Housing Advertisers Exclude Users by Race," *ProPublica*, November 21, 2017, https://www.propublica.org/article/facebook-advertising-discrimination-housing-race-sex-national-origin.

19 Rhett Jones, "Facebook Offered Advertisers 'White Genocide' Option," November 2, 2018, *Gizmodo*, https://gizmodo.com/facebook-offered-advertisers-white-genocide-option-1830190052?fbclid=IwAR23MvocBxWz1OWi6m3wrR08Qo138EPDRmKE3J5kx9F5qpwS-DaHtzLPEyE.

20 Maurice E. Stucke and Allen P. Grunes, "Antitrust and the Marketplace of Ideas," *Antitrust Law Journal* 69, no. 1 (2001): 249-302, 286.

21 Piety, "Market Failure in the Marketplace of Ideas," 189-190.

22 Richard A. Tybout, "Pricing Pollution and Other Negative Externalities," *Bell Journal of Economics and Management Science* 3, no. 1 (1972): 252-266. "공공 담론에서 허위가 점점 더 판을 치는 현상은 아마도 언론의 강렬한 자유 문화의 결과를 반영한 것이지만, 언론의 자유 체제로는 이 문제를 치유할 가능성이 낮은 것이 현실이라고 결론 내릴 수밖에 없다." Frederick Schauer, "Facts and the First Amendment," *UCLA Law Review* 57 (2009-2010): 897-919, 911-912.

23 James T. Hamilton, *Channeling Violence: The Economic Market for Violent Television Programming* (Princeton, NJ: Princeton University Press, 1998).

24 Hamilton, *Channeling Violence*.

25 Napoli, *Audience Economics*.

26 예를 들어, 다음을 보라. Francis M. Bator, "The Anatomy of Market Failure," *Quarterly Journal of Economics* 72, no. 3 (1958): 351-379.

27 "경제적 효율성 개념은 경제시스템이 소비자의 취향과 선호(문제는 이들이 기술의 한계에 종속된다는 점이다)에 반응해야만 하고, 사람들에게 아무리 필요한 상품이라 하더라도 상대적으로 대규모로 해당 상품을 생산하지 않는다는 것이다. 따라서 소비자들이 다른 종류의 상품이나 같은 상품의 다른 측면들과 비교하여 강렬하게 진리를 선호하지 않는다면, 경쟁시장에서 공급되고 '거래되는' 지식상품의 묶음이 최상의 진실을 담은 콘텐트일 것으로 기대할 수 없다. 만약 사람들이 허위에 가치를 부여한다면, 완전경쟁시장은 파레토 최적의 방식으로 허위를 공급해줄 것이다." Alvin I. Goldman and James C. Cox, "Speech, Truth, and the Free Market for Ideas," *Legal Theory* 2 (1996): 1-32, 18.

28 Lyrissa Barnett Lidsky, "Nobody's Fools: The Rational Audience as First Amendment Ideal," *University of Illinois Law Review* 2010 (2010): 799-850, 839.

29 관련 리뷰로는 다음을 보라. Deborah Haas-Wilson, "Arrow and the Information Market Failure in Health Care: The Changing Content and Sources of Health Care Information," *Journal of Health Politics, Policy and Law* 26, no. 5 (2001): 1031-1044.

30 이 경우 뉴스는 중고자동차 판매원에게 구매한 '겉만 그럴듯한 중고차(lemon)'와 다르지 않다. 정보(혹은 중고차)가 저질이라는 사실은 구매가 완료된 후에서야 확인할 수 있다. 정보의 비대칭성에 대한 논의로는 다음을 보라. George A. Akerlof, "The Market for 'Lemons': Quality Uncertainty and the Market Mechanism," *Quarterly Journal of Economics* 84, no. 3 (1970): 483-500.

31 Alan Randall, "The Problem of Market Failure," *Natural Resources Journal* 23 (1983): 131-148.

32 Bator, "The Anatomy of Market Failure."

33 본서 3장을 보라.

34 C. Edwin Baker, *Media Concentration and Democracy* (New York: Cambridge University Press, 2012).

35 Robert M. Entman and Steven S. Wildman, "Reconciling Economic and Non-Economic Perspectives on Media Policy: Transcending the 'Marketplace of Ideas,'" *Journal of Communication* 42, no. 1 (1992): 5-19; Philip M. Napoli, *Foundations of Communications Policy: Principles and Process in the Regulation of Electronic Media* (Cresskill, NJ: Hampton Press, 2001).

36 예를 들어, 다음을 보라. Baker, *Media Concentration and Democracy*; Natalie Just, "Measuring Media Concentration and Diversity: New Approaches and Instruments in Europe and the U.S.," *Media, Culture & Society* 31, no. 1 (2009): 97-117.

37 예를 들어, 다음을 보라. Philip M. Napoli (Ed.), *Media Diversity and Localism: Meaning and Metrics* (Mahwah, NJ: Erlbaum, 2007); Justin Schlosberg, *Media Ownership and Agenda Control: The Hidden Limits of the Information Age* (New York: Routledge, 2017).

38 Francine McKenna, "The Uncomfortable Question Zuckerberg Kept Facing: Is Facebook a Monopoly?" *MarketWatch*, April 11, 2018, https://www.marketwatch.com/story/the-uncomfortable-question-zuckerberg-kept-facing-is-facebook-a-monopoly-2018-04-11; Siva Vaidhyanathan, *Antisocial Media: How Facebook Disconnects Us and Undermines Democracy* (New York: Oxford University Press, 2018).

39 "플랫폼 독점은 시장이 붕괴한 결과가 아니다. 플랫폼 독점은 시장이 정상적으로 작동한 결과, 즉 경제학자들이 이야기하는 '자연독점' 현상이다." Alex Moazed and Nicholas L. Johnson, *Modern Monopolies: What It Takes to Dominate the Twenty-First-Century Economy* (New York: St. Martin's Press, 2016), 103.

40 "Google and Facebook Tighten Grip on US Digital Ad Market," *eMarketer*, September 21, 2017, https://www.emarketer.com/Article/Google-Facebook-Tighten-Grip-on-US-Digital-Ad-Market/1016494.

41 Eli Rosenberg, "'Twitter Is Part of the Problem': FCC Chairman Lambastes Company as Net-Neutrality Debate Draws Heat," *Washington Post*, November 28, 2017, https://www.washingtonpost.com/news/the-switch/wp/2017/11/28/twitter-is-part-of-the-problem-fcc-chairman-lambastes-company-as-net-neutrality-debate-draws-heat/?utm_term=.cf09accbe2b6.

42 페이스북과 구글 같은 플랫폼 기업들은 정부개입이 필요한 독점적 상황을 나타낸다는 주장이 최근 계속되고 있다. 예를 들어, 다음을 보라. Jonathan Taplin, *Move Fast and Break Things: How Facebook, Google, and Amazon Cornered Culture and Undermined Democracy* (New York: Hachette, 2017); Jon Swartz, "Soros: Beware IT Monopolies Facebook, Google," *Barron's*, January 25, 2018, https://www.barrons.com/articles/soros-beware-it-monopolies-facebook-google-1516923914.
반독점 개입에 대한 찬반 주장들에 대한 리뷰로는 다음을 보라. Greg Ip, "The Antitrust Case Against Facebook, Google and Amazon," *Wall Street Journal*, January 16, 2018, https://www.wsj.com/articles/the-antitrust-case-against-facebook-google-amazon-and-apple-1516121561.

43 Jason Abbruzzese, "Facebook and Google Dominate in Online News—But for Very Different Topics," *Mashable*, May 23, 2017, http://mashable.com/2017/05/23/google-facebook-dominate-referrals-different-content/#3Px.3N762iq0.

44 아리엘 에즈라치와 모리스 스터크는 시장의 '보이지 않는 손'이 알고리즘이 통제하는 플랫폼의 '디지털 손'으로 대체되고 있다고 경고한다. Ariel Ezrachi and Maurice E. Stucke, *Virtual Competition: The Promise and Perils of the Algorithm-Driven Economy* (Cambridge, MA: Harvard University Press, 2016), 209.

45 다음을 보라. Tarleton Gillespie, *Custodians of the Internet: Platforms, Content Moderation, and the Hidden Decisions That Shape Social Media* (New Haven, CT: Yale University Press, 2018).

46 Adam D. I. Kramer, Jamie E. Guillory, and Jeffrey T. Hancock, "Experimental Evidence of Massive-Scale Emotional Contagion Through Social Networks," *Proceedings of the National Academy of Sciences* 111, no. 24 (2014): 8788–8790.

47 Michael Nunez, "Former Facebook Workers: We Routinely Suppressed Conservative News," *Gizmodo*, May 9, 2016, https://gizmodo.com/former-facebook-workers-we-routinely-suppressed-conser-1775461006; Jonathan Albright, "Did Twitter Censor Occupy Wall Street?" *The Conversation*, October 11, 2011, https://theconversation.com/did-twitter-censor-occupy-

wall-street-3822; Allison Graves, "Did Google Adjust Its Autocomplete Algorithm to Hide Hillary Clinton's Problems?" *PunditFact*, June 23, 2016, http://www.politifact.com/punditfact/statements/2016/jun/23/andrew-napolitano/did-google-adjust-its-autocomplete-algorithm-hide-/.

48 Richard Epstein, "The Search Engine Manipulation Effect and Its Possible Impact on the Outcome of Election," *Proceedings of the National Academy of Sciences* 112, no. 33 (2015): E4512–E4521; Robert M. Bond, Christopher J. Fariss, Jason J. Jones, Adam D. I. Kramer, Cameron Marlow, Jaime E. Settle, and James H. Fowler, "A 61-Million Person Experiment in Social Influence and Political Mobilization," *Nature* 489 (2012): 295–298.

49 *Extremist Content and Russian Disinformation Online: Working with Tech to Find Solutions*, Hearing Before the United States Senate Committee on the Judiciary Subcommittee on Crime and Terrorism, October 31, 2017, https://www.judiciary.senate.gov/meetings/extremist-content-and-russian-disinformation-online-working-with-tech-to-find-solutions; Russia Investigative Task Force Open Hearing with Social Media Companies, Hearing Before the United States House of Representatives Permanent Select Committee on Intelligence, November 1, 2017, https://docs.house.gov/meetings/IG/IG00/20171101/106558/HHRG-115-IG00-Transcript-20171101.pdf.

50 Colin Stretch, General Counsel, Facebook, *Testimony Before the United States Senate Committee on the Judiciary Subcommittee on Crime and Terrorism*, October 31, 2017, https://www.judiciary.senate.gov/download/10-31-17-stretch-testimony.

51 "반독점 규제의 관점에서 볼 때, 뉴스 출판업자들은 페이스북의 경쟁자들이다. 뉴스 출판업자들은 온라인 공간에서 이용자의 뉴스소비 시간, 이용자 데이터, 광고비를 두고 경쟁을 벌인다. …… 실제로 경쟁은 페이스북에 더 유리하며, 이러한 편향은 페이스북이 가짜뉴스의 등장에 일정 부분 책임이 있다는 것을 보여준다. 플랫폼 이용자들을 플랫폼에 묶어두기 위한 기술적 지렛대(technological levers)를 작동시키면 뉴스 출판업자 사이트에 대한 클릭수는 감소할 것이다. 이를 통해 페이스북은 정식뉴스의 감소를 부채질하며 결국 다양한 거짓들이 창궐하는 토양을 만들어낼 것이다." Sally Hubbard, "Why Fake News Is an Antitrust Problem," *Forbes*, January 10, 2017, https://www.forbes.com/sites/washingtonbytes/2017/01/10/why-fake-news-is-an-antitrust-problem/#4c557dc730f1.

52 Ezrachi and Stucke, *Virtual Competition*, chapter 12.

53 Ezrachi and Stucke, *Virtual Competition*, 125.

54 Paul Armstrong, "Facebook Too Big to Fail? Three Warnings from Myspace," *Guardian*, July 29, 2014, https://www.theguardian.com/media/2014/jul/29/facebook-myspace-lessons-social-media-zuckerberg.

55 Armstrong, "Facebook Too Big to Fail?"

56 네트워크 효과와 소셜미디어에 대한 보다 자세한 논의로는 다음을 보라. Zsolt Katona, Peter Pal Zubszek, Miklos Sarvary, "Network Effects and Personal Influences: The Diffusion of an Online Social Network," *Journal of Marketing Research* 48, no. 3 (2011): 425–443.

57 다음을 보라. Eliot Jones, "Is Competition in Industry Ruinous?" *Quarterly Journal of Economics* 34, no. 3 (1920), 473–519; Maurice E. Stucke, "Is Competition Always Good?" *Journal of Antitrust Enforcement* 1, no. 1 (2013): 162–197.

58 Jones, "Is Competition in Industry Ruinous?"; Stucke, "Is Competition Always Good?"

59 Richard van der Wurff and Jan van Cuilenberg, "Impact of Moderate and Ruinous Competition on Diversity: The Dutch Television Market," *Journal of Media Economics* 14, no. 4 (2001): 213–229.

60 Stucke, "Is Competition Always Good?"

61 예를 들어 온라인에서 생산되는 수많은 '이용자 제작 콘텐트'가 재정적 수익을 거의 혹은 전혀 내지 못하는지 떠올려보라.

62 예를 들어, 다음을 보라. Michael Schudson, *Discovering the News: A Social History of American Newspapers* (New York: Basic Books, 1981).

63 예를 들어, 다음을 보라. "Sinclair TV Chairman to Trump: 'We Are Here to Deliver Your Message,'" *Guardian*, April 10, 2018, https://www.theguardian.com/media/2018/apr/10/donald-trump-sinclair-david-smith-white-house-meeting.

64 Sydney Ember, "Sinclair Requires TV Stations to Air Segments That Tilt to the Right," *New York Times*, May 12, 2017, https://www.nytimes.com/2017/05/12/business/media/sinclair-broadcast-komo-conservative-media.html.

65 Sydney Ember and Andrew Ross Sorkin, "Meredith Bid for Time Inc. Said to Be Backed by Koch Brothers," *New York Times*, November 15, 2017, https://www.nytimes.com/2017/11/15/business/media/koch-brothers-time-meredith.html.

66 예를 들어, 다음을 보라. Tom Evens and Laurence Hauttekeete, "From Hero to Zero: How Commercialism Ruined Community Radio in Flanders," *Radio Journal* 6, nos. 2/3 (2008): 95-112; Lars W. Nord, "Newspaper Competition and Content Diversity: A Comparison of Regional Media Markets in Sweden," *Papeles de Europa* 26, no. 1 (2013): 1-13; van der Wurff and van Cuilenberg, "Impact of Moderate and Ruinous Competition."

67 예를 들어, 다음을 보라. *Europe Economics, Market Definition in the Media Sector: Economic Issues*, Report for the European Commission, 2002, http://ec.europa.eu/competition/sectors/media/documents/european_economics.pdf.

68 이러한 관점에 대한 리뷰로는 다음을 보라. Gordon Tullock, *On Voting: A Public Choice Approach* (Northampton, MA: Edward Elgar, 1998).

69 "대부분의 경제학자들은 …… 투표자들을 약삭빠른 모습으로 '자신의 통장을 위해 투표하는(vote their pocketbooks)' 소비자에 비교한다." Bryan Caplan, *The Myth of the Rational Voter: Why Democracies Choose Bad Policies* (Princeton, NJ: Princeton University Press, 2007), 18.

70 "아마도 '사익'이라는 용어를 포기하고 …… '포괄적 이익(inclusive interest)' 이라 부르는 것이 최선일 듯하다. 어떤 것이 자신의 혹은 자기 가족의 …… 아울러 사회적 네트워크를 구성하는 친구와 동료의 일상적이며 대표적인 목표 달성에 도움이 된다면, 이것이 바로 이 사람의 포괄적 이익이라고 볼 수 있다." Jason Weeden and Robert Kurzban, *The Hidden Agenda of the Political Mind: How Self-Interest Shapes Our Opinions and Why We Won't Admit It* (Princeton, NJ: Princeton University Press, 2014), 39-40.

71 "선거결과는 개별 투표자의 선거 '선택'과는 분리되어" 있기 때문에, 투표는 일종의 "시장상황에서 억눌려 있는 다양한 유형의 윤리적·이념적 원칙들을 반영하는 표현적 행위"다. 따라서 정치는 시장보다 더 자유롭고 넓은 영역에서 윤리적 고려를 가능하게 만든다. Geoffrey Brennan and Loren Lomasky, *Democracy and Decision: The Pure Theory of Electoral Preference* (New York: Cambridge University Press, 1993), 15-16.

72 "투표자의 비합리성이란 용어는 경제학 이론에서 자기반성적으로(introspectively) 인간적 동기(human motivation)와 관련된 타당한 가정(plausible assumption)이라고 부른 용어다." Caplan, *The Myth of the Rational Voter*, 3.

73 "이러한 논쟁의 핵심은 …… 정치적 의견을 추동하는 데 얼마나 사익이 중요한지에 대한 것이다. 2장에서 저자는 사익이 그다지 중요하지 않다는 주장에 대해 다음과 같이 주장한 바 있다. 이런 간단한 주장이 맞는지 간단하게 테스트

할 때, 간단한 주장은 매우 자주 그저 사실이 아니다(When we run simple tests of these simple claims, quite often the simple claims are simply untrue)." Weeden and Kurzban, *The Hidden Agenda*, 203.

74 백인 블루칼라 투표자들이 트럼프에 투표한 것은 "이들이 비합리적이기 때문이 아니라, 이들이 양쪽 진영에 속한 다른 일반적 투표자들과 마찬가지로 사익 추구 투표를 하는 존재였기 때문이다." Robert Kurzban and Jason Weeden, "No, Trump Voters Were Not Irrational," *Washington Post*, November 9, 2016, https://www.washingtonpost.com/news/in-theory/wp/2016/11/09/no-trump-voters-were-not-irrational/?utm_term=.45ad6fae23c6. 또한 다음을 보라. David Goodhart, "White Self-Interest Is Not the Same Thing as Racism," *American Renaissance*, March 2, 2017, https://www.amren.com/news/2017/03/white-self-interest-not-thing-racism/; Ned Barnett, "Duke Professor Dispels Myth About Trump and Working-Class Voters," *News-Observer*, June 10, 2017, http://www.newsobserver.com/opinion/opn-columns-blogs/ned-barnett/article155509549.html.

75 "트럼프 지지자들은 현 상태를 뒤집어엎기를 원했다." Daniel Henninger, "The Trump Question," *Wall Street Journal*, January 18, 2017, https://www.wsj.com/articles/the-trump-question-1484784436.

76 "우리들의 분석에 따르면 트럼프는 다양한 인종적 분노에 대한 측정치들로 파악 가능한 인종주의를 중심으로 유권자 재배치(realignment)를 가속화했고, 이를 토대로 선거에서 승리할 수 있었다. 반대로 우리는 개인이 처한 경제적 스트레스가 트럼프 승리에 기여했다는 증거를 발견하지는 못했다." Sean McElwee and Jason McDaniel, "Economic Anxiety Didn't Make People Vote Trump, Racism Did," *Nation*, May 8, 2017, https://www.thenation.com/article/economic-anxiety-didnt-make-people-vote-trump-racism-did/

77 "첫 번째 여성 대통령 당선의 가장 중요한 걸림돌은 수많은 사람들이 여성의 사회진출에 대해서 감추어진 내면화된 편향을 갖고 있었다는 사실이다. 어쩌면 놀라운 것은 여성들 역시도 평균적으로 남성들과 비슷한 수준의 편향을 가지고 있었다는 점이다." Carl Bialik, "How Unconscious Sexism Could Help Explain Trump's Win," *Five Thirty Eight*, January 21, 2017, https://fivethirtyeight.com/features/how-unconscious-sexism-could-help-explain-trumps-win/.

78 예를 들어, 다음을 보라. Martha C. White, "Trump Voters Stand to Suffer Most from Obamacare Repeal and Trade War," *NBC News*, February 6, 2017, http://www.nbcnews.com/business/business-news/trump-voters-stand-suffer-most-obamacare-repeal-trade-war-n717491; Paul Krugman, "Coal Country Is a State of Mind," *New York Times*, March 31, 2017, https://www.nytimes.com/2017/03/31/opinion/coal-country-is-a-state-of-mind.html; Andrew Restuccia, Matthew Nussbaum, and

Sarah Ferris, "Trump Releases Budget Hitting His Own Voters Hardest," *Politico*, May 22, 2017, http://www.politico.com/story/2017/05/22/trump-budget-cut-social-programs-238696; Amanda Taub, "Why Americans Vote 'Against Their Interest': Partisanship," *New York Times*, April 12, 2017, https://www.nytimes.com/2017/04/12/upshot/why-americans-vote-against-their-interest-partisanship.html?_r=0; Catherine Rampell, "Why the White Working Class Votes Against Itself," *Washington Post*, December 22, 2016, https://www.washingtonpost.com/opinions/why-the-white-working-class-votes-against-itself/2016/12/22/3aa65c04-c88b-11e6-8bee-54e800ef2a63_story.html?utm_term=.99d233ea82fb; Neil H. Buchanan, "Why Did So Many Americans Vote to Be Poorer?" *Newsweek*, January 15, 2017, http://www.newsweek.com/neil-buchanan-why-did-so-many-americans-vote-be-poorer-542453; Neil Macdonald, "Trump's Poor and Rural Supporters Line Up to Take Their Economic Beating," *CBC News*, April 5, 2017, http://www.cbc.ca/news/opinion/americans-voting-for-cuts-1.4055389.

79 "도널드 트럼프의 가장 열성적 지지자들은, 건강보험개혁법을 철회하겠다는 트럼프의 공약을 실현시키고, 중국이나 멕시코 같은 나라와 교역전쟁을 실시할 경우, 가장 큰 타격을 입을 가능성이 높았다." White, "Trump Voters Stand to Suffer Most."
"미국의 노동자를 돕겠다는 도널드 트럼프의 포퓰리즘 메시지와 공약은 그를 백악관에 입성시키는 원동력이었다. 그러나 트럼프는 화요일 트럼프 지지자들이 의존하고 있는 사회적 안정망을 치워버리는 정부예산안을 제안하였다." Restuccia et al., "Trump Releases Budget."

80 Paul Waldman, "The GOP Tax Plan Is Moving Forward. It's a Big Scam on Trump's Base," *Washington Post*, November 16, 2017, https://www.washingtonpost.com/blogs/plum-line/wp/2017/11/16/the-gop-tax-plan-is-moving-forward-its-a-big-scam-on-trumps-base/?utm_term=.07cd832ee214; Sam Berger, "The GOP Tax Bill WouldHit Trump Supporters Hardest," *Real Clear Policy*, November 28, 2017, http://www.realclearpolicy.com/articles/2017/11/28/the_gop_tax_bill_would_hit_trump_supporters_hardest.html; John Harwood, "Trump's Core Supporters Are About to Be Handedthe Bill for Tax Reform," *CNBC*, November 16, 2017, https://www.cnbc.com/2017/11/16/trumps-core-supporters-are-about-to-be-handed-the-bill-for-tax-reform.html.

81 Berger, "The GOP Tax Bill."

82 "왜 사람들은 자신의 경제적 이익에 어긋나는 방식으로 투표하는가? 전문가들은 정파성에서 그 답을 찾는다. 정당지지성향은 특정 정책의 세부적 특징들을 압도하는 전방위적 정체성이다." Taub, "Why Americans Vote."

83 Kathleen Hall Jamieson, *Cyber-War: How Russian Hackers and Trolls Helped Elect a President* (New York: Oxford University Press, 2018).

84 "심지어 필요한 모든 데이터들을 기적적으로 얻을 수 있다고 하더라도, 우리는 러시아 트롤 사이트에서 생성된 콘텐트 효과를 다른 수많은 정보들 그리고 다른 형태의 전자 커뮤니케이션에 따른 효과들과 구별할 방법이 없다." Jamieson, *Cyber-War*, 208.

85 다음을 보라. Social Science Research Council, Social Data Initiative, Request for Proposals, July 2018, https://s3.amazonaws.com/ssrc-cdn2/5bbcff044d422.pdf.

86 다음을 보라. Social Science One, Dataverse, 2018, https://socialscience.one/facebook-dataverse.

5장 미디어 거버넌스의 공익원칙: 과거와 미래

1 공익 개념에 대한 보다 포괄적인 논의로는 다음을 보라. Denis McQuail, *Media Performance: Mass Communication and the Public Interest* (Thousand Oaks, CA: Sage, 1992); Philip M. Napoli, *Foundations of Communications Policy: Principles and Process in the Regulation of Electronic Media* (Cresskill, NJ: Hampton Press, 2001).

2 Uwe Hasebrink, "The Role of the Audience Within Media Governance: The Neglected Dimension of Media Literacy, *Media Studies* 3, no. 6 (2012): 58–73; Natali Helberger, "From Eyeball to Creator—Toying with Audience Empowerment in the Audiovisual Media Services Directive, *Entertainment Law Review* 6 (2008): 128–137; Ganaele Langlois, "Participatory Culture and the New Governance of Communication: The Paradox of Participatory Media," *Television & New Media* 14 (2012): 91–105.

3 Avshalom Ginosar, "Media Governance: A Conceptual Framework or Merely a Buzzword?" *Communication Theory* 23 (2013): 356–374, 357; 또한 다음을 보라. David Nolan and Tim Marjoribanks, "'Public Editors' and Media Governance at the *Guardian* and the *New York Times*," *Journalism Practice* 5, no. 1 (2011): 3–17.

4 예를 들어, 다음을 보라. Council of Europe, *Public Service Media Governance: Looking to the Future*, 2009, https://teledetodos.es/index.php/documentacion/publicaciones-e-informes/139-public-service-media-governance-looking-

to-the-future-psm-gobernance-2009/file; Kari Karppinen and Hallvard Moe, "A Critique of 'Media Governance,'" in *Communication and Media Policy in the Era of the Internet*, ed. Maria Loblich and SentaPfaff-Rudiger, (Nomos: Baden-Baden, 2013), 69-80; Manuel Puppis, "Media Governance: A New Concept for the Analysis of Media Policy and Regulation," *Communication, Culture & Critique* 3, no. 2 (2010): 134-149.

5 Eva Lievens, Peggy, Valcke and Pieter Jan Valgaeren, State of the Art on Regulatory Trends in Media: Identifying Whether, What, How and Who to Regulate on Social Media. Report from User Empowerment in Social Media Culture (EMSOC) (December, 2011).

6 Tarleton Gillespie, "The Politics of 'Platforms,'" *New Media & Society* 12, no. 3 (2010): 347-364, 348.

7 Napoli, *Foundations of Communications Policy*.

8 예를 들어, 다음을 보라. Steven M. Barkin, *American Television News: The Media Marketplace and the Public Interest* (Armonk, NY: M. E. Sharpe, 2003); Jeremy Iggers, *Good News, Bad News: Journalism Ethics and the Public Interest* (Boulder, CO: Westview Press, 1999).

9 미디어 산업의 자율규제 강령에 대한 자세한 논의로는 다음을 보라. Angela J. Campbell, "Self-Regulation and the Media," *Federal Communications Law Journal* 51 (1999): 711-771; Bruce A. Linton, "Self-Regulation in Broadcasting Revisited," *Journalism Quarterly* 64 (1987): 483-490; and Mark MacCarthy, "Broadcast Self-Regulation: The NAB Codes, Family Viewing Hour, and Television Violence," *Cardozo Arts & Entertainment Law Journal* 13 (1995): 667-696. 이들 저작에서는 전미방송인협회(NAB, National Association of Broadcasters)의 라디오강령과 TV강령에 주목하고 있다. 이 두 강령은 1980년대 초반 폐지되기 이전까지 각각 50년, 30년 정도 유지되었다. 이 강령들은 미법무부(Department of Justice)의 소송 결과 폐지되었다. 미법무부는 상업방송의 방송시간과 시간당 광고개수를 규제하는 TV강령이 상업방송 시간의 공급을 제한하는 것이며, 따라서 셔먼반독점법(Sherman Antitrust Act)에 위배된다는 소송을 제시하였다. 비록 미법무부의 소송이 자율규제 강령에 포함된 프로그램 관련 기준들이 아니라 광고 관련 기준들을 다루었음에도, NAB는 법무부 소송 이후 자율규제 강령 전체를 포기하였다.

10 "ASNE Statement of Principles," *ASNE*, 2018, http://asne.org/asne-principles.

11 "SPJ Code of Ethics," *Society of Professional Journalists*, 2014, https://www.spj.org/ethicscode.asp.

12 "ASNE Statement,"

13 "SPJ Code,"

14 "RTDNA Code of Ethics," *RTDNA*, 2015, https://www.rtdna.org/content/rtdna_code_of_ethics.

15 Alfred Hermida, Fred Fletcher, Darryl Korell, and Donna Logan, "Share, Like, Recommend: Decoding the Social Media News Consumer," *Journalism Studies* 13, no. 5–6 (2012): 815–824.

16 Luke Goode, "Social News, Citizen Journalism and Democracy," *New Media & Society* 11, no. 8 (2010): 1287–1305.

17 Mark Zuckerberg, "Bringing the World Closer Together," *Facebook*, June 22, 2017, https://www.facebook.com/zuck/posts/10154944663901634.

18 "Our Company," *Twitter*, 2018, https://about.twitter.com/en_us/test-pages1/c20-masthead-text-version.html.

19 Evgeny Morozov, *The Net Delusion: The Dark Side of Internet Freedom* (New York: Public Affairs, 2011); Astrid Taylor, *The People's Platform: Taking Back Power and Culture in the Digital Age* (New York: Metropolitan Books, 2014).

20 예를 들어, 다음을 보라. Jessi Hempel, "Social Media Made the Arab Spring, but Couldn't Save It," *Wired*, January 26, 2016, https://www.wired.com/2016/01/social-media-made-the-arab-spring-but-couldnt-save-it/.

21 예를 들어, 다음을 보라. Yochai Benkler, *The Wealth of Networks: How Social Production Transforms Markets and Freedom* (New Haven, CT: Yale University Press, 2006); Clay Shirky, *Here Comes Everybody: The Power of Organizing Without Organizations* (New York: Penguin, 2008).

22 로버트 겔(Robert Gehl)은 이러한 "주권을 가진 상호작용하는 소비자는 디지털 정보 흐름의 주인"이며, "대규모로 어디에나 존재하는 광고네트워크, 제1자와 제3자 웹분석도구 사이의 복잡한 상호작용, 대규모의 개별 이용자 데이터 흐름, 또한 공포, 기억, 욕망을 토대로 작동하는 광고의 정교한 인식통제권력(noopower: 역주-정신을 뜻하는 그리스어 noo에 권력을 뜻하는 power를 합성한 용어다) 등을 처리할 수 있는 능력을 보유해야 한다"고 주장한다. Robert W. Gehl, *Reverse Engineering Social Media: Software, Culture, and Political Economy in New Media Capitalism* (Philadelphia: Temple University Press, 2014), 110, 112. 물론 우리는 여기에 소셜미디어 공간에서 인기를 얻는 다양한 형태의 오정보와 가짜뉴스들을 포함시킬 수 있을 것이다.

23 다음에서 인용하였다. Ravi Somaiya, "How Facebook Is Changing the Way Its Users Consume Journalism," *New York Times*, October 26, 2014, https://www.nytimes.com/2014/10/27/business/media/how-facebook-is-changing-the-way-its-users-consume-journalism.html (강조는 저자가 추가한 것이다).

24 Geert Lovink, *Networks Without a Cause: A Critique of Social Media* (Malden, MA: Polity Press, 2011), 34.

25 Jay Rosen, "Why Do They Give Us Tenure?" *PressThink*, October 25, 2014, http://pressthink.org/2014/10/why-do-they-give-us-tenure/.

26 Motahhare Eslami et al., "'I Always Assumed That I Wasn't Really That Close to [Her]': Reasoning About Invisible Algorithms in the News Feed," *Proceedings of the Thirty-Third Annual ACM Conference on Human Factors in Computing Systems*, April 2015, 153-162.

27 Elia Powers, "My News Feed Is Filtered?" *Digital Journalism* 5, no. 10 (2017): 1315-1335.

28 Tarleton Gillespie, "Facebook's Algorithm—Why Our Assumptions Are Wrong, and Our Concerns Are Right," *Culture Digitally*, July 4, 2014, http://culturedigitally.org/2014/07/facebooks-algorithm-why-our-assumptions-are-wrong-and-our-concerns-are-right/.

29 Mark Zuckerberg, "Continuing Our Focus for 2018," *Facebook*, January 19, 2018, https://www.facebook.com/zuck/posts/10104445245963251?pnref=story.

30 Zuckerberg, "Continuing Our Focus for 2018."

31 Zuckerberg, "Continuing Our Focus for 2018."

32 Zuckerberg, "Continuing Our Focus for 2018."

33 수용자 측정치를 둘러싼 정치적 역학관계와 논란에 대해서는 다음을 보라. Philip M. Napoli, *Audience Evolution: New Technologies and the Transformation of Media Audiences* (New York: Columbia University Press, 2011).

34 Will Oremus, "Who Controls Your Facebook Feed," *Slate*, January 3, 2016, http://www.slate.com/articles/technology/cover_story/2016/01/how_facebook_s_news_feed_algorithm_works.html.

35 Oremus, "Who Controls Your Facebook Feed."

36 Adam Mosseri, "Helping Ensure News on Facebook Is from Trusted Sources," *Facebook*, January 19, 2018, https://newsroom.fb.com/news/2018/01/trusted-sources/.

37 비슷한 비판으로는 다음을 보라. Will Oremus, "What Could Go Wrong With Facebook's Plan to Rank News Sources by 'Trustworthiness,'" *Slate*, January 18, 2018, https://slate.com/technology/2018/01/facebook-will-rank-new-sources-by-trustworthiness-what-could-go-wrong.html.

38 Virginia Held, *The Public Interest and Individual Interests* (New York: Basic Books, 1970).

39 Tom McKay, "Facebook Is Now Trying to Hire 'News Credibility Specialists' to Deal with Its Fake News Problem," *Gizmodo*, June 7, 2018, https://gizmodo.com/facebook-is-now-trying-to-hire-news-credibility-special-1826654472.

40 Fairness, Accountability, and Transparency in Machine Learning, "Principles for Accountable Algorithms and a Social Impact Statement for Algorithms," n.d., https://www.fatml.org/resources/principles-for-accountable-algorithms.

41 Association of Computing Machinery, "Statement on Algorithmic Transparency and Accountability," January 12, 2017, https://www.acm.org/binaries/content/assets/public-policy/2017_usacm_statement_algorithms.pdf.

42 Partnership on AI, "About Us," n.d., https://www.partnershiponai.org/about/.

43 알고리즘 기반 의사결정에 대해 보다 강력한 사회적 책임을 요구하는 최근 시도에 대해서는 다음을 보라. Aaron Rieke, Miranda Bogen, and David G. Robinson, *Public Scrutiny of Automated Decisions: Early Lessons and Emerging Methods: An Upturn and Omidyar Network Report*, February 2018, http://omidyar.com/sites/default/files/file_archive/Public%20Scrutiny%20of%20Automated%20Decisions.pdf.

44 Communications Act of 1934, Pub. L. No. 416, 48 Stat. 1064 (1934).

45 Dean M. Krugman and Leonard N. Reid, "The Public Interest as Defined by FCC Policymakers," *Journal of Broadcasting* 24, no. 3 (1980): 311-325.

46 보다 자세한 논의로는 다음을 보라. Napoli, *Foundations of Communications Policy*.

47 Mark S. Fowler and Daniel L. Brenner, "A Marketplace Approach to Broadcast Regulation," *Texas Law Review* 60 (1982): 1–51, 3–4.

48 예를 들어, 다음을 보라. Reed Hundt, "The Public's Airwaves: What Does the Public Interest Require of Television Broadcasters?" *Duke Law Journal* 45 (1996): 1089–1129; Cass R. Sunstein, "Television and the Public Interest," *University of California Law Review* 88 (2000): 499–564.

49 예를 들어, 다음을 보라. Napoli, *Foundations of Communications Policy*.

50 Napoli, *Foundations of Communications Policy*.

51 Federal Communications Commission, *Protecting and Promoting the Open Internet, Report and Order*, March 12, 2015, https://transition.fcc.gov/Daily_Releases/Daily_Business/2015/db0312/FCC-15-24A1.pdf.

52 Ajit Pai, "Restoring Internet Freedom," Federal Communications Commission, December 14, 2015, https://www.fcc.gov/restoring-internet-freedom.

53 Napoli, *Foundations of Communications Policy*.

54 NBC v. United States, 319 U.S. 190 (1943), 213.

55 NBC v. United States, 216.

56 예를 들어, 다음을 보라. Lawrence Gasman, *Telecompetition: The Free Market Road to the Information Highway* (Washington, DC: CATO Institute, 1994).

57 예를 들어, 다음을 보라. Robert W. McChesney, *Telecommunications, Mass Media, and Democracy: The Battle for the Control of U.S. Broadcasting, 1928–1935* (New York: Oxford University Press, 1993).

58 Eli M. Noam, "Why TV Regulation Will Become Telecom Regulation," in *Communications: The Next Decade*, ed. Ed Richards, Robin Foster, and Tom Kiedrowski (London: Ofcom, 2016), 67–72, 67.

59 Noam, "Why TV Regulation Will Become Telecom Regulation."

60 Noam, "Why TV Regulation Will Become Telecom Regulation," 68.

61 예를 들어, 다음을 보라. Charles W. Logan, Jr., "Getting Beyond Scarcity: A New Paradigm for Assessing the Constitutionality of Broadcast Regulation," *California Law Review* 85, no. 6 (1997): 1687–1747.

62 예를 들어, 다음을 보라. CBS v. Federal Communications Commission, 453 U.S. 367 (198); Hundt, "The Public's Airwaves."

63 예를 들어, 다음을 보라. R. Clark Wadlow and Linda M. Wellstein, "The Changing Regulatory Terrain of Cable Television," *Catholic University Law Review* 35, no. 3 (1986): 705-736.

64 일반적으로 파급력 규제논리가 방송 영역에서만 성공적으로 작동한다고 생각하지만 그렇지 않다. 연방대법원은 케이블TV 시스템에서 부적절한 프로그램들을 막기 위한 헌법적 근거로 파급력 논리를 활용한 바 있다. 이에 대한 사례로 다음을 보라. Denver Area Educational Telecommunications Consortium v. FCC, 116 S. Ct. 2374 (1996); Robert Kline, "Freedom of Speech on the Electronic Village Green: Applying the First Amendment Lessons of Cable Television to the Internet," *Cornell Journal of Law & Public Policy* 6, no. 1 (1996): 23-60.

65 Federal Communications Commission v. Pacifica Foundation, 438 U.S. 726 (1978), 748.

66 Communications Decency Act of 1996, Pub. L. No. 104-104 (Tit. V), 110 Stat. 133 (February 8, 1996).

67 Reno v. ACLU, 521 U.S. 844 (1997), 869.

68 United States v. Southwestern Cable Co., 392 U.S. 157 (1968).

69 Henry Geller and Donna Lampert, "Cable, Content Regulation, and the First Amendment," *Catholic University Law Review* 32 (1983): 603-631.

70 United States v. Southwestern Cable Co.

71 United States v. Southwestern Cable Co.

72 Napoli, *Foundations of Communications Policy*.

73 United States v. Southwestern Cable Co., 178.

74 David Lazarus, "Facebook Says You 'Own' All the Data You Post. Not Even Close, Say Privacy Experts," *Los Angeles Times*, March 19, 2018, http://www.latimes.com/business/lazarus/la-fi-lazarus-facebook-cambridge-analytica-privacy-20180320-story.html.
전(前) 캠브리지애널리티카 직원은 change.org에 #OwnYourData(당신의 데이터는 당신의 것이다)라는 해시태그를 붙이자는 제안을 하면서, 페이스북이 이용자의 데이터를 이용자들의 재산으로 간주하라고 압박하기도 했다. 이와 관련 다음을 보라. Brittany Kaiser, "Tell Facebook: Our Data Is Our Property," https://www.change.org/p/tell-facebook-our-data-is-our-property-ownyourdata.

75 Jack M. Balkin, "Information Fiduciaries and the First Amendment," *UC Davis Law Review* 49 (2016): 1185–1234.

76 U.S. v. AT&T, Memorandum Opinion, June 12, 2018, http://www.dcd.uscourts.gov/sites/dcd/files/17-2511opinion.pdf.

77 Philip M. Napoli and Deborah L. Dwyer, "Media Policy in a Time of Political Polarization and Technological Evolution," *Publizistik* 63, no. 4 (2018): 583–601.

78 Jon Sallet, "FCC Transaction Review: Competition and the Public Interest," Federal Communications Commission, August 12, 2014, https://www.fcc.gov/news-events/blog/2014/08/12/fcc-transaction-review-competition-and-public-interest.

79 Jon Sallet, "FCC Transaction Review."

80 여기서 타임워너가 단 하나의 방송면허를 갖고 있지는 않았다. 타임워너의 여러 케이블TV 네트워크의 위성배포 시스템과 연관된 여러 방송면허가 존재했다. 이와 관련 다음을 보라. Jeff John Roberts, "AT&T's Bid for Time Warner Could Get Tripped Up by CNN Satellites," *Fortune*, October 26, 2016, http://fortune.com/2016/10/26/att-time-warner-fcc-2/.

81 Jon Brodkin, "AT&T/Time Warner Seems Headed for FCC Review, Whether AT&T Likes It or Not," *Ars Technica*, October 26, 2016, https://arstechnica.com/tech-policy/2016/10/atttime-warner-seems-headed-for-fcc-review-whether-att-likes-it-not/.

82 David Leiberman, "FCC Approves Time Warner TV Station Sale, Likely Helping AT&T Deal," *Deadline Hollywood*, April 17, 2017, http://deadline.com/2017/04/fcc-approves-time-warner-tv-station-sale-likely-helping-att-deal-1202070989/.

83 John Eggerton, "Ajit Pai Agrees to Confirm FCC's Non-Role in AT&T—Time Warner Review," *Broadcasting & Cable*, March 8, 2017, http://www.broadcastingcable.com/news/washington/ajit-pai-agrees-confirm-fccs-non-role-att-time-warner-review/163899.
타임워너의 케이블TV 네트워크 배포 시스템과 관련한 방송면허의 적실성에 대한 보고서에 따르면 "타임워너 케이블TV 네트워크는 기술적으로 대부분 백하울(역수송, backhaul) 기능을 갖기 때문에, 이들은 AT&T에 꼭 판매될 필요가 없거나 혹은 공중파를 사용하지 않는 콘텐트 배포 기술로 대체될 수 있었다." David Lieberman, "FCC Approves Time Warner TV Station Sale, Likely Helping AT&T Deal," *Deadline*, April 17, 2017, https://deadline.

com/2017/04/fcc-approves-time-warner-tv-station-sale-likely-helping-att-deal-1202070989/. 의원들의 질의에 대해 파이(Pai) 의장은 FCC가 AT&T-타임워너 합병을 독자적으로 검토할 수 있는 권한을 약속하였으나, 이러한 FCC의 검토는 이루어지지 않았다는 점에 주목하라.

84 Mike Ananny and Tarleton Gillespie, "Public Platforms: Beyond the Cycle of Shock and Exceptions," paper presented at the annual meeting of the International Communication Association, San Diego, CA, May 2017, 2–3.

85 Philip M. Napoli and Robyn Caplan, "When Media Companies Insist They're Not Media Companies, Why They're Wrong, and Why It Matters," *First Monday* 22, no. 5 (2017), http://firstmonday.org/ojs/index.php/fm/article/view/7051/6124.

86 Tarleton Gillespie, *Custodians of the Internet: Platforms, Content Moderation, and the Hidden Decisions That Shape Social Media* (New Haven, CT: Yale University Press, 2018).

87 Julia Angwin and Hannes Grassegger, "Facebook's Secret Censorship Rules Protect White Men from Hate Speech but Not Black Children," *ProPublica*, June 28, 2017, https://www.propublica.org/article/facebook-hate-speech-censorship-internal-documents-algorithms.

88 Angwin and Grassegger, "Facebook's Secret Censorship Rules." 정치적 발언 전반을 관리하는 페이스북의 지침(알려진 문서들을 근거로)을 분석하고 비판한 보다 최근의 문헌으로는 다음을 보라. Max Fisher, "Inside Facebook's Secret Rulebook for Global Political Speech," *New York Times*, December 27, 2018, https://www.nytimes.com/2018/12/27/world/facebook-moderators.html.

89 Melissa Eddy and Mark Scott, "Delete Hate Speech or Pay Up, Germany Tells Social Media Companies," *New York Times*, June 30, 2017, https://www.nytimes.com/2017/06/30/business/germany-facebook-google-twitter.html.

90 Federal Communications Commission, "Broadcasting False Information," n.d., http://transition.fcc.gov/cgb/consumerfacts/falsebroadcast.pdf.

91 Federal Communications Commission, "Broadcasting False Information."

92 Federal Communications Commission, "The Public and Broadcasting," July 2008, https://www.fcc.gov/media/radio/public-and-broadcasting#DISTORT.

93 Federal Communications Commission, "The Public and Broadcasting."

94 채드 라파엘(Chad Raphael)은 FCC의 뉴스왜곡 규제는 진심이라기보다는 '상징적인 것'이라고 주장한다. Chad Raphael, "The FCC's Broadcast News Distortion Rules: Regulation by Drooping Eyelid," *Communication Law and Policy* 6 (2001): 485-539. 비슷한 비판으로는 다음을 보라. William B. Ray, *FCC: The Ups and Downs of Radio-TV Regulation* (Ames: Iowa State University Press, 1989).

95 Dave Saldana, "A Law Against Lying on the News: Why Canada Has One and the U.S. Doesn't," *Yes!*, March 17, 2011, http://www.yesmagazine.org/people-power/a-law-against-lying-on-the-news.

96 Lane Wallace, "Should Lying Be Illegal? Canada's Broadcasters Debate." *Atlantic*, March 23, 2011, https://www.theatlantic.com/international/archive/2011/03/should-lying-be-illegal-canadas-broadcasters-debate/72866/.

97 Arthur Chu, "Mr. Obama, Tear Down This Liability Shield," *TechCrunch*, September 29, 2015, https://techcrunch.com/2015/09/29/mr-obama-tear-down-this-liability-shield/.

98 Steve Waldman and the Working Group on Information Needs of Communities, *The Information Needs of Communities: The Changing Media Landscape in a Broadband Age* (Washington, DC: Federal Communications Commission, 2011), https://books.google.com/books/about/Information_Needs_of_Communities.html?id=bLulzihSxPEC&printsec=frontcover&source=kp_read_button#v=onepage&q&f=false.

99 Waldman et al., *The Information Needs of Communities*. FCC 보고서에 대한 보다 구체적인 논의로는 다음을 보라. Philip M. Napoli and Lewis Friedland, "U.S. Communications Policy Research and the Integration of the Administrative and Critical Communication Research Traditions," *Journal of Information Policy* 6 (2016): 41-65.

100 예를 들어, 다음을 보라. Robert W. McChesney and John Nichols, *The Death and Life of American Journalism: The Media Revolution That Will Begin the World Again* (New York: Nation Books, 2010); Robert W. McChesney and Victor Pickard, eds., *Will the Last Reporter Please Turn Out the Lights: The Collapse of Journalism and What Can Be Done to Fix It* (New York: New Press, 2011).

101 Advisory Committee on Public Interest Obligations of Digital Television Broadcasters, *Charting the Digital Broadcasting Future* (Washington, DC: The Benton Foundation, 1998).

102 Advisory Committee on Public Interest Obligations of Digital Television Broadcasters, *Charting the Digital Broadcasting Future*.

103 Advisory Committee on Public Interest Obligations of Digital Television Broadcasters, *Charting the Digital Broadcasting Future*.

104 Advisory Committee on Public Interest Obligations of Digital Television Broadcasters, *Charting the Digital Broadcasting Future*.

105 이 과정에 대한 구체적인 논의로는 다음을 보라. Anthony E. Varona, "Changing Channels and Bridging Divides: The Failure and Redemption of American Broadcast Television Regulation," *Minnesota Journal of Law, Science & Technology* 6, no. 1 (2004): 1–116.

106 예를 들어, 다음을 보라. Pablo J. Boczkowski and C.W. Anderson, *Remaking the News: Essays on the Future of Journalism Scholarship in the Digital Age* (Cambridge, MA: MIT Press, 2017).

107 이 현상에 대한 분석으로는 다음을 보라. Jacob Nelson, *Partnering with the Public: The Pursuit of Audience Engagement in Journalism*, unpublished doctoral dissertation, Northwestern University, June 2018.

108 Nelson, *Partnering with the Public*.

109 Robert W. McChesney, *Communication Revolution: Critical Junctures and the Future of Media* (New York: New Press, 2007).

110 McChesney, *Communication Revolution*.

6장 공익기준의 부활

1 Alexis Madrigal, "Why Donald Trump Was the 'Perfect Candidate' for Facebook," *Atlantic*, February 26, 2018.

2 Jack M. Balkin, "Free Speech in the Algorithmic Society: Big Data, Private Governance, and New School Speech Regulation," *U.C. Davis Law Review* 51 (2018): 1149–1210.

3 Tess Townsend, "Google Has Banned 200 Publishers Since It Passed a New Policy Against Fake News," *Recode*, January 25, 2017, https://www.recode.net/2017/1/25/14375750/google-adsense-advertisers-publishers-fake-news.

4 Craig Silverman, Jeremy Singer-Vine, and Lam Thuy, "In Spite of the Crackdown, Fake News Publishers Are Still Earning Money from Major Ad Networks," *BuzzFeed News*, April 4, 2017, https://www.buzzfeed.com/craigsilverman/fake-news-real-ads?utm_term=.gmv1JDdEmx#.hkkNeAB81G.

5 Joshua Gillin, "The More Outrageous the Better: How Clickbait Ads Make Money for Fake News Sites," *PunditFact*, October 4, 2017, http://www.politifact.com/punditfact/article/2017/oct/04/more-outrageous-better-how-clickbait-ads-make-mone/.

6 Seth Fiegerman, "Facebook, Google, Twitter to Fight Fake News with 'Trust Indicators'", *CNN*, November 16, 2017, http://money.cnn.com/2017/11/16/technology/tech-trust-indicators/index.html.

7 Jon Fingas, "YouTube Will Fight Fake News by Offering Workshops to Teens," *Engadget*, April 23, 2017, https://www.engadget.com/2017/04/23/youtube-fake-news-teen-workshops/.

8 Louise Matsakis, "YouTube Will Link Directly to Wikipedia to Fight Conspiracy Theories," *Wired*, March 13, 2018, https://www.wired.com/story/youtube-will-link-directly-to-wikipedia-to-fight-conspiracies/.

9 Nick Statt, "Twitter Says It Exposed Nearly 700,000 People to Russian Propaganda During US Election," *Verge*, January 19, 2018, https://www.theverge.com/2018/1/19/16911086/twitter-russia-propaganda-us-presidential-election-bot-accounts-findings.

10 lvin I. Goldman and James C. Cox, "Speech, Truth, and the Free Market for Ideas," *Legal Theory* 2 (1996): 1–32, 23.

11 Tessa Lyons, "Replacing Disputed Flags with Related Articles," *Facebook Newsroom*, December 20, 2017, https://newsroom.fb.com/news/2017/12/news-feed-fyi-updates-in-our-fight-against-misinformation/.

12 Jeff Smith, Grace Jackson, and Seetha Raj, "Designing Against Misinformation," *Medium*, December 20, 2017, https://medium.com/facebook-design/designing-against-misinformation-e5846b3aa1e2.

13 Sam Levin, "Facebook Promised to Tackle Fake News. But the Evidence Shows It's Not Working," *Guardian*, May 16, 2017, https://www.theguardian.com/technology/2017/may/16/facebook-fake-news-tools-not-working.

14 James E. Sneegas and Tamyra A. Plank, "Gender Differences in Pre-Adolescent Reactance to Age-Categorized Television Advisory Labels," *Journal of Broadcasting & Electronic Media* 42, no. 4 (1998): 423–434.

15 Brad Bushman and Joanne Cantor, "Media Ratings for Violence and Sex: Implications for Policymakers and Parents," *APA PsycNET* 58, no. 2 (2003): 130–141.

16 Smith, Jackson, and Raj, "Designing Against Misinformation."

17 Sara Su, "New Test with Related Articles," *Facebook Newsroom*, April 25, 2017, https://newsroom.fb.com/news/2017/04/news-feed-fyi-new-test-with-related-articles/.

18 Twitter Public Policy, "Update: Russian Interference in 2016 US Election," *Twitter Blog*, September 28, 2017, https://blog.twitter.com/official/en_us/topics/company/2017/Update-Russian-Interference-in-2016-Election-Bots-and-Misinformation.html.

19 Jack Nicas, "YouTube Cracks Down on Conspiracies, Fake News," *MarketWatch*, October 5, 2017, https://www.marketwatch.com/story/youtube-cracks-down-on-conspiracies-fake-news-2017-10-05.

20 Smith, Jackson and Raj, "Designing Against Misinformation."

21 Thuy Ong, "Facebook Is Shrinking Fake News Posts in the News Feed," *Verge*, April 30, 2018, https://www.theverge.com/2018/4/30/17301390/facebook-fake-news-newsfeed.

22 Hanna Kozlowska, "Facebook Is Actually Going to Start Removing Fake News—orat Least Some of It," *Quartz*, July 18, 2018, https://qz.com/1331476/facebook-will-start-removing-fake-news-that-could-cause-harm/; Joseph Menn, "Facebook to Ban Misinformation on Voting in Upcoming U.S. Elections," *Reuters*, October 15, 2018, https://www.reuters.com/article/us-facebook-election-exclusive/exclusive-facebook-to-ban-misinformation-on-voting-in-upcoming-u-s-elections-idUSKCN1MP2G9.

23 Laura Hazard Owen, "Facebook Might Downrank the Most Vile Conspiracy Theories. But It Won't Take Them Down," *Nieman Lab*, July 13, 2018, http://www.niemanlab.org/2018/07/facebook-might-downrank-the-most-vile-conspiracy-theories-but-it-wont-take-them-down/.

24 Jack Nicas, "YouTube Tweaks Search Results as Las Vegas Conspiracy Theories Rise to Top," *Wall Street Journal*, October 5, 2017, https://www.wsj.com/articles/youtube-tweaks-its-search-results-after-rise-of-las-vegas-conspiracy-theories-1507219180.

25 Alfred Ng, "Facebook Deleted 583 Million Fake Accounts in the First Three Months of 2018," *CNET*, May 15, 2018, https://www.cnet.com/news/facebook-deleted-583-million-fake-accounts-in-the-first-three-months-of-2018/.

26 Bloomberg News, "Facebook Pulls 810 U.S. Accounts and Pages Spreading Fake News," *Ad Age*, October 11, 2018, https://adage.com/article/digital/facebook-pulls-810-u-s-accounts-pages-spreading-fake-news/315243/; Elizabeth Dwoskin and Tony Romm, "Facebook Says It Has Uncovered a Coordinated Disinformation Operation Ahead of the 2018 Midterm Elections," *Washington Post*, July 31, 2018, https://www.washingtonpost.com/technology/2018/07/31/facebook-says-it-has-uncovered-coordinated-disinformation-operation-ahead-midterm-elections/.

27 Del Harvey and Yoel Roth, "An Update on Our Elections Integrity Work," *Twitter*, October 1, 2018, https://blog.twitter.com/official/en_us/topics/company/2018/an-update-on-our-elections-integrity-work.html; Craig Timer and Elizabeth Dwoskin, "Twitter Is Sweeping Out Fake Accounts like Never Before, Putting User Growth at Risk," *Washington Post*, July 6, 2018, https://www.washingtonpost.com/technology/2018/07/06/twitter-is-sweeping-out-fake-accounts-like-never-before-putting-user-growth-risk/; Nicholas Confessore and Gabriel J. X. Dance, "Battling Fake Accounts, Twitter to Slash Millions of Followers," *New York Times*, July 11, 2018, https://www.nytimes.com/2018/07/11/technology/twitter-fake-followers.html.

28 James Titcomb, "Twitter Removes 50 Accounts Posing as Republican Party Members in Pre-Election Crackdown," *Telegraph*, October 2, 2018, https://www.telegraph.co.uk/technology/2018/10/02/twitter-removes-50-accounts-posing-us-republican-party-members/.

29 Jessica Davies, "Facebook's European Media Chief: Fake News Is a Game of 'Whack-a-Mole,'" *Digiday*, January 12, 2017, https://digiday.com/uk/facebooks-european-media-chief-addresses-fake-news-game-whack-mole/.

30 Ricardo Bilton, "A New App Aims to Burst Filter Bubbles by Nudging Readers Toward a More 'Balanced' Media Diet," *Nieman Lab*, March 9, 2017, http://www.niemanlab.org/2017/03/a-news-app-aims-to-burst-filter-bubbles-by-nudging-readers-toward-a-more-balanced-media-diet/; Michael A. Chandler, "Feeling Stuck in Your Social Media Bubble? Here's the Latest in a Growing Class of Apps Designed to Help," *Washington Post*, April 18, 2017, https://www.washingtonpost.com/news/inspired-life/wp/2017/04/18/feeling-stuck-in-your-social-media-bubble-heres-the-newest-of-in-a-growing-class-of-apps-designed-to-help/?utm_term=.19ad0d7a72f6.

31 Tom Wheeler, "How Social Media Algorithms Are Altering Our Democracy," *Medium*, November 1, 2017, https://medium.com/Brookings/how-social-media-algorithms-are-altering-our-democracy-97aca587ec85.

32 Jeremy Kahn, "AI is 'Part of the Answer' to Fake News, Facebook Scientist Says," *Bloomberg*, May 23, 2018, https://www.bloomberg.com/news/articles/2018-05-23/ai-part-of-the-answer-to-fake-news-facebook-scientist-says. 페이스북이 가짜뉴스에 대항하기 위해 인공지능을 어떻게 이용하고 있는가에 대한 구체적인 내용에 대해서는 다음을 보라. Nicholas Thompson, "Exclusive: Facebook Opens Up About False News," *Wired*, May 23, 2018, https://www.wired.com/story/exclusive-facebook-opens-up-about-false-news/.

33 Noah Kulwin, "Facebook Is Hiring 1000 More People to Block Fake News Ads," *Vice*, October 2, 2017, https://news.vice.com/en_us/article/pazmgy/facebook-is-hiring-1000-more-people-to-block-fake-news-ads.

34 Richi Iyengar, "Google Is Hiring 10,000 People to Clean Up YouTube," *CNN*, December 6, 2017, https://money.cnn.com/2017/12/05/technology/google-youtube-hiring-reviewers-offensive-videos/index.html.

35 Issie Lapowsky, "NewsGuard Wants to Fight Fake News with Humans, not Algorithms," *Wired*, August 23, 2018, https://www.wired.com/story/newsguard-extension-fake-news-trust-score/.

36 다음을 보라. Joshua Benton, "Facebook's Message to Media: We Are Not Interested in Talking to You About Your Traffic. ······ That Is the Old World and There Is No Going Back," *Nieman Lab*, August 13, 2018, http://www.niemanlab.org/2018/08/facebooks-message-to-media-we-are-not-interested-in-talking-to-you-about-your-traffic-that-is-the-old-world-and-there-is-no-going-back/.

37 Alex Hardiman, "Removing Trending from Facebook," *Facebook Newsroom*, June 1, 2018, https://newsroom.fb.com/news/2018/06/removing-trending/.

38 "이러한 변화 이후, 뉴스피드에서 뉴스가 대략 4% 차지할 것으로 기대하고 있는데, 이는 오늘날의 5%보다 낮은 수치다." Mark Zuckerberg, Facebook, January 19, 2018, https://www.facebook.com/zuck/posts/10104445245963251.

39 Hardiman, "Removing Trending from Facebook."

40 Nic Newman with Richard Fletcher, Antonis Kalogeropoulos, David A. L. Levy, and Rasmus Kleis Nielsen, *Reuters Institute Digital News Report 2018*, http://media.digitalnewsreport.org/wp-content/uploads/2018/06/digital-news-report-2018.pdf?x89475.

41 Newman et al., *Reuters Institute Digital News Report*.

42 Josh Schwartz, "What Happens When Facebook Goes Down? People Read the News," *Nieman Lab*, October 22, 2018, http://www.niemanlab.org/2018/10/what-happens-when-facebook-goes-down-people-read-the-news/.

43 Karissa Bell, "WhatsApp Will Pay Researchers up to $50,000 to Study Its Fake News Epidemic," *Mashable*, July 5, 2018, https://mashable.com/2018/07/05/whatsapp-research-fake-news-grants/#kBcSkqZm2qqL; 또한 다음을 보라. Jim Waterson, "Fears Mount Over WhatsApp's Role in Spreading Fake News," *Guardian*, June 17, 2018, https://www.theguardian.com/technology/2018/jun/17/fears-mount-over-whatsapp-role-in-spreading-fake-news.

44 왓츠앱에서 이용자들이 공유하고 있는 대부분의 뉴스기사는 이들 이용자들이 소셜미디어 플랫폼에서 최초로 접한 뉴스기사였다. Newman et al., *Reuters Institute Digital News Report*.

45 Philip M. Napoli, *Foundations of Communications Policy: Principles and Process in the Regulation of Electronic Media* (Cresskill, NJ: Hampton Press, 2001).

46 Philip M. Napoli, "Diminished, Enduring, and Emergent Diversity Policy Concerns in an Evolving Media Environment," *International Journal of Communication* 5 (2011): 1182-1196.

47 Napoli, "Diminished, Enduring, and Emergent Diversity Policy Concerns."

48 예를 들어, 다음을 보라. Natali Helberger, Kari Karppinen, and Lucia D'Acunto, "Exposure Diversity as a Design Principle for Recommender Systems," *Information, Communication & Society* 21, no. 2 (2018): 191-207; Natali Helberger, "Exposure Diversity as a Policy Goal," *Journal of Media Law* 4, no. 1 (2012): 65-92.

49 Philip M. Napoli, "Exposure Diversity Reconsidered," *Journal of Information Policy* 1 (2011): 246-259.

50 미디어 다양성 연구자들은 종종 '수평적(horizontal)' 다양성(수용자들에게서 소비되는 콘텐트다양성과 정보원다양성)과 '수직적(vertical)' 다양성(개별 수용자 내부에서 소비되는 콘텐트다양성과 정보원다양성)을 구분한다. 예를 들어, 다음을 보라. Philip M. Napoli, "Rethinking Program Diversity Assessment: An Audience-Centered Approach," *Journal of Media Economics* 10, no. 4 (1997): 59-74; Elain J. Yuan, "Measuring Diversity of Exposure in Guangzhou's Television Market," *Asian Journal of Communication* 18 (2008): 155-171. 수평적 다양성과 수직적 다양성을 구분하는 핵심 이유는, 합산된 미디어 소비는 상당히 다양한 모습을 보이지만 합산값 산출 이전 개별 미디어 이용자의 미디어 소비 행동은 전혀 다양하지 않을 수 있기 때문이다.

51 Richard H. Thaler and Cass R. Sunstein, *Nudge: Improving Decisions About Health, Wealth, and Happiness* (New York: Penguin Books, 2008).

52 Helberger at al., "Exposure Diversity as a Design Principle."

53 이 점은 본서의 2장에서 제시했던 주장, 즉 전통적으로 소셜미디어 플랫폼이 뉴스 큐레이션 알고리즘을 설계할 때 사회적 의미는 등한시하고 개인적 의미를 강조해왔다는 주장을 환기시킨다. 다음을 보라. Michael A. DeVito, "A Values-Based Approach to Understanding Story Selection in the Facebook News Feed," *Digital Journalism* 5, no. 6 (2017): 753-773.

54 '설계를 통한 다원성(diversity by design)'에 대한 논의와 노출다양성을 촉진하기 위한 설계의 잠재적 역할에 대한 논의로는 다음을 보라. Natali Helberger, "Diversity by Design," *Journal of Information Policy* 1 (2011): 441-469.

55 Sandra Braman, "The Limits of Diversity," in *Media Diversity and Localism: Meaning and Metrics*, ed. P. M. Napoli (Mahwah, NJ: Erlbaum, 2007), 139–150.

56 예를 들어, 다음을 보라. Eric Alterman, "How False Equivalence Is Distorting 2016 Election Coverage," *Nation*, June 2, 2016, https://www.thenation.com/article/how-false-equivalence-is-distorting-the-2016-election-coverage/; Thomas E. Mann, "False Equivalence in Covering the 2016 Campaign," *Brookings*, June 2, 2016, https://www.brookings.edu/blog/fixgov/2016/06/02/false-equivalence-in-covering-the-2016-campaign/.

57 "시민들이 시민으로 행동할 수 있게끔 시민들에게 정보를 제공하는 것. 이것이 전통적인 언론의 책임이었다." Irene Costera Meijer, "The Public Quality of Popular Journalism: Developing a Normative Framework," *Journalism Studies* 2, no. 2 (2001): 189–205, 189.

58 Mark Cooper, "The Future of Journalism: Addressing Pervasive Market Failure with Public Policy," in *Will the Last Reporter Please Turn Out the Lights*, ed. Robert W. McChesney and Victor Pickard, (New York: Free Press, 2011), 320–339, 322.

59 예를 들어, 다음을 보라. Lee Drutman, "Learning to Trust Again," *New Republic*, February 23, 2018, https://newrepublic.com/article/146895/learning-trust; Telly Davidson, "Giving Up the Ghost of Objective Journalism," *American Conservative*, March 29, 2018, http://www.theamericanconservative.com/articles/giving-up-the-ghost-of-objective-journalism-fakenews-yellow-journalism/.

60 이 이슈와 관련된 논의로는 다음을 보라. Lee McIntyre, *Post-Truth* (Cambridge, MA: MIT Press, 2018).

61 1947년 윈스턴 처칠은 다음과 같은 발언을 남겼다. "이 죄 많고 고통스런 세상에서 다양한 형태의 정부가 시도되어왔고, 앞으로도 시도될 겁니다. 어느 누구도 민주주의가 완벽하다거나 전능하다고 생각하지 않을 것입니다. 실제로 이런 말이 전해오고 있습니다. 역사상 순간순간 시도되었다가 사라졌던 다른 모든 형태의 정부를 제외한다면, 민주주의는 최악의 정부 형태다." 다음을 참조하라. International Churchill Society, https://winstonchurchill.org/resources/quotes/the-worst-form-of-government/.

62 Matthew Ingram, "Facebook Touches the Third Rail by Discussing Accreditation of Journalists," *Columbia Journalism Review*, March 26, 2018, https://www.cjr.org/the_new_gatekeepers/facebook-accreditation-journalists.php.

63 다음에서 인용한 것이다. Ingram, "Facebook Touches the Third Rail."

64 유명한 사례로는 트위터, 페이스북, 유튜브 등의 플랫폼에서 알렉스 존스(Alex Jones: 역주-유명한 미국의 음모론자)의 정보전쟁(Infowars) 콘텐트를 삭제한 것을 들 수 있다. 다음을 보라. Jack Nicas, "Alex Jones and Infowars Content Is Removed from Apple, Facebook, and YouTube," *New York Times*, August 6, 2018, https://www.nytimes.com/2018/08/06/technology/infowars-alex-jones-apple-facebook-spotify.html; Sara Salinas, "Twitter Permanently Bans Alex Jones and Infowars Accounts," *CNBC*, September 6, 2018, https://www.cnbc.com/2018/09/06/twitter-permanently-bans-alex-jones-and-infowars-accounts.html.

65 Anna Gonzalez and David Schulz, "Helping Truth with Its Boots: Accreditation as an Antidote to Fake News," *Yale Law Journal Forum* 127 (2017): 315–336.

66 예를 들어, 다음을 보라. Dan Gilmor, *We the Media: Grassroots Journalism by the People, for the People* (Sebastapol, CA: O'Reilly, 2004); Lucas Graves, "Everyone's a Reporter," *Wired*, September 1, 2005, https://www.wired.com/2005/09/everyones-a-reporter/.

67 인증과정에 대한 자세한 사항은 다음을 보라. Sunanda Creagh, "The Conversation's FactCheck Granted Accreditation by International Fact-Checking Network at Poynter," *Conversation*, https://theconversation.com/the-conversations-factcheck-granted-accreditation-by-international-fact-checking-network-at-poynter-74363.

68 International Fact-Checking Network, "Code of Principles," Poynter Institute, 2018, https://www.poynter.org/international-fact-checking-network-fact-checkers-code-principles.

69 International Fact-Checking Network, "Code of Principles."

70 Tessa Lyons, "Increasing Our Efforts to Fight False News," *Facebook*, June 21, 2018, https://newsroom.fb.com/news/2018/06/increasing-our-efforts-to-fight-false-news/.

71 예를 들어, 다음을 보라. Edward S. Herman and Noam Chomsky, *Manufacturing Consent: The Political Economy of the Mass Media* (New York: Pantheon, 1988).

72 예를 들어, 다음을 보라. Michael Parenti, *Inventing Reality: The Politics of News Media*, 2nd ed. (Belmont, CA: Wadsworth, 1992).

73 매스미디어의 '선전모형'에 대해서는 다음을 보라. Herman and Chomsky, *Manufacturing Consent*, 1-36.

74 이러한 주장에 대한 증거로, 팀 우는 미디어와 텔레커뮤니케이션 영역의 진화 패턴에 대한 역사서술을 제시하고 있다. 개별 커뮤니케이션 기술은 "고도로 집중화되고 통합된 새로운 산업이 되었다. …… 20세기판 멋진 신세계를 보여주는 신기술들이 …… 최종적으로 사적으로 통제되는 산업계의 괴물(privately controlled industrial behemoths)이 되는 과정에는 예외가 없었다. 21세기 거대 '기존 미디어(old media)'에서는 가장 먼저 콘텐츠의 흐름과 특성이 엄격하게 통제되었다. …… 또한 역사에 따르면 너무 오랫동안 폐쇄적이었던 것은 진실성의 공격을 받게 되고, 폐쇄된 산업은 새롭게 열리게 된다. 이를 통해 해당 시스템을 폐쇄시키기 위한 노력 이전에 나타났던 모든 유형의 기술적 가능성과 미디어의 표현적 이용(expressive use)이 다시금 시작된다." Tim Wu, *The Master Switch: The Rise and Fall of Information Empires* (New York: Vintage, 2010), 6.
이 분야에 대한 추가적 문헌으로는 다음을 보라. Matthew Hindman, *The Internet Trap: How the Digital Economy Builds Monopoly and Undermines Democracy* (Princeton, NJ: Princeton University Press, 2018).

75 1980년대와 1990년대 저널리즘 산업에서 나타난 수용자와 수익극대화를 강조한 연구로는 다음을 보라. John H. McManus, *Market-Driven Journalism: Let the Citizen Beware?* (Thousand Oaks, CA: Sage, 1994).

76 Ken Auletta, *Three Blind Mice: How the TV Networks Lost Their Way* (New York: Random House, 1991).

77 예를 들어, 다음을 보라. Natali Helberger, Jo Pierson, and Thomas Poell, "Governing Online Platforms: From Contested to Collaborative Responsibility," *The Information Society* 34, no. 1 (2018): 1-14.

78 Mark Zuckerberg, "A Blueprint for Content Governance and Enforcement," Facebook, November 15, 2018, https://www.facebook.com/notes/mark-zuckerberg/a-blueprint-for-content-governance-and-enforcement/10156443129621634/. 이 독립적 협회의 구조와 권한에 대한 보다 자세한 내용은 본서를 작업하던 시점에서는 아직 공개되지 않았다.

79 다음을 보라. Angela J. Campbell, "Self-Regulation of the Media," *Federal Communications Law Journal* 51, no. 3 (1999): 711-772.

80 예를 들어, 다음을 보라. Robert Corn-Revere, "Regulation by Raised Eyebrow," *Student Lawyer*, February 1988, 26-29.

81 집단적으로 성인용 콘텐트나 폭력적 콘텐트에 대처하는 방식을 택했던 다른 미디어 영역들과는 달리, 소셜미디어 플랫폼은 개별적으로 운영되어왔다. 페이스

북의 운영방식은 트위터 운영방식과 달랐으며, 트위터 운영방식은 유튜브 운영방식과 달랐고, 유튜브 운영방식은 스냅챗 운영방식과 달랐다.

82 Howard Homonoff, "Nielsen, ComScore, and Rentrak: Keeping Score of Media Measurement," *Forbes*, October 5, 2015, https://www.forbes.com/sites/howardhomonoff/2015/10/05/nielsen-comscore-and-rentrak-keeping-score-in-media-measurement/#325db6eb21d9; Nat Worden, "Nielsen's Post-IPO Challenge: Preserving Ratings Monopoly," *Wall Street Journal*, January 25, 2011, https://www.wsj.com/articles/SB10001424052748704698004576104103397970050; 또한 다음을 보라. Daniel Biltereyst and Lennart Soberon, "Nielsen Holdings," in *Global Media Giants*, ed. Benjamin Birkinbine, Rodrigo Gomez, and Janet Wasko (New York: Routledge, 2017), 447–463.

83 이러한 입장에 대한 논의와 분석에 대해서는 다음을 보라. Harsh Taneja, "Audience Measurement and Media Fragmentation: Revisiting the Monopoly Question," *Journal of Media Economics* 26, no. 3 (2013): 203–219.

84 Alex Moazed and Nicholas L. Johnson, *Modern Monopolies: What It Takes to Dominate the Twent-First Century Economy* (New York: St. Martin's Press, 2016).

85 다음을 보라. Philip M. Napoli, "Audience Measurement and Media Policy: Audience Economics, the Diversity Principle, and the Local People Meter," *Communication Law & Policy* 10, no. 4 (2005): 349–283.

86 보다 구체적인 논의로는 다음을 보라. James G. Webster, Patricia F. Phalen, and Lawrence W. Lichty, *Ratings Analysis: Audience Measurement and Analytics*, 4th ed. (New York: Routledge, 2013).

87 Asaf Greiner, "Invasion of the Ad Fraud Super Bots," *Forbes*, November 30, 2017, https://www.forbes.com/sites/forbestechcouncil/2017/11/30/invasion-of-the-ad-fraud-super-bots/#24d7d4a07996; Max Read, "How Much of the Internet is Fake? Turns out a lot of it, Actually," *New Yorker*, December 26, 2018, http://nymag.com/intelligencer/2018/12/how-much-of-the-internet-is-fake.html.

88 예를 들어, 다음을 보라. Samantha Bradshaw and Philip N. Howard, "Challenging Truth and Trust: A Global Inventory of Organized Social Media Manipulation," Computational Propaganda Project, Oxford University, July 2018, http://comprop.oii.ox.ac.uk/wp-content/uploads/sites/93/2018/07/ct2018.pdf; Dan Jerker B. Svantesson and William van Caenegem, "Is It Time for an Offense of 'Dishonest Algorithmic

Manipulation for Electoral Gain?'" *Alternative Law Journal* 42, no. 3 (2017): 18-189.

89 본서의 2장을 참조하라.

90 예를 들어, 다음을 보라. Jane Bambauer, "Is Data Speech?" *Stanford Law Review* 66 (2014): 57-120; Josh Blackman, "What Happens If Data Is Speech?" *Journal of Constitutional Law* 16 (2014): 25-36.

91 알고리즘과 수용자 측정시스템을 둘러싼 수정조항 1조의 모호성에 대한 보다 자세한 논의로는 다음을 보라. Stuart M. Benjamin, "Algorithms and Speech," *University of Pennsylvania Law Review* 161, no. 6 (2013): 1445-1494; Oren Bracha, "The Folklore of Informationalism: The Case of Search Engine Speech," *Fordham Law Review* 82, no. 4 (2014): 1629-1687; Philip M. Napoli, "Audience Measurement, the Diversity Principle, and the First Amendment Right to Construct the Audience," *St. John's Journal of Legal Commentary* 24, no. 2 (2009): 359-385; Tim Wu, "Machine Speech," *University of Pennsylvania Law Review* 161, no. 6 (2013): 1495-1533.

92 Jon Lafayette, "Taking the Measure of Audience Measurement," *Broadcasting & Cable*, November 6, 2017, http://www.broadcastingcable.com/news/currency/taking-measure-audience-measurement/169879.

93 "History and Mission of the MRC," Media Rating Council, http://mediaratingcouncil.org/History.htm. 보다 구체적인 역사적 사실에 대해서는 다음을 보라. Napoli, "Audience Measurement and Media Policy."

94 다음을 보라. "2019 Membership," Media Rating Council, http://mediaratingcouncil.org/Member%20Companies.htm.

95 "Minimum Standards for Media Rating Research," Media Rating Council, Inc., 2011, http://mediaratingcouncil.org/MRC%20Minimum%20Standards%20-%20December%202011.pdf, 5.

96 Mike Ananny and Kate Crawford, "Seeing Without Knowing: Limitations of the Transparency Ideal and Its Application to Algorithmic Accountability," *New Media & Society* 20, no. 3 (2018): 973-989.

97 European Commission, "Code of Practice on Disinformation," September 26, 2018, https://ec.europa.eu/digital-single-market/en/news/code-practice-disinformation.

98 Samuel Stolton, "Disinformation Crackdown: Tech Giants Commit to EU Code of Practice," *EURACTIV*, September 26, 2018, https://www.

euractiv.com/section/digital/news/disinformation-crackdown-tech-giants-commit-to-eu-code-of-practice/. 또한 다음을 보라. European Commission, *Code of Practice on Disinformation*, September 26, 2018, https://ec.europa.eu/digital-single-market/en/news/code-practice-disinformation.

99 Fairness, Accuracy, Inclusiveness, and Responsiveness in Ratings Act of 2005, S. 1372, 109th Congress, 1st Session, https://www.congress.gov/109/bills/s1372/BILLS-109s1372is.pdf.

100 Wolfgang Schulz and Thorsten Held, *Regulated Self-Regulation as a Form of Modern Government* (Eastleigh, UK: John Libbey, 2004).

101 예를 들어, 다음을 보라. Statements of Patrick J. Mullen, President, Tribune Broadcasting Company and Gale Metzger, Former President, Statistical Research Inc., S. 1372, The Fair Ratings Act, Hearing Before the Committee on Commerce Science, and Transportation, U.S. Senate, 109th Congress, 1st Session, July 27, 2005.

102 예를 들어, 다음을 보라. Statement of Kathy Crawford, President, Local Broadcast, Mindshare, S. 1372, The Fair Ratings Act, Hearing Before the Committee on Commerce Science, and Transportation, U.S. Senate, 109th Congress, 1st Session, July 27, 2005.

103 다음을 보라. Statement of George Ivie, Executive President/CEO, Media Rating Council, S. 1372, The Fair Ratings Act, Hearing Before the Committee on Commerce Science, and Transportation, U.S. Senate, 109th Congress, 1st Session, July 27, 2005.

104 유럽의 규제맥락에 대한 논의로는 다음을 보라. Mira Burri, "Cultural Diversity in the Internet Age: In Search of New Tools That Work," *Communications & Strategies* 1, no. 101 (2016): 63–85; Robin Mansell, "The Public's Interest in Intermediaries," *Info* 17, no. 6 (2015): 8–18.
브렉시트 국민투표 이후 제기된 가짜뉴스의 영향력에 대한 우려가 확산되던 영국의 경우, 영국 하원의 2019년 보고서에서 소셜미디어 플랫폼에 대한 강제적 윤리강령의 초안을 만들고 감시할 독립적인 규제기구를 만들어야 한다고 제안한 바 있다. 다음을 보라. House of Commons, Digital Culture, Media and Sport Committee, *Disinformation and "Fake News": Final Report* (February, 2019), https://publications.parliament.uk/pa/cm201719/cmselect/cmcumeds/1791/1791.pdf.
유럽에서 벌어지는 규제행동에 대한 전반적 내용에 대해서는 다음을 보라. Petros Iosifidis and Leighton Andrews, "Regulating the Internet Intermediaries in a Post-Truth World: Beyond Media Policy?" *International Communication Gazette* (in press).

105 이와 관련한 구체적 제안에 대해서는 다음을 보라. Danielle Keats Citron and Benjamin Wittes, "The Problem Isn't Just Backpage: Revising Section 230 Immunity," *Georgetown Law and Technology Review* 2 (2018): 435–473.

106 Senator Mark Warner, "Potential Policy Proposals for Regulation of Social Media and Technology Firms," July 2018, https://regmedia.co.uk/2018/07/30/warner_social_media_proposal.pdf.

107 Steven T. Walther, Federal Election Commission, December 15, 2017, http://saos.fec.gov/aodocs/2017-12.pdf.

108 Margaret Sessa-Hawkins, "FEC's New Facebook Ruling Requires Ad Sharing Info Yet Gives Reformers Little to Like," *MapLight*, January 8, 2018, https://maplight.org/story/fecs-new-facebook-ruling-requires-ad-sharing-info-yet-gives-reformers-little-to-like/.

109 Tom Udall and David Price, "'We the People' Democracy Reform Act of 2017 Sponsored by Senator Udall and Representative Price," https://www.tomudall.senate.gov/imo/media/doc/WE%20THE%20PEOPLE%20DEMOCRACY%20REFORM%20ACT%20SUMMARY.pdf; "Honest Ads Act," Congress.gov, 2017, https://www.congress.gov/bill/115th-congress/senate-bill/1989/text.

110 Samantha Masunaga and David Pierson, "Facebook Under Scrutiny as FTC Confirms It Is Investigating Privacy Practices," *Los Angeles Times*, March 26, 2018, http://www.latimes.com/business/technology/la-fi-tn-facebook-ftc-20180326-story.html.

111 National Association of Attorneys General, Letter to Mark Zuckerberg, March 26, 2018, https://www.attorneygeneral.gov/wp-content/uploads/2018/03/2018-03-26-Letter-to-Facebook.pdf.

112 Social Media Privacy Protection and Consumer Rights Act of 2018, 115th Congress, 2nd Session, https://www.scribd.com/document/377302061/S-Social-Media-Privacy-Protection-and-Consumer-Rights-Act-of-2018.

113 Customer Online Notification for Stopping Edge-provider Network Transgressions Act, 115th Congress, 2nd Session, https://www.markey.senate.gov/imo/media/doc/CONSENT%20Act%20text.pdf.

114 General Data Protection Regulation, European Parliament, April 2016, https://eur-lex.europa.eu/legal-content/EN/TXT/PDF/?uri=CELEX:32016R0679.

115 Social Media Privacy Protection and Consumer Rights Act of 2018, 115th Congress, 2nd Session, https://www.scribd.com/document/377302061/S-Social-Media-Privacy-Protection-and-Consumer-Rights-Act-of-2018.

116 Customer Online Notification for Stopping Edge-provider Network Transgressions Act.

117 예를 들어, 다음을 보라. Jeffrey L. Blevins and Duncan H. Brown, "Political Issue or Policy Matter? The Federal Communication Commission's Third Biennial Review of Broadcast Ownership Rules," *Journal of Communication Inquiry* 30, no. 1 (2006): 21-41; Robert M. Entman and Steven S. Wildman, "Reconciling Economic and Non-Economic Perspectives on Media Policy: Transcending the 'Marketplace of Ideas,'" *Journal of Communication* 42, no. 1 (1992): 5-19; Napoli, *Foundations of Communications Policy*.

118 예를 들어, 다음을 보라. Ellen Goodman, "Media Policy Out of the Box: Content Abundance, Attention Scarcity, and the Failure of Digital Markets," *Berkeley Technology Law Journal* 19, no. 4 (2004): 1389-1472.

119 European Commission, "Call for Applications for the Selection of Members of the High Level Group on Fake News," November 12, 2017, https://ec.europa.eu/digital-single-market/en/news/call-applications-selection-members-high-level-group-fake-news.

120 European Commission, *A Multi-Dimensional Approach to Disinformation: Report of the Independent High Level Group on Fake News and Online Disinformation*, 2018, https://ec.europa.eu/digital-single-market/en/news/final-report-high-level-expert-group-fake-news-and-online-disinformation.

121 Reuters Staff, "Britain to Set Up Unit to Tackle 'Fake News': May's Spokesman," *Reuters*, January 23, 2018, https://www.reuters.com/article/us-britain-politics-fakenews/britain-to-set-up-unit-to-tackle-fake-news-mays-spokesman-idUSKBN1FC2AL.

122 House of Commons, Digital, Culture, Media and Sport Committee, "Disinformation and 'Fake News': Interim Report," July 24, 2018, https://publications.parliament.uk/pa/cm201719/cmselect/cmcumeds/363/363.pdf; House of Commons, "Disinformation and 'Fake News': Final Report" 캐나다 맥락에서의 영국과 유사한 정부 주도의 알고리즘 감사 제안에 대해서는 다음을 보라. Edward Greenspon and Taylor Owen, "Democracy Divided: Countering Disinformation and Hate in the Digital Public

Sphere," Public Policy Forum, August 2018, https://www.ppforum.ca/publications/social-marketing-hate-speech-disinformation-democracy/.

123 Yasmeen Serhan, "Macron's War on 'Fake News,'" *Atlantic*, January 6, 2018, https://www.theatlantic.com/international/archive/2018/01/macrons-war-on-fake-news/549788/.

124 "French Lawmakers Adopt 'Fake News' Bill," *Guardian*, October 10, 2018, https://guardian.ng/news/french-lawmakers-adopt-fake-news-bill/.

125 Mathieu Rosemain, Michael Rose, and Gwenaelle Barzic, "France to 'Embed' Regulators at Facebook in Fight Against Hate Speech," *Reuters*, November 12, 2018, https://www.reuters.com/article/france-facebook-macron/france-to-embed-regulators-at-facebook-in-fight-against-hate-speech-idUSL8N1XM1HY.

126 "Germany Starts Enforcing Hate Speech Law," *BBC News*, January 1, 2018, http://www.bbc.com/news/technology-42510868.

127 Kristen Chick and Sarah Miller Llana, "Is Germany's Bold New Law a Way to Clean Up the Internet or Is It Stifling Free Expression?" *Christian Science Monitor*, April 8, 2018, https://www.csmonitor.com/World/Europe/2018/0408/Is-Germany-s-bold-new-law-a-way-to-clean-up-the-internet-or-is-it-stifling-free-expression.

128 Andrea Shalal, "German States Want Social Media Law Tightened," *Business Insider*, November 12, 2018, https://www.businessinsider.com/r-german-states-want-social-media-law-tightened-media-2018-11.

129 Tim Wu, "Is the First Amendment Obsolete?" Knight First Amendment Institute Emerging Threats Series, 2017, https://knightcolumbia.org/sites/default/files/content/Emerging%20Threats%20Tim%20Wu%20Is%20the%20First%20Amendment%20Obsolete.pdf.

130 Wu, "Is the First Amendment Obsolete?"

131 Zeynep Tufekci, "It's the (Democracy-Poisoning) Golden Age of Free Speech," *Wired*, January 16, 2018, https://www.wired.com/story/free-speech-issue-tech-turmoil-new-censorship/.

132 Wu, "Is the First Amendment Obsolete?"

133 Hustler Magazine, Inc. v. Falwell, 485 U.S. 46 52 (1988).

134 이 용어가 유명세를 얻게 된 〈미트더프레스(Meet the Press)〉 방송 대본에 대해서는 다음을 보라. Rebecca Sinderbrand, "How Kellyanne Conway Ushered in the Era of 'Alternative Facts,'" *Washington Post*, January 22, 2017, https://www.washingtonpost.com/news/the-fix/wp/2017/01/22/how-kellyanne-conway-ushered-in-the-era-of-alternative-facts/?utm_term=.b633a394a39f.

135 Frederick Schauer, "Facts and the First Amendment," *UCLA Law Review* 57 (2009-2010): 897-919, 907.

136 Schauer, "Facts and the First Amendment," 902.

137 다음을 보라. T. M. Scanlon, Jr., "Freedom of Expression and Categories of Expression," *University of Pittsburgh Law Review* 40 (1978-1979): 519-550.

138 예를 들어, 다음을 보라. Alex Kozinski and Stuart Banner, "Who's Afraid of Commercial Speech?" *Virginia Law Review* 76, no. 4 (1990): 627-653

139 전반적인 소개글로는 다음을 보라. Robert B. Horwitz, "The First Amendment Meets Some New Technologies: Broadcasting, Common Carriers, and Free Speech in the 1990s," *Theory and Society* 20, no. 1 (1991): 21-72; Napoli, *Foundations of Communications Policy*.

140 "일반적인 수정조항 1조 보호의 영역과 범위는 지난 수십년 동안 점점 넓어지고 있다. 공동체주의적 혹은 커뮤니케이션 관점으로 해석된 수정조항 1조 전통을 언론자유에 대한 개인주의적 혹은 개인자유 모형의 전통이 대체하면서 이러한 확장흐름은 지속되고 있다." Horwitz, "The First Amendment Meets Some New Technologies," 25.

141 Stanley Ingber, "Rediscovering the Communal Worth of Individual Rights: The First Amendment in Institutional Contexts," *Texas Law Review* 69, no. 1 (1990): 1-108.

142 Richard H. Fallon, Jr., "Two Senses of Autonomy," *Stanford Law Review* 46, no. 4 (1994): 875-905.

143 예를 들어, 다음을 보라. Jack M. Balkin, "Digital Speech and Democratic Culture: A Theory of Freedom of Expression for the Information Society," *New York University Law Review* 79 (2004): 1-55.

144 Alexander Meiklejohn, *Free Speech and Its Relation to Self-Government* (Port Washington, NY: Kennikat Press, 1948/1972), 25.

145 예를 들어, 다음을 보라. Owen Fiss, *The Irony of Free Speech* (Cambridge, MA: Harvard University Press, 1996); Cass Sunstein, *Democracy and the Problem of Free Speech* (New York: Free Press, 1993).

146 Balkin, "Free Speech in the Algorithmic Society," 1152.

147 예를 들어, 다음을 보라. Balkin, "Digital Speech and Democratic Culture"; Fiss, *The Irony of Free Speech*; Meiklejohn, *Free Speech and Its Relation to Self-Government*; Sunstein, *Democracy and the Problem of Free Speech*.

148 Napoli, *Foundations of Communications Policy*.

149 예를 들어, 다음을 보라. Tim Worstall, "Google and Facebook Are Dominant but Not Monopolies," *Forbes*, May 10, 2017, https://www.forbes.com/sites/timworstall/2017/05/10/google-and-facebook-are-dominant-but-not-monopolies/#7e2bec7136d4.

150 다음을 보라. W. Russell Neuman, ed., *Media, Technology, and Society: Theories of Media Evolution* (Ann Arbor: University of Michigan Press, 2010).

151 개별 커뮤니케이션 미디어 특징을 바탕으로 규제접근을 취하는 것에 대한 비판으로는 다음을 보라. Jim Chen, "Conduit-Based Regulation of Speech," *Duke Law Journal* 54, no. 6 (2005): 1359-1456.

152 Napoli, *Foundations of Communications Policy*.

153 예를 들어, 다음을 보라. Breck P. McAllister, "Lord Hale and Business Affected with a Public Interest," *Harvard Law Review* 43, no. 5 (1930): 759-791, http://www.jstor.org/stable/1330729; Walton H. Hamilton, "Affectation with Public Interest," *Yale Law Review* 39, no. 8 (1930): 1089-1112, http://www.jstor.org/stable/790369.

154 Mark Cooper, "The Long History and Increasing Importance of Public-Service Principles for 21st Century Public Digital Communications Networks," *Journal on Telecommunications and High Technology Law* 12 (2014): 1-54.

155 소셜미디어 플랫폼을 공공서비스와 같이 취급해야 한다고 주장하는 학자들이 있다는 점에 주목하라. 예를 들어, 다음을 보라. Mark Andrejevic, "Search and Social as Public Utilities: Rethinking Search Engines and Social Networking as Public Goods," *Media International Australia* 146 (2013): 143-132; Iosifidis and Andrews, "Regulating the Internet Intermediaries."

156 Frank Pasquale, "Internet Nondiscrimination Principles: Commercial Ethics for Carriers and Search Engines," *University of Chicago Legal Forum* 2008, no. 6 (2008): 263–299.

157 Wolff Packing Co. v. Court of Industrial Relations, 262 U.S. 522 (1923), 535.

158 소셜미디어 플랫폼에 공익이 개입되어 있다고 인식해야만 한다는 비슷한 주장으로는 다음을 보라. Jack M. Balkin, "The Three Laws of Robotics in the Age of Big Data," *Ohio State Law Journal* 78, no. 5 (2017): 1217–1241.

159 미디어 생태계에 대한 보다 자세한 논의로는 다음을 보라. C. W. Anderson, "Media Ecosystems: Some Notes Toward a Genealogy of the Term and an Application of It to Journalism Research," paper presented at the ESF Exploratory Workshop on Mapping Digital News Ecosystems, May 2013.

160 예를 들어, 다음을 보라. Reed Hundt, "The Public's Airwaves: What Does the Public Interest Require of Television Broadcasters?" *Duke Law Journal* 45, no. 6 (1996): 1089–1130; Fiss, *The Irony of Free Speech*; Sunstein, *Democracy and the Problem of Free Speech*; Cass Sunstein, *Republic.com 2.0* (Princeton, NJ: Princeton University Press, 2008).

161 Natasha Lomas, "Germany's Social Media Hate Speech Law Is Now in Effect," *Tech-Crunch*, October 2, 2017, https://techcrunch.com/2017/10/02/germanys-social-media-hate-speech-law-is-now-in-effect/.

162 이러한 방법론적 접근방식에 대한 논의로는 다음을 보라. Philip M. Napoli, "Assessing Media Diversity: A Comparative Analysis of the FCC's Diversity Index and the EC's Media Pluralism Monitor," in *Media Pluralism: Concepts, Risks and Global Trends*, ed. Peggy Valcke, Miklos Sukosd and Roberet G. Picard (Hampshire, UK: Palgrave, 2015), 141–151.

163 Lee C. Bollinger, "Freedom of the Press and Public Access: Toward a Theory of Partial Regulation of the Mass Media," *Michigan Law Review* 75, no. 1 (1976): 1–42.

164 "Regulation both responds to constitutional traditions and cuts against them." Bollinger, "Freedom of the Press and Public Access," 27.

165 Bollinger, "Freedom of the Press and Public Access," 32.

166 소셜미디어 플랫폼에서의 이용자의 행동과 규제방식을 논의하는 문헌들은 소셜미디어와 전체 인터넷을 혼동하는 모습을 매우 자주 보인다.

마무리

1 Joshua A. Tucker, Andrew Guess, Pablo Barbera, Cristian Vaccari, Alexandra Siegel, Sergey Sanovich, Denis Stukal, and Brendan Nyhan, "Social Media, Political Polarization, and Political Disinformation," report prepared for the Hewlett Foundation, March 2018, https://hewlett.org/wp-content/uploads/2018/03/Social-Media-Political-Polarization-and-Political-Disinformation-Literature-Review.pdf.

2 Matthew Hindman and Vlad Barash, "Disinformation, 'Fake News' and Influence Campaigns on Twitter," report prepared for the Knight Foundation, October 2018, https://knightfoundation.org/reports/disinformation-fake-news-and-influencecampaigns-on-twitter; Jaime E. Settle, *Frenemies: How Social Media Polarizes America* (New York: Cambridge University Press, 2018).

3 Hunt Allcott, Matthew Gentzkow, and Chuan Yu, "Trends in the Diffusion of Misinformation on Twitter," unpublished working paper, October 2018, http://web.stanford.edu/~gentzkow/research/fake-news-trends.pdf. 또한 다음을 보라. Paul Resnick, Aviv Ovadya, and Garlin Gilchrist, "Iffy Quotient: A Platform Health Metric for Misinformation," report from the Center for Social Media Responsibility, University of Michigan, October 2018, https://csmr.umich.edu/wp-content/uploads/2018/10/UMSI-CSMR-Iffy-Quotient-Whitepaper-810084.pdf.

4 Kathleen Hall Jamieson, *Cyberwar: How Russian Hackers and Trolls Helped Elect a President—What We Don't, Can't and Do Know* (New York: Oxford University Press, 2018).

5 예를 들어, 다음을 보라. Hunt Allcott and Matthew Gentzkow, "Social Media and Fake News in the 2016 Election," *Journal of Economic Perspectives* 31, no. 2 (2017): 211–236; Andrew Guess, Brendan Nyhan, and Jason Reifler, "Selective Exposure to Misinformation: Evidence from the Consumption of Fake News During the 2016 U.S. Presidential Campaign," unpublished working paper, 2018, https://www.dartmouth.edu/~nyhan/fake-news-2016.pdf; Jacob Nelson, "Fake News, Fake Problem? An Analysis of the Fake News Audience in the Lead-Up to the 2016 Election," paper presented at the Telecommunications Policy Research Conference, Arlington, VA, September 2017; Frederik J. Zuiderveen Borgesius, Damian Trilling, Judith Moller, Balazs Bodo, Claes H. de Vreese, and Natali Helberger, "Should We Worry About Filter Bubbles?" *Internet Policy*

Review 5, no. 1 (2016): 1-16. 이러한 경향의 연구들은 수용자 노출과 참여의 추정치를 기반으로 결과를 추론하는 것이 대부분이며, 건실한 유형의 미디어 효과 연구를 수행하는 경우는 극히 드물다는 점에 주목하라.

6 Josh Schwartz, "What Happens When Facebook Goes Down? People Read the News," *Nieman Lab*, October 22, 2018, http://www.niemanlab.org/2018/10/what-happens-when-facebook-goes-down-people-read-the-news/.

주제어 찾아보기

2단계 유통 53

1934년 커뮤니케이션법 (Communications Act of 1934) 71

1996년 텔레커뮤니케이션법 (Telecommunications Act of 1996) 71, 110, 235-236

ACM(Association for Computing Machinery) 214

FATML(Fairness, Accountability, and Transparency in Machine Learning) 214

가짜뉴스 30, 33, 38, 49, 54, 115, 121, 135-137, 143-144, 146-168, 172, 181-184, 190, 194, 199-200, 211, 213, 230, 233-235, 240, 242-243, 245-246, 249, 255, 257-259, 265, 269, 271-273, 277, 279-280, 284, 289

가치부여(valorization) 209

간접소비자 131-132

개인맞춤화(personalization) 122-125, 138, 157, 159, 214, 251, 258

개인주의적 해석 277-280

객관성 154, 253-255

거짓 개인주의(hyped-up individualism) 210

검색엔진최적화(SEO, search engine optimization) 118, 187

게이트키퍼 49, 51, 58, 70, 101-102, 105, 116-117, 133, 151-153, 188, 258-259

게이트키핑 33-34, 43, 46, 53, 59, 99-103, 105-106, 112-117, 119, 122, 129, 131-132, 148, 151-153, 163, 208, 255, 258, 267

공공재(public good) 39, 175-177, 195-196

공동체주의적 해석 277-279

공익 49-51, 54-55, 133, 186, 203-208, 210-211, 213-218, 223, 227-229, 231, 233, 236, 238-239, 241-242, 245, 252, 260-261, 281-284, 287

공익의무(public-interest obligations) 135, 206, 216, 221, 229, 238

공적위해(public harm) 234

공적자원(public resource) 221, 223-224, 228, 281

공정성원칙(Fairness Doctrine) 141-142, 160, 216, 250, 253
관심경제(attention economy) 65, 178
광고네트워크 63-64, 152, 242
권한부여(empowerment) 209, 211
귀환(repassification) 88
규제 34, 36, 40, 47-52, 54-56, 71-72, 108-109, 135-136, 142, 173, 191, 204-205, 215-218, 220, 222, 224-227, 229-231, 234, 237, 242, 244, 249-250, 266-268, 270-272, 274, 279-286, 288
규제 사각지대 47
규제틀(regulatory framework) 55, 201, 205, 217-218, 221, 223, 226, 231, 233-234, 236-239, 259, 272-274, 280, 283-284, 286, 288
기생저널리즘(parasitic journalism) 149-150, 165, 177, 195
기술적 특수성(technological particularism) 217-218, 280, 283, 286
기술중심 관점 35

네트워크 중립성(network neutrality) 96-97, 136, 217
네트워크 효과(network effect) 190
뉴스가치(news value) 101-103, 105, 111-112, 115, 119, 122, 127, 267
뉴스 주기(news cycle) 167
(뉴스) 직접소비자 131-132
니치(틈새) 58

다수결주의 접근방식(majoritarian approach) 216
다양성 60, 123, 150, 186, 193, 213, 218, 227, 249-254, 261, 271, 280-281, 284
다원성(diversity) 40, 48, 215, 249, 252
동기화된 추론(motivated reasoning) 146
디지털 산불(digital wildfires) 167

롱테일(long tail) 66-67

미디어 거버넌스 35, 50-56, 203-205, 210, 236-241, 249-250, 268, 274-275, 287-288

미디어 규제 51-52, 54-56, 204-205, 215-218, 220, 226, 272, 274, 280, 285, 288

미디어 규제논리 236-237

미디어 규제동기 217-218, 236

미디어바잉(media-buying) 63

미디어이용률협회(MRC, Media Rating Council) 263

미디어중심 관점 35

미디어 진화 30, 34, 40, 52, 123

미디어 파편화(media fragmentation) 159, 214, 258

반론(counter-speech) 54, 137-138, 140-148, 158-160, 163, 165, 167-169, 194, 219-220, 223, 238, 275-276

방송내용 품위 규제(indecency regulations) 135

보조적(ancillary) 222-223, 225-226, 237

비고갈성(nondepletable) 175

비배제성(nonexcludable) 175

사상의 시장(marketplace-of-ideas) 54, 133, 137, 139-140, 146-147, 169, 171-173, 175, 180-193, 195-201, 227, 249, 276, 279, 287

생태계 30, 32, 34-35, 49, 56, 123, 133, 147, 149, 150, 155, 160, 165, 167-168, 240, 247-249, 255, 268, 271, 282-283, 288

선택적 노출(selective exposure) 146, 159

소셜네트워크시행법(NetzDG Act, Netzwerkdurchsetzungsgesetz Act) 273

소셜미디어 프라이버시 보호 및 소비자권리법 (Social Media Privacy Protection and Consumer Rights Act) 269-270

소셜미디어 플랫폼 거버넌스 55, 204, 231, 287

수용자 관심(audience attention) 58, 61-62, 64-65, 67, 69-70, 73, 77, 80-81, 95, 117, 187, 194-195

수용자 상품(audience commodity) 178, 180, 182, 186

수용자 이해의 합리화 44

수용자 측정(rating) 61-62, 80, 133, 212, 248, 260-267

수정조항 1조 46, 53-54, 133, 135-140, 142-144, 146, 165, 168-169, 171, 201, 217-219, 235, 263, 271, 274-280, 287

시장실패(market failure) 54, 171-173, 177-178, 181-182, 184-185, 188-189, 191, 196-200

알고리즘 35-36, 42-45, 48, 51, 53-55, 57, 63, 70, 73-76, 78, 88-89, 95-96, 99-100, 105-106, 110-122-126, 128, 131-132, 136, 138, 152, 158, 160, 171-172, 175, 180-182, 185, 187-191, 193-198, 200, 208, 210, 214, 232, 245-249, 251-254, 258, 260, 262-265, 267-268, 272, 279

알고리즘 가부장주의 (algorithmic paternalism) 252

알고리즘의 부작용(algorithmic creep) 53, 128

알고리즘적 인정가능성 (algorithmic recognizability) 117

알고리즘적 전환(algorithmic turn) 35, 73, 76

에코챔버(echo chamber) 150

엣지랭크 알고리즘(EdgeRank algorithm) 73-74

역정보 30, 33, 46, 136, 145, 234, 242, 245-247, 266, 269, 271-272, 288-289

연방무역위원회(FTC) 227

연방커뮤니케이션위원회(FCC) 40, 47

오정보 30, 138, 242-244

온라인소비자통지법(CONSENT Act, Customer Online Notification for Stopping Edge-provider Network Transgressions Act) 269

외부효과(externality) 178, 180-182, 200

용도변경(repurpose) 82, 150, 176, 178, 195-196

울타리친 정원 52, 92-95, 97

웹1.0 52, 57-58, 60-61, 64-65, 68-69, 80-81, 194

웹2.0 52, 57-58, 88

윤리강령(code of ethics) 206-207

의사결정 36, 44-45, 53, 63, 70, 99-100, 102, 104-106, 114-115, 126, 128, 140, 155, 161, 163, 180, 183, 193, 197, 200, 206, 215, 247, 249, 252-253, 259, 268, 275-278, 283, 288-290

이중상품 시장(dual-product marketplace) 173-175, 182, 185-186

일반데이터보호규제법(General Data Protection Regulation Act) 270

자유방임적 접근방식(laissez-faire approach) 285

자율규제 51, 55, 259-260, 263-268, 271, 288, 291

재합산(reaggregation) 58, 67-68, 78, 83-84, 90, 92

적극적 의무조항들(affirmative requirements) 216

전자 프로그램 안내(EPG, Electronic Program Guide) 서비스 59, 79

정보과잉(information overload) 140, 146

정보수탁자(information fiduciaries) 224-225, 268

정보의 비대칭성(information asymmetry) 184

정파성의 소용돌이(spiral of partisanship) 159, 199

제한적 합리성(bounded rationality) 161, 183-184, 196

주파수희소성(spectrum-scarcity) 218-221, 281

중립적 통신사업자(common carrier) 72

지도원칙(guiding principle) 54, 205

지역성(localism) 215, 218, 223, 227, 281

참여(engagement) 43, 51, 53, 61, 70, 76, 86, 89, 91-92, 95-97, 105, 116-117, 119, 123, 125, 130, 140, 145, 147, 172-173, 179, 192, 195-197, 204, 210, 212-213, 237, 239, 251, 253, 259-260, 262, 267, 284

채널레퍼토리(channel repertoire) 60, 64, 78

최종관문(last bottleneck) 65

추단법(heuristic) 146, 162

캠브리지애널리티카(Cambridge Analytica) 81, 155-156, 174, 223, 230, 269-270

커뮤니케이션품위법 230조 268

커뮤니케이션품위법 (Communications Decency Act) 268

콘텐트 농장(content farm) 118

큐레이션 43, 46, 55, 70-71, 73-76, 78-79, 88, 101, 105-106, 110, 113-117, 120, 122, 125, 132, 136, 188-189, 210, 235, 245, 251-252, 254, 258-260, 262-263, 265, 291

트래픽 33, 59, 62, 65, 87, 121, 133, 154, 187, 248

트롤(troll) 156-157, 163-164

파급력(pervasiveness) 191, 221-222, 225, 233, 281, 286

파멸적 경쟁(ruinous competition) 191, 193, 195-197, 200

파편화 52, 58-59, 61-62, 66-69, 79, 83-84, 138, 153, 159, 214, 258-259, 291

팩트체커(fact-checker) 244-245

푸시(push) 미디어 52, 84-88, 90-91, 109, 153, 194, 225, 247, 251

풀(pull) 미디어 52, 84-87, 90-91, 110, 153, 194, 247, 291

프라이버시 156, 223-224, 269-271

플랫폼 29-30, 32-35, 37-51, 55-56, 66-92, 94, 96-97, 99, 106-107, 109-110, 113-117, 119-120, 122-123, 128, 130-133, 136, 145, 147, 156, 158, 160, 162-163, 166-167, 171, 174, 179-182, 186-190, 194, 197, 201, 203-204, 207-211, 214, 223-226, 229-231, 233, 235-237, 241-242, 245-249, 251-252, 255, 257-263, 265, 267-273, 275, 279-280, 282-289, 291

플랫폼 일방주의(platform unilateralism) 260

필터버블(filter bubble) 49, 135-137, 148, 158-160, 163, 181, 242-243, 245-246, 250, 259, 289

합산(aggregation) 64, 67-71, 73, 75, 77-81, 88, 95, 105, 120, 153, 173, 187, 212, 214, 223-224

항시적 저널리즘(ambient journalism) 90

핵심접합점(critical junctures) 240

허위정보 54, 140, 142-144, 146, 151, 166, 172, 183-184, 189-191, 200, 233-234, 245, 272

헤게모니 259

혐오발언 46, 55, 70, 145-147, 188, 231-233, 235, 252, 272-273, 275, 284

협업필터링(collaborative filtering) 124

확증편향(confirmation bias) 146

Social Media and the Public Interest:
Media Regulation in the Disinformation Age